【北京社科名家文库】

跋涉集：
汉字与信息时代

王宁◎著

BEIJING SHEKE MINGJIA WENKU

王宁自选集

首都师范大学出版社

CAPITAL NORMAL UNIVERSITY PRESS

图书在版编目(CIP)数据

跋涉集:汉字与信息时代 : 王宁自选集 / 王宁著 . -- 北京:首都师范大
学出版社,2024.9
(北京社科名家文库)
ISBN 978-7-5656-5604-0

Ⅰ.①跋⋯　Ⅱ.①王⋯　Ⅲ.①汉语－语言学－文集　Ⅳ.①H1-53

中国版本图书馆 CIP 数据核字(2020)第 019141 号

北京社科名家文库

BASHEJI:HANZI YU XINXI SHIDAI

跋涉集：汉字与信息时代

王宁自选集

王宁　著

项目统筹:杨林玉　　　责任编辑:董　晴
责任设计:王征发　　　封面绘画:王征发
责任校对:李佳艺
首都师范大学出版社出版发行
地　址　北京西三环北路 105 号
邮　编　100048
电　话　68418523(总编室)　68982468(发行部)
网　址　http://cnupn.cnu.edu.cn
印　刷　北京印刷集团有限责任公司
经　销　全国新华书店
版　次　2024 年 9 月第 1 版
印　次　2024 年 9 月第 1 次印刷
开　本　710mm×1 000mm　1/16
印　张　33.25　　　插页 2
字　数　350 千
定　价　98.00 元

出版说明

1978 年，中国改革开放的元年。自那一年开始，中国已经走过了波澜壮阔的 30 年。这是伟大的 30 年，是改变中国的 30 年，是震惊世界的 30 年，也是哲学社会科学蓬勃发展的 30 年。

在哲学社会科学这 30 年的辉煌成就里，浸透着为新中国哲学社会科学奠基的老一辈专家呕心沥血的求索，也镌刻着寻着他们足迹的后来者追求真理的步伐。"学之大者，国之重器"。我们有责任将这些"大者"潜心研究的成果，重新编辑出版以飨读者。为此，北京市社会科学界联合会和首都师范大学出版社将这一套"北京社科名家文库"奉献给读者。她以自选集的体例形式，每年推出一批，争取在几年内达到百种以上。"北京社科名家文库"将系统展示当代哲学社会科学名家学者 30 年来的学思精华，展示他们的学术探索历程和风采。同时，为使这套"北京社科名家文库"更加丰富，编委会决定在首都师范大学出版社已出版的"当代著名学者自选集"中挑选符合体例的图书，编辑成"北京社科名家文库·纪念辑"，这将更完整地反映北京学人在学术风范和学术使命上的历史延续。

我们相信，"北京社科名家文库"将能够成为具有文化传承价值的经典性大型出版工程，成为集中展示首都哲学社会科学重要成果的一个窗口。由于我们水平所限，定有不足之处，希望读者和同仁给予批评指正。

编　委　会
2009 年 11 月

王 宁 先 生

目录

北京社科
名家文库

学术自述

引　子

首都师范大学出版社规划了一套北京社会科学学者的自选集，本意是希望北京的人文社会科学工作者，将能够代表自己学术观点和方法的代表作集在一起，既能以有限的篇幅浓缩学者个人的收获，又能合在一起显示首都北京人文社会科学的总体面貌。这是一个非常有意义的出版策划。我有幸被编辑部纳入作者名单，但犹犹豫豫难以完成这个任务。

我的专业是中国传统语言文字学，也就是文字音韵训诂学，也只能在这方面有一点收获。但是关于训诂学，20世纪80年代，我已经在陆宗达先生指导下，和老师一起出版了《训诂方法论》等几本专书。老师去世后，我于1996年出版了自己的论文集《训诂学原理》，2023年又出版了《训诂学原理》的增补本，更替和补充的文章几乎是1996年版的两倍。如果再将训诂学的文章选入这本论文集，便会多数重复。至于传统语言文字学中的文字学部分，它的学术渊源来自《说文》学，我的师承源于章黄国学中的"小学"部分，导师陆宗达先生精通的也是《说文》学。而《说文》学所含的内容实际上包括文字学、训诂学、音韵学和词源学四个门类。《说文》学以构形为中心的这一部分，精华在于汉字构形的系统性，这方面，我已经出版了《汉字构形学导论》和《汉字构形学讲座》，这些都不宜再重复编辑论文集。

经过慎重考虑，我决定这本论文集只把跨越 20—21 世纪的这 30 多年的文字学论文选编起来，一方面可以在尽量减少重复的前提下完成此次任务，另一方面也借机为我这 30 年文字学的教学研究和学科建设的工作做一个总结。

一、学科调整赋予汉字学独立的地位

我在 20 世纪 60 年代跟从陆宗达先生学习传统语言文字学，也就是文字学、音韵学、训诂学，这是从古代解释经学的"小学"传承下来的。在中国传统语言文字学体系下，文字学称为"小学"，这个名称的来源一般引用《大戴礼记·保傅篇》"古者八岁而就外舍，学小艺焉，束发而就大学，履大节焉。"《礼记·王制》注疏的说法同此，《白虎通》："八岁入小学，十五入大学，此太子之礼。"因此才有《说文解字·叙》"周礼八岁入小学，保氏教国子先以六书"的通行说法。隋唐以来，从正史所载的典籍目录分类开始，"小学"根据汉字的形、音、义三种属性，分成文字学、声韵学、训诂学三个部分，宋代书院制度的教学体系巩固了这个分类，至此，"文字学"这个术语作为一种人文科学的名称，具有了两个不同的内涵和外延——一个相当于"小学"的全称，包含后来的三门，另一个则仅仅是"小学"的下位概念，与声韵、训诂并列。

自明末清初顾炎武(1613—1682)反对空谈心性的空疏学风，主张经世致用的治学态度以来，探究原委、辨别源流、审核名实、注重实证的唯实精神，"每事必详其始末，参以佐证"的治学方法，影响了一代文人学士，研究经史之学、文字音韵训诂学、历史地理学之风日盛，为清代乾嘉汉学开启先河。清代前期的乾嘉之学，以考据为主要特色，通过考据，使文字、声韵、训诂三个门类各自有了理论的趋势，并相互结合初步形成体系，这是中国传统语言文字学发展的一个重要阶段。

20世纪初的民主革命推翻了帝制后，西学东渐的势头更为强盛，国粹主义的代表人物们提出用"国学"来激励民族自信心。章太炎先生继承乾嘉之学的朴学精神，专注于国学中汉语和汉字的研究。在他之后的黄季刚先生沿着太炎先生的道路，为全面实现传统语言文字学的科学发展做出了材料上、理论上和人才上的准备。所以，学术界把从乾嘉通过民国走向现代的传统语言文字学称作"章黄之学"。"章黄之学"产生在"反帝反封建"、建设新文化的民主革命时代，既是乾嘉之学的继承，又具有崭新的面貌，它吸收了西方文化高峰时期的人文科学精神，保留了中国传统语言文字学的精华，又将"小学"中的语言要素凸显出来，把文字、声韵、训诂之学改称为"中国语言文字之学"，奠定了立足中国本民族文化的语言文字之学，开创了传统"小学"的新局面。20世纪50年代，中国语言文字学就在这种发展中进入了现代。

从20世纪50年代以来，又经过了70多年，这70多年可以分成两段：

前30年是传统语言文字学的研究停滞和断裂的时期。50年代后期到70年代中期，是文化和学术的"大批判"时代，中国传统语言文字学受创很深。在多次被否定还不容辩解的打击的同时，又有一个釜底抽薪的做法，就是在院系调整过程中，把中国传统语言文字学的精华课程几乎全部取消。教育的作用是滞后的，当时尚不明显，十几年以后，年轻人不懂文言文了，进入不了典籍，也就谈不上对传统文化的理解和认识。

后 40 多年，1979 年改革开放以后，文坛复苏，本来以为中国的传统语言文字学没有了继承人，应当很难恢复元气。但是，出乎意料也在意料之中的，太炎和季刚先生的学术传人奋力一搏，使一度断裂的文字声韵训诂学很快又回到高等学校和语言学研究领域。陆宗达《训诂浅谈》、周大璞《训诂学要略》、殷孟伦《训诂学概论》、郭在贻《训诂学》等教材，成为当时的畅销书。文字学、训诂学和音韵学，成为高校中文系的必修课，甚至列入了自学高考的本科课程。前辈学者储备的学术人才与资源，毫不费力地满足了学坛的需要，我们的师辈出色地将传统语言文字学顺利地引向当代。以继承为主的语言文字学和以西方引进为主的语言学，可以同时在学坛上发展并互相对话。但是，这一时期来自西方的语言学已经成为十分强大的时潮。

来自西方的语言学以《马氏文通》语法学为显学，"小学"也进入了语言学范围。其中的音韵学在有了国际音标后，承袭了原有的研究资源，有了独立的研究方法，与普通语音学、历史比较语音学、汉语方言学、实验语音学等合流，成为一门独立的语言学分支。而文字学与训诂学因为汉字是表意文字而相互的依存性极强。印欧语大都使用拼音文字，结构主义语言学又不把语义当成研究对象，因此，完整的"小学"体系难以切入，中国的语言学明显分为两个有相当距离的体系——源于西方的语法、词汇、语音体系和源于"小学"的文字、声韵、训诂体系。相互的借鉴和对话都是有的，但由于思想渊源不同和研究资源有异，在基础理论的观点与方法、出发点与落脚点、与之相关的其他学科等方面，都存在相当的差别。后者是中国本体学术传承下来的，一般称作"传统语言学"，其中的"文字学"是西方语言学所没有的，但对汉语又特别重要，为了突出本体学术的特色，所以采用章太炎的定名，加"传统"二字，全称"中国传统语言文字学"。这时的"章黄之学"，既要传承传统语言文字学的优良传统，又要面向今天，发现新现象，寻找新规律；既要有极大的文化自信、相信几千年优秀传统文化传播赓续的生命力，又要扎扎实实沟通古今、发掘古代文化适合今天的潜在理论；既要冲破迷信西方、盲目西化的不良倾向，又要怀着对科学的尊重，借鉴世界各国优秀的文化和先进的理念来充实自己。回顾这个历程，每走一步都是曲折而艰辛的，是一场新的跋涉。

新的时代给了中国传统语言文字学一个极好的机会。

在改革开放的年代，中国开始建设自己的研究生制度，开始了高等院校的学科调整，这次学科调整的直接目的是展示中国自己的研究生培养方向的分类，以此为依据制定研究生招生目录。在一级学科中国语言文学下设置二级学科，出于多方面特别是现有导师学术特长的考虑，采取了中国高校的实际情况与国际科学分类目录相结合的原则，将语言学分为现代汉语与古代汉语，同时加设了文字学和汉语史。这样，传统语言文字学的音韵学、文字学和训诂学就被硬性地分在了两处——训诂学和音韵学被划入汉语史二级学科下，而文字学则以"汉语文字学（含古文字）"为名义，设立了另一个二级学科。在这样的分类情况下，文字学必须寻求自己的学科边界，与训诂学做出培养目标和教学内容上相对的分工。

20世纪80年代初，国家正式实行的研究生教育制度，也给了传统文字训诂学一个培养高端人才的机会。

1981年，国务院学位委员会发布首批博士（二级学科）授权点和博士生指导教师名单，导师共计1196人。他们被认为是自19世纪末现代教育制度引进中国以来，中国历史上的第一批博士生导师。首批博导的遴选程序极其严格，列名者堪称一时之选，一定程度上代表了十年浩劫之后中国学术界的最高水准。中国语言文学一级学科下，关于语言文字学有 6 个单位获得博士授权点，9 位教授获得博士生导师资格，分属于三个二级学科：

现代汉语：朱德熙(北京大学)，吕叔湘、李荣(中国社会科学院)

汉语史：王力(北京大学)，黄焯(武汉大学)，张世禄(复旦大学)

汉语文字学：陆宗达(北京师范大学)，容庚、商承祚(中山大学)①

当时还有吉林大学的于省吾先生的历史学，也列入博士学科，是古文字的重要学科点，可见古文字同时存在于中文、历史和后来的考古专业。

1984 年，全国政协和民盟、九三学社等民主党派在北京师范大学举办"多学科讲座"，容庚、商承祚两位教授与陆宗达先生共同承担"文字学"学科的主讲。老师带我去请谒两位前辈。他们三位将"汉语文字学"二级学科分为两个方向：一个采用"汉语文字学"，另一个采用"古文字学"。前者以传世文献的文字为主要研究对象，后者以出土文字为主要研究对象。三位师辈专家表示要互相学习、共同建设好这个学科。这就是陆宗达先生在北师大一方面把研究《说文》学当作学科的特色，一方面在研究生培养点请人开设古文字学使研究更加深入的原因。

为了尊重容庚、商承祚两位先生在古文字研究上的极高成就，陆宗达先生在解释从传统"小学"发展起来的、以《说文》为中心的文字训

---

① 资料核对了 1981 年 11 月 25 日国务院学位委员会发出的〔1981〕018 号文件《关于下达首批博士和硕士学位授予单位的通知》。

诂学时，曾经称文字学为"文献文字学"，并称训诂学为"文献语义学"，便于和宋代金石之学与现代考古学密切相关，与以出土文献为主要对象的古文字学有所区别。当时老师曾对我说："容庚与商承祚二老，都是现今研究钟鼎文和甲骨文的大家。两位也都是《说文解字》的行家。容老的《金文编》我让你学习过，是按《说文》部首排列的。渊源是吴大澂的《说文古籀补》。商老有一部《说文中的古文考》，你前些时候已经读了。学术界都说章、黄反对古文字，其实不然。太炎反对封建帝制，认为有些弄金石的古董家品德不好，许多是强取豪夺人家的东西，也作假骗人。他也反对用出土文字来否定《说文》，并不是一律不信古文字。季刚先生非常重视古文字，他在南京时，托我买过好几部关于古文字的书，解读《说文》也是常用古文字的。"我才明白，老师不再用"文献语言学"这个名称，一方面是因为怕失去与章黄"小学"原有称谓的联系，淡化了中国传统继承的内涵，另一方面是因为20世纪80年代以后，《说文》研究必须关注出土文字，而出土文字历来都要借助《说文》，二者都属于历史汉字的研究范畴，而《说文》学立下的汉字学理论概念已经做了现代解读，大家都在使用，不需要分得那么严格，更不要对立起来。至于训诂学，主要以解释汉语文本（书面语）的语义为宗旨，对于汉语来说，必须与文字学相胥，所用的汉字材料就系统与全面而言，《说文》总结过的经史文字自然要放在第一位，而出土文字也不能不成为重要的补充和参考，也就没有必要再分出两种训诂学了。只是，由于二级学科将训诂学列入了汉语史（将其纳入词汇史），它与文字学的分工比以前更为清晰，这才有了北京师范大学古代汉语专业连续22届的博士（包括留学生）招生，都主要以"汉语文字学"为方向的学科发展历史。

二、信息时代使汉字学具有了新的面貌

20世纪80—90年代，信息时代到来，汉字作为汉语的书写符号，成为汉语进入网络传递信息的载体，已经有了新的存在价值。在传统语言文字学里，汉字的属性有形、音、义三个方面，除了形是它的本体属性外，音和义都与它记录的语言难以分开。但是在简繁字共存的社会环境下，由于简繁字存在一对多的情况，一部分汉字在用以记录汉语词汇的时候，并不是完全一样的，例如"干"，在简化字系统里，它用作"干犯""干净""干练""树干"等不同的词语中，但在繁体字系统里，"干犯"的"干"是他的本字，其他三个词中的"干"分别写作"乾""幹""榦"。所以同一个"干"字用不同，字义也就相应有别。如果论古籍用字，字用的情况更为复杂。"用"就成为汉字的一种属性。而汉字进入计算机后，机器是认"码"不认形的，只要有人机对话，它的属性必须增加"码"。具有"形、音、义、用、码"五种属性的汉字，在现代应用上也就有了自己独立的研究价值，给传统语言文字学的现代转型提出了新的课题。这个变化使我在接替了老一辈师长学科建设的任务后，就文字学这个学科分支而言，必须在理论上接受简繁并存、人机对话的新现实和新问题。

汉字经过刻、铸、写、印等阶段，从唐代雕版印刷到宋代活字印刷，20世纪又告别铅与火的时代，进入激光照排成为互联网的信息载体，它对社会生活的影响，已经有了一个不平凡的飞跃。章黄之学的传承是我们学科的宗旨，而其主要精神，就是发展"不可取之域外"的中国语言文字学。此前我们立足文字训诂学理论的创建和方法的科学化，已经有了很多的创获，怎样站在自主创新的前沿，适应信息时代新形势而迈出新的一步？1990年我接替陆宗达先生"汉语文字学"

的博士点后，陆续做了三件事：

第一件事，是采用先进的信息工具，用新的方法检验已有的理论创获，发掘章黄语言文字之学的先进思想，对自己的师承建立更大的信心。比如，我在深入学习了系统科学的原理后，总结了小篆构形系统，创建了汉字构形学，又将《说文解字》进行了数字化处理，用计算机统计出《说文》小篆的诸多数据，进一步证实了汉字构形系统的存在。这便使章黄创建的《说文》学的理念完全彰显出来。又如，在汉语词源问题存在许多纷乱说法，概念混乱，考据无根的情况下，我开设了"汉语词源学"的课程，说明了形声字声符的示源功能，澄清了关于"右文说"的一些误解，着重阐发了"词源意义"与"词汇意义"的本质差别，解读了《成均图》表现音理规律和进行事实描写的双重意图，彰显了太炎先生《文始》条例的理论高度。许多年来，语言文字学西化的倾向十分严重，对章黄之学无意的误解和有意的曲解，积下很多片面之词，在采用先进的信息工具采集了数据和梳理了理论之后，植根汉语汉字民族特点的章黄之学的重要理念具有了无可辩驳的说服力，消除了片面和误识，也使我和自己学术团队的中坚力量对师承有了更大的信心。

第二件事，是我从 1985 年接触微机后，走出了仅仅"纸上谈兵"式的"读书、讨论、写文章"的研究模式，积极参与了国际和国家级别的语言文字应用工作。从语料库建设、现代汉字字库的建造、计算机形码的专家鉴定这些资料工作，到适用于形码研制的汉字部件规范、汉字国际编码的整理与提交、国家《通用规范汉字表》的研制、简繁字的自动转化系统的研制、基础教育语文课程标准的研制、科学术语中文译名的订正等高端的实践活动，在这些工作中虚心向计算机科学的专家学习，也在此过程中运用自己创建的汉字学理论，促进理论概念的完善与成熟。同时，在实践中创建操作规程、确立科学方法、得出合理结论的同时，也是对自己掌控和运用汉字能力的一次次提升。

第三件事，是预见到计算机在未来将起的重要作用后，我开始关注互联网运行中产生的诸多现象，意识到互联网会在科学技术与人文文化的高度结合中向前推进，而从传统的文字训诂学研究跨越到采用先进的计算机手段、与现代信息科学相结合的汉语文字学研究和应用，需要补充大量的现代科学知识，我深感自己知识结构的缺欠。那几年，我补了两门数学课，学习了系统科学基础理论。同时招收了计算机科学和语言文字学交叉学科的研究生，在与他们共同学习的过程中提升自己的思维能力。我相信，文理交叉可以使传统学科摆脱就事论事、微观繁琐的困境，又不至于走入思维固化、理念单一的空泛。这些年来，我都在警惕自己思想方法上的失当，将语言文字的科学性与人文性密切结合，在继承的基础上不断拓宽研究领域，关注新的课题。

三、汉字学基础理论的创建

1988 年 1 月 13 日，陆宗达先生辞世，我于次年接替了老师的学科建设工作，遵循老师发展《说文》学、学习古文字学的学科建设理念，在萧璋、俞敏、曹述敬三位业师的指导下开展教学科研工作。

我 60 年代初跟从陆颖明（宗达）先生学习《说文解字》时，在将近 20 多次倾听颖明师讲解《说文》学，在他的指导下通读《说文》白文和段注，又做过 10 次《说文》系联后，对中国传统文字学的理论和方法了解日渐深入，也更加信服。汉字在我心里渐渐变成一种可以理喻的文化事象，不再陌生，不再虚玄。有两点是我从《说文解字》中得到又不断深化的理念：第一是汉字因义构形的表意特性；第二是汉字构形系统的存在。在我还没有获得研究生招生权跟从老师辅导学生时，就和老师一起设计了关于《说文》研究的课题。首先梳理、统计了《说文》小篆的基础元素，也就是太炎先生所说的独体字；之后又整理了会意字和形声字；最后又对《说文》构形的诸多参数做了统计与分析。在辅助老师指导研究生的过程中，系统论的思想对我产生很大的影响。1989 年以前，系统论已经有了一些相关的研究成果，我感到它对分析《说文》小篆会有很大的作用，所以不断地关注它。1989 年，老师去世后，我获得了博士招生权，为了把《说文解字》中潜在的理论发掘出来，我花了大量的时间，认真读了贝塔朗菲的《一般系统论：基础、发展和应用》①以及相关论著。由于理科知识的缺欠，我在学习时不断补充生物、物理和数学知识。结合汉字，我理解了系统论的基本理念和方法原则，让我对 10 次《说文》系联的感受上升到理性的认识。我开始从整体出发来研究汉字构形系统，确立了与"六书"中的"前四书"相关的"结构—功能分析法"。在这个过程中石定果的博士论文《说文会意字研究》是采用"结构功能分析法"分析会意字的，齐元涛对《说文解字》小篆的构形做了全面的数据统计，从数据关系中可以看到汉字结构总体呈现出的系统性等，都让我对用系统论的方法分析汉字构形增加了底气。

我在《系统论与汉字构形学的创建》一文中，曾经说过："系统论为汉字构形学的创建提供了理论与方法。它首先启发我们，汉字作为一种信息载体，一种被社会创建又被社会共同使用的符号，在整体上必然是以系统的形式存在的。在共时历史层面上的汉字总体，应当有

---

① ［美国］L. V. 贝塔朗菲（L. Von Bertalanffy）：《一般系统论：基础、发展和应用》，林康义、魏宏森译，北京，清华大学出版社，1987。

自己的构形元素，这些元素应当有自己的组合层次与组合模式，因而，汉字的个体字符既不是孤立的，也不是散乱的，而是互相关联的、内部呈有序性的符号系统。个体字符的考据只有在整个系统中找到它应有的位置，才能被认为是可信的和合理的。仅仅探讨汉字个体字符的形体变化不能称作汉字史，只有在弄清个体字符形体变化的基础上，考查出汉字构形系统的总体演变规律，并且对这种演变的内在的和外在的原因做出符合历史的解释，才能称为汉字史。汉字构形学应当为各个历史层面上汉字构形系统的描写和历时层面上汉字构形不同系统的比较服务，为之建立基础的理论与可操作的方法。描写是解释的前提，比较又是探讨演变规律的必要条件。毫无疑问，这种汉字构形学的建立，会使汉字学与汉字史都进一步科学化。"

在构形系统描写的基本操作方法确立后，我做的另一件事是用已经确立的系统方法分析了已释的甲骨文，在《论甲骨文构形的分析与描述》的论文中，关于汉字构形模式已经有了穷尽的分类。经过甲骨文构形的数据和《说文》小篆构形数据的比较，可以看出汉字构形系统性是随着社会的发展和形声系统的形成而逐步成熟起来的。

做了以上的理论准备后，我开始了"汉字构形系统"的理论课程，设置了对甲骨文、西周金文、春秋金文、战国三晋文字、睡虎地秦代古隶、居延汉简文字、东汉碑刻文字、唐代碑刻文字、宋代雕版和手写文字等共时汉字构形系统整理、描写的博士论文题目，后来，将这些论文集比较成熟的成果合起来，出版了一套"汉字构形史丛书"。这套考察和描写诸多共时的、同形制的汉字构形系统的"汉字构形史丛书"，不但使汉字构形具有系统性多次被证实，而且因为针对不同时代和形制的汉字整体，多次运用汉字构形系统描写的操作方法，细化了规则和程序，创建了一整套汉字构形系统的术语体系，使我和下一代年轻的学者有了共同的话语。我的学生们促进了我的思想，也在很多地方超越了我的思想。我们有了一支学术追求一致的学科团队。

为了检验理论的创建在实践中的应用价值，1995年，我用一年的时间，在《中国教育报》语言文字版，连载了汉字构形学的纲要，同时把汉字构形学最基本的内容，引入了由我主编的北京市小学教师自学考试的教材《汉字汉语基础》。在此过程中，我收到了近200封中小学老师的来信，帮助我把汉字构形学的基础原理进一步完善和通俗化。在2000年北京召开的全国小学识字教学研讨会和香港特别行政区召开的2000年国际语文教学研讨会上，我把《汉字构形学讲座》略作修改，配合我所作的《汉字教学原理和各类教学方法的阶段适应性》的发言，印给老师们征求意见。2002年4月在上海教育出版社出版的《汉字构形学讲座》（简称上教版），就是在《中国教育报》连载的十二讲基础上多次修改补充的。这是汉字构形学在普及领域的应用。在这本普及的上教版《讲座》里，我追求的是简要和平易，汉字问题涉及的方面很多，要从中抽取最基础的部分，创建一种可以应用于语文教学的基础理论，不但要系统全面，更要明确透彻。普及不是浅化，是对理论中可以成为共识的原理，在经受实践的考验后，为更多的人所接受。上海教育出版社一直没有再版《汉字构形学讲座》，但这本薄薄的小书一直放在网上，有很多小学老师和教对外汉语的老师下载去看，国外的很多教汉语的老师也不断有人写信来。既然书仍在传播，我也就没有再版和补充。直到2012年9月，我应邀到中国台湾大学中国文学系访学一学期，台大中文系指定我开设的本科选修课就是"汉字构形学"。选课的同学包括很多专业，除中文专业外，还有其他文理科的学生，甚至有护士专业、财经专业的学生。他们出于兴趣来听课，我也在他们中间寻求理解。这次讲课，使我有机会面向台湾大学跨学科的高年级本科生，把 2010 年前后固有的和新的想法综合在一起，和年轻的同好者交流。一位中文专业的同学告诉我："这门课和我以前学的文字学完全不同，但我一个个作业做下来，思路一点点开阔，对汉字的认识忽然像雨后天晴似的，明朗起来。"我讲到"汉字的共时认同关系"一讲时，一位护士专业的同学在教室外面迎着我，对我说："老师，你开始上课后，讲到第三讲，我还不知道你要做什么、想说明什么，现在我明白了，你想用一套可操作的办法把汉字的整体描写出来，就像医生描写生理器官和人体构成。"最后考试的时候，有一位同学递上来一个小条说："多谢老师。我晚上在补习学校教国文，我想我知道怎样'以字讲字'了！也知道怎样读《说文》和查《说文》了。"在学生的作业里，我会偶然发现几个他们想出来的精彩的实例，也让我感受到一种沟通和理解。或许是这些事堆积在一起，让我把教学工作和在中国台湾地区感受极深的忆旧情怀结合在一起，产生了一种要在那里留下一点什么的冲动，当时正值三民书店向我约稿，我便毫不犹豫地将《汉字构形学讲座》(台北版)的繁体增补本交给了书店。

2015 年，我在之前研究的基础上做了最后的调整，出版了《汉字构形学导论》(商务版)，《导论》在前几版的基础上，完善了章节和补齐了主要论点。汉字构形学的目的是创建汉字学的基础理论，出版《导论》时，我设置了"术语表"，对一些已经被发掘出的汉字构形现象，在分析其本质的前提下，为其设置术语。在设置术语时，注意把表面类似而本质不同的现象给予区分。例如，在谈到汉字发展时，人们把后代字形或字理与前代有差异的现象通称"讹变"，因此，用古文字否定《说文》小篆的做法一度比较盛行。在《导论》里，我设置了"理据重构"的术语来称谓汉字在形义发生演变过程中适应新的构形系统重组部件、重讲字理的现象，肯定了这是演变的合理现象。再如，对汉字认同，历来有很多争议，主要是汉字比较的层次没有划分清楚，在《导论》里，我把汉字比较的层次分为字样、字位和字种。明确字样、字位的认同是字形层面的比较，而字种的认同，已经涉及词汇，与音、义、用相关，不是单纯的形体问题了。再如，独体象形字失去了象形性，但是字的构造理据已经固化进字形，有些地方称为"记号字"，这样就把大量象形独体字排斥在表意范围之外，在《导论》里，我称这批字为"义化字"，只把不能体现构意、无法讲解的构件称为"记号"……这些都是针对汉字分析和应用过程中产生的问题而对一些模糊成说的清理。在这个过程中，我深刻地体会到，在基础理论的创建中，形成一个定称合理、定义准确、异同分明、系统严谨的术语系统，是检验理论是否成熟的重要标准。

2000年，我们这个学科点与钟敬文先生的民俗学、启功先生的中国文献学结合，成立了民俗典籍文字研究中心。在两位老先生的带领下，学科的发展有所拓宽。启功先生对文字学有十分深入的研究，他提出要在研究静态文字学的同时，关注书写文字学，建议我们要注意字体发展问题。他认为，字是写出来的，汉字的很多现象是在书写中产生的。为此，我们开展了书写汉字学的研讨，从字体的角度设计了一批博士课题。我从启功先生的论著、讲演和古代书法学论文中概括出有关书写的基础理论，也就是关于运笔和结字两方面的初步规律，将其补充到汉字构形学的内容中，这才发现，有些表现在构形上的字形变异现象，实际上是书写工具和载体的变化造成的。这就使唐宋以后关于书写的传统理念与构形理论有了一个交集。用启功先生的话说："汉字的字形与字体、识别与书写都具备的汉字学才是完整的汉字学。"

走到这里，这项汉字学基础理论的建设才开始走出了第一步。它虽然采用了现代新的科学理论原则，却做到了比较全面地与传统文字学接轨。用现代系统论思想解释《说文》的潜在理论完全切合，是因为许慎《说文》确实具有系统思想。采用结构功能分析法可以解释传统"六书"，是因为古人总结出的"六书"确实基于"结构—功能"两维度的构形模式，"六书"确实是传统文字学的精髓。就这两点而言，这个基础理论是有根的，是符合传统语言文字学现代转型的精神的。

怎样看从《说文》学走向汉字构形学而迈出的这一步？库恩《科学革命的结构》①，提出一个"范式革命"的问题。他认为，"必须有公认的范式，一门科学才能固定下来"，创新就是摈弃旧范式建立新的范式，也就是范式的转移。他认为旧范式与新理论的关系有不同的情况：第一种是新的现象与以往的科学相冲突，旧范式必须摈弃。第二种是新理论讨论的问题旧范式从未涉及，在讨论新问题时，也不能再用旧范式。第三种是新理论是比已有理论更高层次的理论，缺乏了新理论的范式，不能走向高层次。第四种是新旧理论具有融洽共存的可能性，只有范式的更新，才可更新理论。这四种情况，会带来科学的革命。这个思想表明，范式存在于我们所说的基础理论中，没有基础理论就不会有固定的科学门类。只有基础理论的创新才能推动科学的发展。这虽然主要是对自然科学来说的，但在总体精神上对汉字学是适用的。汉字作为一种人文符号，具有人文属性，也具有数理属性。就人文属性来说，它有历史的继承性，而对数理属性来说，它的发展也要在一定程度上摈弃旧的范式。因此，汉字构形学走出的这一步，符合第四种情况，新旧理论具有融洽共存的可能性，但是，固守旧范

---

① ［美国］托马斯·库恩(Thomas Samuel Kuhn)：《科学革命的结构》，胡新和译，北京，北京大学出版社，2001。

式，是难以更新理论的。在继承中产生新的理论，不是个人能够完成的，需要一个学科。正如托马斯所说："新的范式需要吸引一批坚定的拥护者，但他必须是开放的，具有很多问题，以留待重新组合的一批实践者去解决。"的确如此，我所走出的这一步仅仅是开始，已经有很多相信这种理论的后来者，正在实践中提出新问题，寻求理论的发展。

四、传统语言文字学与信息技术的结合

早在 1985 年，我由于偶然的原因接触了当时尚未普及的微型计算机，手中有了一台大约相当于后来的 286 电脑，但这台电脑已经具有了绘图和汉字输入的功能。在此之前，受到周有光先生的启迪，我对计算机在未来的发展有了些微的认识。我在计算机专业石云程工程师、张普教授和谢清俊研究员等专家的帮助下，经过一个多月的摸索，做成了两件事：第一件事是用它输出了汉字，编辑了文本，设了一个题目将这些文本储存在一起；第二件事是把以前统计的数据放进 Excel 工作表里，核对数据的准确性，表示数据的多维关系。这两件现在看来都很简单的运作，当时足足摸索了一个多月。但经过这一番折腾，我产生了编码和编程的意识，也就是明白了汉字书写的文本经过计算机处理后，可以贮存、可以检索、可以统计、可以编辑。而在数据统计上，计算机可以显示多维度的数理关系，这些都是人脑无法认知的。

在这种意识的支配下，我开始关注汉字进入计算机的情况。我发现，在我微机里存储的汉字，是简化汉字和它对应的繁体字。1980年，国家标准总局已经发布了《信息交换用汉字编码字符集》，1981年 5 月 1 日开始实施，标准号是 GB2312—1980。收有 6763 个汉字

（简化字 3500 个常用字，加上对应的繁体字）和 682 个非汉字图形符号。其实，即使是印刷现代文本，用这个字符集来印刷多种主题的文本也是远远不够的，缺字现象使计算机的使用者产生了很大的苦恼。那时，内地和港澳台地区与国际交流越来越频繁，彼此的电邮出现乱码给人们带来更多的麻烦。于是专家联合起来，研制中日韩统一字符集（简称 CJK 字符集）。这件事是当时的计算机专家自己出钱出力完成的，我收到了邀请函，因为签证问题来不及参加在日本召开的研讨会，但也近距离见证了这个字符集产生的过程。后来根据 CJK 字符集发布的 GB13000.1—1993 标准，收字 20902 个，算是暂时和部分缓解了缺字的问题。这个字符集，后来成为国际编码的基本集。

　　20 世纪 90 年代计算机应用的另一个问题是汉字形码和输录法问题。汉字是单音节语素的文字，字数一多，拼音输入法必然会遇到大量的重码，于是很多计算机公司和相关的单位开始做形码。形码要以汉字的拆分来找到编码的码元，才能分布到美式键盘 26 个字母加上 10 个数字上，怎样分解汉字的部件大家各有主意，码元怎样在 36 个键盘上分布，当然也办法各异。于是，20 世纪 90 年代初呈现了"万码奔腾"的乱象，局面无法控制。信息产业部和国家语言文字工作委员会无法制止这些形码的出台，只能定出一个规则确定编码的基本标准，每一种编码必须通过专家鉴定，才可以正式使用。从 1993—1995 年，由于形码和汉字构造有直接关系，较多的形码编码的鉴定会我都是参加的。在这项工作中，我认识了当时做中文信息处理的计算机科学的学者，向他们学习了很多这方面的知识，而汉字构形学的基础理论，也在实际运用中得到他们的指点，并被他们了解和赞同。当时使我印象很深的是台北"中央研究院"资讯所的谢清俊所长，他第一个提出"古籍数字化"问题，将历史语言研究所的很多线装古籍通过扫描的办法保存在计算机里，让我大开眼界。我去台北开会，到他那里讲《说文》字理和构形学，他很快了解并给了我很多肯定和补充意见。我们成了朋友。他以"人文资讯"的题目写了很多文章，让我看到文理科交叉所产生的创新思维。他还建构了佛经分段贯释的数字化系统，启发我用数字化的思维去研究语义。之后，他提出了"数位典藏"的方法来存储传统典籍，将计算机在文化发展中的作用尽情发挥，这也启发我设计了"碑刻典藏"的大项目。在我认识的计算机领域专家里，这一段工作使我对计算机的认识有了质的飞跃，也使我对自己的师承有了与前不同的认识，想到黄季刚先生所说的"明其理，得其法"，我从20世纪90年代起，就试着用数字化的语言来发掘汉语的"理"和"法"，更深层地认识汉语汉字的特点和发展规律。

形码的不断产生，让计算机生产者和使用者缺乏共同的语言，也使语言文字的规范管理产生了困难。如何形成使"万码"统一遵循的规范又不失各自的特点？需要定出一个相对统一的部件分析的底线。语言大学崔永华和张普两位教授主持了一个计算机使用的汉字部件规范的科研项目，项目进行了相当一段时间，有些原则还定不下来的时候，他们发现需要汉字规律的介入，张普教授在项目进行中途找到我，希望我参加。一方面，我知道项目组的成员大多是前时和我一起审定编码的计算机科学专业的专家，他们都可以做我的老师，是我学习的好机会；另一方面，我已经意识到，汉字研究遇到了信息时代的高科技，人与机需要对话，这是一个传统与现代科学相遇的崭新问题，是值得参与的。张普教授于1966年毕业于北京大学中文系语言专门化，1977年调入武汉大学时，曾做过《汉语大字典》收字组的组长。在法国学习计算机科学，回国后转行计算机应用，专做中文信息处理，1988年调入北京语言大学任语言信息处理研究所所长。他和我师妹石定果夫妇二人都是十分聪明、学习能力很强的人。由于具有文理交叉的知识结构，又经过《汉语大字典》收字的实践，他熟悉汉字的程度很高，其《语言自动处理》《汉语信息处理研究》等著作，创新性很明显。张普的邀约更让我对课题充满兴趣。在课题组，我和大家一起确立了汉字部件拆分的原则。课题组先是做出了 GB13000.1 字符集 20902 个字的部件规范和部件名称规范，后来又做出了常用汉字部件规范。之后，我有机会应用这个规范协助完成了计算机技术博士导师何克抗教授主持的认知码研制。在这些工作中，汉字构形学应用于现代汉字又受到一次考验，这也更加坚定了我让传统语言文字学走向现代的决心。

在 20—21 世纪之交，"汉字与中文信息处理研究所"的成立，进一步促进了我们使传统语言文字学的研究与信息技术结合的事业。20 世纪 90 年代，台北和北京关于汉字问题有深度的交流，中国台湾地区一些对中华文化的发展有责任感的大学教授，组织了"中华文化统合研究会"，其中的成员一部分是国文系的教授，一部分是计算机科学中做中文信息处理研究的教授。由中国台湾大学周志文教授带队来北京和我们讨论简化字和繁体字的问题。北京和台北学者的交谈聚焦于学术和文化，很快成为好朋友。往来几次后，中国台湾地区中华文化统合研究会主动提出要和我们合办一个"汉字与中文信息处理研究所"，在当时的校领导方福康的支持和促进下，这个机构于 1994 年得以成立。一年后，学校正式任命我来负责这个研究所，研究所的宗旨是推进以计算机为研究手段的古汉字与古汉语研究，使传统语言文字学更适应当代，与现代接轨。同时也希望通过手段的更新，使传统语言文字学对青年人有更多的吸引力，防止这种对弘扬民族文化十分有用的学科再一次断裂。从更积极的意义上说，也希望在 21 世纪，传统语言文字学领域里能产生更多出类拔萃的人才。由于统合会的资助，我们有了计算机房。计算机的升级换代飞快，我的那台286早已报废。我急切希望熟悉计算机的功能和操作方法，那几年虽是我课程最多、校外学术活动最频繁的时期，但我仍和学生一起听计算机课，补高等数学，晚上的时间多半泡在机房里，常常因为学习和运用计算机忘了时间。办公楼12点关门，我好几次被锁在楼里。我们当时很多采用计算机技术申请和完成的项目，都是在这个研究所完成的。这个所是学科发展的一个重要支撑，虽然属于非建制单位，但经费、项目一直具备。由于汉字所的成立，我们的专业虽是以文字训诂学为学科方向，现在说起来属于"冷门绝学"，但老师们都具有古今沟通、现代应用的研究理念，师生都掌握一定的计算机技术，运用先进的信息工具研究历史语言和古文字的能力也在不断提升。2009年，汉字与中文信息处理研究所成立15周年，我们请统合会的两位会长周志文和龚鹏程来北京开了纪念会。他们对研究所能这样坚持下来都感到欣慰。直到学校批准成立"汉字研究与现代应用实验室"后，这个研究所才因为与实验室功能近似，被我们主动撤销了。

五、语言文字规范——汉字研究与应用的新课题

传统语言文字学理论更新，再与信息技术结合，使我们学科的现代化应用能力有所提升，能够完成较大的研究项目，并为国家语言文字政策提供理论上的咨询，或参与汉字规范的研制。

在参与完成了两个汉字部件规范之后，我带着一个课题组，先后完成了《通用规范汉字表》、《古籍印刷通用字字形规范表》、"通用规范楷体字字形规范"、"义务教育汉字基础字"等项目，每一个项目都因为有理论的支撑才能顺利完成。

　　《通用规范汉字表》的研制历经 13 年。我国现行汉字规范是 20 世纪 50 年代以来陆续制定的，因指导思想、研制手段、面对的社会用字状况等不同，难免有说法不一、相互矛盾之处。《简化字总表》（经国务院批准，国家语言文字工作委员会于 1986 年 10 月 10 日重新发布）与《现代汉语通用字表》（国家语言文字工作委员会、新闻出版署于 1988 年 3 月 25 日发布）之间存在一定的差异；这两个作为规范汉字主要依据的字表，与《第一批异体字整理表》（文化部、中国文字改革委员会于 1955 年 12 月 22 日发布）也有出入。2000 年 10 月，全国人大颁布了《中华人民共和国国家通用语言文字法》，规定："国家推广普通话，推行规范汉字。"使汉字规范进入了法律层面。这时，距第一份汉字规范文件的发布已逾半个世纪。形势的发展要求我们站在当代的历史高度，利用现代技术手段来考察现行社会用字的实际状况与需求，对已有的汉字规范进行整合和优化，消除不同规范之间相互矛盾之处，弥补因各种原因造成的疏漏与缺憾，以使汉字规范更好地适应构建和谐语言生活的需要。制定《通用规范汉字表》的具体目标，是将原有的汉字规范整合为一体，使"规范汉字"这一法律概念落到实处。汉字规范已经进入印刷系统和基础教育领域，新的规范不能大删大改，只能统合调整，使其进一步合理化。

　　《通用规范汉字表》是在国家语言文字工作委员会（以下简称为"国家语委"）的直接领导下进行的。研制经过四个阶段：第一阶段（2001 年 4 月至 2004 年 10 月）是《规范汉字表》研制课题组工作阶段。这个阶段完成了基础材料准备和基础研究工作。第二阶段（2004 年 10 月至 2006 年 6 月）是《规范汉字表》专家工作组介入课题研制阶段。专家工作组协助课题组，对重大汉字规范问题进行学术探讨与决策，对基础语料和基本数据进行甄别，在确定了字表的分级与收字原则后，初步拟订了字表草案。第三阶段(2006 年 6 月至 2008 年 9 月)是《规范汉字表(送审稿)》专家委员会工作阶段。对字表进行了修改完善,征求各方面意见形成了字表送审稿。第四阶段(2008 年 9 月至 2010 年 8 月)是《通用规范汉字表》面向社会公开征求意见和完善定稿阶段。我是在第二阶段参与研制工作的,并担任了专家工作组组长。后来又担任了报批稿专家委员会副主任,以及设在委员会下的研制组组长。这个长达 13 年的国家规范的研制,我们遇到了非常复杂的问题。如果说运用基础理论保证汉字规范的科学性对于我们并非太难的问题,那么,社会各种职业、各种文化层次和各种阅读习惯的人群对汉字的不同认识和要求需要综合考虑,则是一个较难协调的问题。在专业和应用领域,处理理论和应用、识读与书写、手写与机器输入、实用汉字与艺术书法等问题的辩证关系,也是需要既把握原则又考虑实情的。实践产生了很多新的课题,也充实了汉字学的基础理论。

2014 年,在《通用规范汉字表》发布之后,楷体字形规范的问题提到日程上。楷体是计算机主用字体中的应用频度仅次于宋体的字体,而且更重要的是,楷体是小学课本的印刷字体,涉及义务教育的写字教育。由于毛笔书写正楷字的笔形保留在楷体字上,它和宋体字必然会有一些差异。在汉字拉丁化作为改革方向的思潮还影响很大的那个时期,楷体字与宋体字的差异往往被忽略,这就使楷体字形规范存在很多理念上的分歧。2015 年 6 月,"通用规范汉字表楷体字字形标准研制"项目正式立项,由北京师范大学和北大方正电子有限公司共同完成。完成这一课题我们坚持了识字与写字教育密切结合的原则,提出了两方面的研制目标:第一,坚持楷体字在结体和笔形两方面需保持自身特点,遵循楷书书写规则,以与书法教材取得一致。例如:楷体字笔画的横要有一定的斜度,粗细具有弹性;悬针竖与垂露竖的笔形要遵循一定规则；起笔、收笔对藏锋、露锋的处理要符合历史形成的习惯等。第二，同一部件在相同位置上，其笔形应统一处理。例如：上下结构字中的"木"字底都不带钩。"囗（wéi）"处于全包围结构的外围，第二笔应为横折。左侧部件最后一笔的竖，不论居于何种位置，均应变提，等等。这些问题的解决，不论求同还是保持差异，都是考虑基础教育的汉字教学而定的。在处理以上问题时，文字学界与书法界会有不同的意见，解决的方法只能兼顾释读与书写，而在楷体字形的处理上，书写规则要起到更为重要的作用。为了统一认识，我们搜集了大量的古今楷书字形，采用统计的方法来辅助确定规则。2015 年课题结项时，请书法界、小学教材出版界和文字学界的专家们共同讨论，经过磨合，取得共识。这个项目完成过程中产生的诸多问题，更加说明汉字进入计算机后会有很多新问题产生，解决应用问题比解决纯粹的理论问题要更加复杂。

在《通用规范汉字表》基本成形的过程中，已经有专家提出繁体字的规范问题，在国家明确提倡"弘扬中华优秀传统文化"后，古籍整理印刷用字出现了很多争议，有些还涉及出版单位的质检结果，研制《古籍印刷通用字字形规范表》已经提到日程上来。2010 年，我和何九盈、董琨两位教授一起主持《辞源》第三版的修订。《辞源》是以 1840 年以前的典籍所用的字词为资源的，它的字头只能是古籍印刷用字。我代表主编组提出，《辞源》字头要成为以后古籍印刷规范字的先行成果。为此规定了字头用字的 7 项 23 款原则，后来又在此基础上，由"字形专项分主编"专门将字头用字和释文用字进行了统计和规范，建造了激光照排专用的《辞源》印刷汉字系统。《辞源》第三版修订完成后，又经过 6 年的继续工作，从 2021 年 3 月开始，北京师范大学、商务印书馆和中华书局组成联合课题组，在《辞源》印刷用字的基础上扩大了字量，重新核查了字频，进一步完善了选字标准，在国家语委主持下通过了鉴定，2021年10月11日，由国家市场监督管理总局和国家标准化管理委员会，作为国家标准的指导性技术文件发布，并规定于2022年5月1日起正式实施。这个规范的完成，使简体字与繁体字分别成为印刷现代汉语文本和古籍文本的规范，对我国文化事业的发展，对弘扬中华优秀传统文化，是有推动作用的。

从汉字部件规范到古籍印刷通用汉字规范，我和我的专业团队，已经参与和主持研制了5项国家汉字规范，充分发挥了汉字基础理论的作用，也充分采用了先进的信息技术，并且培养了一批既有责任心又有应用能力的中青年人才。在字表研制的过程中，学科成员有了理论上的默契，也展示了科研团队的研究实力。在这项工作中，我对汉字问题有了更加深入的认识。

汉字规范涉及的第一个问题是简繁字问题，汉字简化从民国时期一直在推行，从1949年起成为国家行为。这是在保留汉字不被改成拼音文字的前提下的一种文化教育普及的积极措施。由于早期它的前景还是要拉丁化，在简化汉字定字形的过程中，笔画的减少是工作的第一目标，当时所定的具体指标是平均笔画数不能超过9画。所以，对保留汉字的特点、继承汉字的传统也就有所忽略。汉字简化方式的一些做法，例如"同音替代""符号替代""草书楷化"等，对汉字的结构理据也未顾及。在《通用规范汉字表》的研制中，有一些深明此中道理的专家提出要恢复极少数笔画不算太多的传承字，使一些字际关系趋于合理，但没有被采纳。这期间，也有少数人提倡恢复繁体字，指责简化字。这就迫使我以清醒的头脑来分析这些意见的来源和利弊。那时候，我读了民国史，进了档案馆，了解了50年代汉字简化的工作过程和产生的问题，阅读了50年代很多专家的文章。我认识到，以推翻了帝制后的中国贫弱的状况而言，普及教育是实现民主的基础条件。汉字日渐繁难的原因，与它的表意特点和两维构造有关，也与中国古代文献大量产生有关，但与文化教育的专制垄断和复古倾向更有直接关系。如果没有简化字和当时的《新华字典》，普及教育的难度实在太大了。我自己是亲自从事过农村扫盲工作的，完全能理解汉字简化的社会意义，也完全能理解汉字改革问题提出的深刻原因。在解决汉字简繁的问题上，还有一点也是非常重要的，那就是必须明确二者的文化认同关系。作为自源文字的汉字，以及它的表意所带来的超方言特点，使汉字对民族凝聚力的加强有非常大的影响，这些年我们在与港澳台地区的语言文字学界的交流中，从中华文化认同的角度提出了"简繁并用，相映成辉""简繁共存，分工互补"等说法，起码在文化教育学界，因为用字的差异而抵牾的情绪已经化解。在《通用规范汉字表》研制的过程中，我产生了"科学性和社会性协调"的思想，也由此懂得了一个长期在书斋里做人文科学的人，走出书斋、走进社会，对自己专业的发展和拓宽有多大作用。

汉字规范遇到的第二个问题，是中国社会对汉字教育的严重缺失，这个时间很长，几乎是整整一个世纪。对汉字问题的生疏是社会层面的普遍现象，在《通用规范汉字表》发布前夕，国家语委组织了向社会普遍征求意见的工作。有一位上过《百家讲坛》的人士牵头，对我们调整的 44 个字形加以否定，网络上炒作连续十几天。直到我在新华网上普及了关于汉字书写的"笔形变异"常识，才停止了炒作。这种炒作惊动了一部分中小学语文老师，他们和我们联系，邀请我们前去座谈。那时我才知道，这些很普通的知识非但没有普及，反而有一些相反的错误论调在流行。汉字是中国传统文化的根基，普及汉字知识是我们必须关注的问题。由于觉悟到这个问题，才有了我用极短的时间按照国家图书馆的计划，完成了公开课的第一个课题"汉字与中华文化"。同时，我时时在密切关注小学识字与写字教学。在这个工作中，我充分认识到当前推动科学识字教学的艰巨，也充分体会到让更多的人由于对祖国语言文字的正确认识而产生文化自觉与自信，是全民文化素养提高的重要标志，因此，它是一种极为重要的文化建设。

汉字规范涉及的第三个问题是如何把握有用的汉字，有效地减少汉字的冗余。这就是科学的字频统计问题。汉字经过数千年的发展，正常或反常积淀下来的字样极多冗余，辞书的编纂相互转抄，以多取胜而不重整理，致使汉字的字数越积越多，废字字量充斥。吕叔湘等老一辈专家曾经明确表示，汉字繁难的原因除了笔画繁多外，更重要的是字量太大、废字不减。但是，数十年来，汉字的研究与管理对这种忠告未加注意。对贮存领域和应用领域不加区分，借着计算机的贮存能力不断提升，搜集不同字样贮存的同时，对废字的淘汰却一直没有有计划地进行。20 世纪 90 年代，国家语委为了在应用领域确定有用的汉字，研制了平衡语料库，这项工作的选料是由中国人民大学、北京大学和北京师范大学三所大学共同完成的。所谓"平衡"，指的是语料来源多方面的平衡。内容和体裁方面，除了综合性的报刊以外，还有文理各学科教科书和理论书，以及诸多文学作品等。时间方面，从 1911 年到 1991 年，都要全面覆盖。语料库增补后拥有了 1 亿汉字的语料。北京语言大学语言信息处理研究所研制了"现代汉语动态语料库"，特点是以"月—年"为时间单位，分别搜集已经进入应用领域的汉字和汉字字频，为的是观察汉字字频在时间流动中的变化，这样做既可以从用字中确定某月和一年的热门话题，又可以排除社会偶然、临时事件对汉字字频产生的影响。《通用规范汉字表》确定的6500 个通用汉字，就主要是这两个语料库的统计成果。至于《通用规范汉字表》的三级字表，收集了四个领域专用字中的通用字——姓氏用字、地名用字、科技用字和中小学教材的文言文用字。这四个领域的用字，从前面两个语料库里按照字频高低来撷取是取不出来的；因此，当时我们除了收集 1949 年后全部的语文课本，建造了语文教材与普及文言文读本的"现代文言文语料库"以外，还与地名研究所、科技名词审定委员会、公安部户籍管理部门的信息部取得了联系，将三级字表的 1605 个字确定下来。回忆这个过程，我们认识到汉字管理的重要性。尽管国际编码已经扩充到 8 万字以上，但在国内必须建立汉字管理的基本设施，随时监控汉字在不同领域的使用情况，就今天的大数据和 ChatGPT 的发展来说，作为信息载体的汉字问题仍是最基础的问题。在今后的汉字研究中，汉字进入计算机的存储、整理问题和形义关系问题，仍然有很多课题需要完成。

除了国家层面的语言文字规范，汉字学的应用，还涉及科技名词外来语的中译名的确定和网络用语的定称、定义问题，这些领域也成为汉字学基础理论的更新和应用能力的发展动力。

六、学科交叉与《说文》学的现代转型

20 世纪 90 年代以后，计算机能否解决人文科学问题已经被一些对两方面都关注的学者重视。我所接触到又可以近距离讨论的学者是台北资讯所的谢清俊教授，他也是第一个把中国古代典籍存放到计算机里并且解决了检索问题的学者。他提出了"人文资讯"的问题，并全面而细致地讨论了这个问题的方方面面。他认为："自从狄尔泰(W. Dilthey，1833—1911)提出'理解'为人文的主要研究方法后，释义学与质的研究方法已公认为人文研究的主力。然而，理解或意义都是与情境(context)紧密结合着的。"他在 21 世纪开始的时候就已经提出：

"利用计算机处理'意义'或模拟'理解行为'并非不可能，只是，这必须是人机共构的系统、是开放系统、并且在计算机中应先有有效的表达情境。"他对科学和人文做了对比，认为科学的特点是："科学系统善于研究封闭系统，研究是什么？为什么？并以量化研究为主。科学知识是外显的知识，可用语言精确表达，因此比较客观，而且以研究共性为主。"而人文的特点恰恰与此相反："人文系统是开放的，最重要的是对意义的理解，以质性研究为主。除外显知识外，还有经过实践而得的内隐（Tacit）知识，不易用语言表达，不易传承，难以完全客观，适宜于用共识或比较的方法来辅助，并可以研究个性。"所以他一直在思考如何用计算机处理复杂的情境，解决人文研究的问题。①受到他的这些思想的启发，我产生了进一步完善汉字构形学和理论训诂学，使它们更接近在计算机里的应用。有两个课题是我非常想利用数字化手段完成的：一是想对《说文解字》进行数字化处理，将其中的科学性、系统性显示出来，加以证实。二是想选择一个比较适合汉语的语法体系，经过数字化处理，依据汉语特点用语义建构的理念来比较语法与语义的相容与相拒。这些想法让我感到解决问题需要文理科的交叉。从 2000 年起，我开始做招收计算机专业硕士读汉语文字学博士的准备。之后，从 2002 年起，我招收了 5 届计算机科学和信息处理专业的硕士研究生，到汉语文字学学科点上来攻读博士学位。学科交叉使我向前迈进的步子加快了一些，初步完成了以下三方面的文理交叉课题。

　　第一，梳理汉字构形史的纵向数据。对运用汉字构形学理论完成

---

　　① 　引文见谢清俊《浅谈人文资讯学的回顾与省思》（两岸信息研讨会），他关于"人文资讯"问题的讨论，还涉及"智慧的考验""资讯科技与文化""资讯的虚与实""资讯的理解与诠释""口语与文字"等问题。

的 10 篇描写不同时代共时汉字的论文所取得的汉字属性的数据进行了纵向的梳理和比较，为构建科学的汉字构形发展史提供总体的数据。①

第二，解决《说文解字》的数字化问题。在对《说文解字》全面系联的基础上，概括小篆构形系统。分别探测了《说文》小篆的独体象形字、会意字和形声字，统计了《说文》小篆的构形属性，探查了《说文解字》一书的体例、版本和它与经学的关系，也部分涉及《说文》和古文字的关系。这些工作都是文字学专业也就是文科的硕士和博士研究生完成的。之后，建造了"北京师范大学《说文解字》小篆字库"、"小篆编码及输录法"和"《说文》阅读检索软件"，先后开发了基于统计的《说文》研究数据库、基于超文本的《说文》研究知识库、基于知识建模的《说文》研究资源库，完成了"《说文》小篆构形系统的网络分析"课题。这些，又是计算机专业也就是理科硕士、博士研究生完成的。在文理科合作的基础上，我于 2012 年申报且获准了国家哲学社会科学基金重大项目"数字化《说文》学及其研究平台构建"。这个项目于 2017年结项，综合了上述分项成果后的"数字化《说文解字》研究平台"具有检索功能、教学功能、系统测查功能、既往理论验证功能、新理论开发功能，已经公开在网上提供给学术界研究使用。利用这个平台重新检验之前的结论，一方面使我更加确信《说文》所含的潜在理论和理性思维必须发掘出来。章太炎、黄季刚先生把《说文》当成传统语言文字学的根，陆宗达先生秉承师说用系联的方法让学生体会汉字汉语的内在规律，并用以通经史、解词源、存文化、论古今，都是我们必须继

① 周晓文博士论文（2002—2007）《汉字构形属性历时演变的量化研究》。历代汉字构形系统描写与研究的博士论文有 14 篇，周晓文采用构形属性数据的论文主要是郑振峰的甲骨文、罗卫东的春秋金文、齐元涛的《说文》小篆、陈淑梅的东汉碑刻隶书和王立军的雕版印刷楷书 5 种。

承、不能放弃的。另一方面也使我认识到章黄之学必须让今天的人理解，要跟上时代，在网络成为一切知识和理念重要的传输撷取手段时，一定不要忽略它的作用。为了《说文》学走向世界，北京和台北的学者共同提出了"将《说文》小篆列入国际编码"的提案，已经国际符号标准委员会(ISO/IECJTC1/SC2/WG2)多次讨论，《说文》小篆获得国际编码的学术准备工作已经完成。《说文》小篆可以在互联网上直接输出，意味着数字化《说文解字》研究系统，也将更广泛地在全世界应用，对世界人民了解中国文化会产生深远的影响。

第三，对句本位语法进行数字化处理。想要解决计算机处理语义问题，必须深入到句子这个层面。因此，需要选择一个比较符合汉语的句法，让计算机能够自动分析和识别。我们选择了黎锦熙先生的句本位语法，首先建造了面向中文信息处理的句本位语法数字化平台，通过尝试以句子结构为主要着眼点的语法分析体系，为计算机自动分析理解汉语搭建一个能有效沟通词义和句义、真正发挥语法桥梁作用的形式化语法分析框架；同时利用计算机的结构化存储、可视化呈现等技术手段为汉语句法研究提供一个公共的语料检索和系统验证平台，以期在统一体系框架下实现语法教学、语法研究和中文信息处理应用三者的相互参证和相互促进。①

完成了这三个课题，更新了研究手段，语料也会海量增加，文字训诂学的潜在规律将会有更多的发掘，它们的基础理论也会进一步更新。

---

① 彭炜明的论文《句本位语法数字化平台的建设和应用研究》将黎锦熙《新著国语文法》的句法体系进行了合理的调整，划分了单句句式，以其中设计的"图解析句法"为模型，建造"图解树库"。目前，在他建造的平台上，单句已经可以自动分析。他的论文经过初步修改，已经出版了专著《句本位语法的中文信息处理理论与实践》，北京，外语教学与研究出版社，2021。

七、继承传统走向未来的中国汉字学

汉字学坚守自己的学术理念适应信息时代的发展，既是新时代弘扬中华优秀传统文化不可缺少的一个重要环节，更是高科技时代文化建设的必然产物。令我们信心倍增的是在这个问题上，传统与现代化并没有发生任何冲突。《说文解字》是东汉的字书，它收字的封闭性、结构模式的有序性、结构的层次性，形义关系的网络状联系等内在的规律，早已经是章黄前辈的共识，已经用《说文》小篆手动系联的方法让我们接受。手动系联所看到的规律，在高科技、多维度的检验下，这些规律再次呈现出来，并且有了系统科学理性的解释。这就说明，章黄之学前辈师长已有的理论结论，完全经得起现代科学的检验，他们所明之理、所得之法，来源于几千年发展的汉语汉字事实，又凭借自身的学术修养和无穷的智慧，在现代科学技术的面前又一次经受了检验，证明了自己。我们是在章黄前辈已经铺好的路上前行，是在理解他们的思想，采用他们的方法，开掘他们深层的理念，并在此基础上不断发展、拓宽，创建现代社会的前沿学科的。

需要说明的是，即使在现代，汉字学在解读古代典籍、还原真实文本、筑牢中华文化方面的重要任务，仍然需要与音韵学、训诂学协同完成。训练一个能够沟通古今、根底深厚的人才，仍必须读大量的古籍，有精博的知识，准确的语感和阅读文言文的能力，才能做到在运用先进的信息技术提高研究能力、拓展应用功能时，永远保留自己的特色和精华，让更多的经验事实上升为理性认识，让数千年中华文化发扬光大。

回顾来路，中国传统语言文字学从周代"小学"发轫期，到章黄之学的定型期，已经经历了 2000 余年。① 而它从乾嘉之学—章黄之学再到我们的师辈，尚不足 400 年。我们的师辈是直接追随黄季刚先生的传统语言文字学的大家学者，老师们在文坛复苏的时期，完成了文字训诂学复苏的任务。从传统语言文字学的复苏到信息时代的发展创新，时间跨度不过半个世纪。社会发展在加速，与人类发展息息相关的语言文字学的发展随之加速。追随这个新的时代，在继承中创新，这是一段新的跋涉。

我之所以选择在这本论文集里从个人的学术经历来描述这段历史的一斑，是因为这一段面向未来的新的跋涉刚刚开始，未来的事业需要今后几代人赓续与传承。本书的选文，着眼于一段关于历史的对话，重要在于过程，而不仅仅着眼单篇文章的内容。

只要我们不断追随时代不失方向地进取，不丢掉中国文化的根基，也不放弃吸收一切前沿的理论和方法，中国传统语言文字学向更新的时代发展，会是永无止境的。

---

① 把周代"小学"作为训诂学的起点，发展到今天有 2000 多年。把中国传统语言学的定型期当成一个过程来看，现代文字训诂学的定型始于乾嘉—章黄之学。乾嘉学派以明末清初顾炎武为开始，经晚清民国章太炎、黄节等保存国故的立论，再到黄季刚等两代人专门从事中国语言文字的研究，其间有 300 多年。

第一辑

传统汉字学在信息时代的
继承和发展

章太炎与中国语言文字学 [*]

章太炎是中国近代思想史和学术史上罕有的巨人。他思想的深度和治学的精博在中国近代文化史和学术史上，都很少有人能够匹比。在中华民族文化的延续和继承上，他起过承前启后的伟大作用。正确理解、认识和评价这位在中国近代社会中产生过巨大影响的人物，不仅仅是一场学术领域的讨论，而且是当前建设具有中国特色的社会主义的现实需要。因为这场讨论将涉及准确无误地吸取历史的经验和教训，认真辨别文化遗产的糟粕与精华，使今后的社会主义文化建设少走弯路。这是一个需要严肃对待的重大问题。

在章太炎的各种学术研究中，语言文字学是极为重要的一个方面，他是把语言文字之学当成一切其他学问的基础来研治的。把旧"小学"转变为近代独立的语言文字学，章太炎应当是有功绩的第一人。但是在近代语言学史上，对他的语言学著述从一字一句地得失中加以品评的居多，

＊ 原载《百科知识》，1987 年第 5 期。

而对他发展语言文字学的思想和建设中国独立的语言文字科学的巨大意义的理解和评价都是很不够的。对他的语言文字学的学术体系，也很少从他整个的思想体系中去认识。本文正是想就上述这些问题加以讨论。

一

使"小学"真正摆脱经学的附庸地位，发展成一门独立的语言文字之学，是章太炎在语言文字学上的首要贡献。他在《论语言文字之学》①一文中说：

> 合此三种(按：以研究字形为主的文字学，以研究字义为主的训诂学，以研究字音为主的声韵学)，乃成语言文字之学。此固非儿童占毕所能尽者，然犹名小学，则以袭用古称，便于指示。其实当名语言文字之学，方为确切。此种学问，汉《艺文志》附入六艺。今日言小学者，皆似以此为经学之附庸品。实则小学之用，非专以通经而已。

把"小学"改称为"语言文字学"，不是简单的易名，而是标志着这门学科的根本变化。

汉代以来，"小学"一直是经学的附庸，直至发展到乾嘉鼎盛时期，仍旧未能全然摆脱作为经学释读术的附庸地位。因此，它的内容包罗万象，与经书内容有关的无不需要涉及。可以说，还没有一个与其他科学分工的固定范围。而太炎先生将它确定为语言文字学，便确

---

① 《国粹学报》，第 2 年(1906)第 24—25 期。

定了它的研究范围，找到了它在近代科学中应有的位置。章太炎在演说时讲过：

> 为甚提倡国粹？不是要人尊信孔教，只是要人爱惜我们汉种的历史。这个历史，是就广义说的，其中可以分为三项：一是语言文学，二是典章制度，三是人物事迹。①

在他并提的三项中，典章制度和人物事迹都属历史的范围，而语言是与文学并立的。所以，章太炎的语言文字学，和文学、史学一样，都是独立的人文科学。一门学科有了自己固定的研究范围，并且在与其他科学较为严密的分工中确定了自己的位置，便为它向近代的理论科学发展奠定了基础。有了这个基础，章太炎便在旧小学的基础上，提出了有关语言文字的许多理论课题。例如他的"语言缘起说"，是讲语言发生时的原始状况的。他的"转注假借说"，是讲文字依赖语言而发展的基本规律的。这些课题都是理论的，完全摆脱了旧小学综合的文献释读术和实用的字词考据的狭隘性。

章太炎并没有把语言文字学变成一门空泛的理论，而是强调了它对语言材料的依存性和它在指导阅读、写作中的应用性。他既把经学转化为史学，同时又强调语言文字要依存于文学，便在研究和应用的对象上给语言文字学注入了新的生命。古代的经书虽然也是古代语言写成的，但是由于着重师承的缘故，解经的材料很多是僵化的，这就妨碍了语言研究的客观性。现在，把经书看作记录古代历史的典籍，再加上反映人的思想感情的文学，这就使语言文字的研究更易与古代

---

① 《演说录》，《民报》第 6 号，1907。

社会现实结合，易于保持它的客观性。章太炎正是把语言文字学当作研究历史和文学的工具学科来建设的。

由此可见，章太炎虽常常说"小学"就是语言文字之学，但他着力建设的这门科学，与旧小学已相去甚远了。

二

章太炎着力建设的语言文字学，继承了旧小学的研究成果，也受到了一些国外语言学的启发，建立起一套中国语言学史上前所未有的理论体系。这套体系包含以下几部分内容：

（一）语言文字发生发展的理论。他提出"物之得名大都由于触受"，因而"诸言语皆有根"。[1] 又提出"有语言然后有文字"（《语言缘起说》），而文字则是一种区别物象的符号，先由图画而起，渐渐由繁而简（《訄书·订文》）。语言、文字产生后，依孳乳之规律而发展。他说：

> 字之未造，语言先之矣。以文字代语言，各循其声。方语有殊，名义一也。其音或双声相转，迭韵相迆，则为更制一字，此所谓转注也。孳乳日繁，即又为之节制，故有意相引申、音相切合者，义虽少变，则不为更制一字，此所谓假借也。[2]

可以看出，太炎先生所说的转注假借，虽然用了汉代"六书"说的术语，但绝不是讲的文字之用，更不是讲的字形构造，而是文字随着

---

① 章太炎：《语言缘起说》，见《国故论衡》，1910。
② 章太炎：《转注假借说》，见《国故论衡》，1910。

语言的发展而繁衍的总规律。

(二)汉语和汉字形音义结合的理论。其中包括：

1. 汉字形音义统一论。他指出，汉字以其形与词的音与义结合，形音义是一个统一的整体。形与音都是义的载负者，求义应当"形体声类，更相扶胥"(《文始·叙例》)。他认为，形和音虽然都是语言的外部形式(书面形式和口头形式)，但却是不可忽略的因素。不论在考证语言时或在运用语言进行交际时，它们都是必须加以注意的。他说：

> 大凡惑并音者，多谓形声可废，废则言语道窒，而越乡如异国矣。滞形体者，又以声音可遗，遗则形为糟粕，而书契与口语益离矣。①

2. 形义系统论。体现形义系统的是他的《说文解字》学说。他的《说文》学，确定了以初文、准初文为基础的汉字构形体系，用"六书"来分析本义，又以本义来确认本字，辨析借字。由此描绘出汉字的形义系统。

3. 音义系统论。体现音义系统的，是他的《文始》。《文始》用孳乳和变易两大条例来统率汉字之间的同源关系，以对转、旁转等来描写同源字之间声音变化的轨迹，用荀子提出的"同状异所"和"异状同所"来囊括同源字之间的意义关系，把古代文献所用的汉字，系联成字族，体现了词与字的内在的意义系统。

形音义统一论，是章太炎语言文字学的基本方法论。

---

① 章太炎：《小学略说》，见《国故论衡》，1910。

(三)语言文字进化、统一的理论。

1. 社会盛衰决定语言文字的进化或退化说。他说：

> 是故国有政者，其伦脊必析，纲纪必秩，官事民志日以孟晋，虽欲文之不孟晋，不可得也。国无政者，其出话不然，其为犹不远，官事民志，日以齮龉，虽欲文之不齮龉，不可得也。(《訄书·订文》)

他由此推导出发展本民族的语言文字，是延续民族的优秀文化，从而使国家强盛的重要手段。

2. 语言文字发展不平衡说。他认为，语言文字的发展情况是十分复杂的，差别无处不在："有通俗之言，有科学之言，此学说与常语不能不分之由"，"有农牧之言，有士大夫之言，此文言与鄙语不能不分之由"。他主张，应当承认这些差别，保留语言的真实面貌。他说：

> 故教者不以鄙语易文言，译者不以文言易学说，非好为诘诎也，苟取径便而殽真意，宁勿径便也。(《訄书·订文》)

这也正是他不主张言文合一，反对白话文取代文言文而登入文苑的理由。他说：

> 今世作白话文者，以施耐庵、曹雪芹为宗师。施曹在当日，不过随意作小说耳，非欲于文苑中居最高地位也，亦非欲取而代之也。(《白话与文言之关系》)

这些主张虽是对"五四"白话文运动的逆反，但就学术研究来说，承认语言发展的不平衡状态，又是正确的。

3. 方言的差异与统一说。他把中国的方言分成 10 个区，简述了这些方言在语音上存在的不同特点。他主张用汉字来统一方言，使不同地区的人在书面语上取得一致，《新方言》便是基于这种看法所做的实践。他还提出，"而欲通其口语，当正以秦蜀楚汉之声"。

章太炎这一整套语言文字学的理论体系，既吸取了自顾炎武以来清代小学的最佳成果，又受到 20 世纪初迅速传入中国的世界科学先进方法的启迪、影响，因而能在继承中创新。他不仅为旧的经学小学做了全面的总结，又为新的语言文字科学的创建和发展，奠定了基础，构筑了框架。在这门学科的发展上有着不可磨灭的功绩。

的确，如果站在旧考据学的立场上，从一字一词训释、讲解的得失来看，章太炎的语言学著述的确在具体材料上也有过差错，在思维逻辑上也不是没有失误。他的书、文中的讹误与不尽合理之处，曾被一些精研旧小学的人——有的甚至是他的学生或学生的学生——纠正。这并非由于他的旧学功底不厚，恰恰相反，翻开章太炎的语言文字学著作，我们可以看到他对中国传统文化掌握得那样纯熟精深，可以不假思索地记诵许多典籍的篇章文句。章太炎不是烦琐的考据家，而是伟大的思想家。他在那个新旧交替的时代，有着汹涌如潮水的新思想从脑中不断流出，那里面有他热爱自己民族文化，从而热爱祖国语言文字的高度热情。他要做的事太多，要属的文也太多，在奉献给人们这些思想的时候，他无暇去核对每一个字、每一句话和每一段引文。能纠正像章太炎这样的国学大师固然是一种光荣，但一般的旧经学家和旧小学家却是永远无法理解他博大的学术思想、阐明他精深的学术体系的。

三

　　要理解章太炎创建的语言文字学，只从语言科学本身去考虑是远远不够的，还应当把它放到章太炎整个的革命思想和学术思想以及他的革命主张与实践中去看。

　　章太炎是清代朴学的最后一人，又是近代学者的第一人。清代朴学的创始人顾炎武，主张"通经致用"，用经学来反对空谈心性的理学，保护民族意识。顾氏以后的乾嘉学者，除戴震以外，便很少有思想家，而更多的是考据家了。这些学者在一个多世纪的时间里，做了大量的古代文献整理工作，把汉代开创的"小学"发展到鼎盛，对保存中国古代文化有重大贡献。但是，他们却失落了振兴民族文化、唤起爱国热情的思想精髓，在继承顾氏经学、小学的精神上，是不得其要领的。章太炎所处的时代，已经是汉学的中落时代，面对着中国沦入半殖民地社会而被推翻的封建王朝又阴魂不散的危急局面，在汉学上造诣极深而又有强烈爱国热情的章太炎，便自然而然地走上了把学术活动和革命活动紧密结合起来的道路。他对中国传统文化的态度是："用国粹激动种性，增进爱国的热肠。"他曾说：

　　　　近来有一种欧化主义的人，总说中国人比西洋人所差甚远，所以自甘暴弃，说中国必定灭亡，黄种必定剿灭。因为他不晓得中国的长处，见得别无可爱，就把爱国爱种的心一日衰薄一日。若他晓得，我想就是全无心肝的人，那爱国爱种的心，必定风发泉涌，不可遏抑的。（《演说录》，《民报》第6号）

正因为如此，章太炎首先改变了对封建经学的传统观念，把它转变为宣传爱国主义的史学。为此，他也改变了对孔子的传统观念，认为孔子"是史学的宗师，并不是什么教主。史学讲人话，教主讲鬼话。鬼话是要人愚，人话是要人智"（《章太炎的白话文》）。

明了这一点，我们便不难了解章太炎的语言文字学在他的整个学术体系和革命主张中的地位：

第一，他是把语言文字之学作为中国人了解本国历史的工具。所谓"欲知国学，则不得不先知语言文字"。

第二，他同时也把语言文字作为宣传爱国思想、激发民族自尊心的一个重要内容。他认为，中国的语言文字之学，成就极深，"自己必定应该晓得，何必听他人的毁誉。"（《章太炎的白话文》）所以，他主张广泛施行语文教育，让中国的语言文字能够普及，在这个过程中激发爱国之心。

第三，他把创建统一的近代民族语言和文字，作为振兴民族文化、挽救祖国命运的一个手段。

章太炎先生的语言理论和语言实践都是在上述三个主导思想下进行的。他在阐明自己语言实践的三大代表作《文始》、《小学答问》与《新方言》的写作意图时说：

> 余以寡昧，属兹衰乱，悼古义之沦丧，愍民言之未理，故作《文始》以明语原，次《小学答问》以见本字，述《新方言》以一萌俗。（《国故论衡·小学略说》）

"明语原"是追寻词语的发展线索，"见本字"是统一汉语的书写方式，"一萌俗"是证明方言来源上的统一。这都是上述思想的直接体现。

章太炎的语言文字学，不仅为他的革命活动和总体的学术研究服务，而且也是一门独立的近代科学。在发展科学上，章太炎是一位创新派人物，这与他对继承、借鉴的态度是分不开的。他主张求智应当打破迷信，"不晓得那边实际，随风逐潮，胡乱去相信那边，就叫作迷信"。他历数了近代人学科学所吃的迷信的亏。他主张继承，但同时提出，"智识无止境，后人应比前人更进一级"。他说，学习前人，如同借钱，借了来要有赢利，使学问新新不已。他不反对引进，但同时提出，"学问采取别国，应能够转进一层"。他说学习别国，如同送信，不能总在送信的地位，也要自己能够写信。（《章太炎的白话文》）正是这些极为先进的治学思想，使得他能以摆脱旧小学的条条框框，提出新课题，运用新方法，怀疑旧结论，创造新体系。例如，他打破了汉字与汉语字词之间的个别联系与外在联系，将形音义统一起来，归纳出汉字的字族系统；他不仅承认语言和文字古今的区别，而且着重看到了语言的古与今、方言与雅言之间纵与横的联系，以近代方言系先秦古语，做出了前人从未作过的成绩；他发展了古韵分部的学说，把词的音变与义变结合在一起观察，用《成均图》反映出与义变相关的音变的各种复杂性；他把形与音看成求义的工具，建立了一整套以义为中心的训诂方法……他的创新打破了乾嘉小学的迂腐僵化的思想和方法，同时使乾嘉小学的成果发挥了新的作用。他越过了乾嘉小学，也救活了乾嘉小学。

章太炎曾说过：

> 汉土之语言文字，传之四千岁，服习之者四万万人，非吾所擅而有……夫以民德之所斡维，种性之所隐据，卒然有妄庸子攘

臂欲拨去之，万众未祛，睢睢盱盱，块余走卒，宁得不为权首以相捍卫？斯门户者，汉种之门户；斯声誉者，诸华之声誉；于吾身何有焉！(《规〈新世纪〉》)

由此可以看到，他为了维护自己民族的生存和国家的独立，为了保存中华民族创造的文化遗产，为了坚持从中国的实际出发来推行汉语言文字的发展，动机是如此无私，情感是如此真挚。只要我们忠实于本民族语言文字的实际，从当代人民的需要、社会主义的需要和世界的需要出发，在广泛吸取全世界先进的语言文字理论的同时，努力发展本民族固有的语言文字学，并把民族化与现代化结合起来，章太炎没有完成的任务，将在我们这一代人手中完成。中国传统语言学的精华，将得到总结、发展，从而为世界的语言学增添财富。

论章太炎、黄季刚的《说文》学[*]

汉语言文字史上所称的"段王之学"与"章黄之学",分别标志着传统语言文字学发展的两个重要时期:前者标志着清代"小学"的鼎盛时期,后者标志着清末至近代由旧"小学"到现代语言文字学的过渡转变时期。如果说,经过乾嘉学者二百来年的努力,段玉裁和王念孙等大家以其传世的杰作宣告了"小学"在方法上和理论思考上的成熟,预示了独立的音韵学、文字学、训诂学的理论几经孕育,随时都可破土而出;那么,章太炎与黄季刚两位先生便是以独有的胆略和精湛的构思,在纯熟地继承了乾嘉学者的高度成就之后,成功地催发了汉语言文字学自身学术体系诞生的学坛伟人。

章黄"小学"(太炎先生明确定称为"中国语言文字学")之中最富特色又极具光辉的,是他们的《说文》学。《说文》学是章黄语言文字学的核心,因而又是通向他们的哲学、历史学、经学文献学、历代文化学的枢纽。研究章黄国学

* 原载《汉字文化》,1990 年第 4 期。

的各个领域，大都需从以《说文》学为核心的语言文字学寻根求源。

一

《说文解字》成书于汉和帝永元十二年（公元 100 年），由许慎之子许冲献上汉安帝时，已是建光元年（公元 121 年）。许慎作《说文解字》的目的是利用汉字的表意特点，用汉字的构形系统来解释先秦经典的词义，从而维护古文经学家的研究成果。因而，自汉代起，它便取得了几乎与儒家经典相同的社会地位。在这个地位的佐助下，它的科学价值也很快被发掘了出来。这部书不到一百年就流行了。由于汉字具有以义构形的特点和早期汉语孳生造词的规律，以汉字形音义分析与综合研究为内容的中国古代文献语言学，从来都是以《说文解字》为研究中心的。经过千余年各代学者的努力，到了清代，《说文》四大家（桂馥、段玉裁、王筠、朱骏声）代表作的问世，标志着《说文解字》研究达到了前所未有的高度。及至章黄所处的晚清与近代，《说文解字》这部书在中国语言文字学史上获得权威地位已有 1800 多年之久。它的权威性表现在：

第一，当对钟鼎文、甲骨文以及其他出土文字的研究尚未取得大量成果之前，它一直是研究汉字形义关系、推求本义以解释先秦文献词义的首要的，甚至是唯一的依据。北齐颜之推说："许慎检以六文，贯以部分，使不得误。误则觉之……大抵服其为书，隐括有条例，剖析穷根源，郑玄注书往往引以为证，若不依其说，则冥冥不知一点一画有何意焉。"①钟鼎文、甲骨文的不断发现，虽对《说文》的说解有一定

---

① 《颜氏家训·书证篇》，见《诸子集成（八）》，北京，中华书局，1986，引用时标点略有改动。

的冲击，但不识《说文》难以解读金、甲这一事实，使《说文解字》在分析汉字原始造字意图、探求古代文献词义上的权威性并未因此减少。

第二，它所编集的汉字，一直被看作汉字书写正字法的标准字样。这一点，表现在处理异体字与处理假借字两个方面。前者如毕沅作《经典文字辩证书》，把汉字字体分为正、省、通、别、俗五个方面。以《说文》所有为正，又以《说文》之正字来辨析省、通、别、俗。这种分类表明，以《说文》正篆作为处理异体字的规范用字，已被明文规定。后者如陈澧说："古人所以用通借字者，实以无分部之字书，故至于歧异者。《说文》既出，而用通借字者少矣。"这又表明，《说文解字》的产生，使本字易借字的书写规范有了标准。

第三，它被看作可分为形、音、义三书的"小学"专书之冠，为汉语言文字学理论的探讨提供了权威的字料。段玉裁在《许冲献说文解字书》的注中说《说文》"以形为主，经之为五百四十部，以义纬之，又以音纬之。后儒苟取其义之相同相近者，各比其类为一书，其条理精密胜于《尔雅》远矣。后儒苟各类其同声者，介以三百篇古音之部，分如是为一书，周秦汉之韵具在此矣。故许书可以为三书。"朱骏声作《说文通训定声》，在进呈此书的奏表中说："题曰说文，表所宗也；曰通训，发明转注假借之例也；曰定声，证广韵、今韵之非古，而导其源也。"这是将《说文解字》形、音、义材料分析综合应用的一次系统的实践。

《说文解字》的权威地位，促成了《说文》学的产生和发展；而《说文》学的发展，又使《说文解字》的权威地位不断得到巩固。从某种意义上说，《说文》学几乎可以囊括中国传统语言文字学的全部。

章黄以前的历代学者，特别是清代乾嘉学者，在《说文》学的研究中，做出了下列成绩：

1. 对《说文》本书校讹夺、辨误正、疏条例、释来源，使《说文》定本更加完善。

2. 以许慎在《说文解字·叙》中提出的"六书"定义为中心，为分析汉字提供了更为详尽的条例，又在这一过程中进一步发展了汉字形义统一的理论。

3. 考证文献，参以甲、金，进一步探讨 9353 个汉字的本义，并提出词义引申的理论，初步显现了汉语词义发展的系统性。

4. 整理《说文》提供的形声系统和读若材料，丰富了古音韵的研究手段，进一步探求了汉语的上古音系。

至此为止，《说文》学的传统研究，已经达到了相当高的水平，站在旧《说文》学的终点上，似乎已难看到这个更高的峰巅。而章黄正是从这一高度起步，纯熟地继承了乾嘉学者的研究成果之后，不仅进入了更加高难的境界，而且异峰突起，奇径屡辟，在《说文》学上有了新的突破。

二

章黄的《说文》学，在太炎先生手中开创体系，在季刚先生手中趋于精深，章与黄一脉相承，在主体思想与著述方向上密不可分。他们的《说文》学，内容之广博、理论之精深、体系之缜密，都是清代的《说文》学远不能及的。

要理解章黄《说文》学体系的特点，需要分析他们的学术渊源。

1890 年，章太炎 23 岁，师事德清俞樾。俞樾属清代学术中的皖派（徽州学派），戴震、王氏父子、段玉裁、孙诒让都属这一派。皖派是长于"小学"的，在音韵训诂方面的造诣很深。章太炎在《检论·清儒》中谈及皖派的治学特点时说："世多以段、王、俞、孙为经儒，卒最精者乃在小学，往往得名家支流，非汉世《凡将》《急就》之俦也。凡戴学数家，分析条理，皆会密严瑮，上溯古义，而断以己之律令，与苏州诸学殊矣。"皖派学者在"小学"方面的独特成就是广泛应用因声求义的训诂方法，摆脱形体的束缚，利用声音线索来求本字、明语源。季刚先生说："……陈、顾、毛、江诸家虽于古声音之学究之綦详，而于义之一途则多不之及。至东原戴氏，小学一事遂确立楷模。段氏、王氏为戴氏弟子，段氏则以声音之道施之文字，而知假借、引申与本字之分别。王氏则以声音贯穿训诂，而后知声音训诂之为一物。"（《文字声韵训诂学笔记》）这是对皖派"小学"特点切要的概括。这种治学的风气决定了章黄的《说文》学不只是文字之学，更重要的是语言之学。

早在章太炎从外祖父朱左卿读书的时候，便接受了顾炎武、王船山的民族革命思想，此后，又屡屡受到明末浙东学派的思想影响。浙东学派大都是具有爱国和民族思想的史学家，并且主张"六经皆史"和"史学所以经世"，这形成了章黄重视历史，以历史为国魂的治学特点。章太炎曾说："孔氏之教，本以历史为宗，宗孔子者，当沙汰其干禄致用之术，惟取前王成迹可以感怀者，流连弗替。《春秋》而上则有六经，固孔氏历史之学也；《春秋》而下则有《史记》、《汉书》以至历代书志纪传，亦孔氏历史之学也。若局于《公羊》取义之说，徒以三世三统大言相扇，而视一切历史为刍狗，则违于孔氏远矣。"[①]可见章太炎在经学上是继承了古文学派的治学特点，并将经学传变为客观之史学。章黄重视语言文字之学，也正是古文经学家以"小学"述历史学风的体现。

---

① 章太炎：《别录二·答铁铮》，见《章氏丛书》正编。

章黄处于民主革命烈火正旺的年代，浙东学派对他们的影响不但是学术的，而且是革命的。所以，必须把章黄的学术思想放到他们革命活动的大背景中去理解。章黄对语言和对历史的重视，无一不是与他们的革命思想相关。章太炎说："凡在心在物之学，体自周圆，无间方国，独于言文历史，其体则方，自以己国为典型，而不能取之域外。"①1908年，《民报》被封禁，章太炎在日本讲学，记者问到他"讲何种学"时，他回答说："中国之小学及历史，此二者，中国独有之学，非共同之学。"——祖国与民族的语言，祖国与民族的历史，这才是章黄学术的核心所在。

以上三点，决定了章黄《说文》学的三个特点：语言的——由文字形义学上升为语言学；历史的——用语言文字来沟通历史；民族的——采用本民族的传统方法来保存民族文化，增强民族自尊心，激起爱国热忱。

三

语言的、历史的、民族的这三个特点，决定了章黄《说文》学的全部体系是源流相系，言文相应与构用相证的，这一体系的全部核心在求根探源。与乾嘉《说文》学相比，章黄的成就有两个重大的转变：一是由形义系统的探讨转变为音义系统的探讨，也就是说，由文字出发而进入词汇的研究；二是由共时平面的研究转变为历史源流的研究，也就是说，由词汇的研究再跃进为词源的研究。完成这两个转变的理论依据，是他们的"转注假借说"。章太炎提出："字之未造，语言先之矣。以文字代语言，各循其声。方语有殊，名义一也。其音或双声

---

① 章太炎：《自述学术次第》。

相转、迭韵相迤，则为更制一字，此所谓转注也；孳乳日繁，即又为之节制，故有意相引申、音相切合者，义虽少变，则不为更制一字，此所谓假借也。"①"转注假借说"包含以下三个论点：（一）语言先于文字，文字因记录语言而产生；（二）语言中词汇之增多，除少量原生词外大都沿方言造词和义变造词两个方面进行。两种造词都是沿着原词的声音形式与意义内容而发展的；（三）音变造词因之而造字，谓之转注；意义引申而系于同形不再造字，谓之假借。这三个论点，涵盖了文字与词汇相因而增多的总规律，为汉语词源学的发展奠定了基础，也为利用《说文》五百四十部的平面形义系统，据音系联而构拟汉语词汇的历史同源系统提供了理论依据。季刚先生说："若由声韵、训诂以求文字推演之迹，则由太炎师始。"②也就是说，把平面共时的形义《说文》学，发展为历史的音义字源学，这是章黄《说文》学的核心。这一点，具体表现在章黄的三种代表作上：

1.《文始》与《说文同文》：汉语文字词汇处于不断的发展之中，语词大量增多，文字日趋转繁，这是长期的发展造成的。《说文》所收之字及其所代之词，是在这种历史发展中积淀下来的。因而，需要纵向地系联《说文》的字（词），探讨孳乳浸多的脉络，以明确语必有根，字必有本，而其根本皆在先古。是谓求其源。《文始》（章）与《说文同文》③（黄）就是这一方案的具体实践。

2.《新方言》与《蕲春语》：汉语方言纷歧，章太炎在《訄书·方言》

---

① 章太炎：《国故论衡·转注假借说》，见《章氏丛书》正编。

② 黄侃述，黄焯编次：《文字声韵训诂学笔记》，上海，上海古籍出版社，1983。

③ 黄侃笺识，黄焯编次：《说文笺识四种》，上海，上海古籍出版社，1983。

中略分为十种。并说:"今夫种族之分合,必以其言辞异同为大齐。"又说:"夫十土同文字,而欲通其口语,当正以秦蜀楚汉之声。"这里体现了章太炎为了团结整个民族而设秦蜀楚汉之声为标准语的主张。然而既然"十土同文字",用文字来统一方俗异语,应当说是更切实际的方案。因而,章黄力图用《说文》来追索方言的古今嬗变,也就是沿语音的线索,从《说文》所收的字(词)中找到方言词的原始书写形式,以证明这些词语的本宗仍在中夏,自非外域所至。是谓归其宗。《新方言》(章)与《蕲春语》(黄)就是这种主张的具体实践。

3.《小学答问》与《说文字通》:如欲归宗、求源,书写应避混乱,用字需有标准,而造字之假借与用字之通假则使字(词)失其本源。黄季刚说:"凡言假借者,必有其本,故假借不得无根,盖必有其本音本形本义在其间也。"①又说:"夫形声义必相应,则判无有音而无字者,故必推求其本字而后已也。"②推本字需以《说文解字》为确定正字的标准,因为《说文》贯穿形义统一的原则,是贮存本字的字库。沿声以求本字,是谓正其用。《小学答问》(章)与《说文字通》③(黄)集中进行了这一工作。

以上三方面,求语根是源流相系,正方言是言文相应,寻本字是构用相证。章太炎说:"余以寡昧,属兹衰乱,悼古义之沦丧,愍民言之未理,故作《文始》以明语源,次《小学答问》以见本字,述《新方

① 黄侃述,黄焯编次:《文字声韵训诂学笔记》,上海,上海古籍出版社,1983。

② 同上。

③ 黄侃笺识,黄焯编次:《说文笺识四种》,上海,上海古籍出版社,1983。

言》以一萌俗。"①——章黄把《说文》学发展到历史语言学的高度，并且无处不贯穿着用同源同根的语言文字来激发热爱祖国、忠于民族的自尊心、自豪感的革命内容，这便是章黄《说文》学语言的、历史的、民族的三大特点的集中表现。

四

自太炎先生奠定了《说文》学的指导思想并进行了初步实践后，季刚先生以其"卓跞出人虑外"的创新思想，加之"依据前闻""成证确然"之严谨作风，在方法上整理出诸多条例，进一步发展了章说。章黄在《说文》学上做出了卓绝的贡献，他们的贡献大约有八个方面：

1. 参考大量古代文献，对比各类形音义专书，对《说文》本书的根据，做了翔实的考证，得出了"《说文》之为书，盖无一字无一解不有所依据，即令与它书违悖，亦必有其故"②的结论。季刚先生指出："近世人或目《说文》为专载小篆，而古文、大篆未为完备，或称《说文》说解穿凿剿说之失；皆不识《说文》之真义者也。"③他解释了孙诒让《名原序》和顾炎武《日知录》对《说文》提出的怀疑，将孙、顾指为无据的材料一一加以再证。在此基础上，季刚先生发掘了前人所未发掘的《说文》条例，这些条例在理论的深刻性上都高于清人。例如"说文形动字多假物体为象"一例，指出造字的理据必须是现实的、具象的，"假实物以明空理"，是形容词与动词构字的规律。又如"说文本字不见经传者，以转注假借义行之故"一例，说明了文字的整理与贮存不

---

① 章太炎：《国故论衡·小学略说》，见《章氏丛书》正编。

② 黄侃：《说文略说》，见《黄侃论学杂著》，上海，上海古籍出版社，1980。

③ 同上。

是自然主义的，使用与贮存之间的差异是正常现象……这些对《说文》本书所做的进一步勘察，提高了《说文》的使用价值。

2. 从理论上确定了《说文》在传统语言文字学研究中的地位。指出"《说文》为一切字书之根柢，亦即一切字书之权度"。《说文》在清代以前所取得的权威地位，是与它解释和证实经典的实际作用分不开的。这种权威性自发的成分较多，对《说文》本书的性质和特点的发掘并未达到理论的高度。对《说文》价值的理性认识，应始于章黄。季刚先生在论及治小学所需之书籍时，以其重要性排列，《说文》居于首位。他说："《说文》一书，于小学实主中之主"。这样说，是有理论根据的。季刚先生区分了"说经之训诂与说字之训诂"，指出"《尔雅》之为书，不能独立"，"离经则无所用；即离《说文》，而其用亦不彰，此如根本之与枝叶也"。这段话明确了《尔雅》是"说经之训诂"，也就是对言语意义的训释；《说文》是"说字之训诂"，它不仅贮存了词的概念义，而且在一形多用、数形互用的纷繁现实中，牢牢地抓住了本字；又在一词多义、义随字移的复杂情况里，牢牢地抓住了本义。它为探求本字本义提供了不可缺少的依据，所以，它才是群书之根本，"小学"的主中之主。从《说文》起步，是传统语言文字学的一项重要的经验。

3. 归纳了《说文》的训释体例，并对这些训释方式的特点作了理论的说明。季刚先生把《说文》训释方式归纳为三点："一曰互训(亦可称直训)，凡一意可以种种不同之声音表现之，故一意可造多字，即此同意之字为训或互相为训(亦可称代语)。""二曰义界(亦可称界说)，谓此字别于他字之宽狭通别也……凡以一句解一字之义者，即谓之义界"。"三曰推因。凡字不但求其义训，且推其字义得声之由来，谓之推因。"这三种训释方式的总结，各自道出了它们的本质：直训(包括单训与互训)的实质是异词而同义，可以在句中置换者。义界是采用义值差表现相邻两词与上下位两词广度之差异者。推因就是声训，是用同源字显示其造词的理据者。清代以来，诸多训诂学家都习惯于根据一些训词中的程式化用语，诸如："曰""之为言""谓"等用以分析训解方式的差异，归纳训释方式的特点，这是一种表面分类方法，这些程式化用语从总体看并无术语意义而被称为"术语"。季刚先生在《说文》学中所归纳的训释方式，从词义学的高度揭示了训释的规律，进入了训诂理论的探讨。

4. 于"六书"之外，提出了文与字的汉字字体分析方法，突出了汉字造字的层次。太炎先生以独体字(象形、指事)为初文，以合体会意、合体象形、迻体与兼声为准初文，以合体字(会意、形声)为字。如果说，"六书"是汉字的结构分析法，那么，这种方法则是层次分析法。它显示了小篆字系以初文为形位，用形位生成的方法二度造字的特点。通过这种方法系统分析汉字，对探讨汉字的历史发展趋势有极大的推动作用。

5. 提出了笔意与笔势之说，探寻了文字学形体研究的基本途径，完善了以形索义的训诂方法。太炎先生根据《说文解字·叙》"厥意可得而说"的论断，设立了"笔意"这一术语。所谓"笔意"，就是保存了原始造字意图的字形。只有在"笔意"的情况下，汉字的形义才是统一的。与"笔意"相对应的是"笔势"。"笔势"指文字书写作势、经过演变后脱离了原始造字意图而笔画化了的字形。"笔势"不可用来说义。《说文》所载"从古文之象""从古文之体"者，都应看作小篆笔势化而求诸古文笔意以设形训。季刚先生进一步指出，笔势的产生，是基于以下三个原因：一是书写工具的变化；二是写者用笔有异；三是用字求奇求别。笔势使异字同形现象大量产生。季刚先生说："笔势不过一点一横一直一斜四者，故异字同形者多"。处理这些重复字形有三种情况："或小变其笔势，又或求字体之茂美，则增加其笔划；亦有无可变易而其势不得不同者"。不论是哪一种处理，都使笔势脱离笔意越远。治文字学实欲寻求其笔意，而《说文》已有一部分字的笔势。这就不得不从更早的文字字形去探求。章太炎早期对钟鼎、甲骨有所怀疑，著有《理惑篇》以驳之。晚期则承认钟鼎可信为古器者十有六七，甲骨之为物，真伪尚不可知①，态度有进一步的变化。黄季刚对钟鼎、甲骨的态度是科学的，他提出治钟鼎、甲骨应有例有法，认为要用笔意与笔势的理论来看待甲金与《说文》的差异，并且提出应根据文章的语言环境来确定字义，"不宜专据点画以为说"。这些说法，以严肃的态度指斥了乱猜字形的不科学做法，为通过钟鼎、甲骨探求笔意再通过笔意沟通形与义打下了坚实的基础。现在所看到的黄侃手批《说文解字》，以甲金正《说文》之处颇多，以甲金正《说文》之误者亦不在少。这说明，章黄所创笔意与笔势之说，已在实际操作中被应用。早期汉字形义统一的条件，除本字、本义外，还应加上笔意。字形已变为笔势者，需参之更早字形复其笔意。至此，以形说义的方法始为完善②。

6. 以孳乳、变易两大条例说明汉字历史演变的类型，并运用这两大条例系联《说文》同源字，初步描写了《说文》的字族系统。章太炎初创的《文始》，是一部把《说文》学由平面形义关系的研究发展为纵向历史研究的首始工作，由此而奠定了汉语字源学的基础。黄季刚在手批的《说文解字》中对书中同源字做了具体的复核，用红笔注在《说文》

---

① 见郭沫若《甲骨文辨证》上集序。

② 本节所举黄说，均见《文字声韵训诂学笔记》。

每条之后或一行的底部。如，《十一上·水部》《五上·皿部》"盥"下注"灌、浣"二字，"灌"下注"果、祼、盥、灌、槤"五字，又注说："'灌注'字借为'盥'或'祼'。"《一上·示部》"祼"下注以"果、灌、祼、盥"四字。又注说："'祼'由'盥'来，即'灌'字"。这些都是横向沟通字之同用，而纵向沟通字之同源（其中包括书写虽为通假而实为同源字者）。是以声音为线索而由字说词。章黄所以产生利用《说文》系源的动念，既有其对语言文字科学思考的根源，又是与他们的爱国思想分不开的。章太炎在《自述学术次第》中回忆自己写作《文始》的过程说："在东闲暇，尝取二徐原本，读十余过，乃知戴、段所言转注，犹有泛滥，由专取同训，不顾声音之异，于是类其音训，凡说解大同而又同韵，或双声得转者，则归之于转注。假借亦非同音通用，正小徐所谓引申之义也（同音通用，治训故者所宜知，然不得以为六书之一）。转复审念，古字至少，而后代孳乳为九千，唐宋以来，字至二三万矣，自非域外之语（如伽法僧塔等字，皆因域外语言声音而造），字虽转繁，其语必有所根本。盖义相引申者，由其近似之声，转成一语，转造一字，此语言文字自然之则也，于是始作《文始》。分别为编，则孳乳浸多之理自见，亦使人知中夏语言不可贸然改革"。章氏此说，含有科学与革命双重意义：语言是民族的，词汇的民族性，主要表现在词音和造词的理据两者的民族特点上，而这两方面所以具有民族性，正因为它们是历史的而不仅是逻辑的。《文始》以声音为线索来追寻同源派生的轨迹，既符合历史语言学科学原理，又体现出反对"数典忘祖"的爱国主义思想。章黄均以《文始》为著述之最精华者，季刚先生认为《文始》"总集字学、音学之大成，譬之梵教，所谓最后了义"是不过分的。季刚先生在手批《说文》同源字时，纠正和补充章说12%

左右①，使《文始》之具体工作得到进一步的核证，也就进一步提高了章黄《说文》学的学术价值。

7. 利用《说文》统一方言语转字，从而沟通了古今。如果说，《文始》和《说文同文》所做的工作是溯源，那么，《新方言》与《蕲春语》的工作则是系流。方言的差异以语音的差异为主，因语音的差异而书写另字，其实质仍为一词者，称作方言转语字。方言转语字的书写已约定俗成，使用难以更改，这就容易使人们忘记其产生的源渊。章黄则运用音义系联的方法，将一部分因音转而字变的方言词在《说文》中寻其所源。"以见古今语言，虽递相遭代，未有不归其宗"。这一做法，开辟了方言词汇学的一个重要门径。自然，要将一切方言口语词汇全部在《说文》中找到源渊，是不科学的。方言词汇的来源很多，《说文》所录仅为书面语词的书写符号，如必一一寻之，则易走向谬误。但方言词中一部分可沿声音和意义两重线索追溯至《说文》所贮之字，是必要而可行的，利用其追溯方言字源，是把《说文》学引向现代语言研究的一种创新。也是从另一个方面，把《说文》学由共时研究引向历史研究的一种表现。

8. 从《说文》中发展古韵学。不论是把《说文》学由文字研究转变为语言研究，还是把《说文》学由共时研究转变为历史研究，都离不开语音这一重要因素。清代段、王已全面使用《说文》材料研究古韵。章黄在这一方面更有新的发展，他们从《说文》中发展古韵学的特点是以义证音。这是一种"义自音衍"理论的反向应用。单纯的音韵研究拘于音系，对词语的语音关系作固定的联系。章黄则以为应重视音义在词

---

① 参见王宁：《论说文字族研究的意义》，载《南京师范大学学报》，1985年第1期。

语中的已然关系，重视"音证"的工作。季刚先生在论及"推求古本音"之法时说："故研究小学之道，不在推理之深，而在求证之备"。也就是说，仅从音理的推断中得出的语音联系，虽依理则必然，但因事又未必已然。章太炎的《成均图》，以古韵二十三部辗转相通，实则反映韵部相关的已然情况。后人对其中的"宵""谈""盍"三部对转与"幽""冬""侵""缉"四部对转多不认同，以为是乱通乱转，但对章太炎在《文始》中所出示的这两种韵部的对转语料，又无从反驳。其实，章氏《成均图》用的是以义证音的历史方法，当具体问题具体分析，而不可只就直接音理而言。词汇变化各依其具体环境，所变又非一重一途，历史的考证可以在语料上补充音理的不足。所以，季刚先生提出"音证"之法，并提出《说文》可作"取证之资"。他认为，《说文》形声、重文中的声符互换、声训、读若、引书与本字之异文、连绵字……均可为证音的材料。特别是声训，季刚先生以为声训才是真正的训诂，而《说文》中与声有关的训释十之六七。他说："训诂与声音古本同物，其不同声训者，无不可展转取声音也。此为研究音证最富之材料"。我们可以认为，章黄《说文》学中实际含有一门实证音韵学与其字形、词义之学相应。在这方面，季刚先生通其条例，详其证据，丰富了理论音韵学，成就是十分昭著的。

综上所述，章黄《说文》学实含文字形义学、理论训诂学、语根字源学、方言词汇学与实证音韵学等，方法独特、理论深刻、实践丰富，的确是传统语言文字学中十分可贵而奇异的财富。

五

章黄《说文》学的内容，许多是初创性的，它先赖太炎先生宏博的思想，后赖季刚先生精翔的理证，于清人则集其大成而异峰突起，于现代则承上启下而启迪犹多。章黄之学在民主革命的高潮中问世，而又与其革命思想相连，太炎先生研讨之、发明之、讲授之，均受时代潮流紧迫之催促。所以，就具体形音义之确定方面，可商榷之处也是不少的。然而如此精博的学术体系，实为章黄当代其他"小学"家未能迄及者。太炎先生在《黄侃论学杂著·序》的结尾说："愿诸弟子守其师说，有所恢彉，以就其业，毋捷径窘步为也"——今世治传统语言文字学者，当牢记先辈之所望。

《说文解字》的命运及其应有的评价 *

    20—21 世纪之交，是汉字真正改变了被废除命运的时代，是全世界把目光投向东方古国中国因而也将喜爱、崇敬和学习的渴望投向汉语与汉字的时代，在这个时代《说文解字》逐渐被理解，重新放出了异彩，《说文解字》小篆也就是在这个时期进入国际编码而走向世界。这个时候，回顾一下《说文解字》成书后曲折的经历，也许会有助于我们了解今天的时代如何彻底改变了《说文解字》的命运。

    许慎是东汉的经学家、小学家，他出现在中华古代文化的发祥地和中原文化丰厚的河南，是非常合理的。《说文解字》创稿于和帝永元十二年(公元 100 年)，至安帝建光元年(公元 121 年)献上，并不是一开始便得到社会的重视。从它面世到徐铉奉敕校订《说文》(宋太宗雍熙三年，公元 986 年)，其间 850 多年，它在学术上的地位并没有定论。从现在看到的传世和出土的大量文献中，它的引用率和被

    * 原载《许慎文化研究——首届许慎文化国际研讨会论文集》，中国香港，中国文艺出版社，2006。

评论率都不是很高。目前所能看到的，是在郑玄"三礼"注中少量引用过它，颜之推在《颜氏家训》里曾向晚辈说过要读《说文》才能懂得汉字的"一点一画有何意焉"，魏晋以前很少有典籍提到《说文》。最早大量引用《说文》的，是唐代解释佛经的《一切经音义》，按说《说文》在唐代应当十分流行；但是，现在留下的唐代写本，只有两个内容很少的残卷。唐代因科举而重视汉字规范，有很多著名的字样书，例如《干禄字书》《五经文字》等，这些书也并没有把《说文》的字形作为楷书规范的标准或参照。可以看出，一部典籍，一份创造，并非一入世就被人注意，大江东去，待到千淘万漉，有了知音，遇到时机，才能显出价值。

唐代正字的风气至五代时，激发了关于汉字的争论，宋代金石之学和行草书法的盛行引发了关于"六书"问题的大辩论。汉字的造字理据问题在这场争论中成为焦点。一部分革新派因为"六书"分析古文字和解释行书、楷书有一定的不适应之处，提出了很多否定和修改"六书"的见解；但是，维护汉字造字理据的传统"六书"理论在这场辩论的终点占了上风，这是跟《说文解字》所起的作用分不开的。大小徐本《说文》在这个阶段问世，完整的《说文解字》定本在这个时期产生，显然不是偶然的。

真正把《说文解字》推向学术高峰的是清代的乾嘉学者。清代整理古文献的功绩至今无出其右者，乾嘉学者在复兴汉学、继承朴学的学术实践中认清了《说文》在文字训诂音韵之学上的价值，把研究和开掘《说文》的内容、体例和其中的规律作为弘扬传统文化的一项独立工作。"独立"二字谈何容易！没有这个"独立"，便没有现在的"许学（'说文学'）"。段、桂、王、朱为首的"说文学"家用自己的研究使《说文》大放异彩，当时的《说文》研究成为一种"时潮"，是从版本、校勘、注解、诠释、演绎、理论开掘等方面全方位展开的。

但是好景不长，20世纪初开始的以反封建为主题的新文化运动，一开始就对准了文化基础汉字，为解释古代经书而编写的《说文解字》被关注的程度自然降落。但是，《说文解字》的地位并没有受到太大的损害。最明显的是，主张"打倒汉字"的钱玄同仍在北大、师大开"说文学"的课。何况，陈独秀等学者提倡普及汉字教育，仍以《说文》为重要的依据！这一时期还有一个对"说文学"有影响的情况，那就是古文字学的逐步昌盛。但是，古文字学主张的是"双重证据法"，既然没有否定传世文献在古文字考据中的作用，也就不会全盘否定《说文解字》的价值。王国维是20世纪初古文字学的代表人物，他把为中国文字学奠基的《说文解字》作为汉字史的资料，对《说文》所收的三种文字篆、古、籀的时代和地域做出了界定，认为籀文乃东周宣王时代规范过的文字，小篆上承籀文，是再度简化了的秦系文字，而古文属战国时期的六国文字。这一结论赋予《说文》新的历史价值。

对《说文解字》全盘否定的倾向产生于20世纪50年代。这一时期有些权威学者认为"说文学"是保守的产物，对它不加分析地贬低和否定，减弱了这部阅读传世文献的根底书在几代学人中应有的影响，对国学的继承和普及，不能不说是一种损失。

许慎《说文解字》的基本作用是利用汉字系统的表意性，来证实"五经"词义的真实，巩固古文经典思想的权威性。《说文》是以汉代规范过的小篆字形为基础，优选东汉可见的历代汉字字形，成就了一个统一字体的汉字构形系统，全面体现了汉字形与义的统一。所以，《说文》记载的字形结构不完全是共时的，更不是最古的，也不都是当时使用过的小篆。秦代政权为时极短，李斯"或颇省改"的理想文字并未达到普及的程度，《说文》的小篆与秦代出土的典籍在字体和字形上不完全能对上号，是不奇怪的。所以，《说文》字形的真实性不能只从个体上去衡量，还必须从总体系统上去评价，要看到它构建汉字构形系统的自觉意识和思路的严密。更应当看到，《说文》的字意（本义）训释，不论总体系统还是个体意义，都忠实地直接或间接反映了"五经"词汇的实际，基本上做到了每个字义都能在先秦经典中找到出处。《说文》考义的价值要比考形的价值更高，它使表意汉字的特点得到深刻、具体的显示，奠定了以形索义和因声求义的训诂方法，延伸出引申理论与用字规律。这些作用，又是古文字学不能取代的。这就是《说文》能被称作"小学专书"的"重中之重"的原因，也是《说文》直到今天还在汉字教学和汉字信息处理上起着不可取代作用的原因。

1979 年以后，学坛开始从盲目粗暴的大批判误区中摆脱出来，恢复了冷静的态度，20—21 世纪跨世纪这二三十年，"说文学"走出了低谷，更新了研究的理念和手段，解决了很多根本的问题。

1. 以实事求是的态度，根据大量的材料，明确了《说文解字》一书的性质。《说文解字》不是实用秦篆的汇编，而是集合经典用字，从构建汉字系统出发，选择东汉以前历代字的字形，以小篆为统一字体表现出来的汉字学专书。严格讲，它不同于一般意义上的字典，而是具有自觉理论意识的理论证实性质的专书。《说文解字》的理论意识表现在：它使 9000 多个小篆穷尽地被"六书"覆盖，实现了形和义的统一，显示了汉字的表意特性；提取了形义统一的结构部首，展示了汉字构形、意义的系统关系。

2. 在清人整理和研究的基础上，不断汇集上古传世和出土文献的证据，说明《说文》的字义训释与经书、子书词汇意义的一致性，证实了《说文》意义训释具有真实性与可靠性，也显示了贮存在《说文》中的意义系统。由此引发出中国特有的、不依赖语法的独立的语义学，从而提高了《说文》在词义考据上的应用价值。"说文学"与古文字学的关系也进一步沟通，二者的关系逐步摆对。这对中国文字学的健康发展有着重要的意义。

3. 用古文字与《说文》对照，科学地估计了《说文》的局限。同时以新的方法论研究《说文》整体，描写出小篆的构形系统。证明了《说文》对后世汉字发展的重要影响，沟通了古今，确立了研究汉字"立足现代，尊重历史"的原则，为"说文学"的发展开辟了新路。

4.《说文》小篆已经进入计算机，正在进入 UNICO 国际字符集，因而不久也会进入互联网，这是中国文字走向世界的一个重要里程碑，"说文学"也将由此走向世界。

时代改变了《说文解字》与"说文学"的命运。但是，以《说文》为中心的中国传统文字学的理论价值和应用价值还远远没有发掘完，许学的发展任重道远，一切热爱中华文化的有识、有志之士，还要不断努力，发掘新的材料，探讨新的方法，进入更深层的研究。

数字化《说文》学研究平台的建构 *

一、《说文解字》研究的重要意义

《说文解字》是中国传统语言文字学的根基，具有崇高的学术地位和重要的研究价值，被学者誉为"言小学最完善之书"，是传统"小学"文献的"主中之主"。《说文》的学术价值与学术地位体现在多个方面。

就文字学而言，《说文》小篆是古文字的最后一站，《说文》对小篆形义的说解是古文字释读的基础，现今大多数的古文字字表都依据《说文》部首的顺序而排列。

就发展中国语言文字学的传统而言，《说文》是汉语文献语言文字学的最高成就。《说文》小篆具有严密的构形系统，为汉字构形学的研究提供了潜在的理论基础和充分的材料支持。就训诂学而言，《说文》是两汉训诂学的集大成者，通过严密的训释体系贮存了丰富博大的先秦汉语词义

＊ 本文是我主持并完成的社科基金重大攻关项目"数字化《说文》学及其研究平台的构建"的总结。

系统；它不仅是传统文献考据的核心，更为汉语词汇语义规律的探寻提供了坚实的基础。就音韵学而言，《说文》谐声系统是上古音研究的基础材料，清代古音学的成就与《说文》学的发展互为表里。

就思想文化研究而言，《说文》与儒家经典、经学具有紧密的渊源关系，它是古代历史文化的渊薮，贮存着丰富的汉字文化与学术思想，具有重要的文化价值。

就现代应用价值而言，《说文》对于语言文字教育、传统文化普及、社会教育的推广都有着重要意义。

正是由于《说文》具有不可替代的重要价值，历代学者对《说文》的研究成果极为宏富。以清代"《说文》四大家"为代表的传统《说文》学明确了《说文》的性质和基本体例，立足文献词义对《说文》进行全面解释，实现了《说文》和经典文献的融通互证。以章太炎、黄侃为代表的现代《说文》学在语言文字学的理论高度上，对《说文》的形、音、义、体例、文化内涵进行了全面考察，建立了科学的《说文》学理论体系。

二、《说文解字》研究采用数字化手段的必要性

《说文》学发展到今天，具备了科学的理论高度，积累了丰硕的研究成果，但也受到了传统研究方法自身局限性的制约。面对《说文》中纷繁复杂的形音义关系与汗牛充栋的《说文》学成果，仅凭人力难以做到穷尽分析与全面综合，还有很大的开拓空间。而想要对《说文》进行深度发掘，实现《说文》学的推进与突破，彰显《说文》的现代应用价值，必须立足于跨学科的学术视野，引入全新的研究手段。

20世纪中期以来，信息技术的迅猛发展促进了其在人文学科领域中的广泛应用。数字化手段的引入是未来《说文》学发展的重要方向，这是由《说文》自身的特点所决定的：《说文》和儒家经典、随文训

释、经学传统、古文字之间具有复杂的多元联系，已有研究更初步证实了《说文》中贮存着博大精深的形音义体系，呈现出严密的内在网络。全面把握《说文》内部的复杂系统和外部的多元联系，实为人力所不能尽及，而数字化手段在处理这些复杂的知识网络时，则具有先天的优势。

数字化，就是将复杂多变的信息转化为可以度量的数字、数据，引入计算机内部进行统一处理。它包括数字化资源和数字化工具两个方面，前者是指采用数字化技术处理的、可在计算机网络环境下使用的、以比特为最小单位描述的一切信息；后者是指利用计算机技术开发的软件，以便调用、展示、处理数字化资源。

三、《说文解字》研究的深化与数字化研究技术的开发

对于《说文》的数字化开发，始于《说文》文本与注释计算机检索的建造，也就是开发出应用这些电子资源的数字化工具。例如华东师范大学中国文字研究与应用中心研制开发的"《说文解字》全文检索系统（光盘版）"与北京时代瀚堂科技公司开发的"龙语瀚堂典籍数据库"中《说文解字》系列数字化资料。这些工作，都在不同程度上方便了研究者对《说文》学资料的检索，也改变了《说文解字》全面阅读的方式，是非常有意义的。

从20世纪80年代开始，北京师范大学汉字与中文信息处理研究所致力于计算机技术在《说文》研究中的应用。从1995年到平台研发的2013年，先后进行了以下的相关技术研究：

1995年，开发了国内首个"《说文》小篆字库与输入法"，解决了《说文》小篆字体的计算机输入与输出问题。

1996年，完成了《说文》小篆构形系统的计算机数据库建设。

1999年，开发"基于超文本环境的《说文解字》教学研究系统"，实现了《说文》小篆与楷字的计算机混合横竖排版显示与字头检索。

2004年，进行了《说文》知识库中知识表示方法的研究。

2006年，完成了"基于语料库方法数字化《说文》学研究语料环境"的建构。

2007年，完成了"基于潜在语义模型的文本类聚在《说文》词义研究中的应用"课题。

2010年，进行了《说文》内在系统的数字化模型研究。

2011年，完成了《说文》直训与现代汉语双音词对比研究数字化资源库和平台构建。

2012年，完成了"汉字构形系统的网络分析——以《说文》小篆构形为例"课题。

这些技术的开发，是在《说文》学理论研究逐步深入的促进下进行的。从20世纪30—40年代开始，陆宗达先生得到章太炎、黄侃《说文》学的真传，并发扬光大，不断有新的建树。20世纪70—80年代以来，《说文》学走向现代，成为传统语言学学科尽力探讨的核心问题。30年来，几代人以《说文》训释研究为起点，吸收现代语言学的方法，发掘了训诂学原理；以《说文》小篆构形为起点，用系统论的方法创建了汉字构形学；以《说文》同源词系联为基础，探寻了上古汉语词源学的新途径；以古代经典为原始材料来进一步考察《说文》，提出了"训诂学与汉语词汇语义学""《说文》与经学"的新命题……凡此种种，都使《说文》数字化的工作不仅限于《说文》资料的数字化存储、检索与输出，更是要将《说文》自身的理论价值以及其中反映出的语言文字规律与数字化手段进行深度结合，体现出自觉的理论高度和深厚的学术积淀，从而具有更深厚的学术内涵。

计算机技术在《说文》研究中最大的优势是其对于多维、网状、复杂信息的关联与统计。因此，我们在 1996 年对《说文》小篆构形系统的相关数据进行了计算机测查，分析了小篆构形系统的相关属性。2004 年开发的"《说文解字》音义系联系统"标注了每个小篆的上古声韵，以便进行音义关系的研究。2010 年开发的"《说文》数字化研究平台"整合了既往的技术和研究成果，形成了比较完善的技术设计思路，初步构建了《说文》构形、声韵、词训的知识库。利用这一平台，我们对《说文》小篆构形的系统性做了穷尽性测查，并进行了《说文》直训的全面系联，为《说文》研究提供了数据与启示。这些工作，如果没有《说文》学理论研究的深入开展，仅凭技术也是不可能完成的。

四、构建数字化《说文》学研究平台的基本思路

构建数字化《说文》学及其研究平台，是要在已有研究的基础上，实现数字化《说文》学的技术创新，将历代《说文》学有代表性的研究成果纳入其中，建设迄今为止最权威的数字化《说文》资源库，进而完善《说文》形、音、义、训、体例的知识库。利用计算机的系联类聚，对《说文》形音义的系统进行穷尽测查与综合研究，一方面贮存、证实以往《说文》学的理论研究结论，一方面进一步挖掘《说文》学的潜理论和新信息，在理论研究上做出新的成果。

在方法论层面，数字化《说文》的研究路径能够深入挖掘《说文》自身的特点，彰显《说文》学的基本精神。许慎作《说文》时已经具备了自觉的系统思想与多元思想，《说文》通过对字形、词义、音韵、经学、思想文化等要素的多元协调，形成了严密的内在体系。在《说文》学研究中，古今学者不断对《说文》的内在系统进行证实与发掘，系统论、多元论一直是《说文》学的核心精神与基本方法论，正如黄季刚先生所

言："夫所谓学者，有系统条理，而可以因简驭繁之法也。明其理而得其法，虽字不能遍识，义不能遍晓，亦得谓之学。不得其理与法，虽字书罗胸，亦不得名学。"到了 20 世纪，信息科学的迅猛发展及其在多学科领域的应用，充分证实了数字化手段的优长恰恰在于对复杂多元系统的分析能力，它具有人力不能企及的覆盖率、速率与准确率。这一特点决定了数字化《说文》研究在方法论层面的必要性与科学性。

它是传统"小学"与现代科技的紧密结合，是利用现代手段发掘古人智慧的重要尝试，体现出融贯古今、人文与科学并重的学术格局。它是现有《说文》数字化研究成果的总结与发展，体现出文理交叉、跨学科研究的创新精神。因此，它能够全面综合《说文》学的研究成果，充分验证《说文》学的科学理论，更为深入、全面地发掘《说文》的规律、系统与潜理论，在继承与综合的基础上推进《说文》学的历史发展，为汉语言文字学的建设注入新的血液，为中国传统文化的现代发展提供一条值得借鉴的路径。

为达到这样的目的，需要完成以下四项任务：

1. 数字化《说文》学研究平台技术开发。这为数字化《说文》学研究资源的建设、研究工具的开发提供各种关键支撑技术。包括构建数字化《说文》学资源库与数字化《说义》形音义知识库所需的 XML 标注技术、领域本体系联技术、知识库构建技术以及数据库管理技术，利用资源库与知识库进行《说文》学数字化研究所需的数据挖掘技术、复杂网络建模技术及其可视化展示技术，以及基于 Web 应用的平台架构技术等。

2. 数字化《说文》学资源库建设。利用数字化手段，建设三个经过属性标注的《说文》学资源库——"《说文》文本资源库""《说文》古注资源库"和"《说文》学论著资源库"。其中"《说文》文本资源库"是对《说文》原文的数字化与知识点标注,"《说文》古注资源库"是对以"《说文》四大家"为代表的传统《说文》注释的数字化与知识点标注,"《说文》学论著资源库"是对古今《说文》学经典论著的数字化集成和分类标注。本课题是建立在大量文献基础上的开放性大型学术资源库,包括了《说文》原文的不同版本和历代《说文》研究的重要文献。每部文献都将进行详细的知识点标注,从而使资源库不仅可以实现全文检索,更重要的是通过知识点之间的网络关系,实现历代《说文》学研究成果的关联与整合,从而为《说文》研究提供更高层次的支持。

3. 数字化《说文》形音义知识库建设。对《说文》原文所包含的形音义等各专项知识进行离析与重组,构建《说文》构形知识库、音韵知识库、训释知识库与体例知识库。通过知识库内部及其之间的相互联系,充分展现《说文》贮存的上古汉语形、音、义的系统以及这些系统的综合,穷尽性地揭示《说文》说解体例的规律性。《说文》形音义知识库的研制旨在呈现《说文》各个字、各个训释、各条注解、各项体例之间多方面、网络状的联系。这种联系的探寻越是准确、丰富,从《说文》中发掘出的汉字学、汉语语言学、文化学的规律就越多、越深刻。

4. 数字化《说文》学研究应用。在数字化技术支撑下,利用已经建成的资源库、知识库,进行多角度的《说文》学研究。一方面,贮存、证实以往《说文》学的理论研究结论;另一方面,在建立各种数据多元联系的基础上,挖掘《说文》学的潜理论和新信息,发前人之所未发,在理论研究上做出新的成果。例如:数字化《说文》同源词研究、数字化汉字构形系统研究、数字化《说文》思想文化研究等。

五、构建《说文解字》数字化研究平台的重要意义

《说文解字》以一本书带动了一门专门的学问——《说文》学（又称"许学"），开创了中国传统语言文字学精深的基础理论。《说文解字》数字化研究平台的构建，是传统语言文字学与现代科技的紧密结合，是利用现代手段发掘古人智慧的重要尝试，体现出融贯古今、人文与科技并重的学术格局。全面开发、体现现代成果并具有较全面研究与应用功能的数字化平台，不论在国内还是国外，还是第一次研制成功。

传统人文学科与现代科技在学术思维上存在较大差异，如何在二者的结合中避免冲突、实现双赢？如何保证数字化《说文》研究的准确性？如何突破电子数据、电子检索的窠臼，实现深度的数据提取与准确的信息关联？如何挖掘出人力难以总结出的量化规律？这些都是具有相当难度的理论命题与科研实践，需要学术与技术的深度对话。只有推动这一工作日渐深入，技术的开发才能符合学术的需要，数字化《说文》学才能超越传统研究方法，做出新的成就。

《说文》学的研究手段采用先进的信息技术，全面推进了《说文》学的理论研究和社会应用，并为传统人文学科与数字化技术的跨学科结合提供了新的研究范式，充分体现了习近平总书记倡导的"推进中华优秀传统文化创造性转化、创新性发展"的精神。这一工作明显的创新性，是通过文理交叉和跨学科研究实现的。它既是《说文》学研究的理论创新，又是计算机科学面向传统文化的技术创新。对《说文》学的理论来说，通过对《说文》学研究成果的贮存、提炼、沟通与综合，实现对《说文》形音义的穷尽分析与《说文》学研究资源的复杂关联，从而证实《说文》学的相关结论，使《说文》中的潜理论可视化，更加令人信

服。数字化的研究手段能为《说文》研究提供坚实而丰富的数据支持，带来一些全新的学术启示，从而推动《说文》学的研究产生很多新的结论。从计算机科学的运用和发展来说，将数字化手段与《说文》学相结合，是信息科学技术在传统人文领域中的全新尝试。计算机技术的数理性与语言文字学的人文性之间本就有着天然的鸿沟，要想利用精确的计算方法完全解决模糊的语言问题，还有待于技术本身的不断进步与发展。在实践中，人文学科的自身特点与特殊需求将推动数字化技术的改进与开发，实现技术创新。

数字《说文》学的开发与深化尚有很多空间，数字化平台建构成功后，还有很多工作需要继续进行。这些工作将有待于《说文》小篆申请到国际编码。目前，我们正在向国际标准化组织 WG2 编码工作组（ISO/IEC/JTC1/SC2/WG2）申报《说文》小篆国际编码的码位，一旦申报成功，平台即可以在互联网上运行，它的应用范围将更为广泛。《说文》研究的成果众多，将有价值的资源全部链接进平台尚需时日，这部分工作将在今后继续进行，使资源库不断充实。平台还将考虑《说文》对应甲、金文字形的进入，以期解决《说文》的字形来源及其形体演变的问题。《说文》同源词的系联，涉及形音义多维关系的综合判断，尚需不断完善。在这个过程中，如何处理好此前研究意见的分歧，也还有大量的工作将在今后进行。

关于《说文》小篆申报国际编码的几个问题 *

一、问题的提出

在 2003 年 11 月召开的国际标准化组织表意文字工作组(IRG)的第 21 次会议上，中国代表团提出了"关于中国古汉字进入国际统一编码字符集的提案"，建议把中国古汉字(包括甲骨文、金文、小篆等)放入国际统一编码字符集进行国际统一编码。这项工作从哪里起步，国内存在两种不同的意见。一种意见认为，从甲骨文国际编码开始，因为甲骨文是目前所能看到的最早的古文字，研究的时间长，成果也比较丰厚；另一种意见则认为，从《说文》小篆开始，更为妥当。《说文》小篆属于古人已经整理好的文字，它处于古文字和今文字的交界处，上承甲骨文、金文，下连隶书、楷书。一切古文字的考据都以《说文》作为宏观规模上

---

　　* 本文是我为申报小篆国际编码所写的论证和说明的总汇。申报专家组的成员，北京方面有：王宁、王立军、齐元涛、王晓明、胡佳佳。台北方面有：李鍌、魏林梅、季旭升、许学仁、钟柏生、宋建华、曾彦玲。

的参照，而现代汉字的字理，也以《说文》作为最权威的依据，历来认为它是考证古文字和整理一切汉字的纲。宋代苏东坡曾说："学者之有《说文》，如医之有《本草》"。现代古文字学家姜亮夫在《古文字学》一书中说："汉字的一切规律，全部表现在小篆形体之中，这是自绘画文字进而为甲金文以后的最后阶段，它总结了汉字发展的全部趋向，全部规律，也体现了汉字结构的全部精神。"《说文》小篆编码，最容易统一认识。如能将《说文》小篆放入国际编码，对其他古文字的国际编码生成，可以以纲带目，不但其他古文字取得两岸共识较易做到，获得国际认可也会较为容易。彼时，中国的联合工作组采用了第一种意见，由北京、台北、港澳组成专家组开始为甲骨文国际编码提供知识服务。

2004—2009 年，甲骨文国际编码因有些意见分歧，未能坚持结项，部分成果存储等待再次启动。事实再次说明，尽快对《说文》小篆进行国际编码有重要意义。2017 年，由北京师范大学汉字与中文信息处理研究所和台北中文数位化技术推广基金会联合成立了以王宁、李鎏两位资深教授为组长的专家工作组。

二、将《说文》小篆列入国际编码的提案

在进行了充分的准备后，两岸联合专家组提出"将《说文》小篆列入国际编码的提案"。提案主要论证了以下两个问题：

1. 中国古文字国际编码以《说文》小篆为首例的理由

《说文解字》是中国汉代许慎编著的一部收集秦代小篆的专书。全书收集了小篆正篆 9353 个字，异体字（《说文》称"重文"）1163 个字，重文中包括籀文（周代篆文）和古文（战国时的六国文字）字不与小篆相合的字样。

　　秦代流行两种正体字，一种是规范过的小篆，另一种是通常使用的隶书（文字学上称作秦隶，也称古隶，以与其后的汉隶有所区别）。有人认为小篆是一种书法字体，这是一种误解。《说文》小篆是古文字发展中一个历史阶段的字符集，它与甲骨文、金文和战国文字一样，与现代楷书不属于同一个体系。小篆字符有大量的字形与现代楷书无法对应，能够对应的字形在形体上也具有独特的构造。所以，《说文》小篆不能作为现代汉字的一种字体而附属于楷书，必须独自占有一个编码区域。

　　《说文》小篆在汉字发展历史上具有重要的作用，对古今文字的研究和整理更具有独特的价值：

　　(1)秦代小篆是古文字发展的最后阶段，它囊括了自甲骨文以来先秦古文字的全部构造模式，与此前古文字的主要部件皆有联系，所以，它是古文字整理与考据必须参照的字符集。

　　(2)《说文》小篆的字形与周代经典文献密切相关，均可用经典文献的意义来解释构形理据，集中显示了表意汉字的特点，也涵盖了隶书以后今文字的字理。当前的汉字教学，都根据《说文》的讲解来解读汉字。

　　(3)《说文》小篆经过严格整理，去除了冗余的字形，形成了一个完整的构形系统，并将这些文字字符分属在 540 个部首中，按小类编排了字符的顺序。当前的古文字整理，都以《说文》的部首和字序为序。

　　(4)《说文》小篆归纳概括出的 540 个部首，统领了汉字全部的形与义，被称为具有理论价值的结构部首。清代《康熙字典》214 个部首是在 540 个部首的基础上简化合并而成的，这种合并忽略了表意汉字形义统一的特点，仅仅适合查检使用，在理论上是有缺欠的。540 个部首才是更为完善的部首系统。

基于《说文》小篆及其部首在汉字研究和汉字教育中极为重要的作用，为其设置国际编码，并将其部首纳入部首区，为其他古文字的编码打好基础，已是当务之急。

2. 将《说文》小篆列入国际编码的整理资源和整理规则

《说文》成书于东汉，经过漫长时间的流传，真相有被泯灭的地方。宋代徐铉奉宫廷帝王之命，全面整理，恢复了它的本来面貌，得到了它的原初字形。徐铉整理过的《说文解字》，称作"大徐本"（徐铉弟弟徐锴整理的《说文系传》称"小徐本"），这一版本为公认的规范版本，小篆编码的字形与次序，首先当以此为据。

大徐本目前有三种比较常见的版本——额勒布藤花榭本、孙星衍平津馆本，以及根据孙星衍平津馆本修改的陈昌治单行本。藤花榭本与平津馆本均依据北宋本刊刻，但平津馆本实际上多据顾千里本小篆进行过删改，不如藤花榭本更忠实于原本。根据目前情况，以藤花榭本作为底本，最为妥靠。

清代《说文》学的权威段玉裁，校核大徐本与小徐本，并根据《说文解字》自身的体例，又改正了一部分字形，调整了一部分编排次序，做出了《说文解字注》（简称《段注》），其中的成果，应为现代人学习《说文》的重要依据。《段注》中与大徐本有区别的信息，需要在大徐本基础上，加以保存。

《说文》小篆进入国际编码的整理工作应遵循如下三原则。

（1）定序原则

①以藤花榭本部首次序与部首内字符编排次序为主。

②段玉裁《说文解字注》与陈昌治单行本需插入字的顺序如下：

a. 诸本增补的别体字，置于相应正篆与原有重文之后；

47

b. 新附字置于各部最后；

c. 需增补的非部首部件变体置于新附字后。

（2）定字原则

①藤花榭本正篆、重文、新附字全部收入。

②段注本与单行本、藤花榭本结构不同之字，全数增补。

③上述两版本内非字部件的变体，均应增补。

（3）定形原则

取自藤花榭本之字，其字形须宗于该本原形，增补之字与部件变体，也须宗于所出处之原形，不做人为调整与拼造。

隶定字形与小篆的对应原则：

①以描写型隶定为第一对应形。

a. 遵循原有部件位置，例如：灺—烁。

b. 遵循原有线条向笔画的转换，例如：乚—凸。

c. 遵循原有篆形之原貌，例如：屮—中。

②如有相应的自然隶变楷书，应作为第二对应形。例如：

灺—烁—秋；乚—凸—曲；屮—中—中。

除此以外，提案还提供了《说文》小篆字符集参数表操作规则与提交字表的样例，确定了北京和台北相互配合的工作日程表。

三、两个重要问题的讨论

在申报过程中，有两个重要问题经过各国代表详尽、慎重地讨论：

1. 小篆是否需要单独占有国际编码码位的问题。国外有一部分仅仅从书法角度而缺乏汉字学知识的人认为：小篆即"真、篆、隶、草"之一，不过是一种汉字字体，不需要设置单独的码位，只要生成一种字体与"宋、仿、楷、黑"字符集对应就可以了。

2. 为什么以藤花榭本为主要底本的问题。国外有一些对汉字史缺乏深入了解的人，对《说文》小篆与传世文献的关系缺乏了解，他们不明白为什么小篆要选择一种底本？又为什么不选通行的陈昌治单行本，而是藤花榭本？

我们对上述问题做了补充说明：

1. 为什么《说文》小篆要单独编码，而不是与现代楷书对应的一种字体？

首先要区分汉字的演变字体和书法界所说的"字体"的区别，演变字体是汉字发展到一个阶段的总风格和总类别，分为两个大阶段：小篆及小篆以前称作古文字，隶书及隶书以后称作今文字。这个分界，是从笔画的形成来划分的。书法界所说的"字体"，是在今文字阶段，书法艺术的风格种类。一般的分类法是"真、篆、隶、草"，"真"包括楷书及行书，篆是书法仿照小篆以前古文字字体的转写，隶主要指汉隶，草分行草、狂草。如今电脑的"主用字体"是印刷现代文本最常用的字体，分宋体、仿宋体、楷体、黑体四种。宋体是从雕版印刷发展起来的一种人为刻体，一般文本的正文都用宋体，楷体来源于毛笔书写，用来印刷语文教材，以便小学生的书写教育，也用来改换例句和引文的用字，仿宋是印刷公文的常用字体，黑体则主要用来印刷标题和突出重点。

《说文》小篆是演变字体，也就是古文字。它是秦代的规范字体，居于下面序列之中：甲骨文（刻写，殷商）—金文（铸型，西周、春秋战国）—大篆即籀文（石刻、简帛，东周）—小篆（李斯《仓颉篇》及《说文》小篆，秦汉）—秦隶（简帛、书写，秦汉）—汉隶（石刻、书写，西汉)一楷(行、草是其速写字体)。

小篆作为演变字体，具有以下特点：(1)属于汉字自然发展中由于载体、书写工具等不同，形成的不同风格。(2)它在汉字发展中具有阶段性，在相应的历史阶段也就是秦代，确实使用过，并经许慎所著《说文解字》按照严密的体例整理过，所以，今天进入电脑要以《说文解字》为依据，不容许今天的人按照这种风格任意编造当时没有的字。至于其他地方出土的秦代小篆要在《说文》小篆编码后作为"补充集"处理，才能保持国际编码的科学性。(3)汉字的每一种字体，都有其独特的构形系统，小篆与其他演变字体不同，所以，无法一一对应，不能成为其他演变字体的附属。由于它的这个特点，必须具有独立的编码区。小篆与甲骨文、金文不是一个体系，字数也多于甲金文。小篆与现代汉字更不是一个体系，不能作为现代楷书的附庸，字形也对应不上，风格更是迥异。现代人当成书法所写的字与古代不同的都不能进入国际编码区。小篆经过秦代李斯整理、规范，又经过许慎字形优选、编排整理、建构成系统。又经过清代段玉裁等全面考据、校改，成为学界公认的小篆字集。不需要重新排序、再行整理。目前能够看到的零星小篆，例如《泰山刻石》、尚有争议的《峄山碑》、墓碑的碑额用字等，都不能超过《说文解字》之所集。

2. 为什么以 种版本为主，而不是兼收并采？

《说文》众多版本中的小篆字形相互之间是存在一定差异的，是兼收并采，还是选择典型代表？我们认为，《说文》众多版本中的小篆字形之间的差异，不是应用过程中产生的差异，而是多种版本传抄后形成的现象，其间的字形差别大都是在笔形上的细微不同，包括笔画的长短、交接、斜曲等，这些因素不会造成结构上的差异，因而不具有同时采录的价值。如 N4716 所列举的例字：

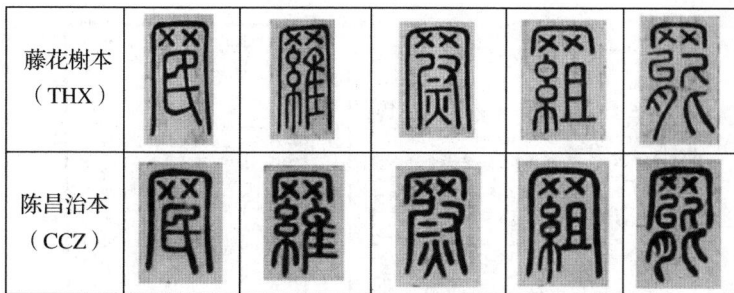

图1 藤花榭本和陈昌志本中网字头的结构差异

3. 为什么选取藤花榭本，而不是其他版本？

《说文》小篆经过千年考据、验证，证实它的字形确实存在、确曾使用。各个版本的差异属于文本流传过程中传抄和印制的差异，所以需要有一个权威性更高的版本来作为编码的底本，然后再参考其他版本尽量还原其原始面貌。这样做，也是为了国际编码所存字形具有更高的可信度。

较早的全本作底本应当是最好的，但《说文》在唐代以前不曾作为文字学典籍大规模流行。唐代已经通行楷书，书法盛行，李阳冰将《说文》当作书法字体加以窜改，字形失真。现存唐代最早的《说文》版本是唐写本口部残卷和木部残卷，两部残卷的真伪还存在不同意见。二者相加仅存200个字，占《说文》全书的2%左右：自然无法作为国际编码的底本。

五代南唐徐锴作《说文解字系传》，是自汉魏以后最早一部有系统的、比较详密的《说文解字》的注释，为恢复、保存许书的本来面目做出了重要贡献。世称"小徐本"。宋代经过"六书学"大讨论，明确了《说文解字》与经学的关系，因此宫廷出面开发《说文》解经的功能，提高了它在教育上的地位。宋太宗雍熙三年（公元986年），徐铉等人奉

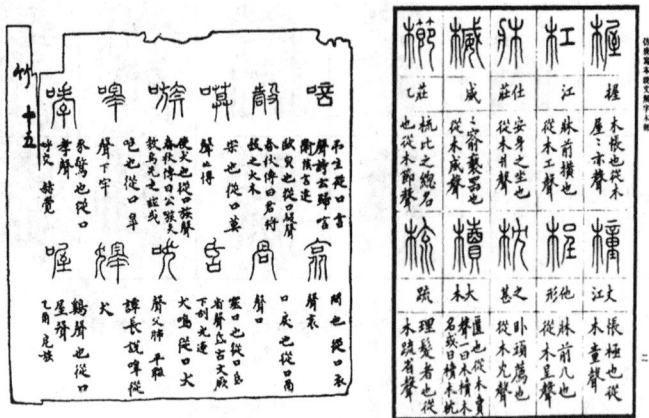

图 2　唐写本口部残卷和木部残卷

诏校订《说文》，并于国子监刊刻出版，这当是《说文》最早的全刻本。
这个版本，根据许慎《说文解字·叙》及历代所传、所引的《说文》资
料，从体例、部首、字形、训释等方面，全面恢复了这部书的原貌，
成为今天研究《说文解字》流传的白文本。世称"大徐本"。至清代《说
文》学发展，段玉裁将大、小徐本互校，以《说文》原有体例为依据，
做出了脍炙人口的《说文解字注》，校改了多处《说文》中的字形，他的
考证证明有相当一部分是正确的。研制《说文解字》小篆编码所取底本
的最佳选择，只能是以大徐本为主，《段注》本为补充、参考。而将大
徐本的三个版本系统——汲古阁木、藤花榭木、平津馆木及承袭它的
陈昌治单行本——相比较，汲古阁本由于多处妄改，于大徐本原貌有
所脱离，其不足之处，已经清人论定。陈昌治单行本由于单行，初学
者便于阅读，经中华书局出版后，通行度较高，但与藤花榭本比较，
后者的优点甚为明显，藤花榭本最能见《说文》原貌。

　　国际编码需要选择最优化的字形，选择版本，又应以其字头最优
化者为先。衡量小篆字形的标准和美观，要从线条和结字两个方面来

考虑。很明显，藤花榭本线条均匀，尤其是起笔圆润平整，折线的圆折点不同的角度处理均很得当。就结字而言，重心偏上，长宽比例符合小篆的美化标准。左右结构之让就，合乎左拘右放的习惯。依照这个形体，不必改造，可以直接使用。而陈昌治单行本的字多数重心有所下垂，形体长度不足，起笔有时出现尖形，这些地方都是很容易看出的。

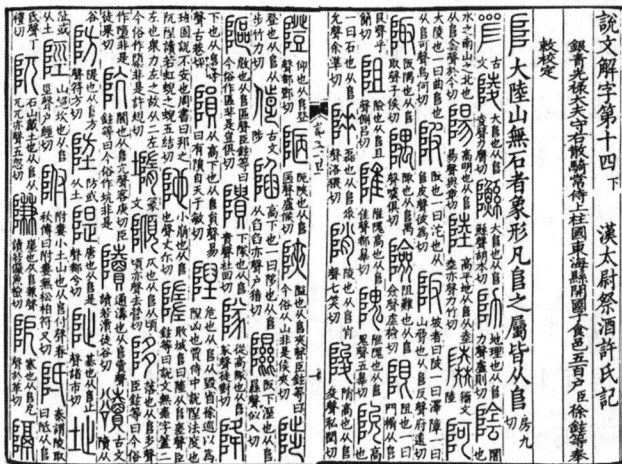

图3　藤花榭之额勒布本十四卷

图4　陈昌治单行本卷十四

汉字是中华文化的基石，讨论的过程，也是向世界各国介绍中国传统文化的过程，补充说明后，中国专家组又和一部分其他国家代表进行了会议讨论和个别交谈，具体比较了两个版本的字形，最终达成了一致意见。

四、小篆字形的整理

为了把小篆放入国际编码专区，需要以藤花榭本为底本，整理出合乎小篆字体特点的真实而标准的字形。这时候我们发现，即使是藤花榭本，《说文》小篆的字形也存在一些问题，需要进行适当的调整和进一步的优选。两岸专家组紧密合作，展开了优选和调整字形的系统工作。

前面说过，同样是《说文》大徐本，三个不同版本的字形差异主要出现在部件层面上。以下几种情况都是需要调整的：

1. 避讳字的复原。例如：

四字均因讳"玄"字而缺笔，需将单独的"玄"字和作为部件的"玄"均补全复原为原形。

2. 根据《说文》说解校正部件形体。例如：

《说文·四卷上·眢部》："蔑，劳目无精也。从眢，人劳则蔑然；从戍。"按照这一说解，小篆字形最上部件不应为"艹"，写成"卝"，是涉隶楷字形而误。下从"戍"形，也应稍作改动。又如：

粢－粢　帍－帍

《说文·七上·米部》："粢，炊米者谓之粢。从米辟声。"《七下·巾部》："帍，鬃布也。从巾辟声。《周礼》曰：'驖车大帍'。"按照说解，二字均从"辟"得声，而《说文·九上·辟部》："辟，法也。从卩从辛，节制其辠也；从口，用法者也。"则二字前一形体"卩"缺一小竖，应改为后一形体。经查从"辟"之字凡10字均有与"粢""帍"同样错误，均按此校正之。

3. 按小篆运笔的规则统一部件形体。例如：

(1) 敲－敲　(2) 昔－昔－昔　(3) 崚－崚－崚

小篆以粗细均匀的线条为书写单位，不同版本书手对字形理解不一、下笔习惯不同，往往出现同一部件样式不一的情况。上面三组字即属于这类情况。(1)"乔"作部件，有将上方部件"夭"写成"大"字者，均改为"夭"。(2)"昔"，《说文》解说："干肉也，从残肉，日以晞之。与俎同意。""俎"的左部件为"半肉"，"昔"的上方部件既与"俎"同意，前两个形体都不规范，应选择第三个形体。(3)"欠"做部件，有三种样式。根据"欠"做部首的样式，应以第三形"茨"的样式为标准。

4. 对《说文》重出字的处理。

在一些《说文》版本中，会有一些字在两部中重出。这些字主要是会意字。有些字徐铉加按语明确说明重出。这些重出字需要从两个方面处理：第一，只能有一个形体进入码位，防止同一个字占有两个码位。第二，在排序上，要确定应当放在哪一个部。略举几例：

"右"，《口部》："助也。"《又部》："手口相助也。"按：《说文》"右""左"二字相承续，此字宜留《又部》。

"吹"，《口部》："嘘也。"《欠部》："出气也。"按：凡人非语言的口部动作之字绝大部分入《口部》，且"吹"与"嘘"在《口部》为同部互训，此字宜留《口部》。

"辍"，《车部》："車小缺复合者也。"《网部》："罬或从車。"按："辍"在《网部》是"罬"的重文，"罬，捕鸟覆车。""车"是"辍"的主要义符，此字宜留《车部》。

"敖"，《放部》："出游也。"《出部》："游也。"按："敖"义重在"游"，与"出"的构意不符。《段注》："从放、取放浪之意。出部又收此。后人妄增也。"段意可取，此字宜留《放部》。

"愷"，《心部》："愷，乐也。"《豈部》："愷，康也。"按：《心部》"从心豈声"，以为是形声字，《豈部》"从心从豈，豈亦声"。按照会意兼形声字一律定为形声字的原则，此字是形声字，留在《心部》是必然的。

《说文解字》作为中国文字学的奠基之作，历史上曾有两次全面的字形复原工作——第一次是唐五代至宋，徐铉、徐锴全面恢复了《说文》的面貌；第二次是清代以段玉裁为代表的乾嘉学者，综合大小徐、普查《说文》自身的体例，以五经文献核查本义，进一步改定了字形与训释。这一次两岸文字学家协同工作，在小篆进入计算机国际编码之前对《说文》字形再次普查，应当是对《说文解字》的第三次全面复原。这是一次《说文》学继承传统又以最新的信息技术所进行的现代转型。《说文》小篆进入国际编码后，数字化《说文》学得以在互联网上传播，中华传统文化和世界各国的交流也将会有更快、更深的进展。

第二辑

20 世纪汉字问题的历史回顾

汉字发展的历史趋势与前景[*]

20世纪以来，关于汉字命运的争论屡屡发生，有些争论直接关系到汉字的存亡。不论是汉字的否定者还是维护者，都集中在汉字的缺点和优点上来寻找自己的论据。其实，任何一种记录语言的符号体系，都有自己的特点，这些特点来自它的制符原则、符形模式、记录功能和经长期历史积淀而形成的体系特征，与这些特点相联系的，还有文字的使用者长期以来形成的社会心理。在任何一种文字符号体系的特点中，都既含优点，又含缺点。一种文字符号的发展前景，不可能寓于人们的主观意志，而只能寓于它的客观发展趋势之中。同样，对汉字发展前景所作的答案，应当也必须从它的历史发展趋势中去寻找。

如果把大汶口新石器时代遗址中发现的陶器刻符看作汉字最初的萌芽，那么，汉字至今已有6000多年的历史。从历史的发展中，我们可以看到以下三个主要趋势：

（一）汉字在表意与表音的相互促进中，一直顽强地坚

* 原载《现代中国》，1991年2月第2期。

持自己的表意特点，不断地采用新的方式，增强个体符形和整个符号系统的表意功能。

这主要表现在以下两个方面：

第一，当意义发生变化或符形笔势化以后，原初造字时形义统一的状况遭到破坏，汉字总是改造自己的符形和对字义的解释，以创造形义统一的新局面。例如，当汉字所记录的词所指的事物发生变化后，汉字总是及时调整它的义符，使之适应事物的特点。"砲"本从"石"，火药发明后，形体演变为从"火"的"炮"；"快"本从"马"而为"駃"，交通发达后，驰马不再代表最佳速度，形体便演变为从"心"的"快"，等等。再如，当原初造字意图因符形的演变而淡化，汉字便采取添加义符的方式来增强其表意功能。象形字加义符的如"纹""韮"等，会意或形声字累义符的如"捋""援""歌"等。这些都说明，汉字总要最大限度地在符形上增加意义信息，来坚持自己的表意特点。

第二，由于书面语与口语互相转化（口语写出，书面语说出或读出），语音信息一时之间会变得异常强烈，加之有些抽象意义的词因义构形又比较困难，因此汉字在甲骨文时代就产生了一批同音假借字，即，不再为某些词构形而借用同音字为符号。例如，"戚"的本义是"斧子"而借作"悲戚"字，"舍"的本义是"房舍"而借作"舍弃"字，"介"的本意是"甲介"而借作"疆介"字，等等。但是，表意的汉字对这些脱离意义的音化符号有"排异"作用，为时不久，它们便加上了相关的义符，分别写作"慽""捨""界"等，再度义化。正因为如此，汉字中的假借字向形声字转化，成为一种规律；也正因为如此，汉字绝不可能因其声符而发展为表音文字，只能利用一部分声符作为别词的手段。

（二）汉字在易写与易识的矛盾中，不断对个体符形进行调整，以实现简繁适度的优化造型。

汉字职能的发挥，是两个不可缺少的环节合成的，这就是书写和认读。就书写而言，人们总是希望符号简单易写；而就认读而言，人们又希望符号丰满易识。然而越简化，就越易丢掉信息，给识读带来困难；追求信息量大、区别度大，又难免增加符形的繁度，给记录增加负担。二者的要求是对立的。汉字就在二者的矛盾中相互调节，以追求简繁适度的造型。从甲骨文演变到小篆，随处都可以看到这种矛盾与调节。例如，画四只脚围绕一个域邑，形象丰满，表意度高，但书写则很不便，改为两脚作"韋"，意义又不很明确。最后加"囗"作"圍"，不失本义而简繁适度。

在不影响表意与别词的前提下，汉字总是不断省去多余的分符与笔画，来减少书写的困难、减轻记忆的负荷。例如，在大篆里，很多从"艸"的字都从"䖵"，小篆则一律减成"艸"，"集"曾写三个"隹"，到小篆里，将这些多余的重叠都减省了。可见，有限度的简化，是汉字发展的趋势。

（三）汉字在发展中不断完善和简化自己的构形体系。

表意文字所遇到的最难解决的问题，是随着词汇不断丰富、意义不断增多，字形便会无限增加，致使符形量超过人有限的记忆能力。为了解决这个问题，汉字必须在对构件进行规整的前提下，形成一个严密的构形系统。许慎的《说文解字》，第一次把这个构形系统整理和描写出来。从小篆起，汉字就有了一批兼有音义的成字构件，作为构形的基础。许慎将小篆归纳为 540 部，部首就是他规整出的基础构件。实际上，我们还可以进一步归纳为 414 个不重复的、音义具备的、独体的成字构件。其他汉字不论有多少，都是由这 414 个构件充当义符或声符按一定规律拼合而成的。汉字有了这批构件，便有条件把甲骨文的多形符象形字改造为多义符拼合的会意字，并且产生了一大批义符和声符相互制约的形声字。凡同义类的字，用声符别词，如"根""枝""条""标"……都是树的部位，都从"木"，用义符来区别；而用声符来区别，"玩""完""冠""顽""貦"……都从"元"声。这种形声字，大约占汉字总数的百分之七十八以上，成为汉字的主体。同时，汉字的义符和声符的表意示源功能又都得到了进一步规整。这样，汉字便形成了以形声系统为中心的构形体系。由于采用了以基础构件拼合生成的方法来增加新的字形，因此，不论字数如何增加，基础构件的数目都能保持稳定，只在 400 多个上下浮动。而且，就构字功能说，构字量较大的基础构件只占百分之四十八左右，人的记忆负荷是完全可以承受的。

形声系统形成后，汉字的表意方式发生了质的变化，人们对字符的认读不再是与物象直接联系的，也就是说，不需要从字形中直接辨识出物象来，而是凭借形音义已经结合了的基础构件来概括表义。例如，⺗发展为心，又发展为"忄"，早已不像心脏的样子，⺌发展为"氵"，也已没有水纹的痕迹，但"忄"形与"心脏"义，"氵"形与"水流"义，都已形成固定的联系，"心"部字与"水"部字的意义都可以由此辨识了。

汉字的构形系统形成后，仍然不断进行规整和简化。例如，基础构件既然不与物象联系，笔画便可以统一进行合理的减省，隶书的心演变为楷书的"忄"，就属这类减省。同功能的义符还可以合并，例如小篆的丶、氵与氺到楷书里就已合并为"水"，"鸟"与"隹"作形符时渐渐合并为"鸟"，"隹"只作声符，等等。声符的一部分在不破坏同源系统的情况下，还可按其示源作用进行规整，例如从"弘"与"宏"得声的字，已渐渐规整为从"厷"，从"宛"与从"夗"得声的字则规整为直接从"夗"，这样也可减省一部分声符。汉字构形系统的严密与简化是同时实现的，这是汉字发展的历史趋势中最重要的一点。

汉字发展中所显示的这三方面趋势，是汉字自身的特点及其内部规律所决定的。它们所以能称为"趋势"，是因为其中包含着一定的必然性。因此，我们可以从这种趋势中窥到汉字发展的前景：首先，汉字顽强坚持的表意性已经凝固在总体字系里，而且，由此形成了汉字使用者的一种识字、用字的心态。汉字的使用者总是习惯于探求形体中显示的意义信息。即使是不规范的错别字，一般也习用"六书"的原则。"酒"写作"氿"，保持水旁；"韭"写作"艽"，保持草头；隶书里"葬"写作"埀"，以"死者入土"会"埋葬"义……这些都从另一个侧面反映出汉字使用者追求形义统一的心理。所以，汉字绝不会自行发展为拼音文字。形声字的声符主要作用是别词，它只能起到近似表音而提示词与词素的作用，是不可能发展为标音符号的。由假借而形成的音化符号由于汉字表意系统的"排异"作用，会随时被加义符而形声化，也不可能发展为汉字演变的主流。所以，汉字自行发展为拼音文字实无门径，只要有汉字，它只能是表意的。但是，汉字的表意功能要从个体象物的表意发展为总体系统的概括表意，而且汉字的构形与功能系统必然日趋严密与简化，汉字由于表意文字的特点而带来的缺点会相对减少而由此带来的优点会尽量发挥。这种发展，也是我们可以预见的。

在谈到汉字发展的前景时，还有一个问题必须提出，这就是汉字的自行发展与人为规范的关系问题。汉字的使用与发展都带有社会性，每一个汉字字符的创造与改变都必须经过三个阶段：个人使用、社会通行和权威规范。从个人使用到社会通行，这是汉字自行发展的阶段，从社会通行到权威规范，这是人为规范的阶段。没有前一个阶段，汉字的社会性能便要丧失，它记录汉语的使用价值便会减弱；而没有后一个阶段，汉字演变的合理性和构形功能系统的形成规整和严密化是无论如何都难以实现的。所以，汉字需要人为规范，又必须在尊重汉字的社会通行情况的基础上进行规范，在掌握汉字发展趋势并因势利导的前提下加以规范，这种规范才是具有社会性和科学性的。新中国成立以来所做的异体字规范和简化汉字的工作，从总的方向看，是符合汉字历史发展趋势的，因此，它才能被广大汉字的使用者所接受，收到最大限度地社会流通效果。尽管其中还存在着一些个别技术上的问题，只要向着社会性和科学性两个目标前进，也是不难解决的。

汉字不可能自行发展为拼音文字，是否需要人为改造为拼音文字呢？文字不但是语言的书面符号，而且是文化的载体，是历史积淀的成品。汉字已经融入几千年中华民族的文明历史，并且已与汉语相互印证、纠葛，变得难舍难分，忽然要将它抛弃而改用另一种完全不同类型的文字，必然要在很大程度上付出中断文化继承、中断教育延续的巨大代价；改换文字形式，还会受到亿万文字使用者所形成的合理习惯的自然抵制，也会使民族自尊心与爱国热情受到挫伤。再说，拼音文字与表意文字两相比较，由于不同的特点所致，优劣长短，恰好互补。废弃汉字而改为拼音文字，虽舍我文字之短而取彼文字之长，却必会同时弃我文字之优而得彼文字之劣。利弊得失，实难权衡。即使略有所得，与上述所付的代价相较，孰轻孰重，明智者自会得出应有的结论。事实上，与汉字发展的自然趋势相背而行的措施，执行起来不但会十分吃力，而且也难有成效。只有在顺应汉字发展的自然趋势又自觉把握汉字自身规律的基础上对汉字进行科学地规范，才能使古老的汉字焕发青春，带着旺盛的生命力进入 21 世纪。

20 世纪汉字问题的争论与跨世纪的汉字研究*

一

中国是一个崇尚文字的历史古国。远在周代，宫廷教育的科目设"六艺"："一曰五礼，二曰六乐，三曰五射，四曰五驭，五曰六书，六曰九数。"其中"六书"是识字教育。汉代郑众说，"六书"即是"象形、会意、转注、处事、假借、谐声"①，它是周代小学教育科目中最早教授的②。这说明，周代不但有了识字教学的科目，而且已经产生了分析汉字形体结构的科学。

汉人称文字学为"小学"，在经今古文斗争中，一批古文经学家利用汉字因义构形的特点，把分析汉字形、音、义作为解读儒家经典的津梁，使文字学取得了与儒家经学

---

* 原载《中国社会科学》，1997 年第 1 期。

① "六艺"及郑众所注"六书"，均见宋刊本《十三经注疏》中《周礼·地官·保氏》及其注。

② 许慎《说文解字叙》有"周礼八岁入小学，保氏教国子，先以六书"之说，以知"六书"为"六艺"之先教者。

相应的地位。到东汉许慎在《说文解字·叙》里做出了"文字者,经艺之本,王政之始,前人所以垂后,后人所以识古"的有名论断,汉字在中国文化传播中的崇高地位已确定无疑。

汉代为汉字确立的这种崇高地位,经过历代科举制度的强化,借助诸多名人书法的传扬,又由于被汉字书写的典籍越来越多,汉字用于外交政务的使用频率也越来越高,因而日趋巩固。只要看历代纂集"小学"专书数量之多,就可以知道前人对汉字的重视。自全面整理,确立汉字形义统一原则、描写汉字总体系统的《说文解字》之后,正字(规范字)之书如《五经文字》《九经字样》,广存异体字之书如《碑别字》,搜集俗字之书如《龙龛手鉴》……一代一代,编纂无穷。汉字变成每一时代首先需要关注的一种解读前代文化、书写当代文化、存于后世文化的工具,它自己也成为一种重要的文化要素。

封建时代宫廷和上层文化对汉字的崇尚,在变成一种统治文化的观念后,对群众的影响是无形的。民间的"敬惜字纸"之风,便是这种崇尚汉字的观念对民众心理的浸透。

18—19世纪清代的乾嘉学者,继承和发展了汉、唐的经学和小学,通过对大量古文献的爬梳,对汉字学做出了卓绝的贡献,使识字、写字、正字、解字、读字都回到了《说文解字》的标准,他们站在学术的高度,使传统的汉字观得到又一次的巩固。

二

19—20世纪之交关于汉字争论的第一次高潮,就是在上述强大的传统势力笼罩下展开的。

首先去摇撼传统汉字观念的,是清代末年极少数懂得西方拼音文字又关注教育普及的知识分子。他们发动了切音字运动,尖锐地指出，一旦向民众去普及教育，汉字的繁难便成为最大障碍。尝试过科举又专攻过英语的卢戆章（1854—1928），在 1892 年写成了第一个中国人创造的拉丁字母式拼音方案《一目了然初阶》。在这一方案的原序中，他发出了"中国字或者是当今普天下之字之至难者"的感慨①。

在卢戆章之后的王照（1859—1938），维新变法失败后，逃亡日本避难两年，受日本假名字母的启发，1900 年秘密回国后，用笔名发表了双拼制假名式拼音方案《官话合声字母》。

从两位切音字运动代表人物的主张，可以看出他们普及教育、振兴国家的爱国主义初衷。他们都认为汉字繁难，民众无法坚持学习，需要有帮助学习的拼音字母来减少难度。

卢戆章和王照除了说明表意汉字字数多、笔画多、缺乏可归纳性因而难于记忆外，还指出了汉字难学的另一个原因，这就是它经过太厚的历史积淀，保存了大量古代的形、音、义要素，又被复古者蓄意固化，不使与现代契合，遂使汉字难上加难。王照的论述非常尖锐。他说："且吾国古人造字，以便民用，所命音读，必与当时语言无二，此一定之理也。语言代有变迁，文亦随之。故以孔子之文较夏殷则变易句法，增添新字，显然大异，可知亦就当时俗言肖声而出，著之于简，欲妇孺闻而即晓，无文之见存也。后世文人欲藉此以饰智惊愚，于是以摩古为高，文字不随语言而变，二者日趋日远，而因无义字为语言之符契也。"②

王照的这一论述所以深刻，在于他批判汉字繁难时，并不绝对指

---

① 卢戆章：《中国第一快切音新字原序》，《一目了然初阶》，北京，文字改革出版社，1956。

② 王照：《官话合声字母原序》，《官话合声字母》，北京，文字改革出版社，1957。

责汉字客观上的弊病，而是更加强调了"饰智惊愚"的复古思潮在主观上加深了汉字学习的难度。根据这一说法，汉字的繁难在一定程度上是可以克服的。

两位代表人物都不主张废除文字，只主张以切音辅助汉字教学。卢戆章和王照的切音方案，由于不涉及汉字的存亡问题，在当时属于平和执中之论，所以推行的阻力并不十分大。特别是王照的官话字母，曾一度推行甚广。但就理论的论争而言，他们并不居于前沿。19—20 世纪之交关于汉字论争最激烈的，应属吴稚晖与章炳麟各代表一方的论争。

1908 年，巴黎的中国留学生主办的无政府主义刊物《新世纪》第四号，发表了吴稚晖的《评前行君之"中国新语凡例"》一文，鼓吹中国应废除汉文汉语，改用"万国新语"（即 Esperanto 世界语）。同年，章炳麟发表了万言长文《驳中国改用万国新语说》①，对汉字的优劣和是否能够废除的问题，进行了针锋相对的论争。在这篇长文中，章炳麟驳斥了"以象形字为未开化人所用，合音字为既开化人所用"②的说法，指出使用拼音文字的民族和国家，从他们的文化看，并不都优于使用汉字的中国。同时指出，是否能普及教育，在于政府是否重视和认真推行，归咎于文字的优劣是难以说服人的。他明确提出了汉字与拼音文字优劣互补的主张："象形之与合音，前者易知其义，难知其音。后者易知其音，难知其义。"③章炳麟还指出，一个国家的文字所

---

① 章炳麟：《驳中国改用万国新语说》，原刊《国粹学报》1908 年第 41—42 期，本文所引均见文字改革出版社 1957 年版的单行本。

② 《驳中国改用万国新语说》一文中所说的"象形字"指表意的汉字，"合音字"指拼音文字。

③ 同上。

以能够保存、传衍，是因为它与本国的语言相契合。日本所以改读改字，是因为日语与其借去的汉字不相契合。

章炳麟"取古文籀篆径省之形"制定了 36 声母、22 韵母的切音方案。后来，这个方案中的 15 个字母为注音字母所采用。章炳麟明确指出："余谓切音之用，只在笺识字端，令本音画然可晓，非废本字而以切音代之。"①

章炳麟是中国近代在国学上成就最为昭著的爱国主义革命家、思想家。他对中国的历史和文化十分熟悉，逃亡日本后，经过对比，对中国国情有深刻的认识。应当说，他在汉字问题上所采取的立场，代表了具有丰厚国学根底、维护中国文化的爱国知识分子的典型立场。这种立场大体可归纳为三点：

(一)汉字繁难，无表音机制，难与语音沟通，对普及教育很有妨碍，需要制定一套标音符号来辅助扫盲和初等教育。

(二)汉字适合于汉语，并与中国历史文化产生了难以分割的关系。汉字与拼音文字比较，特点各异，优劣互补。因此，汉字是不能废除的。

(三)在强调便于扫盲教育与初等教育时，还必须考虑到高等教育与高深的文化历史学习。对于后者来说，汉字的功能仍是无法取代的。

以上三点，第一点已经成为近现代人的共识，后两点在当时不但没有取得一致结论，而且继续引发了新的论争。

三

如果说，吴稚晖等人关于取消汉语汉字的激烈言论在当时尚未产

---

① 章炳麟：《驳中国改用万国新语说》。

生很大影响，那么，在 1918 年开始的新文化运动中，钱玄同的主张便不容忽视了。他在《中国今后之文字问题》一文中说：

> 欲使中国不亡，欲使中国民族为二十世纪文明之民族，必以废孔学、灭道教为根本之解决，而废记载孔门学说及道教妖言之汉文，尤为根本解决之根本解决。①

1923 年，《国语月刊》出版《汉字改革号》特刊，钱玄同在特刊上发表了《汉字革命》一文。他批判清末开始的切音字运动不主张废除汉字是"灰色的革命"，认为应当响亮而明确地提倡汉字革命，也就是废除汉字，改用拼音文字。他说："汉字不革命，则教育决不能普及，国语决不能统一，国语的文学决不能充分发展，全世界公有的新道理、新学问、新知识决不能很便利、很自由地用国语写出。"

这样，以废除汉字改用拼音文字为目标的文字改革高潮，便由钱玄同这一纸对汉字的檄文掀起。一大批语言文字学家和教育家投入了这场文字改革运动。

与此同时，他们还提出了推行简化字。1920 年，钱玄同在《新青年》第 7 卷第 3 期上发表文章提倡简化字。1922 年，在国语统一筹备会第四次大会上，他提出《减省现行汉字的笔画案》，提案通过并组成了汉字省体委员会。1923 年，在《国语月刊》"汉字改革号"上也有人撰文赞成简化字。1935 年春，上海的文字改革工作者组织手头字推行会（"手头字"也就是简化字），选定了第一批手头字 300 个，文化界 200 人和《太白》、《世界知识》、《译文》等 15 个杂志共同发表《推行手

---

① 钱玄同：《中国今后之文字问题》，载《新青年》，1918 年第 4 期。

头字缘起》。

综观"五四"新文化运动中的文字改革思潮可以发现，在这一历史阶段，尽管有一些人提出改革汉字，甚至激烈到要"废除汉字"，但是，他们的主张与提倡"万国通用语"的吴稚晖是有本质不同的。

首先，这时的汉字改革，是与推行白话文、实行文艺大众化紧密相连的，是以反封建为主要目标的新文化运动的有机组成部分。瞿秋白曾说，提倡汉字改革的目的，是使中国工农群众不受汉字之苦。他以为，要写真正的白话文，要能够建立真正的现代中国文，就一定要废除汉字，采用罗马字母。他还提出，文字改革可以打破军阀、学阀对知识的垄断。鲁迅也提出，"汉字和大众，是势不两立的"①，要"将文字交给一切人"②。这时的汉字改革带有崇高的爱国主义动机，带有对封建文化和教育进行反思的批判精神，它无疑是进步的。

其次，这时的汉字改革，从宏观的理论上虽少有缜密的讨论，但却有非常具体的实施方案。从黎锦熙提出用"词类连书"（即多音词连写）来解决多音字问题，赵元任提出详细的"国语罗马字的草稿"，到瞿秋白设计出"中国拉丁化字母草案"，可以说各种主张、方案都在这一时期提出。许多有关文字改革的组织也相继产生。革命的知识分子是在用切切实实的行动来为教育的普及、汉字的改革，寻求一条可行的出路。尽管他们的呼声很高、态度激烈、进程迅猛，但是爱国救民的立场和动机使他们不能不面对现实。即使是鲜明地喊出"打倒汉字"口号的钱玄同，也在《汉字改革》中说过，废除汉字改用拼音字母需要

---

① 鲁迅：《答曹聚仁先生信》，《鲁迅全集》第 6 卷，78 页，北京，人民文学出版社，1973。

② 鲁迅：《门外文谈》，《鲁迅全集》第 6 卷，100 页，北京，人民文学出版社，1973。

10 年的准备，因此提出了 10 项筹备事项和 5 项"补偏救弊"的办法。瞿秋白更是认识到，实行新文字并不是立刻废除汉字，而是逐渐把新文字推行到大众生活中间去，到了适当的时候才能取消汉字。

废除汉字的主张并非所有人都赞同。钱玄同的老师章炳麟明确表示反对废除汉字。他主张维护汉字以传播中华民族的历史文化，用本国的语言文字来激励种性，带有反对帝国主义亡我文化的爱国主义精神；同时，他强调汉字与中华民族历史的难以分割以及在更高层次教育中不可取代的作用。两种爱国动机相同而主张截然相反的意见，在当时看来是极端对立，今天看来却互相补足，彼此消除了片面性。

毫无疑问，汉字在历史上是为书写文言而发展演变的。中国文化史上言文脱节的现象是畸形的，它有利于文化的垄断，不利于教育的普及。新文化运动提出"废除文言提倡白话"以及"语文大众化"这两个重要主张，正是为了扫除文盲、普及教育、振兴中华。当这一伟大目标的实现提到日程上来的时候，与垄断文化沆瀣一气的复古思潮所造成的汉字繁难现象，必然会与之产生尖锐的矛盾。因此，汉字问题在 20 世纪初这个中国历史的转折时期产生激烈的争论，是势在必然又十分合理的。

一大批站在新文化运动前沿的知识分子，对自己所受的封建教育进行了深刻反思，勇敢地向自己最熟悉、最擅长的文言反戈一击，这样做必然会受到崇尚汉字的强大传统势力的反对，他们需要有很大的勇气，这种勇于抗争的爱国精神是值得钦敬的。尽管偏激与急躁会导致对科学的偏离，但是，那种出于善良愿望的矫枉过正，又是我们应当怀着敬意来理解的。钱玄同的学生梁容若在追悼钱氏的诗中说："离经畔道为苍生，实大声宏有定评，我侍康成余六载，粗知矫枉即衡平。"①这便是一种比较深刻的理解和中肯的评价。

但是，在这一阶段关于汉字的论争中，也有一些教训值得吸取。1941 年 12 月，在延安召开的新文字协会第一届年会上，吴玉章同志做了《新文字在切实推行中的经验和教训》的报告。他在充分肯定了新文字运动方向的正确和取得的成绩外，批评了新文字运动中存在的问题：第一是关门主义，运动"一开始就带了很浓厚的政治色彩"，"有些同志常常不免提出过左的口号，并且常常和政治运动联系起来。使新文字太政治化，自然就造成了关门主义的倾向"。第二是宗派主义。他指出，"要打破以前的宗派主义，不仅要和国语罗马字根本改革中国文字的同志合作，就是一些改革汉字，如简体字各种改革文字运动的人，都应引为同志而共同努力于中国文字的改革，打破一切狭隘的观念。"第三是主观主义。要防止两种倾向，一种是认为"新文字是行不通、大众不会欢迎的"，另一种是"新文字是很容易的，只要得到政府的赞助，热心人士的推行，就可以顺利地成功……很迫切地要代替汉字以至废除汉字"。他认为"汉字有几千年的历史，它在中国人脑筋中生活有长久的习惯，而且还有表意文字的长处，不是一下子就可以废弃，短时期就能改变习惯的"②。

半个世纪以后，我们来回味吴玉章同志的这段话，应当认为，他在中国文字改革问题上所持的态度，是积极而扎实、客观而冷静的，至今仍有其指导意义。

---

① 转引自曹述敬：《钱玄同年谱》，33 页，济南，齐鲁书社，1986。
② 吴玉章：《文字改革文集》，北京，中国人民大学出版社，1978。本文转引自陈永舜：《汉字改革史纲》，124—125 页，长春，吉林大学出版社，1992。

四

回顾 20 世纪初期汉字问题的争论，我们还可以看出，20 世纪中期——也就是新中国成立以来的文字改革运动，几乎在所有的问题上，都是初期运动的延续。从 1947 年 3 月在上海成立支持新文字运动的中国语言学会，到 1952 年 2 月在北京成立中国文字改革研究委员会，紧紧地相衔接，时间仅隔五年。新中国成立以来文字改革的骨干队伍，实际上是初期运动各方主力的合流。而在新中国成立以后提出的文字改革的三大任务——简化汉字、推广普通话、制定和推行汉语拼音方案，正是初期运动所提出的主要措施的实现。所不同的是，新中国成立以来的文字改革，从有组织领导的群众运动转变为政府主导的行为。这种转变，一方面使有志之士半个世纪以来所从事的文字改革工作在较短的时间内迈出了一大步，另一方面由于政府行为带有政策的强制性，大大有利于规范的统一和推行。也正由于它的这种性质，所以在政策、方案确定之前，如不充分尊重和认真吸取专家的意见和群众的反映，就难免考虑不周，造成业务、技术上的失误，影响推行的效果。只举一个例子来说明这一点。在设制汉字简化方案时，一些专家和语文工作者曾两次集中地对草书楷化的简体字提出了不同意见。第一次是在 1950 年 9 月底，在确定简体字选定原则时，语文工作者提出："草书楷化的简体……弧形交叉和笔画的钩连，使得汉字的字形差别减少，不仅增加初识字人认读和书写的困难，而且草书楷化的形体远不及正楷体那样结构匀称、美观。因此，草书楷化字体不适于印刷，只有少数楷化的草书简体可以采用。"①1954 年 4 月，在对《常用汉字简化表草案》第三稿征求意见时，北京的出版、教育、新闻部门又一次提出："草书笔画增加了汉字的结构单位，打乱了原来的部首系统。有些字很难把它归并到现有任何一个部首里去，这就使原来按部首、笔画编排的字词典、电报码本、档案、索引等不能继续使用。同时，草书笔画不易为初学的人掌握，难于称说，不便书写。""宋体字夹杂草体，甚至一个汉字的一半是宋体，一半是草体，形式上很不协调。"②从简化字使用的具体情况和汉字构形的规律来看，上述意见是完全正确的。但是，由于具体业务部门机械地执行"作简体字要多利用草体"的指示，致使上述意见未被采纳。从现有简化字来看，一些不十分优化的简字，大部分来自草书楷化。例如："头"——单独用是"头"，在"实"下对应"贯"，与"一"合成"买"，使部件的结构功能产生混淆；"爱"与"庆"——都去掉了义符"心"，失去了最重要的造字理据；"东"与"东"——区别度过小，很难分辨；"专""韦""书"——不适合印刷体，也不便记忆、书写；等等。

这一例子告诉我们，语言文字问题有它自身的科学规律，单靠行政命令是难以做得恰到好处的。在正确的方针确定之后，微观的技术问题一定要经过专家和群众的充分讨论。吴玉章同志在 1941 年指出，新文字方案是几十年来许多人积累下来的研究成果，但也还不完善，还要许多人来研究改进。事隔半个多世纪，他的这些话，在 20 世纪 50 年代、甚至现在，仍然是适用的。只有我们的工作做得更加细致深入，更加符合科学的、客观的规律，才能使汉字问题得到更好的

---

① 王钧主编：《当代中国的文字改革》，141 页，北京，当代中国出版社，1995。

② 同上书，143 页。

解决。

20 世纪 50 年代的汉字改革，没有引起太大的争论。但是，在 20 世纪 20—30 年代提出的问题，对最终要废除汉字走拉丁化道路所产生的一些疑虑，实际上并没有完全解决。归纳起来，这些问题是：

（一）汉字是适合汉语的，它与拼音文字优劣恰好互补。几千年来，汉语与汉字的使用者习惯了用字形和音节来区别词与词义，用字面的造字理据来沟通字与词。如果完全改为拉丁化这种表音的音素符号，虽然是取彼之长而改我之短，是否同时又是弃我之优而用彼之劣？

（二）为群众扫盲和初等教育所设计的文字改革方案，如何能与高等教育衔接？在高等教育中需要掌握更大量的语言文字材料，甚至还要掌握古汉字、古汉语，会不会由于文字改革走拉丁化道路，在初等教育结束后，给继续提高者带来困难？

（三）一个民族不能没有历史，现代文字如果完全改为拉丁化，到了一定的阶段会不会产生历史典籍无人读懂、优秀传统文化无法继承的后果？

这三方面的问题，同样出自爱国的思考，既是现实的，又是深刻的。如果不做出有说服力的回答，我们的工作将会引起许多思想的困扰。然而在 50—60 年代，由于众所周知的原因，这些问题没有得到充分讨论的机会。

五

从 20 世纪 70 年代末开始，关于汉字的争论又一次活跃起来。一方面由于科学讨论有了更宽松的环境，上述那些关于汉字改革的疑虑得以充分发表出来；另一方面，在 20 世纪的后期，信息时代不宣而来，汉字在信息处理上又一次面临考验，触动了改革它的初衷。但是，80—90年代新一轮汉字问题的争论，具有与前两次争论完全不同的社会背景。

首先，在80—90年代，为文字改革做准备的三个措施——简化汉字、推广普通话、推行汉语拼音方案，已经作为国家的语言文字政策施行了40年左右。由文化垄断和复古思潮所引起的人为的汉字繁化现象，得到了初步的解决，特别是在普及教育问题上，由于初等教育阶段需要掌握的字量不算太多，简化汉字、推广普通话和推行汉语拼音方案又为识字教学创造了有利的条件。因此，汉字与普及教育的矛盾缓解了。与此同时，汉字简化在总体方案制定中的一些技术性问题，经过一个阶段的实践，有所暴露。《第二次汉字简化方案（草案）》的问题更为明显，取消"二简"又引起了一些新的问题，这使人们进一步认识到用科学的汉字理论指导汉字整理工作的重要性。

加之，在80—90年代，现代科技的高度发达和对历史传统的急迫呼唤这两个表面看来十分矛盾、实际上却相辅相成的社会实际，带来了很多关于汉字的新问题。例如，古籍整理要采用计算机这样的现代化手段，必须建立字形繁多的古籍字库，因而汉字编码字符集的字量必须扩充。大量文物文字出土，解读、整理、贮存这些新的字形、字体，也使汉字问题远远超出了普及教育的范围。

在20世纪50—60年代，从主导的思想说来，汉字的废除已成定论，只待时日，许多措施都是在这一主导思想下出台的；而在80—90年代，废除汉字的定论已被打破，汉字的命运成为一个允许讨论的问题。这样，汉字的理论研究、历史研究和应用研究，都有了更大的自由度。

以上现实，使20世纪末关于汉字的争论，带有了不同前两个时期的全新色彩。一个世纪以来，汉字顺应封建文化发展带来的种种弊病，使爱国的知识分子不能不对它的社会作用产生疑问，许多人为改革汉字、寻找与新文化相适应的文字形式艰苦抗争、努力奋斗，但是却忽略了对汉字的科学研究。在新的时期，很多真心拥护普及教育，对既往的文字改革表示理解与崇敬，并真心关注汉字命运的人，日益认识到，不弄清汉字发展的规律和历史趋势，不对汉字的构形和使用的规律做出符合事实的探讨，不真正明了汉字的性质和特点，不从汉字的规律出发找到一条整理和规范它的科学途径，我们不但很难回答在前两次论争中未能解决的问题，也难以实现时代的汉字应用——教学、信息处理和管理规范——走上科学的轨道。

就是在这种情况下，汉字问题的论争在某种程度上发生了一种转变：如果说，在上两次论争中，人们的思考还是偏重于政治的和社会的；那么，在 20 世纪跨向 21 世纪的新时期，关于汉字的思考实际上更偏重于科学的和本体的了。

在汉字的科学研究日趋深化的时候，采用正确的方法论就成为必须首先解决的问题。澄清思想的混乱，走出方法的误区，坚持唯物辩证的文字观，必须被尽快提到日程上来。我们认为，20 世纪 90 年代以后的汉字研究，首先应当确立以下三个重要的观点：

（一）坚持外因通过内因起作用的观点，加强对汉字本体的研究，以字形为中心，探讨汉字发展的内在规律。

什么是汉字的本体？汉字是记录汉语的视觉符号，它的音与义来源于汉语，字形才是它的本体。在中国，把字形作为汉字的中心来探讨，从理论上研究其内在的规律，必须首先克服传统汉字观造成的固有的积习。这种积习，是早期汉字研究中解读文献的实用目的带来的。它造成了"小学"的形、音、义互求的传统方法，而这种方法必然是以义为出发点又以义为落脚点，忽略了作为语言载体的文字的相对独立价值，经常弄得"字"与"词"混淆，文字学与训诂学分不清界线。

从内因论的角度，汉语与汉字既有联系又不能混为一谈。诚然，汉语的推动，是汉字发展的一个重要因素，但是，对汉字规律的研究，不能用汉语规律的研究来代替。汉字的发展除了适应汉语外，还有它自身独立的规律，唯有弄清汉字字形发展演变的内在规律，才能对汉字的历史、现状中的诸多现象进行解释，从而预见其未来的发展趋势。

个别利用金钱浸入学术环境贩卖伪科学、打着"复兴汉字"的旗号侈谈"维护汉字"的人，完全弄不清汉字与汉语的关系，他们或者将二者的关系割裂，提出把"口语词"和"书语词"分开；或者将二者混淆，做出"汉字是高级的书面语"的荒谬判断，这些都是对讨论汉字本体问题的一种干扰。

(二)坚持系统论的观点，通过对汉字总体系统的共时描写与历时比较，创建科学的汉字学与汉字史。

汉字是记录汉语的符号系统，孤立地研究它的个体，是难以认识它的内在规律的。然而要从总体系统着眼来研究汉字，又必须克服传统汉字观造成的另一种积习。那就是同样由于解读文献的实用目的，对汉字的研究一般以个体为对象，着眼于对单个汉字的考据。虽然《说文解字》是一部富有系统思想的汉字学专书，但是，后来的小学家们只注意其所提供的形体与意义的考证，而较少注重书中包含的构形系统思想。传统文字学在研究上以形附属于义、着重个体而忽略总体的习惯，便无形之中成为汉字本体研究的障碍。

汉字本体的研究必须以形为中心，而且必须在个体考证的基础上探讨其总体规律。按照系统论的观点，汉字作为一种信息载体，一种被社会创建又被社会共同使用的符号，在构形上必然是以系统的形式存在的。在共时历史层面上的汉字总体，应当有自己的构形元素，它们应当有自己的组合层次和组合模式。因而，汉字的个体字符既不是孤立的，也不是散乱的，而是互相关联的、内部呈有序性的符号系统。个体字符的考据只有在整个系统中找到它应有的位置，才能被认为是可信的和合理的。

从系统论的角度，还可以得出如下结论：仅仅探讨汉字个体字符的形体变化不能称作汉字史。只有在弄清个体字符形体变化的基础上，考察出汉字构形系统的总体演变规律，并且对其内在的和外在的原因做出符合历史的解释和比较研究，才能称为汉字史。有了科学的汉字史，汉字的发展趋势才能清晰，汉字的改革方向才会进一步明确。

（三）坚持矛盾统一的观点，批判汉字发展的自发论，考察汉字量变到质变的过程，提出整理与优化汉字的原则和方法。

汉字作为记录汉语的符号，内部呈现系统的趋势；但是，社会使用的汉字字符群属于开放的系统。从个体字形看，识读时要求字形理据强，易于讲解；书写时又要求字形简单，只留轮廓。繁与简的矛盾时刻存在于汉字内部。从群体功能看，汉语词汇的丰富、新事物的不断涌现，迫使汉字字量不断增多；而人的记忆负荷是有限的，现时中国普遍的文化水平还不很高，又随时在抑制汉字字量的扩展。多与少的矛盾也存在于汉字系统的内部。从书写的规范看，字形的统一成为社会交流的最大利益，而个人书写又不能完全避免随意性。杂与整的矛盾在汉字结构系统的内部也时张时弛。因此，汉字总体系统中随时都在进行着能量的交换，处于不平衡的矛盾状态中。正是这种内部的矛盾推动着汉字的发展。汉字的演变绝不是每个个体字符变化的简单相加，而是经历着由个体字符变化累积成为系统变化——也就是量变到质变的过程。汉字系统的规整，不可能是自发的，人对这套符号系统的规范和调整十分重要。当然，在把握汉字发展的脉络时，我们还必须认识到，汉字既是一种可以人为调整的信息符号，但它的社会约定性又不能违背。所以，要想使汉字呈现出有序的系统状态，既要重视人为的规整，又不能违背社会的约定性和符号内部自身的规律。顺应汉字发展的趋势，提出整理与优化汉字的原则和方法，我们才能有对汉字成功的规范，也才能不断调整和改进汉字的改革方案，使之既不割断历史又能有利于未来。

六

前面讲过，要使汉字的规整有利于教育的普及，同时又有利于文化的延续，必须加深对汉字本体的科学研究，把握住它自身的规律。例如汉字简化是解决汉字繁难的重要措施，但是过去公布的简化方案在实用中显出了一些不足之处，个别简体不但给古籍整理带来问题，也给信息处理采用形码的部件切分带来一些困难。主要原因是，在选择个别字的简化方式时，仅注意了个体字符笔画的减少，忽略了整体系统部件的规整。

汉字的构形是具有系统性的，简化确实是个体字形优选的重要条件，但它必须服从于整体系统的简化，才能使汉字真正便于各方面的应用。汉字在经过一定的整理后是否呈系统状态？这必须经过科学的分析和论证。其实，在我国传统文字学中，这已经是解决了的问题。传统的文献文字学，是以《说文》学为中心的。《说文解字》就是一部在对当时汉字人为规范的前提下描写小篆构形系统的专书。如果我们用现代系统论的原则对《说文》小篆进一步加以描写①，汉字构形系统的实际存在便更为清晰了：

（一）《说文解字》小篆具有一批基础构形元素。将 9353 个小篆按部件进行拆分到最小，再经过认同和归纳，可以得出 367 个基础构形元素，我们称之为"形位"。其中 314 个是形、音、义具备的成字形位；53 个是有形而无音、义的非字形位。它们分别具有不同的构字功能，是构成汉字、表现汉字造字意图的最小的功能客体。

（二）小篆的组构是依层次进行的。个体的小篆是形位的累积，每个小篆或只有一个形位，或可拆分出一个以上的形位，而已经进入构字、体现了自身功能的形位及形位的组合称作构件。在拆分过程中可以看出，形位累积为字符不是平面的堆积，而是依层次有序地进行的。在每一级组合中，随着构件中形位数不断增加，结构都发生着质的变化。汉字的结构层次是有序的，改变结构次序也就改变了这个汉字。有序的层次是汉字构形呈系统性的重要根据。

（三）小篆的每一层次的组合，都有固定的模式，每种不同功能的组合都可归纳为一种构形模式。小篆的构形模式可概括为六类：全功能零合成、形义合成、标形合成、会义合成、形音合成、义音合成。此六种模式可以涵盖 97％以上的小篆。现将各种模式举例如下：

---

① 本文对《说文解字》进行的分析，原始材料根据徐铉校本《说文解字》（中华书局根据陈昌治单行刻本影印，1968 年 12 月版），其中个别错字我们经过勘正。统计数字见齐元涛：《〈说文〉小篆构形属性的计算机测查》，载《古汉语研究》，1996(1)。

小篆构形模式举例表

构形模式	举例
全功能零合成	昜=昜+0（单形位成字构件+0）
形义合成	果=田+米（表形构件＋表义构件）
标形合成	刃=刀+丶（表形构件＋标示记号）
会义合成	解=弓+臼+辛（表义构件＋表义构件）
形音合成	齒=凵+止（表形构件＋表音构件）
义音合成	瞋=目+真（表义构件＋表音构件）

（四）这六种模式中，义音合成的字占87％以上。其余五种模式仅占12％左右，而且，它们绝大部分都在义音合成字中充当过构件，因而也可以包含在义音合成字的结构中。义音合成字，即传统"小学"所谓的形声字。它以义符为义类标志，以声符为示音标志，前者为纲，后者为纬，构成了标志鲜明的子系统。再以有序的层次来确定每个子系统中个体字符的相邻相关关系，小篆构形系统就清晰地呈现出来了。

《说文》小篆之所以能够进行定量分析，是因为在许慎作《说文解字》的当时，这种文字体制就已经不再通行于社会，已成为一种历史的文字；而且，许慎在经过对字符的优选之后又以字书的形式把这种文字的数目固定了。于是，这种文字体制的结构内部已不再发生质与量的交换与转化。也就是说，它已是一个封闭的系统。许慎正是因为把握了周秦时代汉字的发展规律，才对当时的汉字做出了成功的规范。汉字在隶书和楷书阶段的发展，受到《说文》小篆极大的影响，就是因为它既是人为的规范，又体现了汉字的自身规律。

七

一个经过人为规整的封闭系统的汉字可以把握，这是容易理解的；但是，并非一切历史层面上的汉字都经过《说文》这样精密的整理和科学的优选。那些遵循约定俗成的规律、随着社会种种因素的变化而自发进行着内部元素与内部关系的建构和破坏的字符群，是杂乱无章的，还是也以系统的形式存在呢？这个问题对当代汉字问题的解决，具有更为重要的意义。我们以西汉隶书为例①，来说明即使是开放系统的汉字字符群同样是以系统的形式存在的。

在民间书写的文本文字中，存在着同功能汉字的多种字样，必须首先对它们进行三种性质的归纳：

（一）完全相同字样的归纳。这属于去掉重复的工作，是将一切文本形式的汉字改变为字表形式第一步要做的工作。

（二）结构、功能相同而书写略有变化的异写字的归纳。这些字的关系属于同字异写，或称同构异写。例如：

史（史）—— 吏 吏 吏 吏

高（高）—— 高 高 高 高 高

止（止）—— 止 止 止 止 止 止

言（言）—— 言 言 言 言 言 言 言

（三）功能相同而结构不同的异构字的归纳。这些字或因构件的选择不同，或因构件的增减不同而异形，但记词的功能是相同的，其关

---

① 本文所用西汉隶书的字样，是从王贵元的博士论文《马王堆出土帛书汉字构形系统研究》所附的字表中撷取的。

系属于同功异字，或称同词异字。例如：

整—𪛇，损—敚，関—閞

敠—俶，宛—惌，卻—御

𪕥—猷，悶—閭，谁—譙

从以上情况可以看出，在书写与使用汉字纷乱的文本中，对以上三种字认同的标准，首先是记词功能的相同，其次是结构的相同，第三是书写字样的相同。经过认同与归纳，文本汉字的纷乱现象减少，但系统尚未显现。进一步的工作是采用优化的原则，在诸多异写字中挑选出一个通行的字样作为这一组字样的信息代码，其他字样则作为它的变体。在诸多异构字中，也宜优选出一个通行的字作为正字，其余的根据它产生的原因作为变体字或讹体字对待。字样与字形优选的原则，首先应当是减少和统一汉字的基础构形元素，适应汉字的构形模式，使字形的造字意图尽量明确，从而建立与相邻、同类字形的正常关系，找到自己在整个构形系统中的位置。经过字符的归纳和标准字符的确定，整个字符群的结构分析便呈现出如小篆一样的有序状态。这就是经过人为处理使汉字构形系统形成并显现的过程。立足于系统的显现，在这一过程中对个体字符进行优选，完全可以避免以往汉字简化工作中顾此失彼的毛病。而这一目标，唯有冷静的科学研究，细致地对汉字本体进行处理，方能达到。

八

在决定汉字命运的时候，必须首先对汉字历史发展的趋势加以论定。在 20 世纪 80—90 年代关于汉字争论的焦点问题包括：汉字构形的表音功能究竟有多大？汉字的构形理据是否还存在？汉字还能不能进行合理地分析，还是只能任意解释？这些问题都要在探讨汉字构形演变历史的过程中解决。而汉字演变的整个过程中的每一个阶段，汉字究竟发生了哪些变化，为什么发生这些变化，其中包含哪些规律，只有对不同时期的汉字构形系统进行比较才能弄清。试以甲骨文与小篆的构形系统总体作一比较，可以看到以下几个重要的事实①：

（一）甲骨文的标准形位有 377 个，与小篆大体相当，但它的形位变体就有 2924 个，非字形位的比例也大大高于小篆。而且，小篆的构字总量是 9353 个，而包含上述 377 个形位的甲骨文构字总量却只有 1311 个，每个形位的构字频率很低。这充分说明，与小篆相比，甲骨文字形不固定，形位的可归纳程度很低。

（二）在甲骨文的构形模式中，义音合成字只占 22％强，而会形、会义、形义等非声合成模式却占到 77％强。在非声模式中，甲骨文的纯会义合成字只有 7 个。小篆所没有的会形合成字与形义合成字高达 734 个，占了绝大多数。这说明，甲骨文的构件参构时的功能以表形为主体，构件表音、表义的功能尚未发挥。也就是说，在构形中，字符与语言的固定结合尚未完全定型。

（三）甲骨文的结构过程大部分还是平面组合，层次组合只有 355 个，连一半也不到。可见，甲骨文不但构件的功能以表形为主体，而且结构的方式也是图形式的。

以上三点说明了殷商至两周阶段，汉字的整个系统处在由表形文字向表意文字发展的阶段。形位数量的固定和归纳程度的加强；构件功能从表形为主到以表义为主、表音辅之；结构方式从图形式的平面组合到义音式的层次组合——这三点，就是这一阶段汉字演变的主要

---

① 本文所用关于甲骨文的资料，一部分参考了潘杰的硕士论文《甲骨文非形声字构形研究》。

表现。

再以小篆与汉代碑刻隶书的构形系统作一总体的比较，又可以看出以下几点重要的事实：

（一）隶书的八分书——以至更后的楷书正字，在标准形位的归纳程度、以义音组合为主体、层次组合占主导地位等方面，完全承袭了小篆。

（二）隶书形位变体、构件变体、异写与异构字的数量大大超过小篆，是因为秦代"大发隶卒，兴役戍官，狱职务繁"，文字的使用范围越来越大，而又长期缺乏许慎这样的专家进行整理、规范的缘故。

（三）隶书与小篆的主要差别在于，在隶书构形系统中，原来小篆的单形位构件大量变形，大量粘合，对构字意图起作用的单位本来是以单形位的末级构件作基础的，隶书却转移到由字符一级拆分得出的直接构件上。例如："更"在小篆里是义音合成字，从"丙"、从"攴"，隶书粘合后，"便""甦"等字的构字意图就不能从原来的基础构件去找，而要在直接构件"更"上去找了。这说明，隶书的义音化程度比之小篆更加大幅度增强，形体与物象的联系几乎不存在了，在任何一个层次上，构件的表形功能都完全被表义、表音功能所替代。

经过比较而看到的汉字构形历史告诉我们，汉字字符本体仍缺乏准确的表音机制，性质仍属表意文字，即使再规整简化，在信息处理上也不会比拼音文字更简便。但是，它的义音化既有利于构件的总体简化，又有利于字形的个体简化。因势利导，科学规范，充分利用表意文字的内在机制使其更为好学好用，是完全可以做到的。这样做，有利于在实施初等教育时考虑到高等教育的延续，更有利于在适应当代、实现现代化的同时，照顾到历史的继承与文化的衔接。

前面说过，汉字作为经过数千年发展的表意文字，的确有它繁难而不适应当代的一面，为了教育的普及、科学的进步，对它简化，为它制定标音符号，以至思考对它的彻底改革，在大方向上都是正确的。有些人不顾汉字历史和现状，硬说它"比拼音文字还有利于信息处理"，"非常易学并能开发智能"，还断言这种"繁难"的汉字"将会成为世界的通行文字"……用这些说法来否定汉字改革的重要意义和现实作用，不是对历史的无知，也是有意的哗众取宠，这是我们无法赞同的。但是，在对汉字命运做出这样与那样的决定前，还有许多问题需要解决，更重要的是，起码在现时，汉字还是我们必须使用和面对的实际存在。我们必须在使用好汉字的同时来思考对它的改革。如何使用以及如何改革，应当也必须求助于历史启示和科学的帮助。加强科学的汉字学的研究，将会具有以下两方面的作用：

第一，它将使我们对汉字的认识更加科学而减少臆测，并为汉字的应用——汉字的规范、汉字信息处理、汉字教学等提供理论依据。

第二，在每个阶段构形系统的测查与描写完成后，对汉字构形的发展历史与发展趋势的探讨，当会产生突破性的进展。这样，汉字的性质、汉字的优化和简化等素来有争议的问题，较易取得共识。这些共识将有助于我们为汉字的命运做出慎重的抉择。

从汉字改革史看汉字规范和"简繁之争"*

我国从 20 世纪 50 年代就开始推行汉字简化，到 80 年代，由于文化发展进入新时代，在汉字使用问题上，出现了观点分歧。很多人对汉字简化产生了怀疑，认为这项措施是新中国成立以来"普及文化的权宜之计"，甚至有人认为简化字"对中华传统文化的发展产生了负面作用"。最近，在《规范汉字表》研制的过程中，是坚持简化字还是"恢复繁体字"的问题再次被提出，已经是一个不可不面对的问题。这看似是一个十分简单的普及层面的问题，实际上是一个十分复杂的社会问题与学术问题。它不仅涉及国家和民族的振兴与发展，而且涉及中国传统文化的现代化。要了解汉字问题各种争论的实质，必须回顾历史。

一、汉字改革经历的三个 30 年

中国的现代新文化建设，从 1919 年算起，刚好经历了三个 30 年。这三个 30 年，汉字问题都是中国新文化建设

* 原载《云南师范大学学报》(哲学社会科学版)，2010 年第 6 期。

的重要问题。

第一个 30 年，1919—1949 年，从"五四"新文化运动到中华人民共和国成立。在这一时期，汉字面临着命运的抉择。有关汉字的三次大辩论，矛盾的尖锐性逐步升级。但是，当时的汉字改革还只是一种理想。为了教育的普及和大众文化的振兴，许多提倡新文化的激进的知识分子，为汉字走出复古和垄断的歧途而呼吁，而奋斗；但是，他们尚处在摸索一种汉字改革可行性的阶段，行动还带有一定的盲目性。

第二个 30 年，1949—1979 年，从新中国成立到实行改革开放。汉字改革综合了前 30 年的经验，汇聚了多方面的队伍，落实了推广普通话、推行汉语拼音方案、推行简化汉字的三大政策。这 30 年，汉字整理与规范成为有组织的国家行为，对新中国文化教育的发展起了极大的推动作用。

第三个 30 年，1979—2009 年，改革开放到今天。1978 年与 1979 年之交，中国开始改革开放，世界同时也经历了一场革命性的变化。在全球展开的信息和信息技术革命推动了信息社会在全球的实现。在这个全球性的大变革中，汉字进入了计算机，成为传播汉语信息的最有效的载体，汉字的命运由历史、文化和科技联合做出了结论——它在信息社会的存在已毋庸置疑。

我们把第一个 30 年称作汉字改革的酝酿时期，第二个 30 年称作汉字改革的实施时期，第三个 30 年称作汉字改革的转型时期。

二、汉字改革酝酿时期的三次大辩论

20 世纪初，在两个并行的潮流下，展开了三次关于汉字问题的大辩论。当时的背景是：一方面强大的文化垄断与复古势力，还笼罩着民主革命推翻帝制以后军阀混战的中国；另一方面在反封建的同时，全盘否定中华传统、把国家现代化的希望寄托在全盘西化的思潮也在抬头。这三次辩论的思想冲突，内涵复杂，意义深刻。

第一次，19—20世纪之交，在普及文化教育前提下发生的切音字运动。首先去摇撼传统汉字观念的，是清代末年极少数懂得西方拼音文字又关注教育普及的知识分子，代表人物是卢戆章和王照。他们发动了切音字运动，特别强调复古思潮在主观上加深了汉字学习的难度，主张以拼音辅助汉字教学，在一定程度上克服汉字的繁难。从这些主张中可以看出他们普及教育、发展科学、振兴国家的爱国主义初衷。

第二次，20世纪初，在维护国家独立、振兴民族文化的前提下，产生了汉字的存废之争。吴稚晖发表《评前行君之"中国新语凡例"》一文，认为中国应废除汉文汉语，改用"万国新语"（即Esperanto世界语）。同年，章炳麟发表了万言长文《驳中国改用万国新语》，对汉字的优劣和是否能够废除的问题，进行了针锋相对的论争，批驳了"汉字落后"论，提出三个论点：(1)汉字繁难，无表音机制，难与语音沟通，对普及教育很有妨碍，需要制定一套标音符号来辅助扫盲教育和初等教育。他"取古文籀篆径省之形"制定了36声母、22韵母的切音方案。后来，这个方案中的15个字母为注音字母所采用。(2)汉字适合于汉语，并与中国历史文化产生了难以分割的关系。汉字与拼音文字比较，特点各异，优劣互补。汉字是不能废除的。(3)在强调便于扫盲教育与初等教育时，还必须考虑到高等教育与高深的文化历史学习。对于后者来说，汉字的功能仍是无法取代的。这三点，现在已经取得多数人的共识。

第三次，是20世纪20年代以后，伴随新文化运动出现的汉字改革思潮。1923年，《国语月刊》出版《汉字改革号》特刊，钱玄同发表了《汉字改革》一文，提倡改用拼音文字。他认为：汉字不革命，则教育决不能普及，国语决不能统一，国语的文学决不能充分发展，世界公有的新道理、新学问、新知识决不能很便利、很自由地用国语写出。与提倡万国通用语的吴稚晖有本质不同，这次汉字改革的提出，是与推行白话文、实行文艺大众化紧密相连的，它是以反封建为主要目标的新文化运动的有机组成部分。瞿秋白曾说，提倡汉字改革的目的，是打破军阀、学阀对知识的垄断，使中国工农群众能够得到教育的机会。这次汉字改革的思潮，带有崇高的爱国主义动机，带有对封建文化和教育进行反思的批判精神。虽然各种主张、方案都在这一时期提出，许多有关文字改革的组织也相继产生，他们的声音很高，态度激烈迅猛，但这次改革又是科学慎重的。钱玄同曾说，改用拼音字母需要10年的准备，因此他提出了十项筹备事项和五项"补偏救弊"的办法。章太炎对改革论持否定态度，他主张维护汉字以传播中华民族的历史文化，用本国的语言文字来激励种性，带有反对帝国主义亡我文化的爱国主义精神；同时，他强调汉字与中华民族历史的难以分割以及在更高层次教育中不可取代的作用。

这三次大争论，两种主张，截然相反，当时看来是极端对立的，今天看来，章太炎的论辩和钱玄同的呼喊，都出于强烈的爱国动机——一方面存有反对文化复古与垄断的现代化意识，另一方面，又有保存文化精华，维护民族文化的爱国意识。他们为汉字走向现代社会所设计的道路对今天仍有参考价值。

这是海峡两岸的前辈共同经历的历史，这段历史我们是不能忘记的。

以章太炎为代表的维护民族文化、保存汉字改进教育的主张，与他用语言文字激励种性、提高民族自尊心与自信心的主张直接相关，后来汉字问题的发展更加证明了他的主张是非常有远见的。

汉字的复古与垄断对文化的大众化和教育的普及起到了极大的促退作用，一大批站在新文化运动前沿的知识分子，对自己所受的封建教育进行了深刻的反思，勇敢地向自己最熟悉、最擅长的旧文化反戈一击，这样做必然会受到崇尚汉字的强大传统势力的反对，他们需要有很大的勇气。这种勇于抗争的爱国精神是值得钦敬的。尽管偏激与急躁会导致对科学的偏离，但是，那种出于善良愿望的矫枉过正，又是我们应当怀着敬意来理解的。

在这场关于汉字的辩论中，有两个措施是同一立场两种观点的前沿人物都认为应当做的：一个是研制一套拼音的符号来辅助汉字教育；另一个是对由于复古和垄断造成的汉字无限制走向繁难加以抑制。这两个主张推动汉字改革的具体成果，就是汉字简化和拼音方案的推行。20世纪的汉字简化方案产生于多途——不但激进的知识分子有简化方案，段祺瑞执政府的教育部、蒋介石提倡的"新生活运动"，以及当时比较倾向西方的学者如胡适等人，都设计过一些简体字方案。有人说，简化汉字是极"左"思潮的产物，这完全是不了解历史的误解。

三、新中国成立以来的汉字改革是世纪初历史的延续

在第二个30年里，20世纪中期——也就是新中国成立以来的文字改革运动，几乎在所有的问题上，都是初期运动的延续。文字改革的骨干队伍，实际上是初期运动各方主力的合流；文字改革的三大任务——简化汉字、推广普通话、制定和推行汉语拼音方案，正是初期运动所提出的主要措施的实现。所不同的是，新中国成立以来的文字

改革，从有组织领导的群众运动，转变为顺应民意、依靠专家的国家行为。正是因为国家行为带有政策的强制性，才能使有志之士半个世纪以来所从事的文字改革工作在较短的时间内迈出了一大步；另一方面，也由于接受了前半个世纪对汉字问题慎重的态度，在三大任务取得决定性的成功，扫除文盲、普及教育全面实现以后，汉字拉丁化的改革也就不再进行。

有人认为，大规模的扫盲运动已经结束，义务教育的普及已经实现，应当把汉字的应用层提高到专业领域。诚然，由于急于摆脱"一穷二白"的命运，简化汉字的设计确有一些不尽如人意之处，一批专业领域的汉字使用者，对简化汉字不够完善之处不断提出意见。这些专业领域中，有属于大量运用汉字、以运用汉字为主要职业手段的阶层，他们面对各种文本的起草，操作印刷过程，进行汉字教育，从事古籍整理和古文字解读、考据，编写汉字辞书……这些人仅仅是一般汉字使用者的千万分之一，他们面对海量的汉字，对汉字的科学规律有着极大的敏锐和要求。对这些专业层面人员使用汉字的要求，必须加以考虑，因为这正是章太炎早已经预见到的中华文化高层次的发展，是继承中华民族历史传统必然要顾及的。《中华人民共和国语言文字法》已经考虑到了这层需要。专业古籍印刷、书法手写都可以使用繁体字、异体字，就是照顾不同需要的积极措施。

但是我们绝对不能忘记，在一个文化强盛的大国，90％以上使用汉字的人处在普及层面。汉字是在这个人文社会中被全民使用着也改变着的符号，这种符号系统是否好用，对于这个领域，"习惯成自然"是最现实的原则。对于一般的使用者来说，掌握2500—3500个字就可以得到一般生活领域几乎全部的社会信息，也完全可以传达现代人复杂的思想感情。简化汉字顺应时代的要求，已经成为普及古代文化传承和现代文化记载的工具，必须保持稳定。我们还必须看到，在第二个 30 年里，经过十年"文化大革命"，原来扫除文盲取得的成果有所倒退，在农村城市化的过程中，新的文盲群又有产生，普及教育的任务仍然非常艰巨。简化汉字在基础教育中所起的作用仍然是不可忽视的。

四、信息时代是汉字规范必要性更加凸显的时代

第三个 30 年可以分成两半。第一半是改革开放后的前 15 年（1979—1994 年）。"文革"以后，原有的汉字规范需要重申，更需要整顿。1986 年国家语委重新发表《简化汉字总表》，对 1964 年公布的《简化汉字总表》所规定的简化字做了某些调整。1988 年 3 月 25 日，国家语委和国家新闻出版总署联合公布的《现代汉语通用字表》《现代汉语常用字表》，综合了前三项字表的规定，是对 20 世纪 80 年代以前关于汉字规范的一个总结。

同时，在这 15 年里，信息革命席卷全球。在中国，王选于 1981 年主持研制成功中国第一台计算机汉字激光照排系统原理性样机华光 I 型。1985 年至 1993 年，他又先后主持研制成功并推出了华光 I 型到方正 93 系统共五代产品，以及方正彩色出版系统。铅与火的时代在中国从此结束，汉字随着信息革命的成功完全改变了旧有的姿态。1980 年制定的国家标准字符集 GB2312 收入了 3500 个常用字和其中的简化字对应的繁体字，一共收入 6763 个汉字字符，到 1990 年，GB13000.1 已经收录了 20902 个汉字字样。在第一个 15 年里，汉字多了一个重要的属性，形、音、义、用之外，还有码。

第二个 15 年（1995 年至今）给汉字带来的机遇和挑战是国际化——国际标准汉字的《通用多八位编码字符集（UCS）》有了扩充集

A、B、C(1-4)、D，已经多到近 8 万字。古今兼有、国别各异。中国在世界上已经是特别被关注的新崛起的国家，她的文字已经跟随汉语在向海外传播。庞大的 8 万字的字符集能让非汉语母语国家的学习者用来学习吗？我们必须有适应新时代的、适合中国内地应用的字符集，而在这个字符集的每个码位上，对字形的标准化都应当有更高的要求。这是信息传播速度和信度的要求，是汉字教育的要求，不论人们是否认识到，它都是国家富强的必须，更是人民的长远利益的体现。

在信息时代，发展政治、经济、文化的重要条件，是及时和准确地获得必要的信息，并把需要传播出去的信息及时和准确地传播出去。计算机成为传播信息的工具，实现了信息传播的高速度、远距离和高度的社会化。由于信息的远距离传播，输出者与接受者是两头不见面的；在重大问题上，信息传播的两端已经不是一人对一人，而是一国对另一国、一个群体对另一个群体，信息的社会性得到了充分的体现。在这种情况下，汉字规范的作用就更加突显出来；可以说，有了汉字这种传播载体的标准化，才能实现信息传播的速度和信度。何况，经济建设的高潮，必然带来文化建设的高潮。母语教育的发达和文化事项的增多，必然使汉字文本在网络上的传播数量激增。众多信息是利用互联网传播的，汉字问题会直接影响汉语信息向全世界传播的速度与信度。汉字作为信息的载体，如果没有规范，各自为政，对整个社会会产生多大的负面影响，是可想而知的。所以应当说，信息时代是汉字规范的必要性更加突显的时代。

信息时代的汉字规范对个人的影响也是十分直接的。在我们国家，户籍、邮政、金融、保险等行业的信息贮存和检索已经数字化，人名与地名不再依靠手动填写，已经全部进入计算机。过去，普通人名、一般地名用字的范围非常小，取名字采用生僻字的影响离不开自己的生活圈；现在，如果采用了一个计算机字库里没有的字，报名、取钱、发报、贷款、登机……都难以办成。过去，自然科学和社会科学专有名词术语只被科学家和专业人员使用，现在，由于科技知识的普及，技术应用的扩展，大量人才的培养要通过远程教育来实现，科技用字再也不能仅仅由某个行业中的少数人来确定。计算机成为人与人交流的重要工具，汉字不但不能有一个两个的差异，连一笔两笔的差异都会给信息传播带来阻塞，甚至酿成大小不等的"事故"。除了规范的重要性与日俱增以外，由于姓名、地名、科技用字的规范不容忽视，已经作为规范字的 7000 个通用字的数量也远远不够用了，汉字"通用"的概念也发生了深刻的变化——它必须包括计算机储备的通用性在内。在这种形势下，汉字的规范已经是关乎国计民生的大事，在信息传播的普及领域里，汉字必须有现代化的形式。已经被多数民众和国际上使用的简化汉字，必须保持稳定。否则，基础教育和新文化的普及与建设将要付出沉重的代价。

五、关于简繁字争论的几个问题

这里要讨论几个问题：

简体字与繁体字孰优孰劣？这个问题要辩证地看。汉字作为信息载体的使用，必须经过书写和认读两个互相衔接的过程。使用者在这两个过程中的要求是矛盾的。认读时要求信息量大、区别性高，也就是繁比简好；书写时却要求迅速、便捷，也就是简比繁好。最优化的办法是寻找一个简繁适度的造型。有人说，现在都用计算机了，书写不怕繁难。首先，汉字真的不需要写了吗？当然不是，日常生活中计算机不能代替手写汉字的情况比比皆是，书写对于个体交流、近距离交流、施教与受教、留言批注等实用文体的完成……都是不能或缺的。其次，当汉字实现在计算机里，笔画到了18画以上，5号宋体的笔形已经难以辨识，更不用说做注的小5号字了。衡量利弊，优劣互补，孰留孰废，不可以一言以蔽之。

简繁字之间存在一对多的情况，有人要求恢复一批繁体字，为什么不赶紧做？汉字的分布是一个完整的体系，牵一发而动全身，恢复几组繁体字，专业领域内的人士恐怕还会认为是一种修修补补，没有解决根本问题。在教育普及还没有完全到位、人民的汉字素质还不很理想的情况下，会在普及层面上引起什么波动，是很难预料的。至于计算机简繁字自动转换产生的问题，并不都是简化字本身的问题，很多是可以通过扩充和修改词库、设计更多的自动转换技术来解决的，并不会过多地影响海峡两岸的沟通。

照这样说，汉字规范就不能改动吗？规范汉字要不断修订。因为社会在变化，用字必然有变化。新地名的产生、新科技概念命名等都有用字问题。但是，在处理一些问题、对某些已经规定的事情做个别调整时，最忌在没有全面研究的情况下，灵机一动，想到什么就改动什么，结果常常是改了这里，那里的矛盾又显露出来，人们把这种缺乏总体规划的个别改动称为"添乱"。例如一对多的问题，对群众的意见不能置若罔闻，但为了避免"添乱"，应当考虑到全民的需要，尽快加强研究，之后再统一改动。这样做，并不是有意违背汉字的科学性，而是避免在条件不成熟的情况下产生新的矛盾，造成社会的波动，将来有机会合理处理这一问题时，又要面对更大的阻力。

有人提出"识繁写简"，是否可行？提出"识繁写简"这个口号意义不大，有两点需要注意：第一，"识繁写简"在专业层面实际上已经实现了，高等院校学习历史、古汉语的学生由于专业需要必须读 1955 年以前的书和港澳台地区的书，也要读古书，识繁是必然的，无须再提。第二，在基础教育层面，现在的孩子们负担已经很重了，学习简化字不影响他们阅读现代书籍，长大了他们自然会认识繁体字，何必那么早去"识繁"？

魏建功先生与 20 世纪上半叶的汉字研究 *

  魏建功先生一生对中国的语文现代化做出的贡献十分辉煌，最值得称道的有两件事：第一是 1945 年担任当时的台湾省国语推行委员会主任，带领一批由大陆过去的语言学家同心同德，艰苦奋战，把日本人殖民统治 50 年强制推行的日文日语的影响从中国台湾语言中从弱化到铲除，实现了中华民族国语的规范；第二是 1950—1953 年，牵头组建新华辞书社，主持编纂了《新华字典》，这部新型的现代辞书半个多世纪以来，在各个历史时期，一直引领着国内外汉字的规范，为汉字标准化做出了无可替代的贡献。仅仅这两件事，就足以为后人永远称道。何况，在语言学研究上，魏建功先生立足现代、面向历史独到的音韵学研究，也是可以认真剖析，深入体味其中的特色的。

  魏建功先生在纯文字学方面的论著，过去见到的不多。曾知道的，是先生在西南联大开设过一门课程"汉字形体变迁史"，但没有读过。在纪念魏建功先生百年诞辰的时候，

---

* 原载《中华读书报》，2016 年 11 月 9 日第 13 版。

魏致先生在《魏建功文集》尚未出版时，率先将收入《文集》的两种关于文字学的资料提供给我，并介绍这两种资料的情况说：

在父亲的文集中，有两篇新发表的有关文字学方面的著作。一是 1940 年在四川江津白沙镇定居时，与住在江津县城的陈独秀先生往来讨论学术问题的 27 通通信。父亲在 1945 年把这些通信手抄了一份，存放在北大老同学何之瑜处。解放后何在上海被捕，这份手抄件存进了上海档案馆，90 年代我辗转得到了一份复印件，出《文集》时整理出来收进了文集。在这 27 通通信中，有关文字学部分，是父亲在校订陈的《小学识字教本》过程中，向陈提出的一些质疑以及陈先生的答复。二是 1938 年至 1939 年，父亲在西南联大曾开过一门"汉字形体变迁史"课程，这次也收进了《文集》。这门课的讲义是父亲亲自刻蜡版油印的，我得到的这一份是周定一先生所保存的。抗战时期大后方学习资料短缺，父亲特意把《说文解字叙》和《上说文表》刻在了前 21 页供学生参阅，周先生在复员时为减负剔除了。

从魏致先生的介绍可以看出，这是魏建功先生 20 世纪 40 年代关于汉字教学和研究的两份十分重要的资料。不但对研究魏建功先生的学术，而且对研究汉字学史都有十分重要的价值。

中国是一个崇尚文字的历史古国。远在周代，宫廷教育的科目就有专门教授汉字的"六书"，它是周代小学教育科目中最早教授的内容。这说明，周代不但有了识字教学的科目，而且已经产生了分析汉字形体结构的理念。汉人称文字学为"小学"，在经今古文斗争中，一批古文经学家利用汉字因义构形的特点，把分析汉字形、音、义作为解读儒家经典的津梁，使文字学取得了与儒家经学相应的地位。到东汉许慎在《说文解字·叙》里做出了"文字者，经艺之本，王政之始，前人所以垂后，后人所以识古"的有名论断，汉字在中国文化传播中的崇高地位已确定无疑。汉代为汉字确立的这种崇高地位，经过历代科举制度的强化，借助诸多名人书法的传扬，加之用汉字书写的典籍越来越多，汉字在外交、政务中的使用频率也越来越高，因而日趋巩固。只要看历代纂集"小学"专书数量之多，就可以知道前人对汉字的重视。自全面整理、确立汉字形义统一原则、描写汉字总体系统的《说文解字》之后，正字（规范字）之书如《五经文字》《九经字样》，广存异体字之书如《碑别字》，搜集佛经文字之书如《龙龛手鉴》……一代一代，编纂无穷。汉字成为每一时代首先需要关注的一种解读前代文化、书写当代文化、存于后世文化的工具，它自己也成为一种重要的文化要素。在变成一种统治文化的观念后，对群众的影响是无形的。民间的"敬惜字纸"之风，便是这种崇尚汉字的观念对民众心理的浸透。18—19 世纪清代的乾嘉学者，继承和发展了汉、唐的经学和小学，他们站在学术的高度，使传统的汉字观得到又一次巩固。

19—20 世纪之交，极少数懂得西方拼音文字又关注教育普及的知识分子，在上述强大的传统势力笼罩下，开始去摇撼传统的汉字观念。他们发动了切音字运动，尖锐地指出，一旦向民众普及教育，汉字的繁难便成为最大的障碍。他们都认为汉字繁难，民众无法坚持学习，需要有帮助学习的拼音字母来减轻难度。但他们在批判汉字繁难时，并不绝对指责汉字客观上的弊病，而是更加强调了"饰智惊愚"的复古思潮和教育的垄断，在主观上加深了汉字学习的难度。

1908 年，巴黎的中国留学生主办的无政府主义刊物《新世纪》第四号，发表了吴稚晖的《评前行君之"中国新语凡例"》一文，鼓吹中国应废除汉文汉语，改用"万国新语"（即 Esperanto 世界语）。这是第一个提倡连语言都要"西化"的人。赞同这种观点的自然不可能是多数。

在 1918 年开始的新文化运动中，关于汉字问题的争论又一次更加尖锐地被提到日程上来。主张"废除汉文"激烈派的代表是钱玄同。他在《中国今后之文字问题》一文中说：

> 欲使中国不亡，欲使中国民族为二十世纪文明之民族，必须废孔学、灭道教为根本之解决，而废记载孔门学说及道教妖言之汉文，尤为根本解决之根本解决。①

1923 年，《国语月刊》出版《汉字改革号》特刊，钱玄同在特刊上发表了《汉字改革》一文。他批判清末开始的切音字运动不主张废除汉字是"灰色的革命"，认为应当响亮而明确地提倡汉字革命，也就是废除汉字，改用拼音文字。他说：

> 汉字不革命，则教育决不能普及，国语决不能统一，国语的文学决不能充分发展，全世界公有的新道理、新学问、新知识决不能很便利、很自由地用国语写出。②

这样，以废除汉字改用拼音文字为目标的文字改革高潮，便由钱玄同这一纸对汉字的檄文掀起。一大批语言文字学家和教育家投入了这场文字改革运动。综观"五四"新文化运动中的文字改革思潮可以发

---

① 钱玄同：《中国今日之文字问题》，载《新青年》，1918 年第 4 期。
② 同上。

现，这时的汉字改革，与吴稚晖全盘西化的立场，是完全不同的。在动机上，是与推行白话文、实行文艺大众化紧密相连的，是以反封建为主要目标的新文化运动的有机组成部分。

代表另一派意见的是章太炎先生。章太炎是中国近代在国学上成就最为昭著的爱国主义革命家、思想家。他对中国的历史和文化十分熟悉，逃亡日本后，经过对比，对中国国情有了更深刻的认识。应当说，他在汉字问题上所采取的立场，代表了具有丰厚国学根底、维护中国文化的爱国知识分子的典型的立场。早在 1908 年，针对吴稚晖的观点，他就发表了万言长文《驳中国改用万国新语说》[①]，对汉字的优劣和是否能够废除的问题，进行了针锋相对的论争。在这篇长文中，章炳麟驳斥了"象形字为未开化人所用，合音字为既开化人所用"[②]的说法，指出使用拼音文字的民族和国家，从他们的文化看，并不都优于使用汉字的中国。同时指出，是否能普及教育，在于政府是否重视而认真推行，归咎于文字的优劣是难以说服人的。他明确提出了汉字与拼音文字优劣互补的主张："象形之与合音，前者易知其义，难知其音。后者易知其音，难知其义。"[③]章炳麟还指出，一个国家的文字所以能够保存、传衍，是因为它与本国的语言相契合。日本所以改读改字，是因为日语与其借去的汉字不相契合。章太炎同样看到了汉字在识字教育上的繁难，他"取古文籀篆径省之形"制定了 36 声母、22 韵母的切音方案。后来，这个方案中的 15 个字母为注音字母所采用。章太炎明确指出："余谓切音之用，只在笺识字端，令本

---

① 原载《国粹学报》1908 年第 41—42 期，本文所引均见文字改革出版社 1957 年版的单行本。

② 同上。

③ 同上，这里所说的"象形字"指表意的汉字，"合音字"指拼音文字。

音画然可晓，非废本字而以切音代之。"①他主张维护汉字以传播中华民族的历史文化，用本国的语言文字来激励种性，增长反对帝国主义亡我文化的爱国主义精神。

回顾两种同样的爱国动机产生的两种截然相反的意见，在当时看来是极端对立，今天看来却互相补足，彼此消除了片面性。

魏建功先生在 1938—1940 年的这两种文字学论著，反映的是当时高校学者的学术立场。对待载负中华文化数千年的汉字，采用"革命"的手段来废除它，是很难行得通的。教育的普及对一穷二白的中国，是一件长期、细致的工作，需要有科学的态度，而且必须在批判地继承中国本体文化的前提下，才能找到一个合适的方式，寻求一条可行的出路。爱国救民的立场和动机与扎扎实实的工作必须结合起来。在对待传统的态度上，有两位共产主义革命者的做法是值得注意的：一位是采取历史唯物的观点，用"三礼"研究来探讨中国古代社会发展的吴承仕，一位是同样采用历史唯物的观点，用古文字研究来探讨中国古代社会发展的陈独秀。魏建功先生对待汉字的看法受到陈独秀的影响最大。20 世纪 30 年代中，陈独秀写出了对古文字字形结构进行考证的《实庵字说》，连载于当时的《东方杂志》。在这部文字学的考证专著中，他曾通过对"臣""仆""童""宰"等一些商周奴隶名称构造意图的考据，证明中国没有典型的奴隶社会生产方式，仅有所谓的"亚细亚生产方式"。这种纯学术的讨论，却被目为与托洛斯基的观点应和，成为把陈独秀定为"托洛斯基反对派"的依据之一。郭沫若专门写了《评实庵字说》，后来收在他的《十批判书》里。同时，陈独秀花费

①　原载《国粹学报》1908 年第 41—42 期，本文所引均见文字改革出版社1957 年版的单行本。

了很大的力气作《小学识字教本》，这个《教本》的主要精神是参考已经出土的古文字来校订《说文解字》，以便使汉字真实的原始造字意图再现。同时，《教本》把古文字与今文字衔接起来，起到以古知今的作用。陈独秀对汉字的立场由此可见：他不持"废除汉字"的主张，而是想通过对汉字自身规律的探求，加强汉字教育，特别是汉字的启蒙教育，同时普及汉字知识，减少汉字学习的难度。

魏建功先生与陈独秀讨论学术的信件，大部分是针对整理《教本》时发现的问题。通过这些信件，我们对陈独秀的汉字学和汉字观可以有更深化的认识，而魏建功先生自己的著述《汉字形体演变史》，更是对当时两种对待汉字截然不同态度的一种中和。首先，《汉字形体演变史》把汉字学划分为"汉字形义学"和"汉字音韵学"两大部分，这就明确了汉字的性质。汉字属于表意文字，直接依附意义，形义相互支撑，成为体系；音韵是自成体系的。在研究方法上，《汉字形体演变史》提出了三方面的意见：不盲从古人，谈字形结构要结合古代社会、讲发展要探求规律性的东西，要经得起历史的验证。这三点，都与陈独秀作《实庵字说》和《小学识字教本》的基本思想一致。《汉字形体演变史》肯定了王氏父子参验训诂研究字形结构、章太炎参验声音求字之孳乳与方音的变易、沈兼士验证文字起源与发展等实证的研究方法，综合各家之说，定出了汉字历史演变的脉络。《汉字形体演变史》十分重视《说文解字》，把它放到汉字演变的长河中去阐释。即使对于"六书"，《汉字形体演变史》也是从造字的发展角度来讲解的。更为有特点的是，在讲解汉字字形时，书中注意了形声系统，而且把有些规律编成韵语，以求通俗的讲解。

文化的垄断和复古的倾向，早已随着社会制度的根本变化而得到克服。20 世纪 90 年代，世界进入了信息时代，汉字也进入了计算机，开始了它书写和传播中华文化的新里程。汉字的存废问题已经尘埃落定，没有讨论的必要了。站在新的起点上，我们终于认识到汉字对发扬祖国传统文化的重要意义，也更加深刻地感受到汉字对建设社会主义新文化的重要作用。

但是，汉字应用和汉字教育中仍然存在很多未能解决的问题，汉字的科学研究远远跟不上社会发展的大势，更落后于信息技术发展的速度。在这种形势下，魏建功先生以及许多前辈学者身居高校而关注社会的责任感，对待汉字问题继承而不泥古的精神，努力钻研汉字理论的科学态度，给了我们极大的启示，值得我们深刻理解和努力弘扬。

第三辑

汉字研究的理论创获

论汉字与汉语的辩证关系 *
—— 兼论现代字本位理论的得失

一、问题的提出

汉字是记录汉语的符号，也是世界上惟一一种连续6000多年没有间断而日益成熟的表意文字。对汉字的理性认识从汉代就开始了，传统的汉字研究与语言研究是合流的。中国语言学在 19 世纪之前的学科结构按汉字形音义为划分标准，分为文字学（以汉字字形为研究的主要对象）、音韵学（以汉字字音也就是汉语词音为研究的主要对象）、训诂学（以汉字字义以及它反映出的汉语词义为研究的主要对象）——这三个门类相对"经学"而言，原称"小学"。这种按汉字形音义来划分为三科、以汉字来带动汉语解读与研究的学科结构，被称作"字本位"体系。

20 世纪初，章太炎先生接受了西方文化高峰时期的古典哲学、逻辑学、语言学的诸多理念，将"小学"定名为"中国语言文字学"。这个称谓的改变不是一般的名称变化，其实质是把"小学"字本位背后的语言凸显出来。汉字的形音

---

* 原载《北京师范大学学报》（社会科学版），2014 年第 1 期。

义中，形是汉字本体所有的因素，音与义则是由它记录的语言移植过来的，"字本位"只是一种表面现象，必须看到它背后的语言要素，"小学"才能科学化。

汉语解读与研究的"字本位"体系之所以能够产生，并在一段漫长的时间里存在、发展，是因为汉字与汉语书面语的关系确实非常密切；而章太炎先生要将其中的语言问题揭示出来，则是因为汉语和汉字并不是完全相同的符号系统，汉字系统不能简单地替代汉语系统。但是，由于中国语言文字学在19—20世纪之交缺乏自己的语言学与文字学的理论体系，汉字与汉语的纠葛问题始终没有厘清。20世纪以来，受到结构主义语言学和"汉字取消论"的影响，中国语言学在文字与语言关系问题上产生了一系列的问题：一方面，有些人信奉"洋教条"，不承认汉字与汉语关系的密切程度远远大于拼音文字与其语言的关系，忽略汉字在语言研究与教学中的作用；另一方面，也有些学者出于不满意中国语言研究的"西化"，认识到汉语的研究必须遵循自己的特点，抱着继承传统的良好愿望，再一次把"字本位"问题提到日程上来。现代"字本位"理论是徐通锵先生提出并做了初步探讨的[①]，它在两个方面不同于传统"小学"的"字本位"：第一，它离开了

----

① 徐通锵教授在普通语言学的研究中，态度鲜明地提出了"中国特色的汉语语言学"问题，他在《语言论——语义型语言的结构原理和研究方法》（东北师范大学出版社，1997）和《汉语论——中西语言学的结合和汉语研究的方法论初探》（商务印书馆，2003）两书中，深入探讨了汉语的特点，并有多篇文章谈到"字"在汉语中的作用。这些观点在他去世后由他的学生们做了集中的介绍和发展，这些介绍和发展与原来问题的提出也有一些并不相同的地方。语言学界称这些论述为现代"字本位"理论，以与中国传统语言学及其现代发展区别。徐通锵教授去世后，他的学生们对他的"字本位"理论做了一些阐发，这些阐发不论是否与他的初衷和精神一致，应当也属于现代"字本位"理论的范围。

以意义为中心的"小学"传统，而用来解决汉语句法与构词法问题；第二，它不再是面向历史文献语言也就是文言，而是面向现代汉语。这两个"字本位"似乎已经不是同一个问题，但是，他们同样必须正确解决汉字与汉语的关系。同样是"字本位"，现代理论不应当是从零开始，而必须追溯拥有丰富经验的传统"小学"在用汉字带动汉语解读与研究的过程中遇到过什么问题，解决了什么问题，还需要继续解决的问题是什么。也还应当考虑到，从文言到白话，汉字和汉语都发生了什么变化，它们还像先前那样相互切合吗？语法是由西方引进的语言学分支学科，不是传统语言学固有的，"字本位"对于这个新加入的研究领域和过去的"小学"在理念和方法上能不能综合在一起？又有哪些相关的规律需要切磋？遗憾的是，现代"字本位"理论并没有关注过传统语言学，没有首先从解决汉字与汉语的关系这一根本问题上起步。

另一个问题是，传统"字本位"已经戴上了字与词分界不清的枷锁。传统语言学走向现代既需要吸收它在方法论上的经验，发掘其中的潜理论，又需要站在今天语言学的高度，批判它在字词关系上含混、笼统的弱点，改用新的方法。传统语言学在现代的起点是章太炎先生的"中国语言文字学"，而不再是"字本位"的"小学"①。徐通锵教授现代"字本位"理论的思考是系统的，如果他的理论继续向纵深发展，应当可以发现这些问题并加以解决。不幸的是，在他的理论研讨过程中，有一些貌似推崇汉字而未能消化汉语基本常识的论调声浪渐渐高涨——有些说法混淆汉字与汉语的界限，否认汉字构形系统与汉语词汇系统是两个虽互有关联却实质不同的符号系统，甚至分不清

---

① 我在《训诂学与语义学》(见《训诂学原理》，北京，中国国际广播出版社，1996)已经提出了"废除'字本位'的观察语义的方法，对字、词、义的单位进行层次区分"的问题。

"汉字"和"书面汉语"这两个不同的概念，把汉字和汉语混为一谈，将汉字教学与汉语教学混为一谈。有些说法甚至颠覆了"汉字是记录汉语的第二性符号"的命题，以汉字起源时的前文字现象为据，否认汉字记录汉语的实质，以致否认"汉语先于汉字产生"的历史事实，进而延伸出"儿童可以不通过学习汉语，直接学习汉字"，以及"学习汉字比学习汉语更容易"等违背常识的说法①。这些说法与徐通锵教授严肃、深刻的"字本位"理论探讨实质上完全没有关系，却统统攀附在"字本位"这条藤上，使传统"字本位"原则和现代"字本位"理论的合理性，严重受到了干扰。

一个有价值的理论，尽管还不完善，但可以在研究中完善，然而一旦被错误地或片面地解释，或者被夸张地应用，它的合理部分便会受到损害甚至会失去可信度。真理多走一步变成谬误的事，在学术史上是不乏见的。

汉字与汉语的关系早就是一个重要的理论课题。结构主义语言学学者费尔迪南·德·索绪尔在他划时代的著作《普通语言学教程》中说：

> （世界上）只有两种文字体系：(1)表意体系。一个词只用一个符号表示，而这个符号不取决于词赖以构成的声音。这个符号和整个词发生关系，因此也就间接地和它所表达的观念发生关系。这种体系典范例子就是汉字。(2)通常所说的"表音"体系。它的目的是要把词中一连串连续的声音模写出来。表音文字有时是

---

① 为了不将问题的讨论引向歧途，惹起不必要的麻烦，加之这些说法少部分有功利的目的而大部分均因缺乏常识所致，所以恕我在这里不再一一引用原文。

音节的，有时是字母的，即以言语中不能再缩减的要素为基础。①

索绪尔的这段话，可以理解为他明智地放弃了对他不熟悉的表意文字记录的语言的论断，也可以理解为是他对使用表意文字记录的语言的一种歧视，不论是哪一种理解，他明确地把世界文字符号划分为两种不同的体系的观点，我们是完全可以接受的。这种划分其实是从文字符号与语言的哪个要素发生直接关系的角度为标准来判断的。要言之，语言的要素只有音与义，这两种文字体系中，第一种体系的字形依赖语言的意义来构造，第二种体系的字形依赖语言的声音来构造。如果除去任何分类都可能有的中间状态，从最典型的情况来划分文字的类型，因义构形与以音构形，应该能够穷尽地表达世界文字主要类型的全部。毫无疑问，汉字属于索绪尔所说的第一种类型——因义构形的类型（表意文字）②。由此看来，汉字与汉语的关系问题，既

①　[瑞士]费尔迪南·德·索绪尔著：《普通语言学教程》，高名凯译，50—51，北京，商务印书馆，1985，其中"有时是字母的"一句，引自高译原文，应作"有时是由字母表示的音素的"理解。"而这个符号不取决于词赖以构成的声音"一句，高名凯原译为"却与词赖以构成的声音无关"，伍铁平根据法语原文校正。本处引用根据伍校改正。

②　有些人总在"表意文字"的"表"字上做文章，他们把"表"解释成"表达""表示"，从而总是这样提出问题："难道汉字不表音吗？英语不表意吗？"为了免于这种毫无意义的争执，我在《汉字构形学讲座》（上海教育出版社，2002）中事先说明："就两种文字记录语言的职能而言，它们既是语言的载体，音与义又是密不可分的语言的两大要素，当然同时记录了语言的音与义，表音文字绝非只记录音而与义无关，表意文字也不是只记录义而'与词赖以构成的声音无关'。在记录语言的词的职能上，表意文字和表音文字并无区别。表音文字和表意文字一样，它的符号都是'和整个词发生关系'，只是它们连接词的纽带有的是语音，有的是意义而已。为了不把文字记录语言的职能和它构形的依据混淆，更准确的称谓应当说，英文是拼音文字，汉字是构意文字。"

涉及一般的文字与语言的关系，又进一步涉及索绪尔没有也不能涉及的表意文字与语言的关系。

既然不论在研究领域还是教学领域，理论的混乱都是存在的，怎样全面衡量汉字与汉语的关系？表意文字与语言的关系是否等同于拼音文字与语言的关系？表意文字在受到它所依存和记录的语言直接影响的同时，是否有、有多大成分能反过来对语言产生影响？这种影响与拼音文字完全一样吗？这些问题应当是语言文字理论中的重要课题。为了推进这个十分重要的理论问题的解决，我们首先要做的工作，是从传统语言学"字本位"丰富的经验事实中来梳理历史，切入对问题的讨论。

二、中国训诂学"字本位"原则诠释

早期训诂学字、词一体，采用"字本位"的原则，那是基于以下三方面的事实、同时采取了一些操作方案来确立的：

（一）是在文言文里，汉字与汉语词汇的单位基本切合

训诂学是为解决古代经典阅读而产生的，古代经典文言文的词汇以单音为主，而汉字属于音节文字，汉字与汉语词的单位在语音上几乎完全切合，一字一词、一音一义，不切合的仅仅是连绵词；因为只有连绵词被认为是不能分开的双音单纯词①，与汉字的单音节不能一致。但是，古代的训诂学家也能赋予连绵词的每个音以合适的本字，使其符合字本位的原则。在这一方面，许慎的《说文解字》起到了十分重要的作用。古代的连绵词有多种类型，且看《说文解字》对各类连绵

---

① 连绵词是否绝对不能分开，这个问题是有争议的，下面说到的义和连绵词就是可以分开的，从根本上说，不是单纯词。

词处理的体例：

1. 义合连绵词

构成它们的两个字都有本字和本义。《说文解字》明确了每个字的本字，又充分体现了它们在意义上的不可分割。例如：

《十三上·糸部》："缪，枲之十絜也，一曰绸缪。""绸，缪也。"（"缪""绸"都有"缠束"义，合成后始为"枲之十絜"之名，"枲"是麻的纤维，所以连绵词的两个字都从"糸"，为形义切合的本字。）

《六上·木部》："樧，樧槭，柙指①也。""槭，樧槭也。"（"樧""槭"叠韵，是一种刑具的名称。"樧"曾单用为刑具名，段玉裁认为"槭读同析"，做刑具名也用本字，所以属于义合连绵词。）

2. 衍音连绵词

它们中只有一个字是有意义的，另一个字属于音化字，本来是没有独立意义的。《说文解字》明确地反映了表义字的本字，而把音化字也随之类推出本字。例如：

《一下·艸部》："菡，菡萏②也。""萏，菡萏。芙蓉花③未发为菡萏，已发为芙蓉。"（"菡"与"含""函""涵"等字同源，词源意义为"包容"，所以是未发的花苞的本字，"萏"与"菡"叠韵，不能单用，是"菡"从后衍伸出来的音化字，但《说文解字》也从"菡"的部首为它类推出了一个本字，使这个单独没有意义的音也有了本字；但"萏"用"菡萏"训释，说明它不能单用，与连绵词的训释体例切合。）

《九下·山部》："岑，山小而高。""崟，山之岑崟。"（《尔雅·释山》："山小而高曰岑。"可见"岑"用的是本字本义，"崟"与"岑"叠韵，

---

① 大徐本作"椑指"，误，这里从段玉裁《说文解字注》改。
② 《说文解字》原文"萏"从"艸、臽"，因字形未编码，今用俗字。
③ 原文作"華"，今作俗字。

不能单用，是"岑"从后衍伸出来的音化字，但《说文解字》也从"岑"的部首为它类推出了一个本字，使这个单独没有意义的音也有了本字，与字本位的训释体例切合。）

《十三上·虫部》："蜥，蜥易也。"（"易"在《说文解字·九下》，许慎认为是蜥易的象形字。"蜥"是它前衍出来的音化字，但蜥易是虫名，"蜥"从"虫"，有了本字。后来，"易"失掉了象形性，也加了义符"虫"，本义更明确了。）

3. 摹声连绵词

这种连绵词，组成它们的两个字都是音化字。《说文解字》依名定字，使两个字同时具有了本字。

《十三上·金部》："锒，锒铛，琐也。""铛，锒铛也。"（两字相连，是用金饰或玉饰相连锁相互撞击的声音来给金玉饰命名。因摹声而得名，两个字都应是音化字，但加上"金"旁，都有了本字。）

《二上·口部》："呻，吟也。""吟，呻也。"（两字相连，是用人痛苦时的呻吟声来给呻唤的动作命名。因摹声而得名，两个字都应是音化字，但加上"口"旁，都有了本字。）

4. 译音连绵词

与摹声连绵词情况相近的还有译音词（其中也有一部分有双声、叠韵的语音关系），例如"玫瑰""骐骝"等，这些音译的外来词，《说文解字》也都加上义符，将这些音化字转变为本字"汉化"了。从上述情况可以看出，连绵词的每一个音节，都可以按义类加上义符体现其本义。这种处理使双音的连绵词也被纳入了"字本位"的原则，古代的字和词就无不切合了。所以，在中国古代的语言学书里，单音节的"词"称作"字"，以"字"为单位，在书面语的解释和考据层面，一般情况下没有出现过什么大问题。

(二)是汉字直接参与了汉语的构词，并推动了汉语构词模式的发展

在词汇发展过程中，"义自音衍"的孳生造词与孳乳造字是同步发展的。这就造成汉语词的分合有相当一部分不是靠音来判断，而是靠字来确定。这一点，从早期汉语单音词的分化情况可以看得非常清楚：

1. 广义分化

词有概括性，一个词的意义可以适合多种对象和情况，因而形成自己的义域①。词汇使用频繁后，义域也会相对扩大，促使新词从旧词中分化，分化的结果是将原有义域切割，用新的词形来承负分割出的子义域，这种现象称为广义分化。广义分化有两种类型：

(1)同位分化。不保留上位词，义域的切割是均匀的。如：

"景"原为光照出的物象，光线照射的正面和反面通称"景"。后分化出"影"，将义域切割为二：光照的正面为"景"，背面为"影"。

"迎"的意义原为相对而行。两人相对，先相向，相遇后再行则相背，两个阶段通称"迎"。《方言·卷一》："逆，迎也。自关而东曰逆。"可见"迎"与"逆"本为意义相同、方音不同的同一个词。二者分化，将相对而行的义域切割为二："迎"为相向而行，"逆"为相背而行。

"坐"最早既表示坐的姿势、动作(动词)，又表示坐的地方、位置(名词)。后分化出"座"，将义域切割为二：坐的姿势、动作为"坐"，坐的地方、位置为"座"。

---

① 我们把词义适用的范围称作它的义域，每一个词都有一定的适用范围，也就是具有由其义域决定的广义。

（2）下位分化。保留上位词，上位词独用。每一个下位词的意义都包含在上位词内。如：

上位词"和"保留，分化出"盉"，指调味和谐；"龢"，指乐音和谐，二者都是"和"的下位概念。

上位词"正"保留，分化出"征"，征伐以正其国；"政"，教化以正其民；"整"，统合以正物。

上位词"反"保留，分化出"返"，反回（平移）；"翻"，反转（180度）。

2. 引义分化

词的意义是不断增加的，通过联想，引申出新的义项，产生多义词。多义词的义项如果产生新型——也就是为某些义项造了新字，就产生了引义分化。新旧的字形将多义词的义项进行再分配。

（1）双向引义分化。多半产生在施受分化、名动分化、主动与使动分化等两极的分化。

施受分化。如："受"分化出"授"；又如："买""卖"分形。

名动分化。如："鱼"分化出"渔"；又如："断""段"分形。

名形分化。如："人"分化出"仁"（名—形）；"疏"分化出"梳"；"密"分化出"篦"（形—名）。

主动与使动分化。如："见"分化出"现"；又如："示""视"分形。

（2）多项引义分化。这种分化常常是由多层与多向引申形成的。

多向引义分化，如："解"第一个方向分化出"懈"（分解后的状态）；第二个方向分化出"蟹"（需要拆解而食的动物）。

多层引义分化，如："半"分化出"判"（分开），"判"又分化出"副"（分为二又合为一）。

多向又多层引义分化，如："阳"第一个方向分化出"炀""烊""烫"

（炙热），又引申分化出"汤"（热水）；第二个方向分化出"养"（长养），引申分化出"氧"（长养之气），又引申分化出"祥"（吉祥）；第三个方向分化出"扬""颺"（上举），又引申分化出"翔"（高飞）；第四个方向分化出"洋"（大水）、"泱"（博大貌）。

3. 借义分化

早期语多字少，常有用同音字代替本字的，形成一字兼记多词的情况。字的使用频率增加以后，兼职的情况难以维持，产生了增加新字将本义和借义分化为多字的情况，保证了一字一词的区别率。

（1）新字承担借义，如"辟"本是一种刑法，早期曾兼有"躲开""打开""玉石""比喻""偏爱"等多种意义，后来分化出"避""闢""璧""譬""嬖"等字来分别承担借义。"舍"本是房舍的本字，早期兼有"放弃"的意义，后来分化出"捨"字来承担借义。

（2）新字承担本义，先秦"邀请"义借用快速的"速"字，后造"谏"字承担本义；"然"从"灬"（火）是"燃烧"的本字，承担代词"这样"的借义后，分化出"燃"承担原有的本义。

从上述情况可以看出，汉字直接参与了汉语的造词过程。所以，古代书面汉语单音词新旧词的区分和新词的标志大部分已经不是声音，而是书写形式——字形。在这种情况下，汉语的词与汉字很难决然分开。

（三）为了完全贯彻"字本位"原则，古代训诂学甚至利用汉字的表意性，采用本字与本义的概念来处理虚词

古汉语的虚词有两大类：一类是关系词，这类词是由实词虚化的，自然已经有了本字；另一类是语气词，这一类虚词主要是音化词，从词源角度看，本来是没有实义的，所以也难以构建本字；但是为了利用"字本位"原则来联系文献语言的意义，《说文解字》甚至利用汉字形义统一的特点来为没有实际意义的虚词创建本字。办法就是给它们一些音化的标志。例如"乎""兮"从"八"，表示出气；"唯""哉"从"口"，表示口声；"矣"从"厶（已）"声，"也"借"匜"声……把没有实意的语气词也纳入了"字本位"的轨道。

上述三种事实，都与汉字的表意性质有关。汉字因义构形，从字形中可以通过其造意分析出对应词的某一义项，也就是本义。字与词仅仅在本字与本义的前提下才是统一的。由于造字与用字的不统一，训诂学的一个主要内容是处理假借、通用等字际关系，利用本字概念统一字与词。所以，训诂学"字本位"的原则，并不是用字把词简单地、无条件地替换下来，而是古人在长期的实践中，创建了一整套"字本位"的操作原则，其中隐含着也贯穿了他们对字与词关系的理解。

三、前代训诂学家对汉字与汉语辩证关系的理性认识

有人说，用"字"来代替"词"是对传统语言学的继承，他们甚至把混淆字和词的说法和做法，也强加给传统"小学"。果真如此吗？古代的传统语言学家对字和词关系的认识真与他们相同吗？

古人如何理解字与词的关系？他们的认识是否正确？古代的训诂学家采用"字本位"的原则来处理文献的意义问题，但他们并没有混淆汉语的字与词。他们清楚地知道，字与词并不是同样的东西，字只是词的记录符号，并不等于词。《文心雕龙·练字》明确说过：

> 夫文象列而结绳移，鸟迹明而书契作。斯乃言语之体貌，而文章之宅宇也。

齐梁时代的刘勰就知道，文字是一种像结绳、鸟迹一样的视觉符号，

它把诉诸音声的言语视觉化为"体貌",成为文章的载体。唐代的孔颖达在《尚书·书序疏》中更明确地说:

> 言者意之声,书者言之记,是故存言以声意,立书以记言。

这四句话清楚地说明:语言以音为形式,文字记录语言,以形为本体。上面两种说法又都说明了,联系汉字与汉语的是意义。汉字如果不是表意文字,字与词的关系就不会这样密切。

清代是语言文字理论走向自觉的时期,字与词的关联、差别以及汉字对汉语非同一般的关系,有了更为明确的说法。且看下面两则论说:

> 小学有二:首文字,次声音。论其根本,声音原在文字之前,论其作用,必以文字为主,声音反在所缓。盖二者皆易变乱,但文字实,声音虚,既从实处捉定,声音虽变不怕。
>
> ——(清)王鸣盛《唐以前音学诸书》[①]
>
> 文者,所以饰声也。声者,所以达意也。声在文之先,意在声之先。至制为文,则声具而意显。以形加之为字,字百而意一也。意一则声一,声不变者,以意之不变也。此所谓文字之本,音也。今试取《说文》所载九千馀文,就其声以考之,其意大抵可通。其不可遽通者,反之而即得矣……然则因声见意者,周人之法也。可以明文字之谊何主矣。
>
> ——(清)钱塘《与王无言论说文书》[②]

---

① 王鸣盛:《十七史商榷》卷二十八,南京,凤凰出版社,2008。
② 丁福保:《说文解字诂林》通论部分,北京,中华书局,2008。

如果说，唐代以前字词的正确关系还是不言而喻或论证不详的话，那么，上述有清一代学人的认识，已经完全从理论上自觉化了。上述两段话可以分解为以下四个论点：第一，从发生的角度来说，有声语言在前，有形文字在后；第二，声音与意义先结合，然后移植给字形，文字是用来表现声音的，换作今天的话说：文字是由语言产生的第二性符号系统；第三，有了文字以后，字形更为外化、稳定，在讨论意义问题上，文字的作用要大于口语；第四，探求词义，可以由音出发，也可以由形出发，而有了文字，可以音形俱获，使形音义三者通达。这四个论点，清晰而辩证，用今天科学语言文字学的理论来衡量，也是无可挑剔的。

古代训诂学家不是只有空洞的认识，他们不但在自己的训诂实践中对字与词的辩证关系做了深入的处理，取得了大量的成绩，而且从"字"的角度出发，发现了很多十分有价值的具体规律，来阐释汉字与汉语的辩证关系。

比如，转注假借说的提出。汉朝人在训释周代典籍的基础上，提出了分析汉字的"六书"。其中的后二书为"转注、假借"。此后的训诂学家对这两个实际上不能分析微观字形的概念众说纷纭。近代章太炎对前人的各种说法作了综合，提出了一个十分辩证的解释：

> 转注者，繁而不杀，恣文字之孳乳者也。假借者，志而如晦，节文字之孳乳者也。二者消息相殊，正负相待，造字者以为繁省大例。[1]

---

[1] 章太炎：《国故论衡·转注假借说》，北京，商务印书馆，2010。

　　章太炎的意思是说，文字的发展变化有两种法则：一种是由于社会发展和人类认识的提高，需要创造新词来表达新的词义，也就需要循新词的音义各为制字，这就是"转注"造字的法则。但是由于文字孳乳日繁，字数无限增多会超过人类记忆力所能承担的负荷，所以必须加以节制。新的词义产生了，可以利用旧有的词和字而赋予新的词义，不再制造新字，这就是"假借"的法则。这种认识实际上说明，文字的发展虽然追随词汇，但它也有自己的调节规律，并不完全与语言一致。

　　章太炎的说法不仅是从理论上说明了文字发展的辩证法，而且在经典阅读的时候，有十分重要的应用价值。为了明晰语言与文字既有关联又有差异的事实，训诂学在把引申和同源现象联系在一起的同时，注意到了它们的区别。例如：

　　本字本义：经（织布的经线）——①经（度）（地球的经线）②经（过）③经（典）——④（小）径——⑤泾（波）——⑥迳（自）——⑦（植物的）茎——⑧（头）颈——⑨（脚）胫。

　　上述引申义列，从"经"的本义出发，共引申出9个义位：①～③不造字，④～⑨造了字，从语言的角度说，这个义列加上本义共有10个义位；但从文字的角度说，其中包含了7个同源字，也就是说，这10个义项已经分化为7个同源词，这就是章太炎所说的"孳乳"，也就是"转注"现象。而①～③没有造字，仅仅是"经"的3个义位，从一词一义的角度，这种多义现象正是节制了文字。这就是文字的"假借"，所以段玉裁以"引申"为"假借"。

　　章太炎对"转注、假借"解释时，既看到了文字发展和使用受语言推动的一面，又看到了文字发展和使用不受语言制约的一面，这是因为语言和文字毕竟是不同质的两个符号系统。

又比如，"右文说"和"右音说"的提出。

在孳生造词时，新词往往在旧词基础上加或换一个义符，以起到分化后的区别作用，这使有些形声字的声符具有了示源功能。这些形声字的声符不但是音近字的纽带，而且也是同源词的纽带。例如：

（1）"伴""判""叛""泮"同源而以"半"为纽带。

（2）"祥""養""氧"同源而以"羊"为纽带。

（3）"遇""寓""隅""偶"同源而以"禺"为纽带。

这是孳生造词和形声造字互相伴随现象的反映，是使用形声字作为分化词汇的手段的一种结果。宋人认为是文字现象，所以称"右文说"①。清人改为"右音说"②，认为实质在语音的相关，不在字形的相关，也就是说，是词源现象，不是单纯的文字现象。这种认识逐渐接近了事物的本质。这说明，古代训诂家尽管总是把"词"称作"字"，但他们在学理上是把音义结合的词和形义结合的字分得很清楚的。

再比如，"对文则异，散文则通"的提出。

在词汇的上位分化中，有一种半程分化，这种分化的上位词不独用，同时兼作下位词中的一个。例如：

落₂（下位词，专用于木落）

落₁（上位词）┤

零（下位词，专用于草落）

---

① 沈括《梦溪笔谈》卷十四："王圣美治字学，演其义以为右文。古之字书，皆从左文。凡字，其类在左，其义在右。如木类，其左皆从木。所谓右文者，如'戋'，小也；水之小者曰'浅'，金之小者曰'钱'，歹之小者曰'残'，贝之小者曰'贱'。如此之类，皆以'戋'为类也。"后人称之为"右文说"。

② 清代黄承吉为其祖黄生所作的《字诂》、《义府》加注按语，在《字诂》校勘记后附有《字义起于右旁之声说》，批判了宋人"右文说"，认为形声字声符带义（词源意义）是语言音起的作用，不是字形的作用。是为"右音说"。

由于上位词兼作下位词中的一个词，跟另一个词对立，所以不再分化出新字，就使这个词在书面语里有了两重身份——既是上位词，又是下位词之一。因而既是统称，又是别称。"落"单用时，统称草木的凋落，可以涵盖"零"，所以两个词可以连用作"零落"，这就是"散文则通"。但在木落与草落相对而言的时候，"落"只用于木落，与草落的"零"绝不相涉，这就是"对文则异"。训诂学在讨论这种现象时，虽然表面是从字出发的，但非常明确，问题的实质出在词义的系统关系上，字只是词的书写载体。

从上述原理可以看出，古人在"字本位"的原则下进行文献注释和词义考据时，是有明确的学理在其中的。这种学理的本质，就是既明确汉字在探求和解释汉语意义上的重要作用，又绝对不能以字代词，混淆字与词这两种有联系又必须加以区别的符号系统。

乾嘉学者一再说"训诂之旨，本于声音"，章太炎作为乾嘉学者的"殿军"，把"小学"改造为"中国语言文字学"，其本质就是要建立语言层面上的语义学与词源学。他说：

> 学问之道不当但求文字，文字表语言，当进而求之语言；语言有所起，人、仁，天、颠，义率有缘，由此寻索，觉语言统系秩然。

他进一步明确：

> 余治小学，不欲为王菉友辈滞于形体将流为《字学举隅》之陋也。顾、江、戴、段、王、孔音韵之学，好之甚深，终以戴、孔为主。明本字、辨双声则取诸钱晓徵。既通其理，亦犹有歉然。

在东闲暇，尝取二徐原本读十余过，乃知戴、段之言转注犹有泛滥，纇专取同训，不顾声音之异。于是类其音训，凡说解大同而又同韵或双声得转者，则归之于转注。假借亦非同音通用，正小徐所谓引申之义也。（《自述学术次第》）

太炎先生的理论认识已经十分到位。我们对他的主张可以这样来理解：第一，汉字作为表意文字，在语言研究中可以成为汉语语义和词源研究的线索，能够从中窥到意义的实际存在；但意义只是文字从语言中移植过来的，不与词结合的形体不是"字"，不可能有意义。第二，词汇的发展在一个时期内虽然是与造字同步的，但是，汉字的形义系统不能替代汉语词汇的音义系统。就系统而言，它们不是完全切合的，只有利用汉字寻求到语音，才能根本解决语义和词源问题。这两点可以进一步说明，在理论和方法上，"字本位"是有缺欠的。自20世纪以来，中国训诂学向理论发展的时候，已经继承了乾嘉学者的先进理念，对"字本位"方法进行了反思。对汉字与汉语的关系，要采取辩证的方法来认识——一方面，要看到汉字是记录汉语的符号，在很大程度上受汉语的制约；另一方面，也要看到汉字与汉语是两种符号系统，尽管在某些地方有相互纠葛之处，但不能混淆，不可以以字代词。

四、对现代"字本位"理论的讨论

现代"字本位"理论是在寻求汉语特点、认定汉语是语义型语言的基础上提出的，因此，这种理论必然看到汉字对汉语的重要作用。汉字对汉语的直接作用在现代汉语词汇的研究中，也有集中的表现。

汉语词汇的积累，是从原生词到孳生词再到合成词的，而单音孳生词是汉语单音词中的大宗，它为合成词积累了大量可以利用的词素。前面说过，汉字直接参与了汉语词汇的孳生过程，汉字是诸多词汇现象的见证，用汉字记录的单音语素也是汉语合成词的来源。我们用数据来说明这一问题：

《说文解字》共有5342个字在《现代汉语词典》所收的12253个字头中还存在。这5342个单字既然都见于《说文解字》，自然是先秦已有的具有本义的本字，所以可以认为也是上古的单音词。这些字(词)有3991个至少能构成一个现代汉语双音词，我们称之为传承语素。初步统计，《现代汉语词典》构成双音词的全部语素共5935个，传承语素占67%左右，而它们参构的双音词大约要占到80%左右。①

正是因为如此，即使是现代汉语的词汇，在书面语中也不能完全以音别词，而需要以字别词。举几个常用词的例子：

(1)Rén shì——人士　人事　人世　人氏

(2)Yuán yì——园艺　原意　源义

(3)Wú yì——无意　无益　无异　无翼

仅仅靠拼音，加上声调，已经有大量不能分辨的双音词，如果不考虑声调，难以分辨的双音词还会更多。

在研究双音词的语素义，探讨双音词的构词理据，从而加深对词义的理解时，汉字起着无可取代的作用。例如：

---

①　李瑞：《现代汉语传承语素构词研究》第1章，北京师范大学博士论文，2013，指导导师：冯胜利、王宁。

"澹泊"，"澹"的本义是"水微微摇动"，也就是没有大风浪，引申有安定之意。《道德经·二十章》："澹兮其若海，飂兮其无止"之说，扬雄《长杨赋》："人君以玄默为神，澹泊为德"。《淮南子·主术》"非澹薄无以明德，非宁静无以致远。"诸葛亮《诫子书》套用了这两句话，说"非澹泊无以明志，非宁静无以致远。"后人用"澹泊"，不用"澹薄"，取"在微波的港湾中停泊船只"之意，形容心无波动。今人改写作"淡泊"，"泊"字无法解释，只能理解为"淡薄"，意为"看轻""不重视"，字改了，理据也发生了变化，与形象深刻的"澹泊"已经不是同一个词了。

"蜷伏"又写作"拳伏"，词义相同而构词理据不同。"蜷伏"用卷缩的虫子形容缩成一团的样子；而"拳伏"则以握在一起的拳头表现握成团的样子。两个词给人的感觉是不同的。

汉语同源词研究的主要方法是系联同源字，是以汉字为线索的。而同源词的作用并不仅仅是追寻历史，更重要的是，词源意义对词义的理解、词义特点的挖掘，有着直接的作用。利用"本字"的概念研究方言，弄清俗词语属于语言的地域变体还是方言新造词，以沟通标准语（共同语）与方言的词汇关系，这种方法称为"方言求本字"，也是现代方言词汇研究不可缺少的方法。章太炎先生的《新方言》、黄季刚先生的《蕲春语》，都是把"求本字"作为寻求方言语根的一个重要的操作方法。

现代词典的编纂本来是以现代汉语语词为单位的，因为只有以词为单位，才能进入释义。但是在编排上，仍然采用"字头"为条目的标志，这种编纂原则一直延续至今，可以看出，汉字在书面语词中所起的区别作用，在辞书里转化为一种具有查检功能的标志作用。

这些重要的事实，是照抄西方语言学理论、反对遵照汉语特点研究汉语的人视而不见的；也是现代"字本位"理论的提出具有合理性的所在。

但是，语言学和文字学发展到今天，很多基础概念已经确立，字与词的关系问题已经经过重新论证，古代训诂学在概念上混淆"字"与"词"的弊病已经得到纠正，清代考据学和现代语言学明确划分"字"与"词"也就是语言与文字的理性认识已经得到弘扬。语言文字学发展到这个地步，采用"字"这一术语来讨论关于语言的问题，也就是把记录汉语的书面形式——单音节的"字"纳入语言研究中作为一个单位，会遇到什么问题？在理论上是否畅通无阻？这是需要通过讨论来辨正的。

现代"字本位"理论提出要"为'字'正名"，把"字"分为文字的字、音节的字、语法的字。有些汉语教学理论也提出把"字"作为语言的一个单位，甚至是基础单位。但是，不论如何正名，都必须承认，"字"仅仅是语言的书写形式，文字的"字"是其他"字"的基础，汉字适应汉语，只能是单音节的，"字"如果放到语言中作为一级单位，它的作用不论有多少，首先是表达意义。

前面说过，意义不是"字"固有的要素，是"字"从它所记录的单音词移植的。从表达意义的角度看，现代训诂学之所以不把"字"作为语言的单位，是因为在训诂材料里，"字"所对应的词或意义单位是相当复杂的。

在下面的训释材料里，被汉字记录下来的是五种不同的单位。[1]

①《说文解字》："齊：禾麦吐穗上平也。"〔"齊"被"禾麦吐穗上平

---

　　① 下面材料见于我的论文《训诂学与语义学》，见《训诂学原理》，203—214 页，北京，中国国际广播出版社，1996。表述方式有一定改变。

也"来注释，注释的是它的构字意图（指象禾麦吐穗时因人工种植而能够均衡生长、一般平齐），因而，齐在这里的身份只能是一个字，也就是书写形式 character〕。

②《经籍纂诂》集录——品：式也，率也，同也，齐也，众庶也，格也，等差也……（"品"，被诸多义项所注释，它在这里是一个多义项的词 lexical word）。

③《尔雅》："初、哉、首、基、肇、祖、元、胎、俶、落、权舆，始也。"（上面加着重号的十个单元，都是单个的汉字，它们同被"始"注释，因此都只是一个仅具单义项的词项 lexeme）。

④《诗经·周南·芣苢》："采采芣苢"，毛传："采，取也。又"薄言捋之"，毛传："捋，取也。"（"取"，用来注释"采"和"捋"，它表示的是"采"和"捋"在《诗经》这首诗里体现出的言语意义 sense。更明确地说，它相当于一个义位 glosseme）。

⑤《说文解字》："袒，衣缝解也。"（"解"虽处在注释"袒"的位置上，但它并不是"袒"全部意义的体现，只是由"袒"的意义中分解出的一个相关特点。也就是说，"袒"的意义在这个用义界方式做出的训释里，被分解为两个部分："衣缝"和"解"。所以，只就"解"而言，它标识的是从一个单义项里分析出的义素 sememe）。

很显然，上述五种注释材料中加着重号的汉字，绝非同一种单位，它们或不同质，或不在同一个层次上。这五种同样被汉字记录的单位，既有字与词的不同质的区别，又有词义的不同范围的区别，还有多义词的词项、义位与义素的不同层次的区别。这就打破了既往训诂学笼统以"字"为单位来理解古代注释材料的惯例，而透过汉字的表面形式，可以构建出字、词、义层次的结构框架，显示出以下的结构布局：

```
字（1）┬------------词（1）┐
       │                    │
       字（1A）┬------------词项（1A）┐
       字（1B）┤------------词项（1B）│
       字（1C）┴------------词项（1C）┘
              │                        │
              字（1Aa）┬----------义位（1Aa）┐
              字（1Ab）┤----------义位（1Bb）│
              字（1Ac）┴----------义位（1Cc）┘
                     │                        │
                     字（1Aax）----------义素（1Aax）
                     字（1Aay）----------义素（1Aay）
```

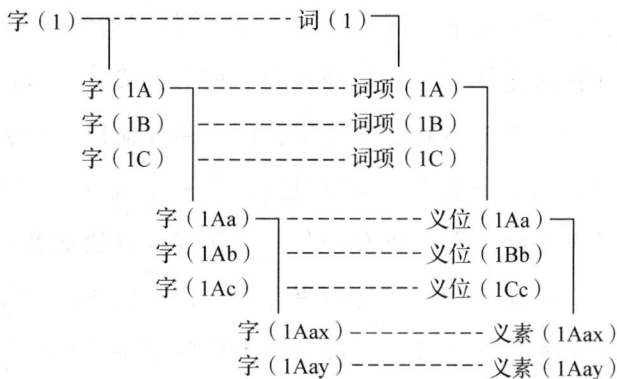

在训诂材料中，"字"对应的语言单位是不单一的，也就说明了"字"仅仅是书写单位，而不是语言单位本身。如果我们把对应不同语言单位的"字"当做语言的某一个惟一的单位，是难以避免实践中的失误的。例如，我们可以从古代的注释书或训诂专书中搜集到这样的迭相注释材料：

> 厌（压），筝也——筝，迫也——迫，近也——近，附也——附（坿），益也——益，饶也——饶，饱也——饱，厌也

如果我们把"字"当成一个语言单位，可以把"厌""筝""迫""近""附""益""饶""饱""压（厌）"8个递相训释的字系联为同义词。但是，有了层次分析的观念后，便可以知道，在这些注释中，被注释的字都是词项而注释词则是相应的义位。这8个注释体现4个义位，是不能简单以"字"为单位将其认同而系联的：

（1）厌—筝—迫……逼紧

（2）迫—近—附……靠近

（3）附—益……增加

（4）益—饶—饱—厌……满足

它们的意义相关而不相同，是因为"迫""附""益"这三个汉字处在注释地位与处在被注释地位并非表示同一词项或义位，是汉字的表面形式的同一，使这四组不同意义的单音词项错误地连在一起。

我们还要看到一个事实。前面说过，在书面语里，"字"区别单音词的作用在某种程度上大于语音音节，有些现代汉语双音词也需要汉字来区分。但是，在现代汉语书面语也就是白话文里，对于双音词来说，以字别词不能贯穿始终，同词而用不同的字书写的情况，并非个别现象：

(1)给与——给予

(2)谋划——谋画

(3)启程——起程

(4)戥子——等子

(5)粗鲁——粗卤

(6)鲁莽——卤莽

(7)仓促——仓猝

(8)元素——原素

(9)郎当——锒铛

(10)呱哒——呱嗒

(11)喘吁吁——喘嘘嘘

(12)黑乎乎——黑糊糊——黑忽忽

在上述 12 组词语中，前后两项的语音完全相同，所指的对象相同，语义、语用均没有区别，所以，它们是同一个词。

相反地，很多在口语里可以区别的双音词，在书面汉语里，用汉字来区别，是无法区别开的。诸如"先生"（"生"读轻声是词，读阴平是短语），"大爷"（"爷"读轻声与读阳平意思不同）等，在这些词语里，书写形式的异同与词语的异同是不对应的。文字问题与语言问题必须分开，否则在理论上和应用上都会产生混乱。裘锡圭在讨论"异形词"问题的时候，针对"异形词"的定义问题明确指出：异形词的英文名称是"variant forms of the same word"，回译为中文是"一个词的不同形式"，而且所说的"形式"指的是书面形式，而有些人所说的"异形词"，实际上是"不同的词"，而不是一个词的不同书写方式，这显然是把词汇现象和文字问题混为一谈。在这篇文章里，裘锡圭以现代语言文字学的严谨态度，将"字"与"词""几个词"和"词的几个书写形式"分辨得非常清楚。他引用了高更生等人的说法，认为消除一个词有几种不同书写形式的现象，是文字层面上的事，跟词汇的规范是两回事[①]。可见在解决实际问题时，分清字和词这两个不同的概念，有多么重要。

"字"是否能够成为语法和语音、文字的交汇点？取决于在现代汉语里构词和构句的同一个"字"有没有区别。语言事实告诉我们，许多一形一音节一义的"字"，在现代汉语里只能构词，不能直接造句。以下列 5 个"字"为例：

①天（自然）——天灾、天堑、天敌、天险、天籁、天火

②天（本性）——天赋、天性、天分

③响（回声）——影响、反响、响应

④失（放纵）——失重、失声、失态

⑤冗（多余）——冗余、冗长

⑥驳（杂乱）——驳杂、驳荦、斑驳

上述 5 个"字"都是文字的字，也是音节的字，但它们并不都是句

---

① 裘锡圭：《谈谈"异形词"这个术语》，载《中国教育报》，2002 年第 4 期第 23 版。

法的"字"。因为，在①～④这 3 个字、4 项里，意义为"自然"和"本性"的"天"，意义为"回声"的"响"，意义为"放纵"的"失"，是不能单独、直接进入现代汉语造句的。它们只能也必须构成后面的双音合成词，才能在句法里占有一个位置（注意：是一个位置而不是两个）。但是，作为"字"的"天"，如果当"天空""日子"讲，"响"当"声响"讲，"失"当"失去"讲，则可以直接进入造句法。从这些例子可以看出，一旦把意义加进去，文字的字、构词的字、语法的字并不是可以"交汇"的。至于⑤～⑥，不论它们的意义是什么，在现代汉语里只能构词，不能单独、直接造句。对这些"字"来说，它们恐怕难以成为"语音—词汇—语法"的交汇点。在这些很常见的现象中，我们应当可以看到，汉字与汉语是可以分清也必须分清的。也许有人说，我们说的"字"只是它的音节形式，不包括它的内容也就是意义，那么，这与徐通锵教授建立在"汉语是语义型语言"这一命题基础上的"字本位"在精神上是否一致呢？

说到意义，还有一个问题必须提出来，这就是"字义"与"词义"的区别。现代训诂学将以前所说的"本义"明确地区分为"实义"（词义）和"造意"（或称"构意"），沿用了《说文解字》所说的"同意"中的"意"，来称说所谓的"字意"。汉字是构意文字，"造（构）意"，也就是汉字单字造字的意图，或说从汉字形体上分析出的造字理据。我在《汉字构形学讲座》一书中对源于《说文》学的"构意"做了如下解释①：

　　《说文解字》把用同一个构件体现同一个意图称作"同意"，使

①　王宁：《汉字构形学讲座》（增补本）第 3 讲，42—43 页，台北，三民书局，2013。

用"意"而不使用"义"来称说，这种"同意"的条例共有 31 处，例如：

善，吉也。从誩，从羊。此与义美同意。

美，甘也。从羊，从大。羊在六畜主给膳也，美与善同意。

爾，丽爾，犹靡丽也。从门，从㸚，其孔㸚，尒声，此与爽同意。

工，巧饰也。象人有规矩也。与巫同意。

巫，祝也。女能事无形以舞降神者也。象人两褎舞形。与工同意。

奔，走也。从夭，贲省声。与走同意，俱从夭。

《说文解字》里所说的"同意"，不是认为两个字所表示的词义相同，而是说这两个字采用某一个构件的造字意图是一样的："善"和"义""美"都从"羊"，是因为羊"主给膳"，是一种美味食品，所以表示美好意义的字都用它来做构件，是为"同意"。"爾"和"爽"都以四个"×"做构件，表示光线射入而明亮的构字意图。"工"以有规矩的人形表示技巧熟练，"巫"是可以通神的人，也需要规矩，所以从"工"以体现造字意图。"走"与"奔"上面都从"夭"，其实是一个甩开臂膀奔走的人形，故二者同意。"意"是造意，"义"是词义，二者的区分正是对文字学的构意和训诂学的本义的一种区分。

《说文解字》解释"齊"字说："禾麦吐穗上平也。"这里的"平"是"齐"的词义解释，而"禾麦吐穗"则是解释小篆的"齊"的字形形象，象三个平齐的禾苗。又如："独"字从"犬"，"群"字从"羊"，有人解释说：这反映了古代狩猎和放牧的状况，猎犬只有一只而放羊是成群的。这个说法带有推测性，不论它是否正确，都是在解释造字的意图。实际上，"独"在语言里并不都用来称说狗，"群"也并不是都用来称说"羊"。读《说文解字》这类书，或者进行文字考据，分不清"构意"与"实义"，会带来很多问题。可见，如果把"字"这个概念移植到词汇或语法这些语言学的系统里，把"字义"和"词义"两个概念混同，在学术研究和实际应用中，都会遇到很多难以解决的问题。

问题还可以更进一步探讨。在历时层面上，混淆字和词，在理论上引起的矛盾就更多了。

从总体系统看，汉字虽然由于记录汉语而从汉语的语素那里移植了音和义，但是它还有属于自身的形式——字形。因此，汉字除受汉语的制约与推动外，同时又有属于它自己的、不受语言制约的发展变化规律和使用规律。汉字在发展中要逐渐形成自己的构形系统，构形系统的总体对汉字个体是有制约作用的。很多与构形系统不相切合的异体字被自然而然地淘汰，很多新产生的形声字对义符和声符的选择，都是汉字构形系统的内部规律使然。汉字的构形系统与汉语的音义系统不是同一个系统，这一点，对教学有很大的启示：依靠汉字构形系统集中识字，往往难以设计思想内容切合的课文；而利用言语作品分散识字时，又往往难以完全切合汉字的难易程度。这种现象，就是汉字构形系统与汉语词汇、语音系统不一致带来的。

从发源和演变规律看，文字和语言不是同一时期产生的，在讨论它们的历史发展时，不能把二者混为一谈。根据现有的历史资料，个体汉字产生的先后有一部分是可以论定的：源字和它的直接分化字放在一起比较，完全可以断定源字产生先于分化字，比如：可以断定"半"这个字的形体产生早于"伴""袢""判""泮"等字的形体。本无其字的同音借用字和它的后出本字，也完全可以断定前者产生早于后者，比如：可以断定"舍"形先于"捨"形产生。但是，上述各字所记录的词和义产生的先后，是很难确证的。没有直接孳生关系的词孰先孰后，同一个词的义项在口语里产生孰先孰后，都是难以论定的。用汉字的起源代替语言的起源，以个体字产生的先后来论定它所记录的词产生的先后，不但在理论上不能成立，在实践上也很容易产生谬误。

不但字词的历史考据要注意分清汉字与汉语，在统计时也要分清字和词。当我们要在一篇文章或一部文献里统计共有多少词或语素时，绝不可以以它的字数来替代。因为，字形、字义与字用并非简单的一对一的关系，同词异字和异词同字的现象在书面语文献中比比皆是。这里举一个很简单的例子，唐代韩愈《马说》的最后两句："其真无马邪？其真不知马也！"由于两个"其"字前一个是反问语气词，后一个是商榷语气词，同字而异词，所以统计起来共有不重复的词 9 个，但仅有不重复的字 8 个。如果在海量的书面文献中比较，字数和词数的差异会有多少？是可想而知的。

这些事实都说明，汉字与汉语的关系必须全面地、辩证地认识：汉字与汉语的起源时间不同，背景不同。汉字是记录汉语的第二性符号体系，汉字构形系统与汉语词汇系统是两个不同的系统。字与词的对应关系不是单一的，更不是绝对的，汉字不是汉语的结构单位。字意与词义是有差别的：词义是客观的，可以从言语的语境中概括出来，字意的取象是根据构形系统和与之有关的历史文化推测出来的，不能用字义直接讲解汉语词义。在理论上分清汉字与汉语本质上的不同，在实践中注意字与语素、词的差异，是十分必要的。

确立一个代表某种理论体系的关键性的概念或命题，不能仅仅就一个局部问题来实现，一定要梳理学术史，研究学术概念或命题已有的发展脉络，避免立了一个，乱了一片；历史发展不可忽略，不能忘了过去而从"0"开始，尤其对于中国的语言文字学传统，万一因为阐释不当而颠覆了它的符合事实又已成体系的精华，有时是会引起一系列连锁反应的。

上述说法，并不是否定现代"字本位"理论主要精神的合理性，而是出于两个目的：第一，是把自称"字本位"而完全违背常识的那些说法剥离出去，不要让这些不属于现代"字本位"理论的说法干扰了严肃而有意义的讨论；第二，是将"字本位"的历史发展脉络梳理清楚，把传统语言学已经思考过的问题提出来，希望在更多的语言事实面前，讨论能够更向纵深发展。

系统论与汉字构形学的创建[*]

引言

汉字是世界上唯一未曾中断使用而延续至今的表意文字系统。可以说，在包括甲骨文在内的每一层汉字的共时平面上，都已经积淀了非常深厚的汉字本体历史，以及作为汉字存在背景的社会文化历史。因此，汉字学是一门内容非常丰富的学科。历代的汉字学，包括汉字形义学、汉字字用学、汉字文化学、古汉字考释学、汉字形体演变学……都取得了不少成就。但是，真正的、具有科学理论体系的汉字学，至今并未完善。这是因为，对汉字本体的研究，一直没有得到足够的重视。

什么是汉字的本体？汉字是记录汉语的视觉符号，它的音与义来源于汉语，字形才是它的本体。在中国，把字形作为汉字的中心来探讨，从理论上研究其内在的规律，必须首先克服传统汉字观造成的两种固有的积习。这两种积习，都是早期汉字研究的实用目的带来的。

* 原载《暨南学报》（哲学社会科学），2000 年第 2 期。

中国古代的文字学称作"小学"，因"周礼八岁入小学，保氏教国子，先以六书"这一制度而得名。它的目的开始是起点很低的识字教学，两汉经今古文斗争以后，因古文经学家的推崇，一下子上升为考证、解读儒家经典的津梁，也就是讲解古代书面文献的工具，而有了崇高的地位。汉字所以能成为解读古书、考证古义的依据，不仅因为它具有记录汉语的功能，还因为它始终是表意文字系统，据义而构形，从字形上可以探求词的本义，以本义推导引申义，再加上语音的因素找到本字而辨明假借义。由词义而句意，由句意而章旨，由章旨而知文献所传播的思想。这种十分明确的解读文献的实用目的，造成了"小学"固有的形、音、义互求的传统方法，而这种方法必然是以义为出发点又以义为落脚点的。"六书"是传统文字学分析汉字构形模式的凡例与法则，但是，"六书"的前四书虽勉强可以涵盖《说文》中小篆的构形类型，后二书却与构形没有直接关系。细究"六书"的意图，很大成分是着眼在探求形中的意（造字意图）和义（构字所依据的词义）。只有兼从"释字之法"而不是单从"造字之法"的角度也就是汉字形义学的角度，才能准确理解"六书"。而通过造字意图来探求词义，已经跨越到语言学范畴，并非单纯的汉字本体研究了。"字"在"小学"家心目中常常是"词"的同义语。正是因为他们忽略了作为语言载体的文字相对的独立价值，才经常弄得"字"与"词"混淆，文字学与训诂学划不清界线。

同样出于解读文献的实用目的，"小学"家对汉字的关注一般是以个体为对象的。汉代及此后纂集的"小学"专书，大多以音、义为纲来订编则，以形为纲的《说文解字》尽管包含着十分宝贵的构形系统的思想，但是由于使用它的人解读文献的实用目的太强烈了，后代人对它的应用，多数都着眼在对单个汉字的考据；而对它的评价，自然也以它提供的每个形体与意义考证的效果为标准，较少注重书中包含的构形系统思想。后代仿效《说文》一类的字书在理论的自觉性上比之《说文》远远不如，绝大多数只是袭用《说文》的框架来罗列字形——而且是不同历史层面的字形——因而很难看出汉字形体所具有的系统性。

汉字本体的研究必须以形为中心，而且必须在个体考证的基础上探讨其总体规律。传统文字学在研究上以形附属于义、着重个体而忽略总体的习惯便无形之中成为这种本体研究的障碍。加之历代字书都不区分字形的历史层面，提供不出一批经过整理的系统字料，创建科学的汉字构形学便更加难以起步。没有一套能够分析汉字构形系统的基础理论与可操作方法，有关汉字的许多争议问题便不易取得共识，汉字史的研究也就难以取得突破性的进展。

传统文字学并非完全没有认识到研究汉字总体的重要性，字书对字的类聚本身就表现出"小学"家认识汉字总体的愿望。而且，任何单字的考证都必须借助大量相关字的参照，考据家不可能没有总体与个体关系的意识。但是，传统文字学仍然不能完成创建汉字构形学的任务。这是因为，古代哲学与科学的发展，未能给它提供分析总体字形内部结构的理论和方法，因而面对 3000 多年不断变化又不断积淀的数万汉字，他们难以由纷繁之中见其规律。

辩证唯物主义系统论的提出与发展，给汉字构形学的创建提供了理论与方法。它首先启发我们，汉字作为一种信息载体，一种被社会创建又被社会共同使用的符号，在构形上必然是以系统的形式存在的。在共时历史层面上的汉字总体，应当有自己的构形元素，这些元素应当有自己的组合层次与组合模式，因而，汉字的个体字符既不是孤立的，也不是散乱的，而是互相关联的、内部呈有序性的符号系统。个体字符的考据只有在整个系统中找到它应有的位置，才能被认为是可信的和合理的。仅仅探讨汉字个体字符的形体变化不能称作汉字史。只有在弄清个体字符形体变化的基础上，考察出汉字构形系统的总体演变规律，并且对这种演变的内在的和外在的原因做出符合历史的解释，才能称为汉字史。汉字构形学应当为各个历史层面上汉字构形系统的描写和历时层面上汉字构形不同系统的比较服务，为之建立基础的理论与可操作的方法。描写是解释的前提，比较又是探讨演变规律的必要条件。毫无疑问，这种汉字构形学的建立，会使汉字学与汉字史都进一步科学化。

一、小篆构形封闭系统的验证及描写

处于共时层面上的汉字是杂乱无章的还是以系统的形式存在的？这是一个并未经过验证的问题。要想验证汉字构形的系统性，必须保证字料的共时。这些字料还必须属于同一体制。而验证的方法则是将这个共时的构形系统描写出来。

东汉许慎所著的《说文解字》贮存并整理了秦代"书同文"后统一的、经过简化的篆字，这批篆字中的主要部分，首先被收入小学识字课本，字形上经过严格的规范。其他扩展部分收入的字形，也经过编著者许慎的优选。极为可贵的是，许慎对《说文解字》的编排及对汉字的处理，已经表现出十分明确的系统论思想，在他的思想基础上略加整理便可看出，在小篆阶段，汉字构形系统已经成熟。

1.《说文解字》小篆具有一批基础构形元素。

对 9353 个小篆按部件进行拆分到最小，可以得到 558 个形体不同的基础构件，其中 423 个是形、音、义都具备的成字构件；125 个是有形而无音、义的非字构件。在 423 个成字的基础构件中，有 141 个属于变体，可以进行归纳，归纳以后的基础构件，成字的 289 个，非字的 125 个，共 414 个，我们称作形位。可见以下统计表：

《说文》小篆形位构字量及频度统计表

形位		数量(个)	构字量(个)	频度(%)
成字形位	正体	289	10422	97.00
	变体	144		
非字形位		125	2434	23.25

这些形位都有自己体现构字意图的具体功能，它们是构成小篆的基础元素。

通过统计我们还可以知道，小篆构字量在 100 个字以上的成字形位有 77 个。一个形位的变体数量一般为 1—2 个，最多可达 7 个。就构字功能而言，成字形位主要以表义为主，其次是表音，再次是表形。有少量形位只承担表义功能，而绝大部分形位都同时兼有表义、表音功能。

我们以构字频率较高的若干成字形位的功能与构字量为例，详见下表：

《说文》小篆若干高频成字形位表义与表音比较表

形位	水	木	手	心	人	女	金	口	土	火
表义功能(个)	479	429	264	272	298	226	197	237	142	124
表音功能(个)	1	1	0	0	0	4	0	4	5	1

由此可以看出作为汉字基础构形元素的形位在系统中活跃的程度。

2. 小篆的组构是依层次进行的。

个体的小篆是形位的累积。每个小篆中都可拆分出一个或一个以上的形位。然而在拆分过程中可以看出，形位累积为字符不是平面的堆积，而是依层次有序地进行的。大多数小篆分别为 1 至 5 个层次组合。

我们把全部形位的集合看作构字的储备材料，而把已经进入构字、体现了自身功能的形位及形位的组合称作构件。可以看出，在每一级组合中，随着构件中的形位数不断增加，结构都发生着质的变化。例如：B."支"的小篆是"又"和"个"的组合，组合前的"个"是半个"竹"字，有形而无音、义。但它却在组合后造就了与"又"完全不同的形与义。C."居"的三级构件中，两个单形位构件的声音都尚与"居"音无关。但是在经它们组合的二级构件中，双形位构件的"古"，却具有了表音功能。D."诗"的情况恰恰相反，三级构件的"㞢"对"言"字来说本有表音功能，但它一经与"口"组合为二级构件"言"，对"诗"来说反而失去了表音功能。

汉字的结构层次是有序的，改变结构次序也就改变了这个汉字。有序的层次是汉字构形呈现系统性的重要原因。

3. 小篆的每一层次的组合，都有固定的模式。这些模式的类型由构件的功能来决定。

构件在相互组合中彼此制约，使每一个构件的功能得到体现。每种不同功能的组合都可归纳为一种构形模式。小篆的构形模式可概括为以下六类：

A. 全功能零合成：由一个单形位构件自成的汉字。这个单形位构件必定是成字构件，它的功能是表音、表义、表形俱全的。它的组合公式是：单形位成字构件＋0。

B. 形义合成：由一个表形构件和一个表义构件组合而成的汉字。它的组合公式是：表形构件＋表义构件。

C. 标形合成：由一个标示符号去指示或区别一个表形构件。它的组合公式是：表形构件＋标示记号。

D. 会义合成：由两个或两个以上表义构件组合而成的汉字。小篆的会义合成包含两种类型。一种是纯会义合成，另一种是残留图形性的会义合成。后者在组合时构件的位置仍保留着物象的位置。它们的组合公式是：表义构件＋表义构件。

E. 形音合成：由一个表形构件与一个表音构件组合而成的汉字。它的组合公式是：表形构件＋表音构件。

F. 义音合成：由一个表义构件与一个表音构件组合而成的汉字。它的组合公式是：表义构件＋表音构件。

这六种模式，可以涵盖97％以上的小篆。

4. 对上述六种模式所含小篆的字数加以统计可以看出，小篆中义音合成的字占87％以上。其余五种模式仅占12％左右，而且，它们绝大部分都在义音合成字中充当过构件，因而也可以包含在义音合成字的结构中。义音合成字，即传统"小学"所谓的形声字。它以义符为义类标志，以声符为别词手段。前者为纲，后者为纬，构成了标志鲜明的子系统。再以有序的层次来确定每个子系统中个体字符的相邻、相关关系。小篆构形系统的描写完全是可以操作的。

《说文》小篆之所以能够进行定量分析，是因为在许慎作《说文解字》的当时，这种文字体制就已经不再通行于社会，成为一种历史的文字；而且，许慎在经过对字符的优选之后又以字书的形式把这种文字的数目固定了。于是，这种文字体制的结构内部已不再发生质与量的交换与转化。也就是说，它已是一个封闭的系统。应当说，这种系统的形成带有一定的人为因素。

二、汉字构形开放系统的验证和字符的认同别异及优选

但是，并非一切历史层面上的汉字都经过类似《说文》这样的科学

优选和精密整理。前面说过，《说文》以后的字书往往转相抄录，无法保证字料的共时性。要想验证各个历史层面上的汉字是否以系统的形式存在，只有从这个历史时期用汉字书写的一定量的文献材料中去穷尽地撷取字料。但是，以文本形式存在的使用中的汉字，呈现出三种不同的情况：

第一种，民间书写文本中的汉字。这些文本的书写者是一般的民众，文本的内容社会意义较小，流传范围不大。例如个人书信、账目、便笺、日记、契约，以及不拟流传社会只为个人保存的典籍钞本，等等。

第二种，社会通行文本中的汉字。这些文本或是官方的正式文告，或是流传于社会的典籍钞本，或是名人书写的诗文。雕版与活字印刷发展起来后，刻印文本所用的汉字也属此类。

第三种，权威规范汉字。历代官方运用政治权力、通过教育与考试制度规定在某些场合必须使用的汉字，或者经书法家写于碑匾、形成字书以为示范的汉字。

《说文解字》所收的汉字，属于第三种。而第一种和第二种，尤其是第一种，却是遵循约定俗成的规律、随着社会种种因素的变化而自发进行着内部元素与内部关系的建构与破坏的字符群。这些字符群是杂乱无章的，还是也以系统的形式存在呢？

为了解决这个问题，首先要对文本中的汉字加以整理。以汉代的隶书为例，具有多种字样。必须进行三种性质不同的归纳：

(1)完全相同字样的归纳。这属于去掉重复的工作，是将一切文本形式的汉字改变为字库形式第一步要做的工作。在碑刻隶书中，有很多重复，只须取其中的任一个。例如：

光　　光　　光　　光

除第一个字样外，后三个虽略有不同，但仍为同一字样，只须取其中的一个。

(2)结构、功能相同书写略有变化的异写字。这些字的关系属于同字异写，或称同构异写。例如：

此　　此　　此　　此　　此　　屯

以上六个"此"字都属笔画多少、笔形不同的异写字，它们的结构没有差异，只在书写上有差异。

(3)功能相同结构不同的异构字。这些字或因构件的选择不同、或因构件的增减不同而异形，但记词的功能是相同的，它们的关系属于同功异字，或称同词异字。例如：

遷＊— 遷　　鱻 — 鲜＊　　鼅 — 鼠＊　　蘴 — 善＊

这些字虽然都记录同词，但结构发生变化，构字意图也有所不同。

以上情况可以看出，书写与使用汉字纷乱的文本，对以上三种字认同的标准，首先是记词功能的相同，其次是结构的相同，第三是书写字样的相同。经过认同与归纳，文本汉字的纷乱现象减少，但系统尚未显现。进一步的工作是采用优化的原则，在诸多异写字中挑选出一个通行的字样作为这一组字样的信息代码，其他字样则作为它的变体。例如在上述异写字中，加"＊"的字就是优选出的信息代码，此外的几个则是它的变体。而在诸多异构字中，也宜优选出一个通行的字作为正字(加"＊"的为正字)，其余的根据它产生的原因作为变体字或讹体字对待。字样与字形优选的原则，首先应当是减少和统一汉字的基础构形元素，适应汉字的构形模式，使字形的造字意图尽量明确，从而建立与相邻、同类字形的正常关系，找到自己在整个构形系统中的位置。这就是经过人为处理使汉字构形系统形成并显现的过程，也就是汉字科学规范的过程。

总之，汉字是一种可以人为调整的信息符号，但它的社会约定性又不能违背。所以，汉字构形系统的形成既不可能是自发的，也不能违背社会的约定性和符号结构内部的自身规律而一意孤行。《说文解字》的成功之处就在于它既尊重了小篆结构和使用的事实，又正确把握了汉字构形的内部规律，许慎是求实的，又是科学的。

三、不同时期汉字构形系统的比较与汉字史的研究

汉字经过 3000 多年的变化，有着漫长的发展历史。汉字的演变绝不是每个个体字符变化的简单相加，而是经历着由个体字符变化累积成整个系统变化——也就是量变到质变的过程。在这个过程中的每一个阶段，汉字究竟发生了哪些变化，为什么发生这些变化，其中包含着哪些规律，只有对不同时期的汉字构形系统进行比较才能弄清。各个阶段的构形系统既然是可以描写的，相互的比较也就一定可以操作。试以甲骨文与小篆的构形系统总体作一比较，可以看到以下几个重要的事实：

第一，甲骨文的标准形位有 377 个，与小篆大体相当，但它的形位变体就有 2924 个，非字形位的比例也大大高于小篆。小篆的构字总量是 9353 个，而甲骨文的构字总量却只有 1311 个，每个形位的构字频率很低。这充分说明，与小篆相比，甲骨文字形不固定，形位的可归纳程度很低。

第二，在甲骨文的构形模式中，音义合成字只占 22％强，而会形、会义、形义等非声合成模式却占到 77％强。在非声合成模式中，甲骨文的纯会义合成字只有 7 个，而小篆中没有的会形合成字与形义合成字高达 734 个，占了绝大多数。这说明，甲骨文的构件参构时的

功能以表形为主体，表音、表义的功能尚未发挥。

第三，甲骨文的结构过程大部分还是平面组合，层次组合只有355个，连一半也占不到。这又进一步说明了，甲骨文不但构件的功能以表形为主导，而且结构的方式也是图形式的。

以上三点说明了殷商至两周阶段，汉字的整个系统处在由表形文字向义音文字发展的阶段。形位数量的固定和归纳程度的加强；构件功能从表形为主到以表义为主、表音辅之；结构方式从图形式的平面组合到义音的层次组合——这三点，就是这一阶段汉字演变的主要表现。

再以小篆与隶书的构形系统作一总体的比较，又可以看出以下几点重要的事实：

第一，隶书，以至更后来的楷书——在标准形位的归纳程度、以义音组合为主体、层次组合占主导地位等方面，完全承袭了小篆。

第二，隶书形位变体、构件变体、异写与异构字的数量大大超过小篆，是因为秦代"大发隶卒，兴役戍官，狱职务繁"，文字的使用范围越来越大，长期缺乏许慎这样的专家进行整理、规范的缘故。这不是它与小篆的主要差别。

第三，隶书与小篆的主要差别在于，在隶书构形系统中，原来小篆的单形位构件大量变形，大量粘合，对构字意图起作用的单位，本来是由单形位的末级部件做基础的，隶书却转移到由字符一级拆分得出的直接构件上。例如：

"更"在小篆里是声义合成字，从"丙"、从"攴"，隶书粘合后，"便""梗"等字的构字意图就不能从原来的基础构件去找，而要在直接构件"更"上去找了。

"卑"在小篆里是会义合成字，从"甲"、从"又"，隶书粘合后，

"碑""埤""俾""婢"等字的构字意图，无法再找到末级的单形位构件，也只能由直接构件"卑"上去找了。

这说明，隶书的义音化程度比之小篆更加大幅度增强，形体与物象的联系几乎不存在了，在任何一个层次上，构件的表形功能完全被表义、表音功能所替代。这一方面说明汉字总体的性质没有变化，仍是义音文字；另一方面也可看出，构件的义音化给汉字的简化提供了充分的条件。

以上初步的比较告诉我们，只有对每个历史层面上的汉字构形系统作了准确的描写后，经过比较，汉字的发展历史才可能真正被弄清楚。

四、汉字构形学的任务及其创建的意义

汉字构形学的创建是以汉字构形系统的存在为条件的。它的任务应当是：第一，认识汉字构形的种种现象的实质，为其设置术语；第二，提出整理汉字的可操作方法，特别是从大量异写字与异构字中优选出代表字作为信息代码的原则和方法；第三，提出用共时平面上的同一形制的汉字为字料，描写汉字构形系统的方法；第四，提出对不同历史层面的构形系统进行比较的可操作方法；第五，在树立系统的观念后，提出对个体字符的分析、考证及相关关系的比较方法。

负有以上任务的汉字构形学，对汉字的研究和理论的发展将会产生重要的意义。

第一，它将使汉字的研究更加科学而减少臆测，并为汉字的应用——例如，汉字的规范、汉字信息处理、汉字的教学等提供理论依据。

第二，在每个阶段构形系统的测查与描写逐步完成后，对汉字的

发展历史与发展趋势的探讨，应当产生突破性的进展。在这些进展之后，汉字的性质、汉字的优化和简化等素来有争议的问题，较易取得共识。

第三，汉字构形系统的存在又一次说明辩证唯物主义仍应是语言文字研究的指导思想。从自然科学和社会科学的千百次实践中总结出的辩证唯物主义方法论，是现代系统论的哲学基础。汉字构形系统的证实又一次说明了，辩证唯物主义的基本原理完全适用于汉字，只有辩证的观点和方法，才能揭示汉字的内部结构和历史发展的规律，并能从本质上解释各种语言文字的现象。语言文字学的研究轻视理论，仅仅围着材料转的情况再也不能继续下去了。在强调第一手材料重要性的同时，作为领先科学的语言学(在中国，也应包括文字学)，应当把科学地掌握材料和深入地探讨理论紧密结合起来，用自己的研究成果丰富普通语言学和文字学通论，也进一步证实和发展辩证唯物主义的哲学理论。

从"武"的本义谈因字形求本义的原则[*]

"武"的本义是什么？这是历代文字学家和训诂家认为平常而不足讨论的问题。但是，细究诸家对"武"的本义的看法，实际上存在三种类似而不尽相同的解释：第一种，认为"武"的本义是军武，即武力征伐；第二种，认为"武"的本义是步迹；第三种，认为"武"的本义是舞蹈。所以，在这个似乎有定论的问题上，实际上存在着分歧，尚需讨论。而且，在因字形而求本义时，像"武"这样似是而非却又并无定论的例子，绝非个别，还是很值得探讨的。

一般说来，根据原始字形而求本义，必须符合如下几个原则并具有与这几个原则相应的条件：

第一，本义必须与字形相贴切，由此证明造这个字时，是根据这一意义来构形的。关于这一点，有两方面的问题需要说明。第一方面，语言产生的时代比造字时代要早得多，所以，造字时所据以构形的意义，未必就是在语言的词中最早产生的意义，因而也未必是词义引申的开端。但

* 原载《辞书研究》，1984 年第 5 期。

是，在文字没有产生之前的语言状态，是很难全面考察清楚的，而造字时据以构形的意义，一般应是所能考察出的最早意义。第二方面，由于词义的经验性必然会反映在文字的构形特点上，所以，从词的文字构形所体现出的词义，又往往能较为清晰地窥出原始词义的面貌，并从而决定引申的方向。尽管我们无法确定与字形相贴切的词义一定是词在刚产生时的最早意义，但用它来推究引申义列，一般不会有太大的问题。

"武"的字形《说文》作志，许慎以为是个典型的会意字，因而在给六书中的"会意"下定义时就说："四曰会意，会意者，比类合谊，以见指伪，武信是也。"在《十二下·戈部》"武"字下又具体解释说："止戈为武。"这个解释在钟鼎和甲骨文出现"武"字后，被不容置疑地否定了。甲骨文"武"字作志、志、志，钟鼎文作志、志，都像下足上戈之形，是一个人持戈而立的形象，而这个比之实物大大简化了的形象，突出的特点是足和持戈。它是个象形字。"武"的本义，应当从这个构形的特点上去找。

第二，本义必须是在实际语言中确曾使用过的意义之一。因此，探求本义必须参证于文献语言，否则，因形求本义便会忽略文字记录语言的本质，成为文字游戏。加之文字构形往往是象征性的，不可能如工笔画之酷似，所以主观臆断的可能极大。唯有参证于较早的客观语言材料，才能避免这种主观臆断。

考察较早的文献材料，与"武"的字形相贴切而体现它的构形特点的，可以有三个义项：

1. 舞蹈

《礼记·乐记》："夫武之备戒之已久何也?"郑玄注："武谓周舞也。"《乐记》又说："武乱皆坐周召之治也。"郑玄注："武舞象战斗也。"

《乐记》还说："然后钟磬竽瑟以和之，干戚旄狄以舞之。"

这说明，确有一种手持干戈而动作的舞蹈叫"武"。舞蹈是用步伐体现节奏的，完全体现了上戈下足的特点。

2. 征伐、战斗

《书·大禹谟》："乃武乃文。"孔传："克定祸乱曰武。"

《左传·宣公十二年》："夫武禁暴、戢兵、保大、定功、安民、丰财者也。"

"武"在文献中当武功讲，表示征伐、战斗，是很常见的，远不止这两处。而征伐既要持武器，又要用足行军，也是体现"武"字的构形特点的。

3. 步迹

《礼记·王藻》："君与尸行接武，大夫继武，士中武。"郑玄注："尊者尚徐蹈半迹。""继武，迹相及也。""中武，迹间容迹。"（按：指迹与迹间尚可容一迹）

《诗·下武》："绳其祖武。"《诗·生民》："履帝武敏歆。"《诗·武》："嗣武受之。"《毛传》都说："武，迹也。"

"武"字当步迹讲，确有例在。这可以解释"武"字突出足的意图。而加上持戈，便可知道这种步迹，不是舞步，而是行军的步伐。步迹的意思不可能是词义的起点。

如何由这三个义项中确定出一个最早又最足以充当引申起点的本义，就必须考虑探求本义的第三个原则。

第三，本义所反映的现实事物或这个民族共同的经验和认识，必须早于其他词义所反映的内容。

词义是使用这种语言的民族共同的生活经验被巩固在词里的内容，因此，词义受着民族生活、民族心理的制约，具有鲜明的民族习惯性。而词义一经巩固进词里，约定俗成地与词形相结合，便存在一种沿袭的惯性，因而，词义的变化往往要落后于社会生活和人们认识的变化。考察词义所反映内容的历史时期，可以帮助我们探究词义产生的先后。因此，从"武"的三个可能作为本义的义项中确定一个最早的，关键是考察舞蹈和战争哪种生活更早出现。

古代最早持武器而动作是驱赶野兽。集体捕兽的人们手持棍棒环绕已被发现的野兽跺着脚叫喊，以便把野兽赶至陷阱或网罟中捕捉之。在这个基础上产生了原始的舞蹈。这种舞蹈在文明时期仍有保留的痕迹。《周礼》记载："舞师掌教兵舞，帅而舞山川之祭祀。"又说："凡野舞则皆教之。"郑玄与贾疏都认为这种舞蹈是郊外的野人"欲学者皆教之"，并不像其他宫廷舞蹈只有在官的舞人能够练习。可见这种舞蹈还保留着群众性。当时的舞蹈有文舞，持羽籥而舞，又称羽舞；有武舞，持干戚而舞，又称干舞，或名万舞。《礼记·乐记》说："武乱皆坐周召之治也。"郑注"武乱"说："武舞象战斗也，乱谓失行列也。"可见这种舞蹈是没有整齐排比的队列的。《礼记·郊特牲》又说："武壮而不可乐。"意思是说这种舞蹈十分壮观，没有固定的节奏，无法配乐。这正说明了名为"武"的舞蹈既无队列又无统一节奏，如同原始人的驱兽，是持兵戈而动其足的。

历史上的劳动舞蹈是先于战争征伐的。人们首先是与兽的战斗，然后才是与人的战斗。持戈而站立首先是舞蹈的形象，以后才引申出军武、征伐之义。又因舞蹈着重步伐，才引申出步迹之义。从历史的发展看，舞蹈应当是"武"的本义。

从用字中还可以进一步证明这一点。"武"与"舞"本义相同，后来才分化为"武功"和"舞蹈"两义。而在分化前，它们在"舞蹈"这一意义上通用的地方很多。例如：

《周礼·地官·乡大夫》："退而以乡射之礼五物询众庶……五曰兴舞。"《论语·八佾》"射不主皮"注引作"兴武"。

《春秋经·庄公十年》："以蔡侯献舞归。"《穀梁传》作"以蔡侯献武归。"

《战国策》"秦武阳"，《史记·刺客传》作"秦舞阳"。

这种通用足以进一步说明"武""舞"的同一关系，无怪《释名·释言语》会做出"武，舞也"的声训了。

舞蹈、行军都要突出脚步，所以产生了又一声训："马，武也。"这里又要回到第一个原则上来。马、牛、羊同为六畜之一，但在人们的经验中，各有其突出的特点：牛为力畜，所以突出它的封肩。《说文》："牛，大牲也……象角头三封尾之形。"羊在六畜主给膳，所以突出它的毛和肉。马作人的代步，特点是行走。《管子·形势解》："马者，所乘以行野也。"所以"马"的篆形突出四足。许慎在《说文解字·叙》里提出了一个"分理别异"的问题，这是表意文字造形的重要原则。同样是四条腿的牲畜，要分其理，才能别其异。"理"就是它们不同的特点，"异"就是它们不同的字形。造字体现词义特点，所以相当一部分字形虽距语言产生时期较远，也能反映本义。"马"以"武"训，也是从它们共同的特点出发的。"武"的"舞蹈"本义所决定的引申方向，正是与它着重步伐的特点分不开的。

论甲骨文构形的分析与描述 *
——兼论"六书"用以分析古文字的局限

一

于省吾先生在《甲骨文字释林·序》里说:"古文字是客观存在的,有形可识,有音可读,有义可寻。其形、音、义之间是相互联系的。而且,任何古文字都不是孤立存在的。我们研究古文字,既应注意每一字本身的形、音、义三方面的互相关系,又应注意每一个字和同时代其他字的横的关系,以及它们在不同时代的发生、发展和变化的纵的关系。只要深入具体的全面分析这几种关系,是可以得出符合客观的认识的。"他还说:"还应当看到,留存至今的某些古文字的音与义或一时不可确知,然其字形则为确切不移的客观存在。因而字形是我们实事求是地进行研究的唯一基础。"这两段话的意思,很多前辈文字学家都从不同的角度,用不同的表述方法论述过,是我们认识古文字方法论的纲领。

＊ 原载刘利民、周建设主编:《语言》(第一卷),北京,首都师范大学出版社,2000。本文为纪念于省吾先生而写。

为了把握古文字的形、音、义，以形体为基础来探讨古文字的纵横关系，第一件事便是要对古文字的构形进行可操作的分析和客观的描述。因为，没有统一的分析方法，不能进行客观的、切合实际的描述，就无法建立起共时和历时的字与字之间的网络关系，也就难以从已知的字形中考证与之相关的未释字形。

传统分析和描绘字形的条例是"六书"的"前四书"。"前四书"用以分析《说文》小篆的形体，绝大部分是切合的。文字是社会现象，又带有人文的性质，汉字发展到小篆，已有相当长的历史，积淀下来的字形应当十分纷杂，它的构形，居然能用这样简单的四种条例来概括，这给了我们两点启示：其一，汉字作为记录汉语的符号，虽然不是一人一时成批造出的，但它既要为全社会使用，必然会有一种内部的相互制约的机制，形成符号系统。不论哪一个共时平面上的汉字，大部分字符都是可以被有限的条例涵盖的，概括出这些条例，便可以找到字与字之间的内在联系；其二，自然书写和累积的汉字，尽管有内在的相互制约机制，但由于它随时都在发生各种变化，受到人文、社会因素的多方面干扰，它的构形条例不可能过于整齐、简单。《说文》小篆是经过人为规范的，它从篆文的事实中总结出"六书"，又用"六书"翻转来优选字形和统一讲解字意。《说文》如此整齐地与"六书"切合，是经过许慎这位文字学家的眼光规整和编排的结果。

汉代提出"六书"之说，以"前四书"为分析汉字构形的条例，实际上是以汉字部件功能的组合为标准，来分析汉字构形的意图。《说文解字》把小篆的组字部件规划为四种主要的功能：

1. 表形功能：部件以其与物象相似的形体来体现构意，即为表形部件。

2. 表义功能：部件以它在独用时所记录的词义来体现构意，即为表义部件。

3. 示音功能：部件以它的读音来提示所构字的读音，即为示音构件。在具有示音功能的部件中，有一部分还同时可以提示词源意义，也就是具有示源功能。

4. 标示功能：部件不独立存在，而是附加在另一个部件上，起区别和指事作用，即为标示部件。承担标示功能的部件一般为非字部件。

《说文解字》小篆因而有以下构形的模式：

表形部件 + 0——独体象形字

表形部件 + 标示部件——指事字

表义部件 + 表义部件——会意字

表义部件 + 示音部件——形声字

这就是"六书"的"前四书"。至于转注和假借，不论如何界定，都是不能用来直接描写汉字构形的。

"前四书"用于甲骨文、金文这些早期文字的构形分析与描述，既有一部分适合，又有较多地方是不适合的。对甲骨文、金文这些早期文字的构形进行分析、描述，必须在"前四书"的基础上补充和构建新的条例。下面以甲骨文为例来说明这一点。

二

甲骨文与《说文》小篆在个体字符的构形上，差异是多种多样的，但影响构形系统的差异，首先是《说文》小篆经过人为地规整后，实现了部件的成字化。也就是说，它用来组构其他字的基础部件，都成了语言中词的载体，都是形、音、义俱全的。由于基础部件的成字化，小篆大部分独体象形字都已带有语言的意义，用它们组构其他字时，可以体现出表音和表义的双重功能。部件的表形功能只用于独体字，一旦进入组构其他的合体字，体现的只有表义功能。这种现象，我们称作表形部件的义化。而在甲骨文中，具有表形功能的部件一部分还不成字，没有与语言中的词联系起来，只具有造意，而不可能单独成为语义的载体，也就是只有表形功能，不可能有表义功能。另一部分虽已成字，但在构字时，直观性物象组合的特色还十分明显，就组字功能而言，只能是表形的，不能是表义的。例如：

以下甲骨文中的 𝇌（表水流）都能表示独立的造字意图，但都没有单独使用来表示某词，也就是未能成字：

（酒）　　　　　　（沈）

（灾）　　　　　　（洹）

而以下甲骨文中的 𝇌（皿）和 𝇌（目）都已成字，但与小篆比较即可看出，它们的直观表形特色太明显了，不能以表义来替代：

（盥）　　　　　　（益）

（盛）　　　　　　（盡）

（监）　　　　　　（㷱）

（望）　　　　　　（眉）

这一事实表明，在小篆的合体构形模式中，部件的表形功能可以不计，而在甲骨文合体字的部件中还无法把具有表形功能的部件全部义化。因此，小篆构形系统比甲骨文简化，是不待言的。用表义和表音两种功能组构的合体字，只可能是会意、形声两种。

部件的表形功能与表义功能在本质上是不同的。用与物象相似的形体来表现字意，即具有表形功能。例如，甲骨文的"⿰（星）"字中表示群星的部件"⿰"，"⿰（牢）"字中表示牛羊圈的部件"⿰"，"⿰（祝）"字中表示神主的部件"⿰"，"⿰（齿）"字中表示牙齿的部件"⿰"，等等，都属表形部件。这种部件，在小篆中只有极少数，例如"⿰（果）"字中表示果实的部件"田"，"⿰（番）"字中表示爪印的部件"田"等，因始终未成字而仍具表形功能，其余绝大部分都已义化了。部件以它在独用时所记录的词义来体现构意，这就是部件的表义功能。甲骨文"⿰、⿰、⿰（效、教、彻）"字中的部件"⿰""⿰（支）"表示行为动作，"⿰、⿰、⿰、⿰（柄、棋、杳、柏）"中的"木"表示这些汉字记录的事物与"木"有关，等等。小篆由于部件义化，在会意字和形声字的声符中，绝大部分已是后一类部件了。

有些表形部件本身已具有意义，这时，表形与表义便难以区分。在这种情况下，应当观察这个字的部件组合是形合还是意合。形合是指字的部件组合采用上下左右的相对位置来反映事物的实际关系，从而体现构意。如：甲骨文的"⿰、⿰（浴）""⿰、⿰（沫，音 huì）""⿰（洗）"三个字，为了描写出人在器皿中洗澡、洗脸、洗脚的情境，在组字时，器皿一定放在下面，被洗的手脚放在器皿中，而用手洗脸的人则放在器皿的边上，脸又要放在器皿的侧上方。这样组合完全体现了事物的本来情境，所以这些字中的部件承担的都是表形功能，整个字的构形属形合，它的部件即是表形部件。"祝"字，甲骨文作"⿰"，画的是一个人张着口向着木主祝祷，"示"是木主加酒滴的形象，应是表形部件；但在小篆中则失去表形作用，只提供"祝"与祭祀有关这一意义信息，因此已成为表义部件。

从这一区分来看，甲骨文中被称作"会意"的字，有相当一部分与小篆中的"会意"有所不同。它们只是用表形部件组合的"会形"合成字。在甲骨文的构形模式中，应增添"会形"一类。

甲骨文中被称作"形声"的字，就其来源可有以下多种情况：强化形声字（包括象形标注声符、象形标注义符），分化形声字（包括本用分化、转用分化、借用分化），类化形声字（包括添加式类化、拼合式类化）。不论其来源如何，造成的形声字就部件的功能组合来说只有两种情况：

第一种，源字是象形字标注声符。例如：

（凤）　　　　　（鸡）

（星）　　　　　（膚）

这类形声字由表形部件和表声部件组合，应为形音合成。它的表形部件带有明显的物象特征，个体性很强，不表示某种类别。

第二种，不论源字是何种字，标注义符后，源字均转化为表音部件。例如：

（唯）　　　　　（征）

（贞）　　　　　（祖）

这类形声字由表义部件和表音部件合成，应为义音合成。它的义符表示某种类别，有很强的概括性，声符反而十分具体而有个性。

所以，一般所说的形声字，应分为形音合成与义音合成两类。小篆中的形声字因为甲骨文中的形音合成字大多不保存原来的象形形符，原有的象形形符大都发生了讹变或义化，一般已是义音合成。但是在甲骨文的构形中，形音合成与义音合成是不能混为一谈而必须分为两类的。

三

与此相关的是，小篆在合成构字时大部分采用层次组合，只有极少数是平面组合。

在层次组合中，全字是由最小的基础部件分作若干层次逐步累加上去而构成的。

以小篆的"溢（溢）""灝（灝）"为例：

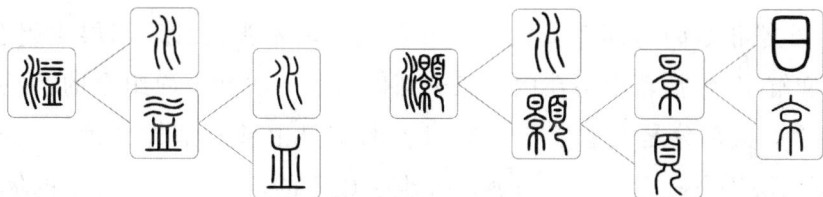

这两个字都是由基础部件逐次累加而组成的。这种层次组合的汉字，其构意是通过直接部件来体现的，其他部件不直接对全字的构意起作用，只是因为逐级生成全字而对全字的构意间接地起作用。

"溢"是形声合成，"氵"表义，"益"示音。"益"的部件"㳄"和"皿"不对"溢"直接起构意作用，但没有这个层次，"溢"字就得不到声符。

"灝"的层次组合也同样具有启发性。它由"日"和"京"先组成"景"，在"景"字里"京"是声符，但在下一个层次里，"景"与"页"组合为"颢"，"京"的声符的功能便在这个层次上消失，而在下一个层次与

165

"氵"组合时，"颞"承担了声符的功能。

由以上的例子可以看出，在层次组合中，部件的功能只在自己加入的层次里起作用，每一个层次都生成一些功能，也可能消失一些功能。整个字的构意则是通过直接部件来体现的，而直接部件的功能又是通过下层部件逐级生成的。

平面结构是由三个以上的部件一次性集合而成。例如甲骨文的"𣂪（启）"字，用"开户见日"的形象表达"开启"义，它的三个构件"日""又""户"是同时参构的。甲骨文的"𤤌（璞）"字，是两只手拿着器械在山脚凿玉并用器皿在下边承接，它的六个部件也是一次合成的，分不出组合的先后层次。平面组合的字一般是图形性较强的字，部件之间的位置关系往往反映出物象之间的实际关系。甲骨文的"启"和"璞"就是用两个极富动感的画面来传达"开启"和"璞玉"之义。

小篆正是因为部件义化、象形性减弱，才能大量采用层次组合。《说文解字》包括新附字在内，三个部件以上一次性平面组合的字只有107个，大部分是会意字。90%以上的字是由基础部件二度、三度、多度层层拼合复造新字，过渡部件也是成字的，这使小篆造字的体系性、层次性增强，个体性减弱。界定小篆的合体构形模式，只要将其直接部件两分，便可弄清它的功能组合。但在甲骨文中，情况就复杂得多了。甲骨文仅非形声字中、三部件以上一次性平面组合的字就有287个（从1021个不重复的非形声字中统计），也就是说，还有相当数量的甲骨文，部件的功能组合模式不是简单地两分，界定起来也绝非会意、形声两种类型所能涵盖。以下的两种构形模式并非个例：

无音综合合成。这种合成是表形、表义与标示部件的一次合成，但没有表音符号介入。例如甲骨文四期的"族"字：

以 𣃹（旗）、𠃌（旒），加上 𢎘（弓箭）组合而成，再加上标示符

号 **凵** 。

有音综合合成。这种模式是由多个表形、示音、表义、标志部件一次合成的。例如甲骨文的"渔"字、"春"字：

从 **ヽ**（两手）、**月**（举网）、**魚**（鱼声）

从 **艸**（草或木）、**口**（日）、**勹**（屯声）

四

小篆的部件成字化及构形的层次化，使其系统中的独体与合体变得界限分明，一般情况下，只有象形字是独体字。指事字因有非字的标示符号介入，有人称为"准独体字"，其实它既然是两部件的合成，而且其中一个又是成字部件，当然也可称为合体字。而会意和形声则必定是合体字，因为在小篆里，它们必定是两个以上的成字部件组合而成的。可以说，小篆的合体字起码要有一个成字部件，而独体字则必定是成字的。将小篆拆分为基础部件时，合体字一定能最终保留一个独体的成字部件，而独体字则无须再行拆分。

但是在甲骨文里，有三种情况是较难判定独体字与合体字的：

第一种情况，甲骨文存在两个以上的非字象形符号合成一字的现象。例如"雨"字，根据于省吾先生的说法，它的演变如图：

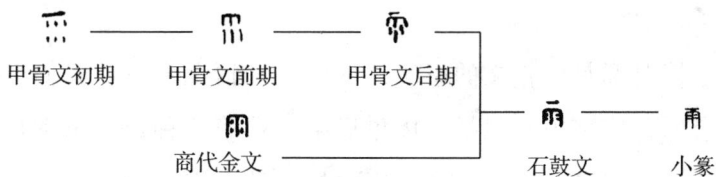

甲骨文初期	甲骨文前期	甲骨文后期		石鼓文	小篆
		商代金文			

图 "雨"字演变示意

167

尽管"雨"的发展是变为独体字，但在甲骨文初期，它明显地由"▬"（表示天）和"▪▪▪"（表示降下的水）两部分组合，这两部件都是非字部件。如果承认两个非字部件也能组成合体，则象形字也可能是合体。如果认为象形字必定是独体，则两个分别表示不同构意的部件便失去了独立性，又与事实不合。

第二种情况，甲骨文存在用一个不可分的象形符号同时体现表音功能的现象。例如：

🔺（虹），象虹，两边又用龙头示音；

🔺（麋），象麋鹿，上加眉毛示音。

第三种情况，甲骨文里还有一种追加标示符号借音分化新字的造字方式。例如：

$$\text{🔺} \longrightarrow \text{🔺} \longrightarrow \text{🔺} \quad (\text{人—仁—千})$$

$$\text{🔺} \longrightarrow \text{🔺} \qquad\qquad (\text{言—意})$$

$$\text{🔺} \longrightarrow \text{🔺} \qquad\qquad (\text{又—尤})$$

$$\text{🔺} \longrightarrow \text{🔺} \qquad\qquad (\text{束—橐})$$

于省吾先生认为第二、第三种都是形声字。这样一来，小篆已确立的表音、表义部件一定是成字部件，形声字一定为合体字的规范也被打破了。

以上情况都是甲骨文的事实。从第一种情况出发，我们必须承认一部分会形合成字中，包括独体象形字。从第二种情况出发，我们又必须承认，在音形合成模式中，还包括一种由表形部件和表形兼示音部件合成的情况。从第三种情况出发，我们在甲骨文的构形模式中，还需要再加上一种由示音部件加标示部件组合而成的标音合成字。

五

综上所述，如果要涵盖甲骨文的构形模式，"前四书"已不够用了，必须扩充为以下 10 种模式。过去，有人对这 10 种模式也都笼统地用象形、指事、形声、会意来称说，一般是把独体字都称象形字，独体加标示符号的都称指事字，合体不带声符的都称会意字，合体而带声符的都称形声字。按他们的分析，这 10 种模式与"前四书"的对应关系应如下表所示：

构形模式与"前四书"对应关系表

表形部件＋0	零合成字	独体字	象形
表形部件＋标示部件	标形合成字	准独体字	指事
表义部件＋标示部件	标义合成字		
示音部件＋标示部件	标音合成字		
表形部件＋示音部件	形音合成字	合体字	形声
表义部件＋示音部件	义音合成字		
多种部件综合（含示音）	有音综合合成字		
表形部件＋表形部件	会形合成字		会意
表义部件＋表义部件	会义合成字		
多种部件综合（不含示音）	无音综合合成字		

用以上 10 种构形模式与"前四书"比较，可以看出，甲骨文这类早期的古文字，构形的情况比小篆要复杂得多。用分析小篆的条例来分析甲骨文，就会掩盖许多文字现象，抹煞古文字的特点，也难以比较不同时期汉字的演变情况，无法考察汉字的发展历史，对汉字的研究是不利的。但是，也应看到，"六书"所采用的"结构—功能"分析方法，又是分析汉字极科学的方法，这也是"六书"能在如此长的历史时

期中被广泛使用的原因。只要我们认识到"六书"的具体内容仅仅是针对小篆的，不能随意搬用；而它分析汉字的"构形—功能"方法却是适用于各时期的汉字，特别是古文字的。采用"构形—功能"分析法，从各时期汉字的具体事实出发，才能真正继承并发扬《说文解字》建立的传统汉字学的宝贵经验。

谈汉字起源的科学假说[*]

现代科学的考古资料使中华民族本土人类起源的时间日益推远：北京猿人距今约 46 万—23 万年，20 世纪 80 年代初在安徽和县两次发掘中发现的直立人，和北京猿人年代相当。蓝田人距今约 86 万—65 万年，而新发现的元谋人，有人根据古磁确定，可能距今约 170 万年。1976 年，云南禄丰县发现了腊玛古猿的下颌骨，又过了 4 年，四具腊玛古猿头骨化石被发掘出来。根据鉴定，这种腊玛古猿正是从猿到人过渡阶段的猿类，他们生存和活动的时间，距今大约有 1000 万年了。

一、在蒙昧通向文明的路口

历史发展的总规律是越远古越缓慢，人类经过漫长的蒙昧野蛮时期，逐渐进入了文明时代。现今史学界把"文

---

*　原载何九盈、胡双宝、张猛主编：《汉字文化大观》，北京，人民教育出版社，2010。

明"一词用来指一个社会氏族制度解体而进入有了国家组织的阶级社会，而文明的重要标志之一便是文字的产生和应用。因此，我们从一般逻辑判断，一种文字总是在蒙昧通向文明的转折点上诞生，这应当是合乎历史发展规律的。

世界上文明的发生都在大河流域，因为水源和动植物给人类的生存提供了可能的生态条件。中国的文明在黄河流域诞生，它是独立发展的。汉字——中华文明的重要标志之一，也是独立产生的，它和埃及圣书字、古代苏美尔文字、原始埃及文字和克里特文字等，同是世界上最古老的文字。这些古老的文字产生的时代从下表中可以看出：

世界古老文字产生时间表

苏美尔楔形文字（Sumerian Cuneiform）	公元前 3200 年	距今约 5200 年
埃及圣书字（Egyptian hieroglyphics）	公元前 3050 年	距今约 5000 年
克里特岛线形文字 A（Linear A）	公元前 1650 年	距今约 3600 年
古伽南字母（Old Ganaanite alphabet）	公元前 1500 年	距今约 3500 年
克里特岛线形文字 B（Linear B）	公元前 1380 年	距今约 3400 年
腓尼基字母（Phoenician）	公元前 1100 年	距今约 3100 年
古希伯来文（Old Hebrew）	公元前 1000 年	距今约 3000 年

汉字和这些古老的文字一样，都经过由图画文字到表意文字的阶段；而它与其他古老文字不同的是，当那些占义字在演变中停止使用而丧失了生命力，有的变成了拼音文字，有的甚至不可识读，被外来文字取代的时候，唯有汉字，没有停顿地被使用至今，成为世界上唯一的一种有着日渐严密体系的表意文字。

既然汉字发展的历史没有中断，那么，我们沿着它踏出的足迹向上追溯它的起源，应当是可能的。但是，现存最早的汉字——甲骨文产生在殷商时代，距今大约有 3400 年的历史。它已是一种有着比较严密体系的文字。小屯的殷墟文化仅从它相当发达的冶炼技术和铜器、陶器、玉器上的艺术纹饰看，便可以确定它已是高度发达的文明。所以有人说，如果把殷墟文化看作中国文明的诞生，那就未免有点像传说中的老子，生下来便有了白胡子。近年来，在西安市长安区花楼子客省庄二期文化遗址的发掘中，发现了一批刻在骨笄、兽牙和兽骨上的刻符，据说已经清理出单体文字十多个。这一文化遗址属于龙山文化晚期。有人把这批刻符也称作甲骨文，而因此把甲骨文产生的时代推前了1000多年。但是，从汉字史的角度看，殷墟甲骨文是一个成熟的文字体系，在没有证实长安刻符与殷墟文字的历史渊源关系时，我们不能把凡是刻在兽骨上的符号都称作"甲骨文"，而把它和殷墟文字联系在一起。

我们完全可以推测，甲骨文产生的时代，恐怕不会处在中华民族由蒙昧走向文明的路口。汉字在进入甲骨文之前，必定还有一段相当长的历程。但是，沿着甲骨文再向前追溯，可以证实汉字历史面貌的文物与文献还不够系统和充分，因此，对汉字的起源，只能以不连贯的历史证据和依照发展逻辑的推测为基础，建立科学的假说。

二、原始的信息记载工具——结绳

迄今为止，我们所能看到的有关汉字起源的文献记载，最早来自周秦的典籍，而且大都是传说，有的还带有神话的色彩。但是，神话与传说有它产生的历史背景和根源，往往是某些历史现实的折射反映。关于汉字起源的历史旧说，并不都是无稽之谈，其中也有一部分是信传。尽管这些传说并非汉字起源历史面貌的详尽写实，但是，它们对推断汉字起源前后的状况和推断汉字起源的大体时间，都是很有价值的。

　　有关文字起源的传说，大体可分成两类：一类是关于前文字时期的传说，另一类是关于创造文字本身的传说。从这些传说中，我们可以窥见原始汉字发生的因由，以及由原始汉字向成熟的文字体系过渡时的一些历史状况。在这些传说中，结绳说与仓颉造字说最值得我们注意。

　　汉字产生以前，中国曾有用实物记事的阶段。结绳和刻契是其中的重要手段。结绳记事的说法首见《易经·系辞》："上古结绳而治，后世圣人易之以书契。百官以治，万民以察，盖取诸'夬'。"《庄子·胠箧》也说："昔者容成氏、大庭氏、伯皇氏、中央氏、栗陆氏、骊畜氏、轩辕氏、赫胥氏、尊卢氏、祝融氏、伏牺氏、神农氏，当是时也，民结绳而用之。"根据这两个说法，上古有很长一段时间都用结绳记事，神农氏是用结绳的最后时代。至于结绳这种记事方法如何施行，《周易正义》引《虞郑九家易》说："古者无文字，其有约誓之事，事大大结其绳，事小小结其绳，结之多少，随物众寡；各执以相考，亦足以相治也。"根据记载，古埃及、古波斯、古代日本都曾有过结绳之事。据人类学家和民俗学家考察，近代美洲、非洲、澳洲的土人，我国的藏族、高山族、独龙族、哈尼族……也都有用结绳记事的风俗。秘鲁的土人用数条不同颜色的绳，平列地系在一条主要的绳子上，根据所打的结或环在哪条绳上、什么位置，以及结、环的数目，米记载不同性别、不同年龄的人口数。这表明，结绳确实是历史的遗存。

　　人们把结绳与文字联系在一起，是因为人类创造结绳记事的方法与发明文字的想法是很一致的。一件事情要想保留在人的脑子里，只有在记忆所能达到的时间和准确度之内，才是可能的。但记忆的延续时间和可负荷的容量都是有限的，只有用外部的标志来提示这些信息，才可以将数量繁多的信息保持长久。社会发展到一定的阶段，人们的交往渐渐成为维系社会存在和发展的重要因素时，相互约定的事情，也需要有一种客观凭据以便相约者共同遵守、长期遵行。前者属于个人信息的存留，后者属于社会人际关系的约定，这些内容都需要超越时间的限制，这就是结绳的"治事"作用和"各执以相考"的约誓作用。这正是激发人类发明文字的动因。也就是说，到了结绳时代，文字产生的主观要求已经初露端倪。

但是，绳结的可区别性很低，只能用结大结小来标记大事小事，像秘鲁土人用不同颜色的绳并在一起，再加上颜色与绳结位置的区别，最多也只能传递十几种至几十种信息，它的记录功能是很弱的。随着人类社会生产力的发展，人们需要自己记忆的事务不断增多，结绳的局限也就越来越大。再加上，结绳是一种难以突破空间限制的纪事的实物工具，原始社会的人群活动范围还不是很大，对这种记事符号尚能适应；当人类交往的范围日渐扩大，信息的远距离传递需要突破空间限制的时候，它的局限就更为突出了。于是必然引发人类想出更新更好的办法来解决大量信息的存留问题。

结绳作为一种视觉的记事符号，在记事的数量和准确性上虽然极为寥寥，但它是一种成功的尝试。从结绳到文字，虽然发展了几千年，但在性质上，距离已不很遥远。中国云南的各少数民族如独龙族、傈僳族、怒族、佤族、瑶族、纳西族、普米族、哈尼族和西藏的珞巴族等，在中华人民共和国成立前，也仍用结绳方法记日子。傈僳族用结绳法记账目；哈尼族借债，用同样长的两根绳子打同样的结，各执其一作为凭证；宁蒗的纳西族、普米族常用打结的羊毛绳传达消息，召集群众。结绳说既有后代民俗作为确证，又可从历史发展的逻辑上分析出它存在的合理性。因此，时间错乱的"八卦"说，虚玄的"河图洛书"说，是不能与结绳说同日而语的。

结绳说之外，契刻说也很值得重视。但契刻记事主要在于记数，记事的功能更弱，可能还没有形成文字观念。不过，上古时期一部分与数目有关的文字符号很可能是在契刻记事的基础上形成的。我国西南某些少数民族（如基诺族），在 40 多年之前还一直使用刻木记事的方法。契刻作为一种前文字现象，也是可信的。

三、仓颉造字传说的启示

传说燧人氏时代，还没有文字，如果有什么重大的事情需要记住，只能用摆放石块的方法来记事，称为"堆石记事"。这种方法既麻烦又不便于管理，而且很容易被破坏。后来，燧人莽兹氏的织女发明了搓绳技术，继而又发明了"结绳记事"，取代了"堆石记事"。在有关创造汉字的传说中，仓颉造字说是一种有价值的传说。这种传说最早出现在战国时代的文献里。《吕氏春秋·君守》说："奚仲作车，仓颉作书，后稷作稼，皋陶作刑，昆吾作陶，夏鲧作城，此六人者，所作当矣。"《荀子》《韩非子》也有关于仓颉造字之说。到了秦汉时代，仓颉造字说流传更广、影响更深。《淮南子·本经训》有"昔者仓颉作书而天雨粟，鬼夜哭"的说法。李斯统一文字时所用的课本，第一句就是"仓颉作书"，所以称作《仓颉篇》。把前人传说吸收后加以整理，正式写入早期汉字史的是东汉的许慎。他在《说文解字·叙》里说，"及神农氏结绳为治而统其事，庶业其繁，饰伪萌生。黄帝之史仓颉，见鸟兽蹄远之迹，知分理之可相别异也，初造书契。"又说："仓颉之初作书，盖依类象形。"《文心雕龙·练字》沿袭许慎的说法，才有了"文象立而结绳移，鸟迹明而书契作"的名句。

对于仓颉造字说，过去的历史学家着眼于考证仓颉是否实有其人，如果有，大约在哪个时代。由于确凿史料的缺乏，很难得出结论。而在我们看来，仓颉造字说的可取之处，主要在于它说出了汉字起源的一些道理，许多是很有参考价值的。

　　首先，这种传说把结绳与仓颉造字衔接起来，认为在"庶业其繁"以后，结绳无法适应更多、更快地记录、传递信息的需要，人们必须探索新的方式，创造更多的相互区别的符号，来记录更多的信息。在"兽蹄鸟迹之道，交于中国"的时代，人们从鸟兽蹄远之迹得到了"依类象形""分理别异"的启示，逐渐创造了文字。这个说法是可信的。这一点，从汉字象形系统中也可见其端倪：

　　金文的"番"，义为兽足，上从"釆"（biàn），下写"田"，田是兽足的形状。其实，"釆"是"番"的古字，《说文解字》中"釆"与"番"已分化。"番"仍训"兽足"，古文作"ꙮ"，"釆"则训"辨别"，而且"读若辨"，也就是说，古代文献不写"釆"而写"辨"。从汉字构形可以看出，从"釆"从"番"的字都有"仔细观察""分析"等意义，如"审"当"仔细辨别"讲，"释"当"分别物类"讲，"悉"当"详尽明白"讲……这些都可以看出"兽足"和"分别"意义之间的关系。古人靠辨别各种足迹来得到鸟兽活动的信息，避猛兽而猎获食物。所以，人们逐渐懂得，不同的图像纹路可以标示不同的事物、意义。从鸟兽足迹的辨析而得到图画、象形文字的启发，是合乎逻辑的。

　　其次，传说仓颉是黄帝的史官，也是有道理的。文字产生在国家形成过程中，首先是政事往来的需要。所以汉字形成过程中起主要作用的应是与文字有密切关系的巫史。史与文字的关系，也可从汉字构形中得到证实：

　　甲骨文"史"作ꙮ ꙮ ꙮ，后来分化为"史""吏""事"三个字。《大盂鼎》的"ꙮ事"（御事），卜辞称"ꙮ史"，是殷周治事之官。卜辞中"贞史"是"问事"，"史贞"是"事问"。正见"史""事"是一字。"史"字从"中"，"又"是手，以手执中正是史官的形象。"中"是簿书、典册。《礼记·礼器》："因名山升中于天"。是讲禋祀时烧柴，置玉帛于其上，同时连文册也一起烧掉。"中"是文册。《周礼·秋官·小司寇》："岁终，则会群士计狱弊讼，登中于天府。""登中于天府"就是写在天府的登记册上，"中"即"册"。《周礼·春官·天府》："乡州及都鄙之治中，受而藏之。"郑众注："治中谓其治职簿书之要。"所以，"史"是书写、收藏簿书的官，他们是直接并大量使用文字的人。

仓颉是史官，因集中使用原始文字，得以对群众自发产生的字符加以规范整理。《荀子·解蔽篇》说："故好书者众矣，而仓颉独传者，壹也。"对"壹"字有不同的理解，有人解释作"专一"，把《荀子》这句话理解成："仓颉只是众多好书者中由于用心专一而最有成就的一个。"又有人以"壹"为"同一""统一"，认为《荀子》这句话应当理解为仓颉整理过文字。其实，《荀子·解蔽篇》所说的"壹"指正道，也就是正解的规律。考察"壹"各期陶甲符号，会发现有的符号性强而图画性弱，有的图画性强而符号性弱。与"两"相对，不受邪说的蒙蔽叫作"壹"。荀子认为，后稷之于稼，夔之于乐，舜之于义，和仓颉之于书一样，都是因为专门从事某方面的工作，从而掌握了正确的规律，才能独传。仓颉是一个因为集中使用文字而摸着了它的规律从而整理了文字的专家。在汉字从原始文字过渡到较为规范的文字的过程中，他起了独特的作用。可以推断，这样的一个人，在汉字起源阶段的晚期，一定会存在的。

仓颉出现的时代，应在原始汉字有了一定数量的积累阶段，也就是中华民族由蒙昧走向文明的初期。说他在神农氏之后的黄帝时代，是因为黄帝代表中华民族共同的祖先，黄帝时代是中华文明从多途发展而逐步统一的发源时代。至于具体时间，是不足为据的。

四、远古文物显示的蛛丝马迹

传说毕竟不是确凿的史料，汉字起源的确切时代和起源时的状况，曾经那样模糊。近 60 年来，现代考古学在中国兴起，古代文化的谜一个个从地下揭晓，关于汉字的起源，也有了更多的考古资料显示了蛛丝马迹。

从考古地下的发掘可以看到，中国文化的发展是多元的，与汉字起源相关的资料来源于不同的地区。

1. 黄河流域的远古符号

黄河流域是中华文明的重要发祥地。在这一地区的陶甲符号中，存在两种不同类型的前文字时期的符号，一种类似指事文字或刻画文字，另一种类似图画文字或形意文字，但由于这些符号都还无法释读，也就是还不能证明已经与汉语结合，所以只能看作建立汉字发源假说的一种资源。

(1)距今约 8000 年前的新石器时期裴李岗文化遗址的发现

1983 年至 1987 年，考古工作者在河南舞阳贾湖村裴李岗文化聚落遗址前后进行了六次发掘。其中发现有刻画符号 20 例，包括龟腹甲刻符、龟背甲刻符、石颜料块刻符、陶卷沿罐刻符、叉形骨器刻符、牛肋骨刻符、八孔骨笛刻符、陶坠刻符等。这是迄今所知年代最早的一种刻画符号，与后世的甲骨占卜及契刻存在着渊源关系，也反映了中原地区与汉字文化的独特联系。

(2)距今约 5000—7000 年中国新石器时代仰韶文化的遗存

仰韶文化因 1921 年瑞典学者安特生首次在河南省三门峡市渑池县仰韶村发现而得名。主要分布于黄河中下游一带，以河南西部、陕西渭河流域和山西西南的狭长地带为中心，东至河北中部，南达汉水中上游，西及甘肃洮河流域，北抵内蒙古河套地区。已发掘出近百处文化遗址，出土文物均反映出较同一的文化特征。

1989 年，考古工作者在河南汝州洪山庙村史前遗址发现一批陶器符号和彩绘图案。洪山庙遗址的文化内涵属于仰韶文化庙底沟类型，其年代距今约 5000 年。所见符号分别契刻或彩绘在陶缸的外壁上：

图 1　洪山庙文化遗址刻画符号

1—2 是刻符，3—6 是彩绘，均有线条洗练、结体平衡的特点，可以窥见先民们契刻或彩画造型符号的高超水平。

20 世纪 50 年代中期，考古工作者在仰韶文化重要遗址之一的西安半坡村，发现了一系列陶器符号。这类符号在同一文化类型的陕西、甘肃等 10 余处遗址中也有发现。仅在陕西半坡遗址出土的刻有符号的陶器和陶片就达 133 件，符号 27 种；姜寨遗址出土 129 件，符号 38 种；李家沟出土 23 件，符号 8 种；甘肃秦安大地湾的仰韶文化层出土 10 多件计 10 种符号；宝鸡北首岭遗址，还发现有 3 种黑色彩绘符号。此外郃阳莘野及临潼垣头也有不同数量的发现。

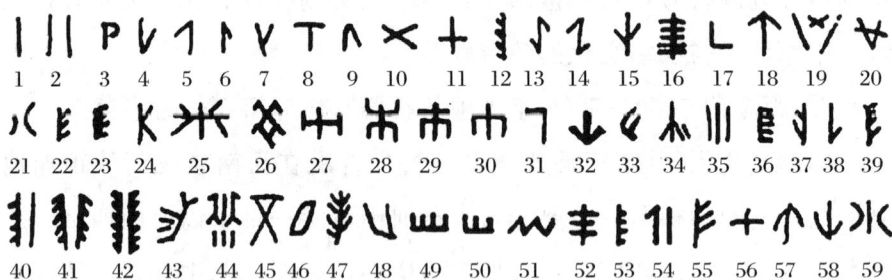

图 2　不同文化遗址刻画符号对比

1—25 号西安半坡遗址刻符，26—48 号临潼姜寨遗址，49—51 号宝鸡北首岭遗址彩绘符号，52 号长安五楼遗址，53 号郃阳莘野遗址，54 号铜川李家沟遗址，55 号临潼垣头遗址，56—59 号秦安大地湾遗址仰韶文化层马家窑文化，因 1923 年瑞典学者安特生首先发现于甘肃省临洮县的马家窑村而得名，是仰韶文化向西发展的一种地方类型，出现于距今 5700 多年的新石器时间晚期，有马家窑、半山、马厂等类型。主要分布于黄河上游地区及甘肃、青海境内的洮河、大夏河及湟水流域一带。马家窑文化的陶器符号，都是在器物制成并干透后，用毛笔之类工具蘸上颜料绘写上去的。我们祖先发明毛笔的时代，可追溯于此。

图 3　马家窑文化遗址刻画符号

1—10 号甘肃半山、青海马厂文化遗址，11—88 号青海乐都柳湾遗址

（3）距今约 4350—3950 年的大汶口文化和龙山文化遗址中的刻画符号

自 20 世纪 60 年代以来，在属于大汶口文化晚期的山东莒县陵阳河、大朱村、诸城前寨等遗址出土的灰陶大口尊等器具残片上，考古工作者先后发现了一些图象符号，目前经过整理发表的计 17 例共 8 种。在相当于大汶口文化晚期的安徽蒙城尉迟寺遗址中，也出土有类似的符号。大汶口文化的图象符号，有的在刻画之后还往往涂朱或增添小圆圈，以突出符号的功能，这些也鲜明地反映了某种特殊的社会意义。

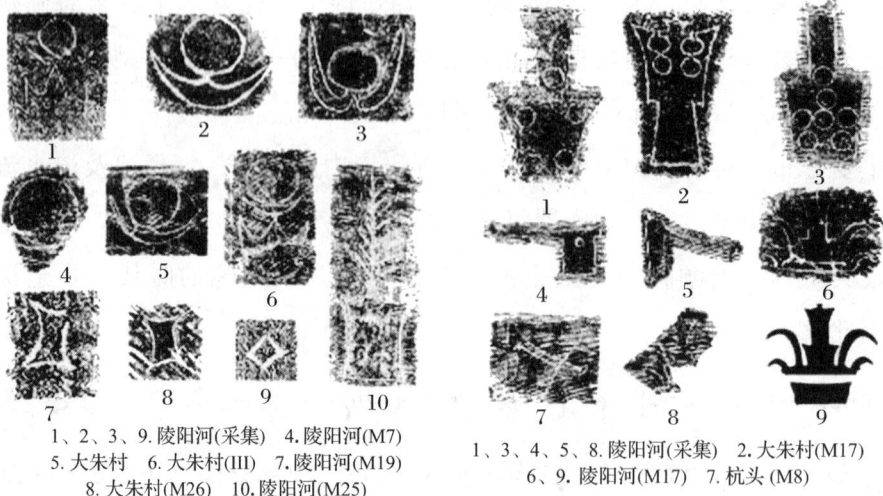

1、2、3、9.陵阳河(采集)　4.陵阳河(M7)
5.大朱村　6.大朱村(III)　7.陵阳河(M19)
8.大朱村(M26)　10.陵阳河(M25)

1、3、4、5、8.陵阳河(采集)　2.大朱村(M17)
6、9.陵阳河(M17)　7.杭头 (M8)

图 4　大汶口文化遗址刻画符号

龙山文化泛指中国黄河中、下游地区约当新石器时代晚期的一类文化遗存。铜石并用时代文化，因发现于山东章丘龙山镇而得名，分布于黄河中下游的山东、河南、山西、陕西等省。1992 年初，考古工作者在山东邹平市苑城乡丁公村龙山文化的晚期灰坑中，发现了一件刻有若干书写符号的泥质磨光灰陶盆底部残片。该陶片上面的符号刻画纤细流转，有的笔画两侧边缘带有剥痕，是器物质地烧成之后用锥刀一类锋锐工具刻写上去的，绝对年代距今约 4100—4200 年。形态不同于以仰韶文化和大汶口文化符号为代表的构形风格。

图 5　龙山文化遗址刻画符号

山西陶寺发现龙山文化朱书陶文，时间大约在公元前 2500—前 1900 年。陶寺遗址是中国黄河中游地区以龙山文化陶寺类型为主的遗址，还包括庙底沟二期文化和少量的战国、汉代及金、元时期的遗存。位于山西襄汾县陶寺村南，面积约 300 万平方米。同类遗址在晋西南汾河下游和浍河流域已发现 70 余处。陶寺遗址所出的扁陶壶距今约 4000 余年，其壶的鼓凸面一侧所见朱书符号极似"文"字，其壶的扁平一面所见的第一个符号，应是用毛笔之类工具以左右两弧笔画成的一个圆圈。这些符号已经很接近原始的汉字。

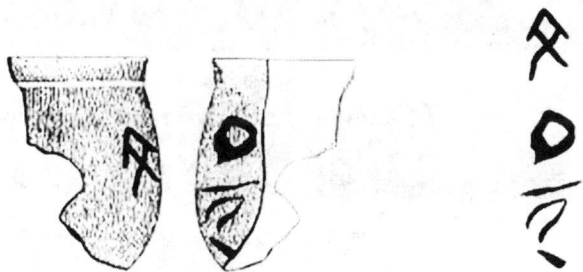

图 6　陶寺文化遗址刻画符号

（4）据今 3800—3500 年二里头文化时期遗存的刻画符号

20 世纪 60 年代初，考古工作者在河南偃师二里头晚期遗址中，发现大量种类陶器刻画符号，它们大都刻在大口尊和卷沿盆的内口缘上，其时代约相当于夏商之际。70 年代中后期，在属于二里头文化时期的陕西商县紫荆第三层遗址中，又有发现。

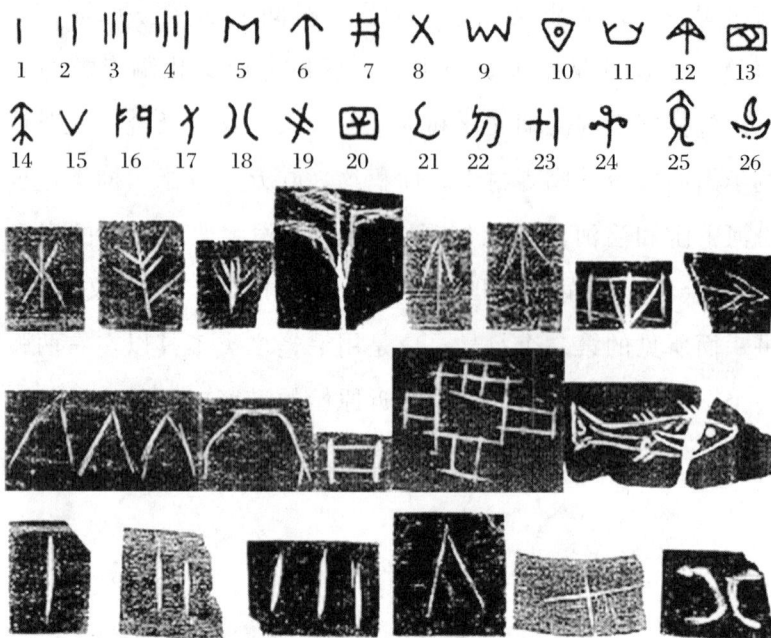

图 7　二里头文化遗存刻画符号

2. 江淮地区的远古符号

（1）大溪文化、屈家岭文化刻画符号

中国长江中游地区的新石器时代文化，因四川省巫山县大溪遗址而得名。在五六千年以前，这里产生过当时堪称先进的古代文明。它是我国新石器时代母系社会的重要遗迹。其分布东起鄂中南，西至川东，南抵洞庭湖北岸，北达汉水中游沿岸，主要集中在长江中游西段的两岸地区。年代约为公元前 4400—前 3300 年。1981 年，湖北宜昌杨家湾出土的高圈足彩陶碗、陶钵的外底部，发现有 50 多种刻画符号。大溪文化的刻画符号，一般都集中在器物的隐藏部位。

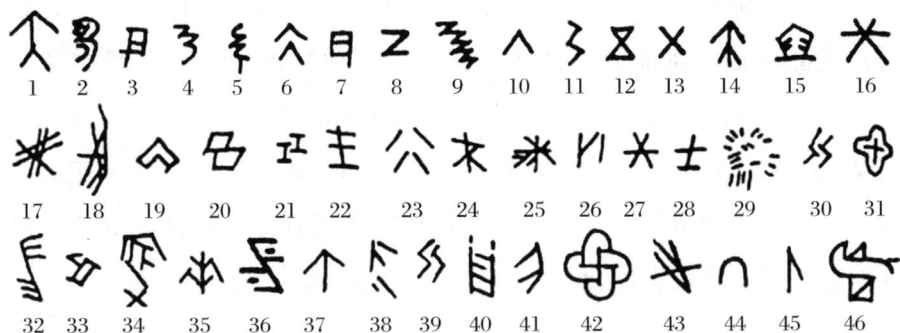

图8 大溪文化遗址刻画符号

（2）湖北石家河文化刻画符号

石家河文化刻画符号1987年以来出土于湖北天门。距今约4600—4000年，这些符号大多是单独刻在大口陶尊的上腹部，偶亦见于陶缸的下腹部或高领罐的肩部，其年代均属于石家河文化的早期。较多地利用了曲笔和富有图案化的洗练线条来构形，不少字符的意义已经比较明确。可以判定，当时已经进入文明时期。

图9 石家河文化遗址刻画符号

（3）良渚文化时期刻画符号

良渚文化是我国长江下游太湖流域一支重要的古文明，是铜石并用时代文化，因发现于浙江余杭良渚而得名，距今约5250—4150年，1936年被发现，经半个多世纪的考古调查和发掘，初步查明遗址分布于太湖地区（见图10）。

1—9为在20世纪30年代，出土于浙江杭州余杭区良渚文化遗址中的9种陶器刻画符号。10—15为1960年和1966年，在上海马桥镇良渚文化层出土的陶片、陶缸以及三件陶盘、陶豆和陶杯的底部，发现的 6 种刻画符号。16 是上海亭林遗址的一件陶豆内底部符号，17 发现于上海马桥遗址的一件陶簋纽上，这两种也相当于良渚文化时期。18—22 为 20 世纪 70 年代之后，在江苏澄湖古井群出土的两件良渚文化陶器上发现的 5 种刻画符号，其中一个符号刻在一件带流盉的腰部，其他 4 个符号则并列刻在一件鱼篓形贯耳壶的腹部。这些符号在结体和书写特征上都比较接近古汉字的风格。

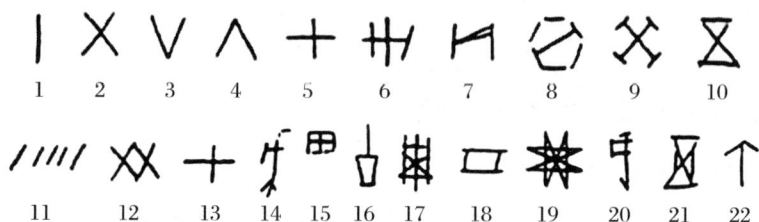

图 10　良渚文化遗址刻画符号

（4）双墩新石器时期刻画符号

淮河流域的双墩遗址位于安徽省蚌埠市境内，是一处距今 7300 多年前的单一的新石器时代台地遗址，中心面积 12000 平方米左右。遗址于 1985 年发现，至 1992 年先后三次发掘，出土大量的陶器，石器，蚌器，骨、角器等文化遗物和丰富的动物骨骼，从中发现了 600 多件陶器刻画符号。双墩符号看上去比同时期的仰韶文化陶器符号还要复杂多样。它们大致可分为图象记事和几何记事符号两种类型，而以后者居多。其中有些简单抽象的记事或记数符号与仰韶、马家窑文化的符号相类似，但更多的符号则自具特征，有些较为复杂的符号已能表现编织、渔猎等具有生活意义的内容。

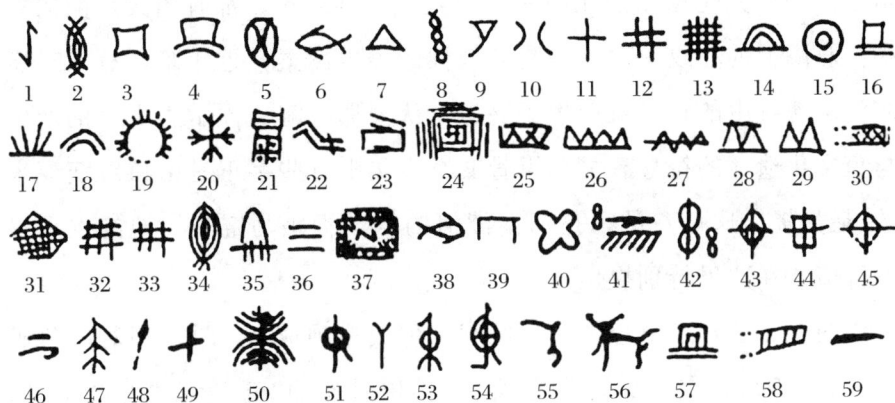

图11　双墩文化遗址刻画符号

以上这些原始刻符，由于不能证明与语言的联系，都不能称作文字；但是，仅从它们的形状看，都与汉字有着一定的联系。拿山东大汶口文化发现的刻符图像和甲骨文与早期金文的象形文字相比，已经可以大致看到它们之间的联系（见图12）。

图12　大汶口陶符甲骨文与早期金文

属于仰韶文化早期的半坡遗址，发掘出精美的彩陶，它的时间大约在公元前5000年至前4500年。彩陶在中原地区到龙山文化时期便衰退了，但却在黄河上游的甘肃、青海地区得到了发展。马家窑文化与半山马厂文化约在公元前 3000 年至前 2000 年，都有图案华丽的彩陶。彩陶上的花纹一般认为是装饰性的美术图案，近年来，有人对庙底沟彩陶纹中的鱼形纹产生了兴趣，认为那些陶文预示着文字的产生与鱼文化遗存的符号有关。甲骨文、金文中有些字正是由鱼纹演变来的(最先提出这一点的，是河南漯河的自学青年马宝光，他的发现很有价值，在这里特别提出)。

图 13a 是彩陶中套画的鱼图案，劈成单项成 b，两个相对的鱼头拼成 c，表示相交，最后演变成 d，即甲骨文的"五"字。"五""午"同源，确有相交之义。

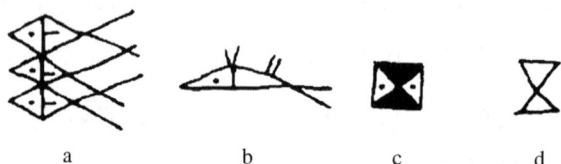

图 13　鱼纹演变图示

图 14a 是彩陶中套画的鱼头图案，组合为 b，是四个鱼头相对，简作 c、d。春秋金文"四"作⊖，正是 c 变来；战国简"四"作⊕，正是 d 变来。一说，甲骨文、金文的"明"字，也是鱼头纹演变来的：

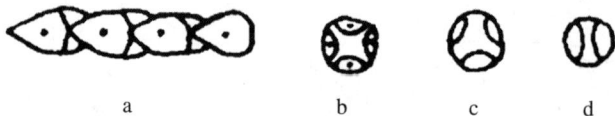

图 14　鱼头纹及组合图示

图 15a 是甲骨文，b、c 是金文，d、e、f 是鱼头纹，它们是何等相似。"明"正是用鱼目来表示明亮。所以"盟誓"的"盟"字甲骨文作⽸，金文作⽸，都只是画一边，不画另一边，而小篆"明"作⽸，⽸正是⽸变来的。

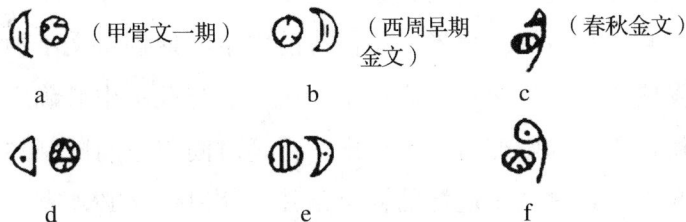

图15 "明"字演变图示

《尔雅·释鱼》:"鱼枕谓之丁,鱼肠谓之乙,鱼尾谓之丙,鱼鳞谓之甲。"郭沫若说甲、乙、丙、丁是最古的象形文字,又可证实鱼画、鱼纹和早期象形文字的关系。

旧石器时代人们以渔猎为生,而鱼对黄河、长江流域以及滨海原始居民的生活,更有特殊作用。新石器早期的鱼形纹与后来文字的关系,确有不容忽视的一面。

五、推测与假说

汉字研究何时起源?起源时的情况如何?我们只能根据以下四种材料来进行推断:

1. 仅有的与汉字起源有关的书面文献记载;

2. 已经发掘出的与汉字起源有关的考古资料;

3. 对历史有折射反映的神话传说;

4. 根据跨文化比较所推断的一般历史发展的逻辑。

综合这四种材料所做出的推测性假说当然不是定论,但只要含有相当的合理成分,便可以成为进一步考察的新起点。

关于汉字起源的推测,必须包含以下几方面的内容:

第一,原始汉字处于什么状态,就算已经产生?

我们认为,原始汉字脱离了任意绘形、任意理解的阶段,产生了一批具有约定的意义、可以记录语言中的词(也就是有固定读音)的单字，并且可以开始进行字料的积累的时候，就算已经产生了。要达到这个状态，必须具备社会发展的条件与前文字时期创造文字的准备条件。经济发展、生产组织进一步严密、居住点与政治中心确立、继承法定，才使口语的局限变得日渐突出，超越时间与空间限制的文字不得不发展起来，这是文字起源的社会条件。这时，又必须有一批可以书写、可以传递的图画或符号，可以用来演变为字符，这是创造文字的准备条件。

第二，作为记词的字符是由什么状况、经历了什么样的过程产生的？

在异地的交往和异时的信息存留这样的需要产生后，口头有声语言的局限亟待克服，首先可以用来传递信息的是具有记号性质的实物。结绳、契刻这两种记事方法几乎遍布各个大陆。但这些方式只能是对自身记忆或双方默契的提示，对毫无联系的两个人，不加有声语言的解释，便不具有交流思想与交际的性质。有些实物经约定后可以作为固定意义的信号。例如，中国古代的虎符，必须契合才有传递命令的作用。《孟子》记载，依照周礼，招守苑囿的虞人要用皮冠，如用旌招唤，虞人可以不去。这些，都是原始人实物传递信息的方式在军事、政治上的残留。这种方法，也只能用于特定的场合，传达极为单一的意义。

一种可以用于较大范围又能传递较多信息的手段，必须使接受信息的人与发出信息的人想到的是同样的事物和内容。在人类文明的起点上，唯有写实性图画可以起到这种作用。因为，写实性图画是现实生活的再现，它具有独立的说明性，而且，不同的图画所具有的区别性，可以使不同的信息得以区分。所以，图画用以传递信息，是文字的源头。而用图画来传递信息，开始时有些近似绘画艺术的作用，靠的是它的直观性和形象性，绘形越细致，给予对方的信息量越大也越准确，越能沟通信息的发出者与接受者。图 16 的四幅连续图画被称作图画文字信。

图 16　图画文字信

［塔斯马尼亚总督给土著人的图画文字信，建议和解，同时指出破坏合约者会
遭遇的后果。（转引自苏 B. A. 伊斯特林著《文字的产生和发展》）］

可以看出，它是用以传递信息的图画，并没有获得文字的资格。
因为它是凭着完全写实的图形，使收信者从直观上理解写信者的意思
的。经过信息传递的多次重复，使某一绘形与某一意义建立了固定的
联系，形意关系带有了约定性，这才有了图画文字的性质。图画文字
具有的形意关系，不是与语言对应的，而是超语言的。也就是说，这
些符号可识而不可读。人们可以用不同的语言单位，选择不同的词句
去指称它的意义。商周时代的青铜器上，常常有一些图像，是由很多
独立的个体象形符号组合的，例如（见图 17）：

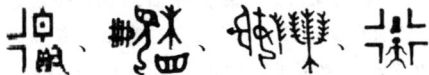

图 17　商周青铜器符号

尽管这些图像中的个体符号与后来的金文很近似，但是，这些在
两维空间的组合想表达什么意思，只能根据形象和位置推测，它们并

191

没有与哪句话或那个词固定地建立起联系。因此，它显然还处在文字画的阶段。而后来与词固定结合的金文文字，也应当就是从这些组合中归纳出来的。

前面所说的二里头文化与大汶口文化所见的陶符，凡绘形类似物像的，也可能属图画文字。

图画文字发展为早期象形文字，最主要的变化，在于它直接成为语言的符号，变得可识可读。另外，它的总体的直观性经过分析，变为一形即一词。这时，完全写实的绘形就演变为象征的或局部替代的，只要所绘与所指保持理据，能使人识别就可以了。图18是北美印第安人用来表达抽象概念的象征性图像。它已摆脱了写实，析成了单图，只是尚未完全与词对应，有意而无音。因此，它可以看作由图画文字向早期象形文字过渡的一种形态。

图 18　北美印第安人图画文字中用来表达抽象概念的象征性图像
（转引自伊斯特林著《文字的产生和发展》）

　　1 生命（传说中有角的蛇）；2 死亡（头朝下的动物或人）；3 幸福、成功（龟）；4 灵巧（双翼代替两手的人）；5 战争（带箭的弓）；6 和平（插着羽毛的和解烟斗）；7 讲和（人吸和解烟斗）；8 友谊（连在一起的手）；9 爱情（连在一起的心）；10 注意、听（两耳边有波形线的头）；11 危险（两条蛇）；12 保卫（狗）；13 祈祷（举手朝向天及诸神）

在图画文字发展为象形文字的过程中，原始的花纹图案也是远古时代约定符号的来源之一。在花纹图案中，某些表义成分常常转化为图画字，然后又转化为表词字。在东欧草原地带发掘的公元前 20 世纪末至前 10 世纪初期木椁文化的陶器，上面有许多象征性的花纹图案，例如圆圈象征太阳，波形象征水，十字形象征四面八方……它们与以后产生的文字常常有渊源关系。前面说到的二里头文化陶片上的刻符，有可能是简单的象征符号。而人们对庙底沟彩陶纹与汉字关系的考察，更符合这一带有世界性的规律。

第三，汉字究竟产生在什么年代？

由图画传递信息到产生图画文字，再由图画文字和花纹图案的表意成分转变为约定符号以至记词字符，这需要一个相当长的过程。这就是文字起源的过程。欧洲和美洲的一些古老文字的这个过程，大约始于新石器时代而止于有史时期的开始。从所获得的资料看，汉字的产生就其上下限而言，也正是在此时期内。

到目前为止，我们在已出土的文物中，没有看到作为汉字前身的用图画传递的信息和图画文字。因此，汉字起源的上限难以从实际上确定下来。现在能够提出的根据，最远的裴李岗文化的刻符距今已经 8000 年左右。它们的时代，都在新石器时期的中期，可以暂时把这一时期作为汉字起源的上限。从理论上说，汉字起源的上限也许比这还要早些，那要等发现新的考古证明时再向上推移了。至于汉字起源的下限，我们可以从小屯殷墟甲骨文往上推测。当图画文字与陶器花纹中的表意图案演变为记词字符，汉字由零散的、个别的字符逐渐积累，达到一定的数量后，再通过人为规范，成为一种文字体系。这一过程，如果跟记词字符产生的那段过程相比，应当是短一些。这不仅是因为，生产和政治的发展都越来越迅速，更因为起源阶段具有多元性（由于部落不同，可能有多种原始文字存在）、自发性、群众性的特点，而初期发展阶段却是在少数集中使用汉字的人手中，自觉进行的。小屯殷墟甲骨文已是能够完整记录汉语的文字体系，这个体系形成的开端应当在夏商之际。《尚书·多士》记载西周初年周公的话说："惟殷先人有册有典：殷革夏命。"这就是说，商人在灭夏时，已经有了记事典册。从古史文献也可以看出，夏代是中国第一个有完整世系流传下来的朝代。那么，汉字字符开始积累的年代，似可估计为夏初，也就是公元前 2100 年左右。

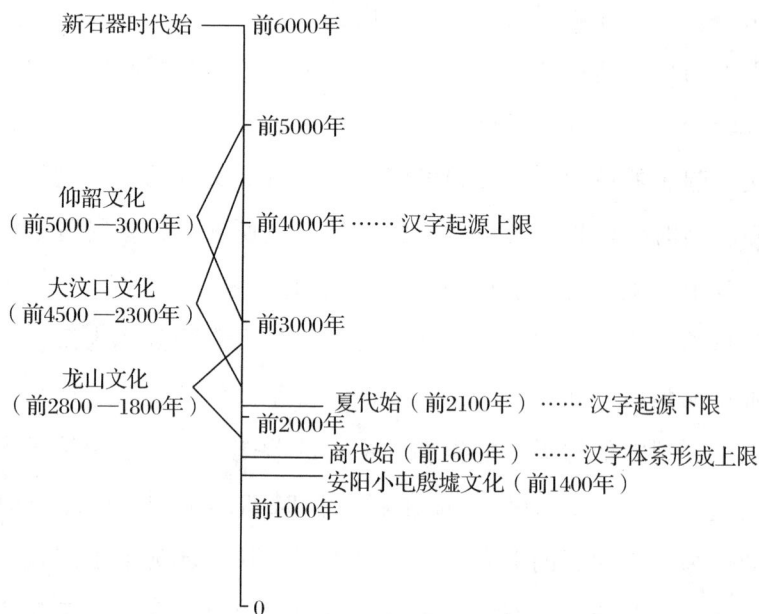

图 19　汉字起源时间的推断

综上所述，原始汉字在新石器时代中期开始产生，到它发展成初步的文字体系，大约经历了近 4600 年。如果这个推测能够成立，原始汉字当在夏代之前，便已经陆陆续续出现了。

谈汉字与文化的互证关系[*]

语言学从本体论（探讨语言系统内部诸要素之间的关系）发展到文化论（探讨语言系统及其内部诸要素与外在文化环境的关系），无疑是一种进步，它使人类对语言的认识和对历史文化的认识同时加深了。与之相关的是对汉字与文化关系的探讨，对这一命题的研究无疑也会使汉字的研究向纵深发展，使人类历史文化研究多一个重要领域而更加丰富，使人类看到一些别的领域看不到的现象和规律。

对语言与文化的研究，已被称之为"文化语言学"，对汉字与文化的研究当然也不妨先树起一个"文化汉字学"或"汉字文化学"的名目。有些研究的确已经在向"学"进军了。不过，对汉字的本体研究实际上还很薄弱，汉字与文化的研究又必须建立在本体研究的基础上。所以，我们似可先不去言"学"，第一步先把这一命题最基本的范围和内涵理得明白一点。近年来，汉字与文化的问题受到很多人的关

---

　　* 原载何九盈、胡双宝、张猛主编：《汉字文化大观》，北京，人民教育出版社，2010。

注，创见不少，理论上的混乱也应运而生，大部分问题来自对汉字的误识误解和对"文化"概念的滥用。有时候，人文科学领域会产生一种不正常的现象，那就是研究的命题已经很深入了，但基础理论还没有得到认真整理。这是因为，人文科学的对象与人的生活太接近了，任何人都有一点发言权，专业理论反而常常受到冲击。其实，基础理论不完善，深入的研究和应用是很容易陷入盲目性的。所以，本文涉及的都是对最基础的、被称为"小儿科"的一些浅显道理的认识。

论证汉字与文化的关系，先要明确两个被论证的对象是什么。汉字是一个明确的概念，而"文化"正在被滥用、错用，需要正名。

"文化"有很多进口的定义，而汉语的"文化"一词比西方早得多，也明确得多。这里主要阐释中国传统"文化"的定义和内涵。

"文"汉语的本义是"错画"，也就是花纹。在古代汉语里，它的意义有所引申：因为花纹总是画在载体上的，所以，在人类认知领域里，"文"引申为后天加工的品德、修养，与表示先天素质的"质"相对。《论语·雍也》曾说："质胜文则野，文胜质则史，文质彬彬，然后君子。"这是对处理好人的先天自然素质和后天人为修养的关系所发的议论。"文"在政治领域里，引申为"文治教化"，文治也就是礼治，主张利用礼乐教化提高人们的修养而使国家安定，与诉诸军事征服他国的"武功"相对。

中国古代对"文"的认识还反映在对天文和人文的区分上：《周易·贲卦》说："圣人观乎天文，以察时变；观乎人文，以化成天下。"天文指的是自然现象和规律，人文指的是社会现象和规律。而"化"的本义是改易。这种改易既包括从无到有的"造化"，也包括宇宙生成以后的"演化"和"分化"。许慎《说文解字》的第一个字是"一"，解释说："惟初太极，道立于一，造分天地，化成万物。"这是中国古代的宇宙发生说,"造分"与"化成",就是造化。在宇宙发生之后的变化中,又分自然之演化与人为之教化。《周易·系辞》说:"在天成象,在地成形,变化见矣。"这里指的是自然的生成演化。《荀子·不苟》说:"诚心守仁则形,形则神,神则能化矣。"注释说:"化谓迁善也。"又说:"驯致于善谓之化。"这些指的都是教化。这一系列概念,反映出中国古代对自然世界和人文世界既统一又区分的观察方法。不过,在古代典籍里,化指教化的情况更多一些。《礼记·中庸》说:"能尽人之性,则能尽物之性。"这说明,中国古代观察世界和改造世界是以人为中心的,这是一种十分先进的世界观。

古人对文化的认识又是包含着新旧更代的运动观念的。《礼记·中庸》说:"诚则形,形则著,著则变,变则化,唯天下至诚为能化。"注:"动,动人心也;变,改恶为善也,变之久则化而性善也。"疏[1]:"初渐谓之变,变时新旧两体俱有,变尽旧体而有新体谓之化。"这里不但包含着运动变化的思想,而且还包含了从量变到质变的思想。发生了质变才叫"化"。

在中国典籍中,"文化"很早就已合成——《说苑·指武》:"凡武之兴,为不服也;文化不改,然后加诛。"我们把"文"与"化"意义的内涵合成后,可以看出早期的"文化"含义。中国经典的"文化"是指人的后天修养与精神、物质的创造。修养属改造主观世界的范畴,创造属改造客观世界的范畴。

基于汉语"文化"概念的传统解释,学术界经常把它与英语的"culture"对译。实际上,不经"culture"转译的中国传统的"文化"概念所

---

[1] 中国先秦时代的经史、诸子著作,到汉代有专门的学者为它作注释,到唐代以后,又有专门的学者为这些典籍的原文连带注释再度注释,叫作"正义",也叫"疏"。

具有的后天创造演化观念和人文精神，更适合于今天文化学的文化内涵。

17世纪欧洲文艺复兴，打破了束缚人性的僵化的神学，带来了以人为中心的思想解放，使人们看到了人类社会历史的进程。"地理大发现"和殖民主义的扩充，使人们感到了人类社会的民族和地域差异。这两点激发了人类研究自身的高度热情。20世纪以来，随着国际交往的频繁，民族问题的尖锐化等新因素的增长，使人们对人类自身研究的兴趣更加浓厚。200年来，文化问题逐渐成为人们关注的热点，"文化"也成为近代产生的内涵更丰富、外延更广泛的概念。由于文化问题得到多方的关注，使得它的定义极不统一。据统计，在不同的学科领域、出于不同的目的和不同的角度，对"文化"的定义约有100多种。文化定义的不同，必然会影响到文化学的研究范围。但是，众多关于"文化"的定义，从总的方面看，不外乎狭义和广义两类：

广义的"文化"定义是以人类与非人类的分野作为立论的依据，所以，人类文化学、文化哲学取广义的"文化"定义。culture的原义有多种解释，德国法学家S.普芬多夫在17世纪提出的定义时代最早，但比当今的许多定义更朴素，更有概括性，也更容易把握。S.普芬多夫定义说："文化是社会的人的活动所创造的东西和有赖于人和社会生活而存在的东西的总和。它是不断向前发展的、使人得到完善的、社会生活的物质要素和精神要素的统一。"①根据这个定义，"文

---

① S.普芬多夫（S. von Samuel von Pufendorf 1632—1694），德国法学家古典自然法学派主要代表之一。他是第一个把"文化"概念作为独立概念使用的人。这段话见他的《自然法与万民法》，本段译文核对过沈福伟：《中西文化交流史》，上海，上海人民出版社，1985。

化"在西方是指人类所创造的物质文明，由于物质创造包含人的智慧，与精神文明难以截然划分开而已。由于 S. 普芬多夫定义过于笼统，我们举两种百科全书的广义定义来说明这种立论的角度。《不列颠百科全书》(1974 年版)给文化下的一般性定义是：文化等同于"总体的人类社会遗产"。《苏联大百科全书》(1973 年版)给广义的文化下的定义是："(文化)是社会和人在历史上一定的发展水平，它表现为人们进行生活和活动的种种类型和形式，以及人们所创造的物质和精神财富。"现代学者钱穆在《中国文化精神》一书中用一句十分形象的话来概括广义的文化："文化即是长时期的大群集体公共人生。"①我们把各种关于文化的广义定义综合在一起，可以说：文化是人类在长期的历史发展中共同创造并赖以生存的物质与精神存在的总和。这个定义应把握三个要点：(1)广义文化是与人类的创造活动相联系的，是以人为中心的概念；(2)广义文化是一个历史概念，它涵盖人类历史的全过程，是一个传承发展的综合概念；(3)广义文化的外延涵盖物质创造和精神创造的全部。

狭义的文化专指人类的精神创造，它着重人的心态部分。其实，人类文化很难将物质创造与精神创造截然分开。一切以物质形式存在的创造物，都凝聚着创造者的观念、智慧、意志这些属于精神的因素。我们设置狭义文化概念的目的，是要排除纯粹的物化自然世界，把我们的眼光集中到以人为中心的世界，来观察人类自身。狭义的文化又称人文文化，是某一社会集体(民族或阶层)在长期历史发展中经传承累积而自然凝聚的共有的人文精神及其物质体现的总体体系。这个定义也要把握三个要点：(1)狭义文化不但以人为中心，而且以人

---

① 钱穆：《中国文化精神》，台北：三民书局，1973。

的精神活动为中心，即使观察物化世界，也是以其中的人文精神为内核的；(2)狭义文化关注的不是个别人的精神活动，而是经历史传承累积凝聚的共有的、成体系的人文精神；(3)狭义文化关注的不仅是全人类的普遍共性，而且更注重不同民族、阶层、集团人文精神的特点。所以，狭义文化的定义不但适用于人类文化学，而且适用于民族文化学、国别文化学等较为具体的范围。

根据前面的定义，"汉字与文化"这个命题也具有两方面的意义：

第一方面，语言中的词汇，以它的意义系统表述了种种文化现象，因而成为文化的载体。记录汉语的汉字符号系统，便因此也成为中华文化的载体。从这个意义上说，汉字与文化，是要探讨汉字这个符号体系与中华文化的关系；也就是说，要探讨文化载体与文化内容的关系。需要特别说明的是：汉字是记录汉语的符号系统，它的音义是从汉语那里承袭来的，属于它自身的要素，也就是它的本体应该是字形。字形既与音、义有关，又有自己独立的作用与价值，因而具有自身的系统。所以，"汉字与文化"和"汉语与文化"应当是有区别的，"汉字与文化"应专指汉字字形及其系统与文化内容的关系。当然，要探讨这个问题不可能不涉及语言的音与义，上述说法只是认为，汉字与文化的关系问题应以汉字字形及其系统作为研究的中心。

第二方面，根据广义文化的定义，汉字本身就是一种文化事象。所以，"汉字与文化"这个命题实际上属于文化项之间的相互关系范畴，具体说，它是指汉字这种文化项与其他文化项之间的关系。文化项之间的关系是相互的、呈立体网络状的，在研究它们的相互关系时，一般应确定一个核心项，而把与之发生关系的其他文化项看作是核心项的环境；也就是说，应把核心项置于其他文化所组成的巨系统之中心，来探讨它在这个巨系统中的生存关系。如此说来，"汉字与文化"这个命题，就是以汉字这种文化事象作为中心项，来探讨它与其他文化项的关系。中心项与其他文化项的关系，是有近有远的，汉字作为人类发明的、记录语言的符号系统，与政治、教育的关系是最密切的，与其他文化项的关系远近不等，直接与间接不一，这是广义的汉字与文化关系需要特别关注的问题。

首先从第一个意义来讨论汉字系统和文化内容的关系，根据反映论的原则，这种关系主要是看汉字符号及其系统在哪些方面反映出文化内容的信息。

在文化内容中，有一部分属世界共通性，还有一部分属民族特异性。要探讨汉字与文化的关系，民族特异性这部分应当比世界共通性这部分更有价值。因为，具有民族特异性的文化，总是受到特殊的自然与社会环境、民族生活和民族习惯、民族心理的影响，是在长期的历史发展中逐步形成的。它更容易反映后天形成的、综合的文化的深层结构。探讨汉字与文化的关系，应当对这部分材料给予更多的重视。

考古资料证明，距今约 18000 年、属旧石器时代晚期的山顶洞人就已能人工取火，新石器时代早期（公元前 6000 年）就已有了陶制的器皿。也就是说，那时的中华文化已很发达。而我们今天所能看到的汉字，最早的要算殷墟甲骨文，距今也仅有 3400 多年的历史。那么，汉字能否反映远古的文化呢？很多汉字的字符构形，早在篆、隶阶段，就已定型，汉字又如何反映现代文化呢？应当看到，个体汉字的产生和演变、汉字构形与表义功能系统的形成，都不是一朝一夕突然成就的，也不是阶段性的突变，而是长期历史积淀的结果。这与各种文化的历史积淀状况，是相应的。汉字是记录汉语的符号，又以词义和意义所指对象作为自己的构形理据。因此，它的形体，会随着所记录的词的音义变化和所指对象的变化而发展演变。在这种演变中，时时可以窥见某些历史文化因素。所以，通过汉字总体系统的存在形式与演变情况来探讨它所携带的文化信息，作为某些文化现象的确证，在一定程度上是可以做到的。

从实证的结果看，汉字之所以能够携带程度不同的文化信息，与它的表意特点有直接的关系；探讨和揭示这些文化信息，需要通过字符的类聚与比较，而不是从一个个单字中妄加猜测。

汉字是根据它所记录的词（语素）的意义而构形的。构形时，需要选择一种形象或形象的组合，将其生成字符，来描述它所记录的意义，我们把这个选择形象生成字符的过程称作取象，取象所表达出的构字意图称作构意。构意和取象都要受到造字者和用字者文化环境和文化心理的影响。因而，汉字的原始构形理据中必然带有一定的历史文化信息。

在甲骨文中，动物的原始构形理据反映了人类对动物特征的认识。例如：

| 象 | 鹿 | 马 | 虎 | 豕 | 犬 | 鼠 | 牛 | 羊 |

这些四足动物，文字的取象如果粗疏了，很难加以分辨。在比较中可以看到其中的构意——象突出长鼻，鹿突出两角，马突出奔跑时竖起的鬃毛，虎突出身上的花纹和张开的虎口，豕（猪）突出大腹，犬（狗）突出向上卷起的尾巴，鼠以碎食物突出其觅食的行为，只有牛、羊只描绘头部。我们把这些构形类聚在一起，可以得到一个很重要的文化信息：汉字处在表形文字阶段时，人类的生活与动物的关系还十

分密切，不但对野生动物的驯兽能够细微观察，就是对一些猛兽也有近距离接触的生活经验。在甲骨文中，取象于动物的形体十分丰富，这显然是狩猎生活在文字构形上的反映。

《说文解字》小篆反映了周秦时代的文化。在汉字构形上，小篆对形声字的义符进行了规整，使它的构形系统与表义系统合流。"草木竹禾"是《说文解字》中表示植物的四个大部首。它们所辖字的总数达1195个字，约占《说文解字》总字数的12％。四大部首所从字的数量如表1：

表1　四大部首从字数量表

部首	艹	木	竹	禾
正篆（个）	445	421	144	87
重文（个）	31	39	15	13
总计（个）	476	460	159	100

植物类部首比例增多，这是因为中原地带在秦汉时代的生产已经进入农耕为主，人类生活与植物的关系更为密切。这时的汉字构形已经进入形声为主的阶段，汉字的造字取象于植物的数目大量增多，利用形声字的表义偏旁来分类。四个部首的划分说明了很多问题：一方面说明古人对草本植物与木本植物已经分得很清。在草本植物中，自然野生与人工种植在人们心目中已经有了明显的区别。种禾叫"种"，种树叫"植"，两方面的动词也已经分立了。竹，现代归禾本科，分布在亚热带地区。《说文解字》解释作"冬生草也"，可见也是把它看成草本植物。"竹"部首的确立说明，中国南部长江流域的文化已经与黄河中下游文化有所交融。

表意文字形声字类别的变化，往往反映出社会的发展。例如：在小篆里，器具中从"鬲"的很多。"鬹""甗"都从"鬲"，因为它们有陶制品；后来"鬴"写作"锅"，"鬴"写作"釜"，字都改为从"金"，反映了青铜器时代的文化信息，陶器已经很少使用，器皿以金属制品为主了。

小篆"又"与"寸"的分立，也反映制度带来的观念变化。酒器的"尊"甲文写作，金文加上八，表示酒倾而出。小篆承袭金文，而将下面的两手改为"寸"作"祖"，这是因为古人以酒器定位，"尊"已发展出"尊卑"之义，而小篆中的"寸"含法度之义，改从"寸"，正是适应"尊卑"义而为之。同样，酒器的"爵"因像雀形而名，甲骨文、金文都是象形字。小篆作"㾈"，上半部是金文的变体，下从"鬯"，表示盛酒，从"又"，以手持之，以后也改"又"为"寸"，仍是为了适应"爵位"这种等级制度的变化。我们可以看到，很多应当从"又"的字，都是表示用手操作的事物，到周秦时代的篆隶中，有相当一部分演变成"寸"了，除"尊"字外，还有"封""射""尉"等，小篆新造的"耐""寻""导""辱""寺"等字也从"寸"。这是因为"寸"的构意表示法度，周秦的等级制度使法度观念被引进造字，才产生了这种构形的演进。这种变化，是社会变化与人的意识变化的反映，可以从中观察汉字携带的文化信息。

汉字的分化孳乳，既受语言的推动，又受文化的制约。例如："享"字甲文写作，像宗庙之形，本义是进献祭物。《说文解字》有"島"与"宰"两形，解释作："島，献也。从高省，曰象进熟物形。《孝经》曰：祭则鬼享之。"汉代以后，这个字逐渐分化为三个形音义不同又互有联系的字：（一）"享"，音"许两切"，今读 xiǎng，具有"享献"与"享受"两方面的意思，符合汉语施受同词的特点。（二）减一笔作"亨"，读"许庚切"，今读 hēng，主要意义是"亨通"，通于上即得到鬼神的福佑，所以引申为"顺利""运气好"。（三）加"火"作"烹"，读

"普庚切"，今音 pēng。这是一个后出分化字，专门承担"烹饪"的意思。三字的分化充分反映了古代宫廷烹饪的重要特点，即：供给活人膳食与供给鬼神祭品是烹饪的两大目的。"享献"与"烹饪"用字的同源，并不是这两个意义逻辑上的相通，而只是与某种文化现象相关。

构形与表义系统可以看出文化的观念，还可以以味感字为例。"酸"与"辢"（辛）构形都与酒有关。"鹹"与"鹽"（苦）构形都与"卤"即盐有关，说明这两个系统的味感都是从食物中体会出来的。唯有"甘""甜"从"口"从"舌"，是无味之味，也就是一种经过谐调没有不适之刺激的味感。我们可以因此理解五味的系统：甘（以及后来孳乳出的"甜"），是本味，原味，入口无刺激，似乎无感觉而实际上是一种舒适感。《春秋繁露》说："甘者，五味之本也。"《淮南子·原道训》说："味者，甘立而五味亭矣。"《庄子·物外》说："口彻为甘。"酸、辣、咸、苦都是别味，入口有刺激感。所谓调味，指中和多种别味，使其适中，达到"和"的高标准。在五味中，甘与其他四味的总体形成对立，又与其他四味分别对立：甘与咸是调味的增减因素，加盐则五味均可加浓，调以甘滑则五味均可淡化。甘与苦是调味的疾缓因素，所以有"甘而不固""苦而不入"之说。甘与酸不但表现在调味上，还表现在果实的生熟上。果熟则甜，果生则酸。上述味感字的构形特点，恰恰诠释了已经形成的词义系统。在这里，汉字可作为上古中国人分辨五味观念的确证。

以上事实说明了什么？用一句话来概括，就是汉字构形及其系统与历史文化有互证的作用。这种互证的作用反映了微观意义上的汉字与文化的关系。

从第二重意义来探讨汉字和文化的关系，就是要关注汉字作为文化项与其他文化项的关系。汉字是社会的创造，也是具有社会约定性质的符号系统，因此，它与社会其他文化项的关系是十分密切的。要讨论汉字和其他文化项的关系，首先要引进社会文化三个层次的理论。钟敬文先生在《民俗文化学发凡》一文中指出："中华民族的传统文化可以分为三条干流：第一条是上层文化，从阶级上说，它主要是封建地主阶级所创造和享用的文化。第二条是中层文化的干流，它主要是市民文化。第三条干流是下层文化，即由广大农民及其他劳动人民所创造和传承的文化。中下层文化就是民俗文化。"①他又说："从文化根源上讲，三层文化都发源于没有阶级时代的原始文化。它们曾是一个统一体，后来却分化了。"用这个历史唯物的观点来衡量汉字，可以看到汉字发展不同的文化层面：

汉字的酝酿萌芽应在没有阶级的原始社会。而它的发展成形已经是有阶级的时代。汉字的原初状态是三层文化没有分化的时代的反映，它代表全民族的通约。但汉字的第一次整理和较大规模的使用必然是上层社会的宫廷行为。许慎在《说文解字·叙》里把文字的作用归纳为"经艺之本，王政之始"，说明汉字的早期发展是与上层文化同步的。一部汉字发展史证明，汉字的丰富、繁衍与中下层文化密不可分，而汉字的精密、规范、统一却主要是上层文化发展的反映。汉字的起源与发展融汇了中华民族三层文化的创造性，汉字系统中存在的各种现象也是这三层文化综合的反映。厘清汉字与不同层次文化的关系，是汉字文化研究的重要课题。

一部汉字发展史还告诉我们，汉字与其他文化项之间的关系，有直接的关系，也有间接的关系。原始汉字与宗教、生产、生活文化的

①　钟敬文：《钟敬文学术论著自选集》，471 页，北京，首都师范大学出版社，1994。

关系至为密切。到汉字的早期统一时代，它与宗族继承权、分配制度的关系逐渐密切起来。汉代以后，汉字与法律、外交的关系更是密不可分。当汉字走出宫廷，进入市民文化后，一方面是汉字实用性增强引起的构形简化；另一方面却是上层统治者汉字规范意识和行为的增强。汉字是在两种文化的双向影响下发展的。始终影响汉字发展的要素是教育。隶变以后，艺术对汉字具有多方面的、不间断的影响。这两个文化项，成为汉字发展最密切的背景和共进的"伴侣"。探讨各文化要素推动汉字发展的着力点，弄清各文化要素影响汉字发展的外在现象和内部规律，梳理影响汉字发展各要素使汉字发生变化的综合效应，是汉字与文化研究的主要内容。

我们把第二个意义上的汉字与文化的关系称作宏观意义上的关系。它与前述微观意义上的汉字与文化关系的角度虽然不同，但彼此是互相依存、互相补充的。这两方面，大致可以涵盖汉字与文化的全部关系。如果我们的研究逐步形成系统，则可创建出汉字学的一个分支——汉字文化学，并包括微观汉字文化学与宏观汉字文化学两个方面。这应当是我们在今后一个时期内经过努力可以达到的。

讨论汉字与文化的互证关系问题，需要防止出现一些认识上的误区。

1. 正确认识汉字构形分析的社会性、系统性带来的客观性

首先是在解释汉字构形中存在哪些文化内涵时，要防止主观臆测。有人夸大汉字构意的主观性，认为对汉字构形的理据可以随意解释。这是对文字字意形成的一种误解。应当从两个方面来认识汉字构形理据的客观性：第一，作为表意文字的汉字，在构字时选择的构件和采用的构件功能具有可解释性，但这种选择是具有社会约定性的，不是个人一厢情愿所能决定的。它所带有的内涵，如果不能被社会大多数人认定，就无法起到交流思想的作用。汉字构形携带的意义，属于社会历史信息而不是个人的思想信息。第二，汉字构形是成系统的，在多数汉字基本定型的时代，构形系统就已经形成。小篆以后，汉字以形声字为主体的构形系统更为严密。构形系统的重要标志是关系的有序性。每一个字都居于其他与之发生关系的字的联系中，如何讲解一个字，要由它的各种关系决定，解释是否正确，要用它的各种关系证明，这些关系制约了对汉字构形理据的解释。例如："鼻""咱""息"中的"自"是同一个部件，小篆写作"埠、垭"，上面像鼻子的纹路，下面加注口做背景，"鼻息"的意思，与这些字的理据都有关系。但"首"下的"自"则是"朽"的整体象形的一部分，与前面的"自"无关，不能用"鼻息"去解释。

还应当说明的是，汉字构形的理据分析是要追溯历史传承的，不能用已经丧失理据的现代字样来胡乱解释。例如："开、兵、共、舆、舁、算"都有共同的部件，但必须还原到小篆，才能看得清楚：

開 兵 共 舉 舁 算

它们共同的部件"𦥑"，表示两只手一起用力或一起把玩。"開"的构形表示用两只手拉开门闩，"兵"的构形表示用两只手使用兵器，"共"的构形表示用两只手与上面的两只手共同用力，"舆"的构形表示用上下四只手一起抬起轿舆，"舁"的构形表示用上卜四只手共同将重物举起，"算"的构形表示用两只手操作竹子制作的算筹。

从上述两个例子可以看出，如果我们随意用不正确的理解去解释其中一个字的理据而不顾其他字，必然造成讲了一个乱了一串的后果。

2. 正确认识微观汉字对历史文化解释的有限性

前面说到，汉字可以在不同程度上存留历史文化和造字时人类观念的痕迹，这是汉字的表意性质决定的。这些历史文化信息一般存留在一个或一组汉字的构形理据之中。但是，造字属于不同时代，随着构形和语义的发展演变，各种不同字样的形体中的表意成分也会发生变化。即使是今天所见的甲骨文，也未必是最早的汉字，每个字样造字或演变的准确时代难以确考，它对历史文化的见证作用就难以作为一种科学的证据，最多可以是一种假说。汉字的构形不是照相，而是一种特征的勾勒，必须有较多的雷同，才能够归纳出一点信息，而且是笼统的信息。想到字形中去找故事，去证明具体的史实，是很难做到的。何况，构形反映出的文化信息，只有在对具体意象的描述时才能做到；而汉字的构形系统逐渐向形声化发展，一切都渐渐概括、类化，信息量还要逐步减少。对汉字携带历史文化信息求之太过的情况，比比有之。例如，有人以为甲骨文中有很多字是表示阶级斗争的；也有人认为汉字很多字形描述了伯夷叔齐不食周粟的故事；有人说，《说文解字》的《山部》《水部》字中暗含了河图洛书的真意……这些都是无法验证的说法，也违背汉字的实际。夸大汉字对历史文化的解释作用，在例证不足、文献依据不足的情况下，凭着个别的字形，猜测编造似是而非的故事或者附会某一具体史实的做法，是不足取的。

3. 正确认识汉字与汉语的辩证关系，区别字的造意和词的实义

汉字与文化的互证关系、汉语与文化的关系是两个有联系而不同的命题。汉字构形的意图我们称作构意（造意）或造字理据，它的来源是汉语词的一个义项，但文字的造意并不等于词义。例如汉代许慎的《说文解字》中为切合字形而作的训诂，也就是所谓的形训，如果它本身并未在语言中被运用过，只是按照某一义项来解释造字意图，那么，只能称作"字义"而不是"词义"。字义是形象的，而词义是概括的。能够用造字意图解释历史文化现象的才是汉字文化。我们以《说文解字》里的数目字为例。《说文解字》小篆的基本数字构形如下：

一二三四五六七八九十

这十个数字大致分成三个构形类型："一二三五十"是一个系统，以横线条为主，辅之以斜线和直线，只有中数"五"和全数"十"有这种辅线，说明这两个数的特殊性。"四六八"是一个系统，它们的形体中都含着一个"八"的形体。"七九"属于借字，自成系统。这里说"四六八"这个双数系统中所含的文化内涵。从"八"说起："八，别也，象分别相背之形。"这个训释首先是形训。这里所说的"象分别相背之形"，是对字的形体的描述。这里显示出古人对"八"这个数的诠释——认为一分为二、二分为四、四分为八，八是个位数里多次均分的结果，所以用两个相背的曲线表示这个数穷尽切分的特征。这里蕴藏着古人的数字文化观念，是通过字形显示出来的。古人对数发生的认识是认为"一"最大，其他的数是造分出来的。这与今天抽象数学的观念是不同的，今天数学的理念以一为最小，其他的自然整数是从一开始积累起来的。这里所说的文化观念从概括的语言词汇意义里反映不出来，只有从表意汉字的构形理据里可以得出，所以属于汉字与文化的互证。而这里开掘出的"一分为二"的观念，从大量的文献阐释中也可以得到证明。《庄子》"易以道阴阳"，《周易》哲学可归约为"阴阳"问题，其实是一种"二元一体"的关系范畴。《说文解字》"仁，亲也，从人从二"，也是二元一体阴阳关系的体现。南宋朱熹在说明"理一分殊"时认为"一分为二，节节如此，以至无穷，皆是一生两尔"。《黄帝内经·太素》杨上善注已有"一分为二，谓天地也"的说法……这些记载和双数数字构形的理据是可以互相印证的。只是，汉字的这种关于字形的解释只能证明某种观念是存在的；而不能说明其产生的具体时间，是无法纳入科学的哲学史和思想史的。

正确认识汉字与文化的互证关系，恰当地处理材料，准确地开掘有意义的现象，不夸大方寸之间的汉字证明文化的作用，才能避免产生没有根据的荒谬说法。

论字典的文字意识与汉字字形的优选 *

——评《汉语大字典》的收字原则

一

1716 年成书的《康熙字典》，收字 47035 个，很长一段时期内，是我国字数最多的一部字典；直到 200 年后(1915年)，《中华大字典》问世，才改变了这个局面。《中华大字典》收字 48000 多个，虽然字数超过《康熙字典》不多，但它校正了《康熙字典》中 2000 多条错误，改变了《康熙字典》拘泥于古代字书原有注音和训义的自然罗列的状况，在义项的排列与释义的简明、准确方面，都有新的突破，比《康熙字典》更适用于当代，揭开了中国字典史新的一页。

但是，不论是《康熙字典》还是《中华大字典》，都存在一个重要的局限，那就是它们虽称"字典"，却实际上缺乏文字意识，仍然局限在旧"小学"关于"字"的不十分准确的概念内涵中，说"字"，实际上还是讲"词"，不是把文字作为字典贮存的中心。

* 原载李格非、赵振铎主编：《汉语大字典论文集》，武汉，湖北辞书出版社，1990。署名作者为王宁、王海菜、邹晓丽。

　　字与词，是两个相关而又本质不同的概念。字是词的记录符号，它的音与义是从词那里承袭来的，因此在注音和训释字义上，对于字和单音词或词素，任务是相同的。而字与词的区别在于，对字来说，音义的载体是字形，形体才是文字自身的形式。作为"字典"，应把存形作为存音、存义的基础。离开字形去讲音义，是语言学，不是文字学。历史上有许多"小学"纂集专书，诸如《尔雅》《方言》《释名》《广雅》等书，虽都名之为"字书""古代的字典"，但究其实，都只能算是"词书"，用现代科学的观念来探讨，只有《说文解字》这种把贮存字形、讲解字形作为存音、存义基础的书，才可以称作文字学意义上的"字典"。

　　字典的编纂者需要有文字意识，这对汉语尤为重要。中国的传统文字学，也称文献文字学，是以探讨构字的形义统一为基础工作的，而且，它面对的古代汉语，绝大部分是单音词，往往一字就是一词。因此，在这个学科领域里，字与词的界限比较模糊，对字与词一致和相合的一面，体会比较深刻，沟通也较有办法；而对字与词在发展规律、使用规律以及对应关系上的区别，意识比较朦胧，讨论问题时混淆字、词的现象时有发生。因此，在漫长的历史过程中，文字学与训诂学始终难以分立，字的形源与词的音义来源常常混为一谈，"字"与"词"作为两个不同的术语，在定义上、运用上都很少做严格的区分。正是由于这个缘故，从《说文解字》以后，中国一直缺乏一部具有文字意识的、科学的、贮存字量较为丰富的字典。

　　《汉语大字典》（下文或简称为《大字典》）的诞生，填补了中国字典史上的这一空白：它具有明确的文字意识，在收字、编排、立目、分项上，都有现代文字学理论作指导；它把汉字的形体，作为存贮的中心，对字与词的区别有清楚的认识；加之它本着"古今兼收，源流并重"的原则，收字56000多个，比之《康熙字典》与《中华大字典》有较大幅度的增加，所以，尽管这部字典从微观上看，错误之处尚属不少。但从总体上看，《汉语大字典》在中国字典史上确有划时代的意义，它的价值是不可低估的。

二

《汉语大字典》是现代第一部有明确文字意识的大型字典，主要表现在以下三个方面：

第一，《汉语大字典》的字头，是以形体的异同来区分的，充分体现了"存字即存形"的原则。例如：

《一部》"一"字字头下，共存两种字形：一和弌；"二"字字头下，存二和弍；"三"字字头下，存三和弎。

弌、弍、弎形，是一、二、三的《说文》古文，就记录词来说，它们没有通行，即使通行了，与一、二、三所记录的也是同一个词，因此《汉语大词典》对有弋作标志的三形均不收，而《汉语大字典》除在一、二、三字头下收了这三个形体外，《弋部》又把它们分列为字头。这就充分说明，它具有形异则字异的观念，是以文字形体为出发点来存字的。

又如：

《乙部》"亂"字字头下，选列了十一个古文字字形，其中九个字形与楷书的"亂"均属同一种构形方式，唯有《楚帛书》与《三体石经》的形属另一种构形方式，《汉语大字典》又为这一字形另立了字头，列在《十部》，楷化为"𤔔"。除此之外，还收了俗体字"乿"（见《三国志通俗演义》）和《集韵》的"𤖅"、《广韵》和现代简化字的"乱"三形，都立了字头。

214

从汉字记录词的职能看，异体字是记录同词的，词典的异体字（不论是共时的，还是历时的）不需要分立字头。缺乏形体观念的字典，虽然在一定程度上能够保存不同的形体，但却不注意分立字头，《康熙字典》的"弍""弎""弐"就分别放在"一""二""三"下，"乿"则放在"乱"下，它的着眼点仍在同词（音义同）而不在异字（形异）。因此，从形体出发，分立字头；而且根据每个字形自身的结构分别置于应属的部首（如"一""二""三"在《一部》，"弍""弎""弐"在"弋"部，"乱"在《乙部》，"釛"在《十部》）。作为一部文字学意义的字典，确实是必不可少的编排体例，然而《汉语大字典》以前的字典，很少能做到或很少严格做到。

第二，《汉语大字典》充分体现了汉字因义构形的特点，继承了传统文字学形音义密切配合的研究方法，坚持把释形作为释义的基础。

中国的传统文字学，历来把汉字原初构形所依据的词义称作"本义"。"本义"是能从汉字形体上得到证实的词的较早意义，也是可以用来推导引申义、分辨假借义的基础。以释形来探求本义，这是认识汉字必不可少的观念。不过，汉字字形经过3000多年的演变，到楷书阶段，离开原始造字意图已有相当的距离，唯有沿着每个字的演变轨迹，追溯其最早的形体，才能达到形与义的统一。为了"尽可能历史地、正确地反映汉字形音义的发展"，《汉语大字典》"于楷书单字条目下收列了能够反映形体演变关系的、有代表性的甲骨文、金文、小篆和隶书形体，并简要说明其结构的演变。"（《汉语大字典·前言》）这一措施，是符合科学汉字学理论的。

释形是释义的基础，体现在所收甲、金、篆、隶字形所反映的汉字形体演变轨迹上，也体现在字义的排列上。《汉语大字典》凡有古文字形的字头下，都尽量做到把字形所反映出的本义列为首项。《说文》

所说正确的都从《说文》。例如：

"京"字，《说文》释作"人所为绝高丘也"。与甲骨文、金文形义一致，《大字典》把"人工筑起的高丘"列为字义首项。

"直"字，《说文》释作"正见"，而甲骨文形作▲（乙四六七八），金文作●（恒簋）都象以目光对准目的物的形状。所以，《大字典》直接把"正见"列为字义首项。

"亂"字，《说文》训作"治也"。《大字典》引杨树达说，以为字形象人一手持丝，一手持互以收之。正是治丝而使其不乱的形象。所以，"治理"被列为字义首项。

《说文》所说有误的，辅之以古文字字形，吸收近现代古文字研究新成果，给予重新解释。例如：

"禽"字，《说文》释为"鸟兽总名"，而金文形作●，下象捕鸟的"畢罔"，上为"今"声，甲骨也作●，直以畢罔象捕獲状。因此，《大字典》把"捕獲、捉拿"列为字义首项。

"叀"字，《说文》释作"專小謹也"。意义很难明了，而甲骨作●、●，金文作●，都象纺锤。所以，《大字典》把"纺磚"作为字义首项。

"啓"字，《说文》释作"教也"，而甲骨作●，象以手开户之形。加"口"是它的孳乳字，当"啟发""说教"讲是它的引申义，所以，《大字典》不把"说教"作为字义首项，而首列"打开"这一义项。

……

这些都说明，《大字典》吸取了当代古文字研究的成果，在体现"存源"的原则时，重视《说文》而不笃信《说文》，使原初汉字形义统一的特点，得以更科学的显现。

第三，作为现代意义上的楷书字典，它的基本目的不在推源，而在贮备字形、指导识字、辨字与用字。汉字的职能在于记录汉语，在使用过程中，形义的脱节、职能的转移，又是一个不可忽略的事实。《大字典》在存源的同时，对汉字在使用中职能的演变，也十分重视。例如："位"字，《说文》释作"列中庭之左右谓之位"，但甲骨文 、 、金文 ，都证明它的原初字形是与"立"相同的，"位"是"立"的孳乳字。这种情况，与"啟"字相仿，本可遵循"啟"字的条例，把"站立"列为首项。但"位"与"啟"不同的是："啟"字的" "形没有通行，只能作为"啟"的历时形成的异体字。而"立"与"位"已经从音和义上分化，成为两个职能完全不同的字。因此，《大字典》仍采用《说文》的释义，把"朝廷中群臣的位列"作为字义首项，读音 wèi，而在 lì 音下列"位"通"立"一项，引《逸周书·允文》证明它们的相通。这已是在承认"位""立"分化的基础上来保存其古代相同的面貌了。

又如："不"字，《说文》释作"鸟飞上翔不下来"，直以否定副词来释其形体。《大字典》在释形时指出了《说文》的错误，引王国维并转引罗振玉的说法，认为"不"的原初字形是花托（萼足）的象形，后来借用为否定副词，借义通行后，"花萼"之义已不再使用"不"形，而另造"柎"字。为了保存"不"字借义通行这一事实，《汉语大字典》在释音、释义时首列 bù 音，又把"非、不是"列为字义首项，而在第四个读音 fū 后才列出它的本义"花萼"。

……

这些地方都说明《汉语大字典》不但要体现汉字形体的演变，而且要体现汉字职能的演变；既要保存原初造字的状况，又要保存历史发展过程中用字的状况。尽管多方面兼顾难以定出更周全的条例，《汉语大字典》的字条拟文的质量也优劣不等，但它的意图是明确的。这一点，对于收字如此丰富的字典来说，是尤为难得的。

三

汉字作为记录汉语的符号，3000 多年来，一直处在个体与总体的变化中。从个体的变化看，不论在哪一个历史时期，都会有政治地位不同、文化水平不同、方言区域不同、所司职业不同的人，在学习汉字、使用汉字的同时，按照自己的习惯改造或创造个别字形。这些个人使用的汉字，经过一段时间的流传，有一部分为多数人所接受，进入社会流通汉字的行列。这种群众性的造字、改字行为，由于是自发进行的，带有较多的盲目性，在促进汉字合理发展的同时，也会造成字形的重复、驳杂，使字的使用发生混乱，给文化学习与文化传播以诸多障碍。因此，在条件成熟的情况下，依靠政治力量、借助有关专家权威的研究成果，对汉字进行规范，是十分必要的。汉字在经过规范后，便出现了一批规范字形，被视为当代的正规用字。但是，这并不能制止个人书写汉字和未被选作规范字的社会流通汉字的继续流通。考察每个历史时期的文献用字和民间用字，都会发现个人书写汉字、社会流通汉字和权威规范汉字并存的情况。也就是说，汉字个体的多异体现象，总是不可避免地存在着。从总体的变化看，汉字不断发生休制的总休变化与构形系统的变化。甲骨文的契刻，金文的翻铸，隶、楷的毛笔书写及近现代钢笔、铅笔等硬笔的应用，都影响不同时期汉字体制的变化，而体制的变化又必然使汉字的构形系统发生变化。汉字的构形系统，包含汉字构形部件的数目与特点，部件结合方式的规律，构形和表义关系的特性这样三个要素。甲骨文字系、篆文字系与楷书字系，是三种差别较大的字系，两周金文与隶书，分别是甲骨文至篆文、篆文至楷书的过渡。从总体上看，汉字构形系统是在发展中日趋严密的。汉字个体的变化，要受到它总的体系变化的制约。体系越严密，对个体变化的制约力越大。在汉字发展史上，曾经有过两次成功的汉字规范：一次是小篆的规范，以《说文解字》作为最终的规范成果。另一次，就是新中国成立后对楷书的规范、异体字的规范、简化字的推行和异读字的规范，都是这次汉字规范的成果。这两次规范的性质略有不同。第一次，是对历史文献书写的正字的规范。第二次，则是对现行使用汉字的规范。但是，它们共同的效果，都是使汉字构形系统更为严密，同时对汉字个体的字形进行了一定程度的优化。

《汉语大字典》的编纂方针是"古今兼收，源流并重"。由于它具有明确的文字意识，始终把形体作为收贮的中心，因此，它必须重视汉字发展史上的三个字系、两次规范以及汉字个体演变过程中形形色色的个人书写和社会流通的异体字形。它的整理工作与编排工作必须确立科学又可行的原则，并且有着相当的难度。《汉语大字典》面对纷繁的汉字现实，有层次地解决了很多复杂的问题。值得提出研究的是字形的优选问题。

字形的优选，首先是以择优的原则，在诸多相类形体中，选定有代表性的形体入典。例如"祝"字的甲骨文字形有：

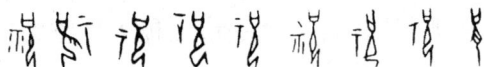

《汉语大字典》仅选 （甲七四三）与 （前六·一六·六）两形。原因如下："祝"的甲骨文字形就造字意图来说，分为两类：一类突出"口"，取其祝祷以口言的特点，另一类突出酒的水点，象灌酒于神前。后代"祝"字基本上沿着这两类的特点发展。之后，因灌酒的特点随着这种文化现象的消逝而在人们心目中淡化。从"口"便为隶、楷字形所吸收。这两类形体，保留了"祝"字之源，与"祝"字之流衔接，所以《大字典》各选其一。而两类字形中，甲七四三与前六·一六·六两形体现造字意图最完整，其余都可视为这两形的变体。所以，收这两个形体，是经过优选的。

其次，是在保存各种字形并分立字头的情况下，选择一个标准形体作为注音释义的主体。例如：前面谈到，"亂"字各异体分列字头的，有以下几形：亂、乿、乱、𠧙、乱。

《汉语大字典》选择"亂"为标准字形，注音、释义都在这一字头下进行，其余字头下仅阐明"同亂"，以示其关系。同时举出"同亂"的证据与实际的出处。标准字形也是优选的结果。

优选是字典收字必不可少的方法。广收而不加选择，则芜杂而无条理；任意入选而不择优，则挂一漏万，无法说明问题。且收字不全，影响应用。因此，标准确当的优选，是保证收字科学和全面的重要措施。

《汉语大字典》在上述两方面字形优选上，都有独特之处。

四

古文字字形的优选，是在对已有字形的构形特点进行细致分析后进行的。《汉语大字典》选择古文字字形是极为慎重的。

入选的字形从总体上需要存形全面。

首先，汉字从甲骨文发展到《说文》，不论有多少形体，都可依其构形特点，分析为几种类别。以"乘"字为例："乘"的构形可分两大支：以人攀援树为构形意图是一支，以人登车为构形意图是另一支。二者之中，又有突出全身与强调双脚之别。《汉语大字典》所选字形，包含了这几种类别：

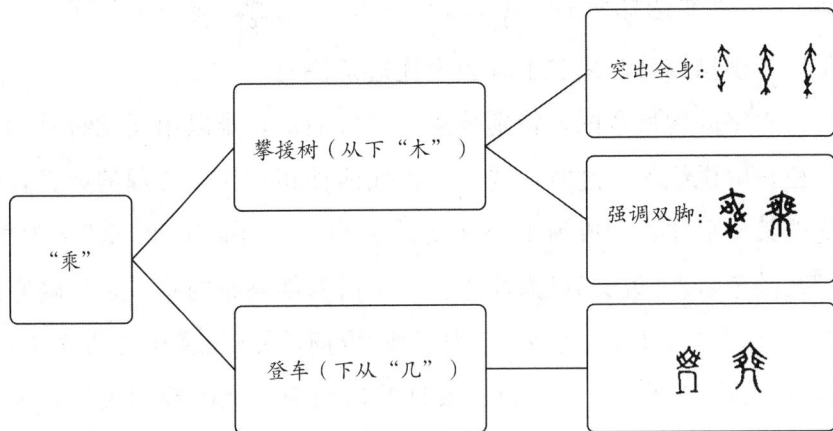

图1 "乘"字构形类别

再以"秋"字为例："秋"由借声字发展为形声字，又由形声字发展为省声字，是从一个系统演变下来的。《汉语大字典》保存了它的借声字：（图）、（图）、（图）（"龟"或"焦"是其借字），加"禾"旁成为形声字：（图），又省去声符中的"龟"形，成为省声字：（图）。

诸如"五"字存（图）、（图）两类，前者强调相交，后者再以"二"表天地之中的空间。"州"字存（图）、（图）两类。"井"字存（图）、（图）两类，等等，都是在对字形结构特点进行分析的基础上选定的。

在全面存形的基础上，各类字形的选择，又以构形意图明确作为主要标准。例如："年"字从禾千声，"禾"形要表示出谷熟，《大字典》于金文选择《颂鼎》与《蔡侯盘》，前者作（图），其形生动地描绘了谷穗沉甸甸下垂貌。后者作（图），也是以谷穗下垂之状清晰为其优点的。

"垂"字就造字意图说，与"年"有某些相似之处，也要描绘草木果实低垂之状。其形分从"土"与不从"土"两支。不从"土"的一支，《大字典》于甲骨文选择两形：　（乙八四六三）与　（前一·三四·六），都是以明确描绘枝叶果实下垂貌为优选条件的。

古文字的构形意图，特别是意义比较抽象，难以用视觉符号标示者，往往解说纷歧。这时，选择一种或两种相对比较合理的解释，同时优选某些形体，就成为十分必要的工作。以"白"字和"皇"字为例："白"是颜色名。《说文》以为西方色，是以西部高原的霜雪来比喻它的特点。"白"的形义说法很多，《大字典》取商承祚《说文中之古文考》之说为主，以为其形"从日锐顶，象日始出地面，光闪耀如尖锐，天色已白，故曰白也"。这一说法与《说文》的讲解有近似之处。《说文·七下·白部》古文白"从入合二"，象日光照射于空间，"二"表示空间，"入"表示光线。这一解释也说明"白"的字形与太阳光有关。因"从日锐顶"之说而选择　（佚四二七）等甲骨字形，　，《三体石经》之形，都能表示其造字意图。同时，《大字典》兼存郭沫若以"白"为"拇指之象形"说，　、　象拇指，也不矛盾。

"皇"为"三皇大君"之名，形义关系的歧说也很多。《大字典》存吴大澂"日出土则光大"之说，兼存朱圃芳"煌"之本字说，并判断它"象王著冠冕形"（"皇"的冠冕说始于汪荣宝，《大字典》只加按语，未明出处）。为此，选择了以下诸形：

图 2 　"皇"字形义图示

这些字形的特点最上方都有上射的光芒，中端有圆形，以象冠冕，又象太阳。下端象冠冕架，也象土地，可以把吴大澂的"日出"说与汪荣宝的"冠冕"说同时涵盖。

单字的构形意图明确，便有"存源"的作用，除此之外，《大字典》在优选字形时还充分注意到"能够反映字形源流演变"这一标准。例如：

"白"字因为《说文》古文有"从入合二"的 ㍲ 形，便选择了 ㍲（撷续六四），以说明白从二画字形是有来源的。

"申"字有 诸古文字形，都与《说文》古文、籀文一脉相承。可以看出，以上形体象闪电之火花，先规整为籀文的 ㍲ 形，再将中间一直拉平，两端火星并齐成 申（小篆），之后再发展为楷书的"申"，就很自然了。

"磬"字甲文选 ㍲（前四·一·五），象以手持具击磬状。与《说文》籀文 ㍲ 一脉相承。可以看出字形演变的轨迹：

这种字形的优选，《汉语大字典》是完全自觉地进行的。尽管由于字条撰写人的水平不同，也有个别条目在古文字字形选列中未能全然体现这三方面的优选标准，但是，《大字典》在"前言"与"凡例"里都明确规定了选列古文字字形要"反映字形源流演变"和"根据阐明形音义关系的需要"这两条原则。这是遵循汉字发展规律而采用的编排体例。

五

前面说过，汉字个体的演变，是受到总的系统演变的制约的。因此，反映字形源流演变的最终目的，就是要尽量沟通甲金、小篆与隶楷这三大字系。既显示三大字系不同的特点，又反映出它们之间的相承、相通的关系。

汉字的构形—功能系统，既在自然发展中初具规模，又要经过人为规整去其芜杂、显其规律。因此，汉字系统的严密化，是通过许慎的《说文解字》在小篆的整理中显现和初步完善起来。汉字由甲骨文到小篆，可以看出以下四个方面的发展：

1. 由于词义系统的内部变化及字形的变化，甲骨时期的原初造字意图逐渐模糊，要求后出义占有新的字形，以达到形义关系的回归。例如"乘"字强调两足，便是从"大"（人形）意图淡化后所采取的必要补足。各种累增字的出现，也是由于原初形符的造意淡化，需要重新加注。

2. 在意义大量增加的情况下，人类有限的记忆功能使构件规整成为必须。小篆大批成字构件产生并音义固定，形成了一批兼有形符与义符双重身份的独体字，并且成为小篆的构形基础。偏旁部首的产生，便是这一变化的结果之一。

3. 在汉字表意、表音两种趋势互相矛盾斗争的促进下，形成了归纳性与区别性更强的形声系统。形声字成为汉字的主体。

4. 意符标义功能分工的严密化与声符示源功能的大量保存，是小篆形声字的重要特点。诸如"木"与"艸"的分工，"言"与"音"的分工，"水"与"川"的分工等，都是意符分工的表现。而大量右文现象则说明声符示源作用的存在。

这样，汉字至小篆才形成了严密的字系。隶变与楷化，对小篆构形系统只作了两点修改：一是由于符号的简化，原初构形意图进一步淡化，但由于形符归纳性加强，构形的理据变得更为概括。二是声符的示源作用逐渐淡化，似乎只有标音作用了。不论怎么说，隶楷字系仍是沿袭小篆字系而来的。

字典的编纂要便于查检，因此，《汉语大字典》不像《说文解字》以显示字系规律为原则来进行编排。楷书字典采用的笔形部首，必然要打乱字系的结构规律。例如：

"聞""問""悶"从"門"得声，按字系应分入"耳""口""心"三部。《大字典》统归"門"部。

楷书中的"月"旁实含"月"与"肉"两部，《大字典》不加区分。

"立"部字含两大意义系统，除"站立"义系外，"辛"（辛、辛）也在其中，因此，"音""童""競"等字从字源说都与罪和法有关。与"站立"完全是两个意义系统。

这些，就字典的编排来说是不是最佳方案，值得商榷。它的优点在于方便对汉字结构分析知识不足的读者。因此，也是一个可行的方案。不过，这样一来，汉字字系不能从形式上显现，如何保持它，便成为一个既有理论意义又具实践意义的重要问题。《汉语大字典》在编纂过程中是否吸收了汉字系统研究的成果，局外人一时很难看出。但是，《大字典》在选列古文字字形时，非常明确地把《说文》中的字形与本义，作为说形说义的基础。用《说文》的篆、古、籀来沟通甲金与隶楷。由于《说文》用 540 部统率 10516 个字形，对汉字构形与表义功能的统一，进行了体系上的处理；同时，许慎对文献用字已经进行了旨在纳入构形系统的优选。因此，《说文》在保留字源上虽不是最早的文字，但用《说文》来作为整理汉字形义关系的基础，对保存和显示汉字字系是极为有利的。

我们还可以看到，《汉语大字典》尽管是"古今兼收，源流并重"的，而且对历史上存在过并使用过的各种字形都收编、立目，但它对汉字形体的处理是有层次的。在选择正字立目时，它不但充分重视楷书，而且也参考篆隶。如前面谈到"乱"字标准字的择定，这里再举一例："勞"有从"力"、从"心"二形，似为广义分形字，但《大字典》取《力部》"勞"字为正字，这是从楷书的社会通行状况来考虑的。就其构形—功能系统说来，从"心"是小篆从"悉"字形的省简，《说文》把"勞"字列入重文，就是因为它不符合小篆的构形—功能系统。精选正字，旁及异体，便可使楷书的字系保存下来和显示出来。

《汉语大字典》收字 54000 多个，资料的收集、整理和形音义的确立，都是艰苦而繁难的。它确实不是一般的汉字汇编，而是古代和现代汉字研究所形成的诸多科学结论的体现与证实。应当说，它的收字原则是以文字学理论作为指导的。当然，从理论的明确到实际处理的妥善还要有一个不断努力的过程。应当说，《大字典》在具体问题的处理上考据的精粗不同，错误还是存在的，自乱其例的地方也不时可见。而且，理论本身也在发展之中，今后还会有更多新的理论来修正和补充现在的认识。不过，我们终于有了一部有明确文字意识又有科学理论指导的古今兼收、源流并重的大字典，它将是中国辞典库中具有开创性的巨大财富，因此，它在中国文化和教育事业上所能发生的巨大影响，亦将是难以估量的。

汉字的优化与简化 *

一

世界上许多古老国家的文字，都曾有过由图画文字向表意文字过渡的开端。但是，经过若干世纪的演变，这些古老的文字几乎都不约而同地丧失了使用价值。有的自己演变为拼音字符，也有的因被淘汰而难以识读。唯有汉字没有加入这个演变的行列。在 6000 多年的发展历史中，汉字顽强地维护着自己表意文字的个性，又不断地为了适应被它记录的汉语而进行了内部调整，成为世界上独一无二的、具有日渐严密系统的表意文字体系。如果从殷商的甲骨文算起，汉字为中国社会服务已达 3400 年之久。它书写了中华民族的历史，载负了光辉灿烂的中华文化；它具有超越方言分歧的能量，长期承担着数亿人用书面语交流思想的任务；它生发出篆刻、书法等世界第一流的艺术；在当代，它又以多种方式解决了现代化信息处理问题，迎接了高科技的挑战。历史似乎已经证明还正在证明，汉字的

---

* 原载《中国社会科学》，1991 年第 1 期。

生命力还很旺盛，它记录汉语、为中华民族服务的历史使命还会延续。

然而，近百年来，判决汉字存废的争论屡屡发生。这种争论，是基于以下三个重大问题而产生的：第一，在废除文言文、提倡白话文的新文化运动中，接踵而来的问题，便是汉字是否能承担记录白话文的任务。白话文是现代汉语的书面化，它的词汇已经双音节化，语法形式里增加了许多音化的因素。长期记录单音节的文言的汉字，能适应这种白话文吗？第二，当劳苦大众的解放被提到日程上来、许多仁人志士想把文化还给民众从而掀起文化普及热潮的时候，汉字的繁难无疑给这场革命带来了一定的障碍。扬于王者朝廷、为贵族阶层规整过的汉字，是否适合于百万大众的学习和使用呢？第三，当现代化信息处理作为国际潮流冲击着改革开放的中国的时候，表意的汉字，是否能和拼音文字一样以理想的速度输入计算机从而顺利地走向世界呢？这三个问题，不但难以回避，而且极为深刻。汉字问题在 20 世纪的初、中、晚三个阶段引起的争论，是势在必然并且可以理解的。

仔细想来，汉字问题的争论背景虽然是基于社会的巨大变革，然而一切争论的缘由，还是来自汉字本身。汉字既是表意文字，便具有表意文字必然存在的特点：

第一，当初人们根据意义内涵为汉语的词或词素制定视觉符号时，往往与造字者的具象思维相联系，抽象性不可能很强。这使汉字字符携带的信息具体而丰富。但是，也使它的符号总数较多，构件的分析归纳不像音符那样简便，体系也就相对比较复杂。

第二，词义是语言中演变最快、最活跃的要素，一种文字要坚持表意性，词义的演变便会时时推动着符形外观的改变，构形系统的稳定性也就相对减弱。但文字总要保持构形系统的稳定性，也就是历史延续性。随着词义的演变，个体字符的表意度常会逐渐淡化。因而，如不时时调整字符的形义关系，字形所携带的意义信息一旦不能被使用者了解，识读的困难便应运而生。

第三，意义的相互差异比之语音的差异要纷繁得多，而文字符号必须遵循"分理别异"的原则。为了增加符形之间的区别度，个体符号的构形便不免繁难，使书写费时费力。

第四，文字是记录语言的，语言是音与义的结合。当书面语与口语互相转化时（口语写出，书面语说出或读出），语音信息一时之间会变得异常强烈，因此，表意文字中除义化符号外，也会产生一些音化符号（如汉字中的假借字）。这样一来，本来可以或已经被义化符号辨析开来的同音词和词素，却被音化符号在视觉上同一了。这便造成汉字中同词异字、异词同字现象的出现，字与词的对当关系也就不那么整齐了。

以上特点，便是表意的汉字"难识、难记、难写"的根源。也是在社会变革的大环境中，一部分人基于爱国爱民的无可非议的动机，怀着极为真诚的善良愿望，希望重新考虑汉字存亡的内在原因。

但是，一个拥有众多人口的历史古国，忽然要抛弃她已经使用了几千年的文字而改用其他国家所习用的完全不同类型的文字形式，在很大程度上可能要付出中断文化继承、中断教育延续的巨大代价；改换文字形式，还会受到亿万文字使用者约定俗成所形成的惯性的自然抵制；或许还会使民族自尊心与不可缺少的爱国热情受到较大的挫伤。加之，以拼音文字与表意文字两相比较，因其特点不同，优劣长短，恰好互补。贸然改之，虽舍我文字之短而取彼文字之长，是否又会同时弃我文字之优而收彼文字之劣？利弊得失，实难衡量。因此，在汉字是否要改表意文字为拼音文字的问题上，尽管已有半个多世纪以来许多社会名流的提倡，但任何政治权威或学术权威都没有断然宣布实行，起码也需要一个"过程"，强调一个"慎重"。

在还要继续使用汉字的情况下，再回过头来看这种表意文字的特点，便会得出这样的结论：汉字的特点既带来了它的短处，也带来了它的长处，可谓优之所在，劣亦难免。如能恰当地进行规范，使它的缺点有所克服而优点得以发挥，就能使它更好地为记录汉语服务。也就是说，汉字需要在经过规范后实现优化。汉字的优化又必须是科学的，要在保持它的特点、遵循它的内在规律、顺应它的历史发展趋势的基础上来进行。

二

在实现汉字优化的过程中，有三方面的问题值得重视。第一，汉字是否要坚持它的据义构形原则、维持它的表意性？第二，汉字是否要简化？是否能简化？简化到什么程度？第三，汉字的构形系统对汉字优化的意义何在？如何进一步使这一构形系统严密化？这三方面的问题，恰恰反映了汉字发展中的三个重要趋势，体现了汉字三方面的内在规律。

关于第一点，汉字的表意特点问题。

原初汉字是以它所记录的词义作为构形理据的，形义统一是它的主要制符原则。但是，在汉字发展过程中，不但这个总的制符原则经常受到干扰，而且已经在这个原则下制出的字符，也时时面临形义脱节的危机。

形义统一原则之所以受到干扰，首先是因为音化符号的产生。如前所说，在书面语和口语互相转化的过程中，语音信息有时变得十分强烈，加之早期汉字为数较少，一部分比较抽象和笼统的词义难以形化，于是，在甲骨文时代，假借现象就已大量产生。借字的通行使音化符号在汉字系统中占有了固定的位置，这一部分汉字的形义是脱节的。同时，原初汉字构形所据的意义只能是造字时期词的一个义位（即所谓本义），随着语言的发展，词义不断演变；随着文字的使用和书写工具的改换，字形也不断变化，所以，形义统一时时都在遭到破坏。这是汉字发展中不可回避的事实。

然而，汉字却始终坚持着符号的义化，总是尽最大可能地在符形上增加意义信息，努力增强字形的表意度。它的主要手段是添加义符。

（一）为因同音借用而转为音化符号的字形添加义符，明确义类，重新将其义化。例如："辟"字本是为"执法"义造的字，一度曾作具有"玉石""躲逃""打开""谕示""宠幸"等义的同音词的借字。但是，在两周金文里，借作"玉石"用的"辟"字就加上了"○"以示珠玉，小篆产生了"璧"字，随之，"避""闢""譬""嬖"等后出本字相应产生，义符添加后，带进了义类的信息，被音化符号认同了的异义词也就得以区分。

类似这种情况，早在两汉时代就已大量产生，很多同音借用字恢复了义化本色：

戚—慼，舍—捨，滋—孳

介—界，采—彩，属—嘱

可以看出，表意符号系统对音化符号有"排异"现象。

（二）当字形演变，原初造字意图有所淡化时，汉字不惜累加义符，增加字形表意的羡余率，来强化形义的统一。例如：

"哥"已从"可"（"呵"的古字），又添加"欠"（"歌"），强化它"口出气"的意义。

"爰"已从"爪"（反手）从"又"（手），又添加"手"作"援"，强化它

"以手援引"的意义。

"䩤"由 🌀 形变化而来，本像以针带线缝合布革之形，因造字意图变得模糊而添加"衣"旁作"襺"，以强化它"缝合衣物"的意义。

🔲 是簸箕的古形，因绘形简单，理据不够清楚，先加"丌"作"其"，又添加"竹"头强化它竹编的质地。

（三）当词义发生变化，原初造字理据较难被后代理解时，汉字的义符用时更换，以求得形义关系在新的基础上重新统一。

"乘"在《说文》中有 🌀，在战国楚系文字中有 🌀 形，改"木"为"几"（登几）和"车"（乘车），以适应"乘"的常用义的变化。

"痛"经通感引申而用来形容心理状态后，隶书中出现"瘛"形，以适应"痛"的"痛苦"义。

"砲"本从"石"，火药子弹发明后，改为从"火"作"炮"。

"豉"（chī）本从"尗"（shū），"尗"就是古代的豆类，当"尗"这个词不再使用而被"豆"代替，"豉"即改从"豆"作"豉"。

这些都说明，汉字的使用者已经产生了一种带有社会性的心理，具有一定文化水平的人们，惯于追究形与义的关系，也就是习惯于在字形上寻找意义信息。在隶书中"迁"字曾写作"遷"，以表示它的"升迁"义；"後"（后）字曾写作"偧"，以"不及"会"落后"义；"葬"字曾写作"埜"，以"土"代"舝"以示"土葬"义……而在民间所造的不规范的简体字中，常会遇到"汣"（酒）、"芁"（韭）、"芌"（菜）等形声字。这些自发的造字活动表明，汉字坚持字形表意，已经成为一种普遍的社会心理。形声字曾被认为是汉字表音趋向的增长，但从以上事实看来，汉字表音趋向的主要表现是同音假借。假借转化为形声，恰恰说明汉字系统对纯粹的音化符号难以接受，而增加义符，正是它坚持自身表意特性的一个重要手段。

三

关于第二点，汉字的简化问题。

汉字的造型趋向于简化还是繁化？历来有不同的看法。许慎《说文解字·叙》曾说大篆到小篆是"或颇省改"，而小篆到隶书是"以趋约易"，这似乎是古代汉字史上的两次简化运动。小篆符形上表现出的"省声""省形"以及去其繁复的措施都属简化，而隶变则使"古文从此绝矣"，似乎是幅度更大的简化。然而我们如果把简化仅仅理解为个体符号笔画的减少，就难以理解在《说文解字》里，相当一部分古文隶定后的笔画反而少于小篆。例如：

禮—礼，酱—牆，雲—云……

汉字的简化或繁化趋势，是不能用个体符号笔画的减少或增多来衡量的。事实上，在汉字发展的每一个阶段，都既有一部分个体字符笔画减少，又有一部分个体字符笔画增多。这是由表意文字的特点决定的。

汉字职能的发挥，是两个不可缺少的环节合成的，这就是书写和认读。就书写而言，人们总是希望符号简单易写；而就认读而言，人们又总希望符号形象易识。然而越简单，就越易丢掉信息，给认读带来困难；追求信息量大、区别度高，就须要形象丰满，也就难免增加符号构形的复杂度，给书写增加负担。二者的要求是对立的，必须加以调节。汉字就要在这个调节过程中，寻求简繁适度的造型。以"星"字为例：

品—曐—曐—星

"星"以三个○为形，是为了与日、月区别。日、月只有一个而星星繁多，三个是最起码的多数。但品的形体简单，可像的事物太多，为了别异，增加"生"作声符，以后又变○为⊙，以适应形符的规整，这是由简趋繁。由于有"生"作声符，不至和"日"混淆了，因而可以把三个"日"减成一个。这又是由繁趋简。我们很难仅以笔画的孰多孰少来确定它的形体演变是趋繁还是趋简，只能由全过程来观其趋势。而"星"的形体演变过程表明，汉字要在最易于识读和别异的前提下，实现最大限度的简化。这实际上就是汉字个体符号优化的过程。

简化确实是汉字曾有也应有的发展趋势，但简化未必优化。试看以下几个字形的演变：

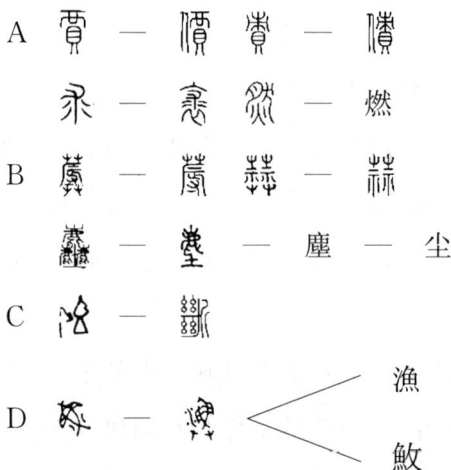

在 A 组中，"價""債""裘""燃"都增加了义符，其中"裘"本来以"皮裘"之义绘形，又多加"衣"符；"然"本有"火"作形符，又累加"火"符，这些都是由简趋繁的表现。但是这种繁化，首先是文字职能分化的必然结果，是字形别异的需要。同时，又增强了字形的表意度，使形义关系再度统一，所以，虽繁而优。在 B 组中，符形由繁趋简，去掉了不必要的多余构件而并未使字形的表意功能弱化。"塵"变为

"尘"，减少了笔画，对意义的标示性反而更加明确。所以，它是符合优化的简化。C组由简趋繁。比较简繁两个字形，简体字明确表示以刀斧断丝，造型简单而造意明确，繁体复重后笔画大量增多，却并未增加必要的信息；所以，属于形体演变中的非优化现象。D组由"鱼"而添加"水"和"𦥑"（双手），本是为了区别名词和动词，这是必要的由简趋繁。隶变楷化后，出现了两个表示动词的字形"渔""敍"，两个字都由繁趋简。从字形表意的准确度来看，"敍"形比较合理，因为"攵"（攴）正是表示动作的义符，而水与鱼之间本有必然联系，就传达意义信息而言，显得多余，用来区别名词和动词，又不够准确。仅从字符的形义关系来考虑，似乎"敍"要比"渔"优化（但它未能通行，原因见后文）。

综上所述，判断汉字个体符形是否优化，应当综合考虑以下三个标准：(1)表意效果好，也就是所存的意义信息量大，而且明晰、准确；(2)辨词功能强，也就是与相关的字有足够的区别度；(3)构形最大限度简化。应当说，汉字在自发的演变中，总是不断地、自然地进行着符形的调整，使一部分符形提高优化程度；而从多数的事实看，简化是一个总体的发展趋势。顺应这个趋势，自觉地对汉字进行规范时，更需要把优化基础上的简化，作为一个重要的追求目标。

四

汉字不是个别字符的随意堆积，它必须形成一个适应汉语词汇意义系统的构形系统，才能全面完成记录汉语的任务。汉字的优化，不仅仅是个别字符的优选，还必须在个别字符优选的基础上，达到字系的优化。

文字产生并经过一段时期的积累后，便成为全社会的精神财富。

就汉字的每个字符的社会性能来看，一般存在个人使用、社会流通和权威规范这三种情况。不论在哪一个历史时期，都会有政治地位不同、文化水平不同、方言区域不同、所司职业不同的人，在学习汉字、使用汉字的同时，按照自己的理解和习惯来改造或创造个别字形。这些个人使用的汉字，经过一段时间的流传，总有一部分为多数人所接受，进入社会流通汉字的行列。而某些社会上已流通的汉字，却可能在流传过程中被新型取代而被淘汰。这种群众性的造字、改字行为，由于是自发进行的，带有较多的盲目性，因此，在促进汉字合理发展的同时，也会造成字形的重复、驳杂、混乱，给文化学习与传播带来诸多障碍。汉字的构形系统，是不可能在这种自发的造字活动中形成的，只有依靠权威和政治力量对汉字进行自觉规范，才有可能按其内部规律规整和描写出这一系统。当然，权威规范汉字，又必须最大限度地尊重字符的社会流通情况，否则，大量生造字符，会使多数人不便使用，甚至变成"文盲"。这就是"敔"字虽在符形上比较合理，而"渔"字仍被确认为规范字形的原因。

纵观汉字的发展历史，可以看到两个大阶段：第一阶段是殷商甲骨文、两周金文至小篆的古文字阶段；第二阶段是由小篆隶变到楷化的后期文字及现代文字阶段。小篆是划分两个阶段的分水岭。这是因为汉字严密体系自小篆开始形成。小篆的构形系统，被许慎的《说文解字》加以规范后经过科学分析而描写了出来。其特点是：

（一）在词汇发展、意义大量增加的情况下，人类有限的记忆功能使构件规整成为必须。小篆形成了一批兼有义符和声符双重身份的独体字。这批独体字音义固定，成为小篆的构形基础。以"示"字为例：

甲骨文中表祭祀的字大部分都有一个标示宗主、木表的形体，但不能单用，因而没有读音，形体又不固定。小篆将它们都规整为"示"

字，充当义符：

禮（礼）　祀　福　祠

祭　祓　祝　祈

以上字中品、丁、于、示、示……到小篆时统一为"示"字，表示上天垂示征兆的意思。它成了基础构件后，把原来的借音字与象形字都类化了：

禄　祥　祖　祠

规整后的"示"字又可作声符而产生了"祋""奈""祁""视""狋"等字。

（二）在构件规整的前提下，甲骨文中多形符结合的象形字，转变为二度构字的会意字：

若　解　奠　典

益　盟　即　既

在甲骨文中，以上诸字只是以多种象形符号组合为一个更复杂的合体象形字。其中的分符难以拆卸下来单用。而在小篆里，各分符都规整为音义结合的独体字，也就是成字构件。因此，这些字都由形合而转为意合。

（三）在汉字表音、表意两种趋势相互矛盾又相互促进的长期过程中，形成了归纳性与区别性更强的形声系统，并且成为汉字的主体。

词汇意义分析性的加强，使多义词派生、广义词分化，要求有效的手段完成"分理别异"的任务。形声系统就是适应这种情况而形成的：

（1）广义分化

臭—殠（褒贬义分化），齅（动静义分化）

取—娶（狭义分化）

（2）引义分化

滴—樀，眉—楣，具—俱

川—训、顺、驯、紃

（3）借字本义回归

曾—增，介—界，录—禄

（4）象形注音

凵—齒（止声）　　蕊—𧄌（好省声）　　齋—鳳（从鸟凡声）

乡—舟（舟省声）　　龍—龐（童省声）　　屮—萅（早声）

前三项以义符作为区别标志，后一项以声符作为区别标志。这都说明，汉字的形声化，是在汉语词汇意义大量增多的推动下，在构件规整的前提下完成的。

（四）义符标义功能分工的严密化，与声符示源功能的大量保存，是小篆形声字的重要特点。

在甲骨文中，形符的标义功能比较宽泛，分工是不严密的。小篆时期，人类思维综合概括能力的增强，使对物类的科学分析归纳有了新的进展，义符分工的严密化就是这种分类成熟的表现。例如：甲骨文"木"与"艸"（草）不分，小篆《木部》表示以下类别：（1）木本植物；（2）植物根、枝条、果；（3）木材原料；（4）木制品；（5）木器制作与木材加工行为；（6）以木或木器为工具的动作。而《艸部》则表示另一些类别：（1）草本植物；（2）植物茎、叶；（3）割草、治草；（4）草器；（5）草的生长状态。

在籀文(大篆)中，"艸"与"茻"不分，小篆把"茻"分出，表示"草多""草丛"义，"莽""葬"等字从茻，不与"艸"部字相重。

其他如"言"与"音"的分工，"水"与"川"的分工，"光"与"火"的分工……许慎《说文解字》建540部，叫作"建类一首，同意相受"，就是在这种严密分工的情况下实现的。也可以说，就是对这种严密分工的体系所作的描写。

由于早期形声字往往是源字加义符的分化字，因此，源字便转化为声符。声符的示源作用还相当显著。例如：

蝦、騢、痕、瑕……均含"红色"源义素。

判、叛、胖、伴、泮、畔……均含"分别"源义素。

麠、鱷、彊、犟、薑……均含"强大"源义素。

形声字的源字，有的就是它的声符，也有的可以通过声符互换、造符借用等线索寻出，这已是无可置疑的了。

归纳起来说，小篆有414个成字构件①与遗留下来的少部分非字构件。成字构件在构字时可以承担标义与标音两方面的任务，我们称之为"形位"。形位的构字频度见下表。

表　《说文》小篆形位构字频度表

形位数(占形位总数百分比)	构字数(占《说文》总字数百分比)
20 个(4.8%)	3868 个(41.0%)
16 个(3.9%)	1140 个(12.0%)
58 个(14.0%)	1609 个(17.2%)
87 个(20.0%)	1159 个(12.3%)

①　取宋金兰：《论〈说文解字〉的形位》(北京师范大学研究生论文选集 1988 年社会科学分册)的统计。

从以上不完全统计可以看出，用 181 个形位，仅占形位总数的 43%，就可以参构 7776 个汉字，占《说文》所收小篆的 83%。

这样少量的形位之所以能表达大量的意义以记录大量的词，是因为形位可以表达多义，这些意义在不同的构造方式中可以区分出来。形位的标音、标义、示源功能以及形位的组合方式，是大量汉字生成的基础。

汉字的这种"形位生成"的构形系统，以少数的符号拼合而成大量的字形，以简驭繁，减少记忆负荷，又能增强字与字之间的区别度，同时又保持了造字的理据。应当说，这是一个优化了的构形系统。汉字的简化，首先是构形系统的简化。个体字符的简化，应当纳入这一系统。所以，个体字符优化的条件，除上文所说的三点外，还要把较好地适应汉字的整体系统列为首要。

五

汉字的构形系统，是适应汉语而生的。小篆阶段形成的系统，能够在隶变、楷化后较好地被继承下来，这是由于自小篆以后，汉字新型的构造数量便急剧地减少。这种情况的产生，是与汉语构词方式的改变相联系的。

两汉以前，书面语以单音词为主，构词的方式是单音造词。由于汉语音节量有限，词的派生便自然而然地以造字作为一种手段。也就是说，字变成为造词的一种标志。简单说，造词与造字的公式如下：

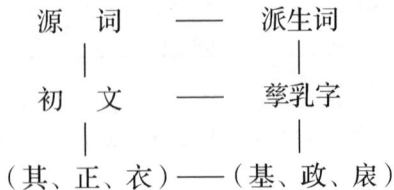

$$
\begin{array}{ccc}
源\ 词 & \longrightarrow & 派生词 \\
| & & | \\
初\ 文 & \longrightarrow & 孳乳字 \\
| & & | \\
(其、正、衣) & \longrightarrow & (基、政、𧘝)
\end{array}
$$

两汉以来，汉语的单音造词逐渐被双音合成所代替，新的词义寓于词素义及其结构中。因此，造词一般不再推动造字了。它的公式是：

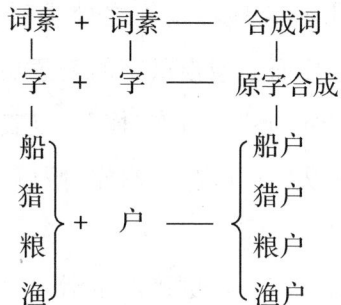

$$词素 + 词素 —— 合成词$$
$$| \qquad | \qquad\qquad |$$
$$字 + 字 —— 原字合成$$
$$|$$

$$
\left.\begin{array}{l}船\\猎\\粮\\渔\end{array}\right\} + \ 户 —— \left\{\begin{array}{l}船户\\猎户\\粮户\\渔户\end{array}\right.
$$

由于双音词的两个词素之间有相互标识的作用，人们对字形显示意义的要求相对降低。就义符而言，人们对这种字符的认读不再是与物象直接联系的，而是概括了的、与词义对应着的。绘形的具象性改变为符号的表征性，不但给笔画的减少创造了条件，而且使偏旁的统一简化有了基础。就声符而言，隶变以后，由于声符互用与造符音借的情况逐渐增多，声符的直接示源作用逐渐减少，后代人们对字源与词源的认识日益淡漠，更使声符的示源作用难以单个地维持。清代以"右音说"来代替"右文说"，便是声符直接示源作用减弱的结果。因此，声符的进一步规整也有了可能。例如：小篆的Ψ（心），隶书放在左边，先作"Ψ"，以后改作"Ψ"，楷书作"忄""忄"，早已失去心脏的具体形象，但它与"心脏"这个意义的联系已经形成，符号的职能已固定了。

論、倫、淪、輪、掄、圇、綸……都有"圆形和有条理"的源义素，"侖"本有示源作用，但它所显示的源义素，已经不是直接由"侖"形表述的，而是由上述一系列字中归纳出的。所以，只要保持上述同源字声符的一致性，用"仑"来统一代替"侖"，就没有破坏它的字源系统。

同时，小篆的义符是起类化作用的，在自然科学与技术尚未高度发展的情况下，分类未必合理，繁复之处也时而有之。进一步地规整、合并与重新措置，反而会增强汉字的表意功能。例如：

"驚"从"马"，不如从"心"，写作"惊"，以表示人的心理活动。

"衇"从"血"，不如从"月"（肉），写作"脈（脉）"，统一归入人体某一部分。

"黴"改为"霉"，用"雨"头，更接近生活，也易被现代人理解。

所以，汉字构形系统的成霖，汉字表意方式的进步，以及现代人思维的发达、生活的改变，都使汉字的规范十分必要，也有了可能。同时，也给汉字在优化基础上的简化提供了很多可行的条件。新中国成立以来在汉字规范与汉字简化方面所做的工作，是汉字发展的必然趋势，是在科学分析汉字的基础上进行的，是适应了亿万人学习文化、掌握文化的合理要求的。

六

但是，汉字的简化又是一个十分细致的工作。如前所述，简化必须在优化的基础上进行，而优化的标准，可以概括为以下五点：

（一）有利于形成和保持严密的文字系统；

（二）尽量保持和维护汉字的表意示源功能；

（三）最大限度地减少笔画；

（四）字符之间有足够的区别度；

（五）尽可能顾及字符的社会流通程度。

因此，简化只是优化的条件之一。这五个条件，实现起来有时是矛盾的，实现了甲，难免牺牲了乙，何舍何取，需要多维地综合考察。因此，在技术实现上，难免顾此失彼。在新中国成立后公布的简化方案里，也有个别字形的处理，值得商榷。

例如：符号"又"的使用。"对""邓""凤""观"（"欢""劝""权"）和"汉"（"叹"）"艰""仅""树""圣""双"都用之，加上原来就使用着的"又"和"驭"。一符承负原有的十二种构件的职能，把原有字符标义、标音、示源的不同功能全部在视觉上等同、混淆。加之，用"又"替代下来的构件又不能在汉字构形系统中彻底取消，"鸡"改"奚"为"又"，"溪"仍存在；"仅"改"堇"为"又"，"谨"仍存在；"邓"改"登"为"又"，"登"仍然不能取消，"澄"又不能也改；"燈"却简为"灯"形。……从整个系统看，增加了构件，繁化了体系，在技术上是一种疏忽。

又如同音代替这种方式，在汉字发展的早期，由于字形较少，曾大量使用过，但之后便用义符将其区分，改造为形声字了。这已说明，汉字系统对这种纯粹音化的字，难以适应。现在，当汉字使用已有成熟的体系后，仍然采用这种方式实行简化，有些又缺乏社会流通基础，便会产生不利的后果，使一部分简繁体未曾通用过的常用字，在古代文献上乃至现代书面语上引起混淆。比如：

出—齣，斗—鬥，谷—穀

干—乾，里—裏，了—瞭

适—適，征—徵，后—後

不过在简化字确立的过程中，只要树立起优化的思想，技术实现上的一些问题便成为枝节问题，总是可以采用一种相对合理的方式来解决的。如果不树立优化思想，技术问题便会大量存在，以至简化了笔画，干扰了字系，使汉字更为混乱。从已公布的简化汉字的情况看，新中国成立以来工作中的问题是属于前者。而且，进一步明确优化的思想后，继续推行构形系统上的规整和继续实行个体字符的简化，还有很大的余地，还有许多工作要做。

当然，在一个 11 亿人口的国家里，文字要保持稳定，才能便于使用。当简化汉字已经成为中华人民共和国的国际指定文字和作为计算机输入的标准字符以后，改动起来更要慎重。何况，汉字的第一次成功地人为规整在汉代，而许冲向朝廷呈上《说文解字》时，中国的通行文字早已变成隶书。小篆字系在当时也仅仅是作为解释汉字形义来源的著作，并未成为真正通行的使用方案。隶书和楷书都接受了小篆字系的总体设计，但它们本身也处在发展中，而且将近 2000 年来，并没有再次进行过全面的、科学的规范。所以，在简化汉字推行以前，汉字系统早已比较凌乱，不合理的情况也时时出现。大量的工作将在今后去做，许多理论问题与技术问题有待研究。已推行的简化汉字，虽有个别不合理的地方，也已在 35 年中为具有各种文化程度的人所接受，有很大的社会通行度。因此，稳定地将它保持一段时间，对它的个别疏失之处，留待同汉字其他不合理的情况一起逐渐地、有步骤地、慎重地解决，这应当是一个有利于汉字和中国文化的较好做法。

研究汉字的构形系统，总结汉字的历史发展趋势，进一步规整现行的楷书字系，这将是汉字管理部门同汉字研究者和教育者共同的任务。从汉字发展的历史看，科学地吸取小篆字系的优化经验，免除它的疏失，应当是一项重要的工作。《说文解字》尽管已被证明许多地方未能存古，但这正说明它具有重视适应当时的汉语词汇意义及其系统的发展眼光。这种改造汉字适应当代的指导思想，也是值得今天吸取的。不论从哪个方面说，重视曾对小篆字系进行过规整和描写的《说文解字》的研究，将是沟通古文字和现代文字的重要一环，也将是研究汉字现行楷书构形系统的一个较好的着手点。

再论汉字简化的优化原则 *

从发掘并识读的甲骨文看，殷商文字已经具有了明显的构形系统化趋势。但是，它的形体尚未完全定型，构形方式虽然有了一些规则，但仍较杂乱，很难整理出一个成熟的系统。在两周文字的基础上，经过秦代"书同文"的汉字规范化，到了小篆阶段，汉字不仅实现了形体的定型化，而且离析、规整出一批相对稳定的最小构字单元，复合造字高度发达，构件组合显出了规律，以形声字为主体的构形系统由此产生。这一构形系统，在东汉成书的《说文解字》里被成功地描写出来，使汉字使用者构形系统化的观念在无形之中有了明显增强。这种观念明显增强的主要表现是，人们对个体字符形、音、义的确认与识别不再是孤立

＊ 原载《语文建设》，1992 年第 2 期。我在《汉字的优化与简化》(《中国社会科学》1991 年第 1 期)、《论汉字简化的必然趋势及其优化的原则》(《语文建设》1991 年第 2 期)中，已对汉字简化的优化原则问题作了阐述。本文拟从汉字构形系统的形成使汉字发生的总体变化来进一步论证简化的合理性，并在对现行简化汉字进行微观分析的基础上将优化原则具体化。前两文中已经阐述过的问题，本文不再重复。

的，而要参照与之有关的其他汉字。也就是说，人们已逐渐习惯了在整体的构形系统中去确定个体字符的位置。

以形声字为主体的构形系统的形成，是汉字发展史上的一个重要转折点，也是汉字在优化原则下实现简化的一个起点。在这一构形系统形成之前，汉字在被自发地创造和使用过程中，个体字符或繁或简的变化总在交替进行，形不成一种历史的趋势；由于历史积淀和不同地域互相吸收而形成的共时共域的异体字也已大量存在，但很难找到一个客观的标准来品评其优劣。只有在构形系统形成后，个体字符的成批简化才有了条件，从而形成了一种趋势。而且，总体构形系统对个体字符的形体具有了日益严密的制约作用，客观的优化标准才有可能在此基础上确立起来。下面分别阐述以形声字为主体的构形系统形成后，汉字字符简化所获得的条件及其优化的可能性。

一

早期汉字的独体象形字，是在图画的基础上形成的，它们靠着鲜明的象物性来传达意义信息：鱼字酷似一条鱼，门字极像两扇门，日字就是一个圆圆的太阳……复合造字大量产生后，这批独体象形字不但能够自己独立成字，而且分别以构件的身份参与了合体字的构成，从而使·批汉字构形系统化。以"门"字为例，它以不同的功能参与构成一批会意字和一批形声字：

1. 開、閃、闖、閉、閑……
2. 閨、闇、閘、闌……
3. 聞、問、悶……

在第一、二组里，"门"充当会意字或形声字的义符，在第三组里，"门"充当形声字的声符。当这个格局形成后，面对这三组字符，人们很容易从第一、二组字中归纳出"门"的"门户"意义，从第三组字符中归纳出"门"的读音。构形系统的形成，使大部分象形字的表意功能变得概括而更加增强，从而不再需要强调原有的象物性；同时，尽管自身形体没有专门表音的机制，但由于充当形声字的声符也有了表音功能。这样，原初象形字凭借它在构字系统中的地位由形化渐变为意化。面对一个总体系统，人们不只是通过象形字去识读合体字，更多的是通过成系统的合体字去识读象形字的音与义。例如，小篆的"日"字由圆变方，已经不像太阳，但人们却从它组构的"晴""景（古影字）""昏""晦""时"等字中归纳出它的"太阳"的意义。"目"早已不像眼睛，人们却从它组构的"眼""睛""眉""盲"等字中确认了它的"眼睛"的意义。"犬"在小篆里就失去了狗类的形象，但"狂""吠""狩""猎"诸字又使它在人们心目中恢复了"狗"的意义。"随体诘诎"的象物性是不厌其烦的，象物性的淡化，使象形字的简化有了条件。

在汉字史上，象形字简化的主要方式是存其轮廓与存其标志。特别是它充当构件进入某一子系统时，以部分形体作为自身标志的方式更为常用。在《说文解字》中的"省形""省声"字中，象形字的省简为数是不少的。例如：

"受"的小篆中，"舟"省作"⼍"；

"慶"的小篆中，"鹿"省作"庐"；

"枭"的小篆中，"鳥"省作"鸟"；

"亭""亳""京"的小篆中，"高"分别省作"高"与"亠"；

……

隶书与楷书对小篆的象形字的省简更为普遍。象形字既然不再强调对物象的描绘，这种省简便不会影响它的表意功效。在构形系统中，我们可以把构字时的个别省简，看作原形的变体。

　　已公布的简化汉字中，继承了上述两种对独体象形字施行简化的方式。存其轮廓的如"卤""亚""伞""车""门""齐""马"等，取其部分为标志的如"飞""习"等。这种存其轮廓与取其部分为标志的方法，也可以应用到一部分可以成为其他字构件的会意字的简化上。前者如"区""当""尧"等，后者如"乡""寻"等。这些都既减少了笔画，又不影响它们的表意功能，是符合优化原则的。

　　象形字与部分会意字存其轮廓或取其部分为标志时，由于笔画的减少，雷同与合并的可能性很大。对这种情况要进行具体分析。一般说来，雷同与合并在以下两种情况下是允许的：

　　第一，同义、近义构件合并后，不影响汉字的表意系统。例如小篆"蚰""虫"分立，隶、楷并而为一，表意系统也可同时合并。小篆从"尾"之字后来从"尸"，从"彌"之字与从"鬲"之字合并，由于合并的义符属近义义符，使义符类化作用增强，不会引起混淆。

　　第二，两个异义构件使用环境不同，构字功能互补，合并后不会影响表意系统。例如"攣"的构件"縊"简化为"亦"，存其轮廓。因"亦"在现代汉字中不单用，"变""孪"……都要以其义符为存在条件，因此单用的"亦"符必定为古语词当"也"讲的"亦"，不会混淆。同理，因为在现代汉字中"舄"不单用，"寫"简化为"写"也不会跟"与"发生意义混淆。

　　但是，另一种雷同便破坏系统，不符合优化原则。例如，"郑"的构件"奠"简化为"关"，而"奠"仍是现代汉字中的常用字，单写时不能改作"关"。这不但使一个"关"形承担两字，而且使一个"奠"字出现两形，既增加了一形多字，又形成了新的一符多形。这种简化，消极意义大于积极意义。

二

人们常把早期汉字(主要是殷商文字)中与小篆会意字相对应的文字也称作"会意字"，其实，这是很不准确的。在殷商文字中，"会意"没有成为一种成熟的构形原则，到小篆时期发展为会意字的一些字符，在当时还只是合体象形字。例如：

（饮）　（拯）　（执）　（降）　（涉）　（陟）

上述合体象形字与后期会意字不同的是：第一，合体象形字参构的构件仍以它的象物性带给所构字以意义信息。第二，合体象形字构件的数目和位置都带有图画的遗存，要反映所构字表示意义的具体情况。上述"饮"字U上的"舌"必须倒置。"拯"上的双手要放在U两边表示援救陷落的人出陷阱，而"执"中的双手必须由刑具梏住。"降"和"陟"中的双脚，前者脚趾向下，后者则必须向上。"降"与"陟"中的双脚以山为背景，而"涉"则必须以水为背景，而且双脚要放在水的两边。这说明，合体象形字的原则是形合，不是意合，形合带来的直接后果是构件无法规整为统一的形体，而且相当一部分构件有形无音，不与语言的词直接对应。因此，合体象形字构字方式繁复，个体性强，需要单个去识别。构形系统形成后，会意字改形合为意合，构件规整，图形淡化以至消失。"降"与"陟"中作为背景的山规整为"阜（阝）"，"陟"中登山的脚与"涉"中渡水的脚一律规整为"步"。以刀"剆"鱼，"剆"形不必把刀插入鱼体；以斤"析"木，"析"形也不必把斤砍入木中。这使会意字的构件数目大大减少，摆布的样式也变得简单，但它却成为汉字中理据性最明确的一种构字方式，携带的意义信息极为丰富。至此，会意方式构字的能产度大大提高，成为对形声字的一种重要的补充。

会意字采用意合的方式把两个以上的义符结合起来时，其中往往有一个义符与形声字的义符一样，也有类化表意的功能，可以说明它所记录的词的义类。这就使会意字不再像合体象形字那样仅仅具有个体的区别，而可以整理进某个子系统。例如上述由"门"构成的会意字，都与门户或开关门的动作有关，它们可以与由"门"作意符的形声字进入同一子系统。

简化汉字总表中的新会意字，绝大部分继承了历史上的会意字的优点，采用了笔画少的构件进行意合，并注意保留有类化功能的主要义符。例如：

标——以木示人，木类；

尘——细小的土，土类；

灭——以物盖火，火类；

孙——小于子的后代，子类；

蚕——天虫为蚕，虫类；

籴粜——买入、卖出米，米类；

笔——竹杆加毫毛，竹类；

……

这类笔画少、理据性强的会意字，都是符合优化原则的。

三

形声字是汉字构形系统的主体。它的义符系统早在小篆时期就已经大大简化，参构的构件数量少至 500 个左右，而且大部分采用了独体象形字，构形随着象形字的简化而简化。声符系统则不然。早期形声字的声符系统直到小篆时代还有繁化的趋势，归纳性较差，构件数量较多。这是因为，在早期形声字的来源中，有三种来源使形声字的声符具有示源作用：

（1）在象形字物象淡化、构形意图不太明显的情况下，加义符强化它的表意性，从而使源字转化为声符。例如甲骨文的"罒"加义符"虫"变成"蜀"，甲骨文的"𣌭"加"示"变成小篆的"祭"等。

（2）在词义不断增加的情况下，加义符使源字的表意职能分工，从而使源字转化为声符。例如，竹编的笱和金属的鉤是由表示弯曲的"句"字分别加"竹""金"为义符分化而来，"句"为源字，转化为声符。

（3）本无其字的借字，原以一形分别承担本义与借义的双重职能，以后加义符进行分化，产生后起本字，原来的借字转化声符。因为借字曾有过记录借义的历史，因此，它转化的声符仍有示源作用。例如"师"曾借为"狮子"义，后加"犭"分化出"狮"；"胃"曾借为"称说"义，后加"言"分化出"谓"；等等。

这种示源声符，在早期形声字里占有相当数量。它不但以共同的源字作为同源系统的形体标志，而且还标示了字所记录的词的词源意义。所以，改换、省简、合并都难以做到。晚期形声字则不同了，在形声字半音半义的格局形成后，大部分词源意义又随着时过境迁而在后代人心目中淡化。后来的形声字，便直接选择音同和音近的声符来区别词项、标示读音了。当然，其中也有少部分仍选用其源字作声符，而更大量的则是单纯根据声音关系来选择。这些声符已不再有示源作用，更换、调整便成为可能。于是，抛弃字形繁杂的声符而改换笔画较少的音同音近字作声符，便成为形声字个体字符简化的一个重要手段。"鰺"可改"鲹"，"璞"可改"圤"，"垠"可改"圻"……都无碍于保持原初的构字理据。即使是示源声符，形声字与源字之间的联系主要是声音联系与意义联系，因此，只要整个同源系统成批改换声符的形体，保留它的声音，也不会打乱其应保持的系统。

甲骨文中的形声字只占 27.24％，《说文》小篆中已占到 87.39％，宋代楷书中超过了 90％。这说明，汉字形声化已经成为历史趋势。形声字的基础构件（基础构件，指对汉字逐层分析后所得的最小的成字构件及非字构件。这些构件形体固定，表意示音的功能确定，是汉字结构的基础。在汉字构形学上，我们也称作"形位"）兼为表意、表音两种作用，形体固定，由这种为数不多的基础构件组构形声字，可以做到音义互别、类源互证，区别度高，手段简捷，是汉字发展中最优化的结构方式，也是促成和保证汉字构形系统相对稳定的关键。因此，唯有使形声字的简化实现优化，才能使汉字的总体系统优化。

如前所述，形声字的声符和义符都存在优化的条件。现行简化汉字，尽量利用了这些条件。

义符需要调整的幅度不大。现行简化汉字合理调整义符而实现简化的如：

驚—惊：改从"马"为从"心"，表示心理活动的范畴；

顠—吁：改从"页"为从"口"，切合"呼吁"义的义类；

願—愿：改从"页"为从"心"，切合"愿望""意愿"义的义类；

……

这些都既适应今天词义的发展，又有较广泛的使用基础，笔画的减少也很突出，简化以后的字形顺利地进入了适合的子系统，因而是符合优化的原则的。在义符不必强调象物性的情况下，义符的类推完全是可行的，"言"与"讠"、"馬"与"马"、"糸"与"纟"等成批地减少义符笔画的方法，对形声系统有利无弊。

声符的调整是大量的。例如"帮"（原从封声）、"吨"（原从顿声）、

"担"（原从詹声）、"矾"（原从樊声）……声符改换后，与形声字的读音更接近了，同时实现了形体的简化，也是符合优化原则的。

值得注意的是，声符的调整，不能只着眼于个体字符笔画的减少，更重要的是应有利于整个构形系统的优化。具体说来，以下三个方面的问题是不可忽略的。

第一，构形系统的简化，首先要控制基本构件的数目，义符与声符的调整应以不增加同一功能的基础构件为原则。简化方案在这方面有考虑不周之处。例如：

"邻""怜"更换了声符，而"磷""粼"仍存。原来由"粦"独自承担示音作用的一组形声字，反而改由"令""粦"两个构件承担，总体系统并未简化。

"扑""仆""朴"以"卜"代"業"，"补"又以"卜"代"甫"。两组形声字音近，本可以合为一个示音系统。但"璞""捕"仍存，与原来相比，非但没有减少构件，反而多出了一个"卜"。何况，"捕"如被类推为"扑"，则与"撲（扑）"混淆，又绝不可行。可见"卜"在声符简化中的使用是不够严密的。

第二，保持合理的区别度，也是调整声符时不可忽视的问题。声符在现代形声字里的主要功能是示音。对没有示源功能的音同音近声符适当合并，对于简化构形系统是有意义的。但是，对声音并不相同的形声字，则应当选用不同的声符以保持区别。简化方案在这方面也有考虑不够周全之处。例如：

"滬"简化为"沪"，"護"简化为"护"，二字同音，声符合并是可以的。但"廬""爐""驢"与"沪""护"并不同音，也简为"庐""炉""驴"，而"盧"单独使用又简作"卢"。该同一的没有同一，该区别的又没有区别。

在谈到区别度时，还应提及符号替代的方法。在简化方案中，有一部分简化构件是对应多个繁体构件的。例如：邓（又—登）、观（又—雚）、汉（又—莫）、仅（又—堇）、戏（又—虘）、鸡（又—奚），一个"又"符，同时替代了六个完全不同音的声符。再加上它还同时替代一部分独体或合体的义符：对（又—菐）、圣（又—耴）、凤（又—焉）、双与轰（"又"表重形两次）。这给汉字的识读和记忆带来相当多的麻烦，形声字的优越性在这些字中难以体现。

云（雲）、层（云—曾）、坛（云—亶）、运（云—軍）、酝（云—昷）、动（云—重），五个"云"符，同时对应六个不同音的声符，虽然其中有三个声音较接近（雲、軍、昷），但也足以造成混淆。

这种由简单的符号来对应多个繁体声符的方法，使用时应当慎重。

第三，历史上保留下来的一部分示源声符，它们作为同源字之间相互联系的有形标志，在更高的层次上，对认读和分析汉字有一定的积极作用，在保存汉字的构形理据方面，是一种历史的遗存。这部分声符的简化，以同形、同步为好。例如："層""增""赠""甑"等同源字的声符，采用同形、同步简化，可以保持原有系统。

"購""構""溝""媾""講"等同源字，也有共同的示源声符。现在"購""構""溝"已分别简化为"购""构""沟"，而"媾"未简化，"講"却简化为"讲"。

这类问题有待进一步解决。

四

在汉字史上，假借作为一种造字的途径，曾给早期汉字留下一些音化符号。但是，假借违背构字的区别原则，不可能大量发展。已有的音化符号，也因为造成构形系统的混乱，难以维持下去，逐渐加上了义符而形声化了。假借字加义符，虽然就笔画的数量来说是一种繁化，但是这种做法强化了汉字的表意性，增加了不同职能字符之间的区别度，就汉字的形体演变来说是一种进步。对于这种形声字，一般不应为了减少笔画再把义符去掉。去掉义符，又恢复为音化符号，使字符的意义信息丢失，并且游离于字符应进入的形声系统之外。简化方案中有的字就是这样处理的。例如：

捨—舍，闢—辟，鬍—胡……

这种处理，不应算作最佳方案。

既然完全音化字对汉字构形系统不相宜，继续采用这种方法施行简化，也应十分慎重。特别是那些在既往的文献中从来没有通用过的同音字，如"瞭—了""鬥—斗""醜—丑""後—后""徵—征"等，如予以合并，等于是现代的新借音字。除非万不得已，这种方法也以不用为好。

但是，形声字的义符并非完全不可去掉。有些加义符的分化字，去掉义符仍是本字，仍有表意作用。原来区别开的职能在现代汉语里重新合并，不会造成历史上曾要避免的混淆。这是因为，现代汉语已经演变为双音词为主，还有另一个词素作为它的环境来区别其不同职能。因此，去掉义符，恢复更早的本字，在总体系统中减少一个字数，不失为一种好的简化手段。简化方案中一些字的简化正是循此原则进行的。例如：

傢—家，錶—表，電—电，復—复，硃—朱，捲—卷，啟—启……

五

根据上述原则，对现行简化汉字进行逐一分析，可以得出以下几个结论：

（一）简化汉字是对已经和正在进行的自发的简化所做的人为规整。汉字构形系统的形成，给汉字简化提出了一个客观的、可以具体衡量的优化标准，也为实现符合优化原则的简化，提供了各种可行的条件。

（二）用已经认识到的优化原则来衡量已公布的简化汉字，符合优化原则的以及在某些方面具有合理性的占绝大多数，不符合优化条件的不过10％左右。而在繁体字中，不符合优化条件的字的比例要比这高得多。

（三）汉字构形系统给优化原则的实现所提供的条件，至今还没有得到充分的利用。一个字一个字地减少笔画，从总体系统看，往往会顾此失彼。总结出现代楷书的构形系统，对整个系统加以全面规划，以实现汉字在优化原则下的简化，不但是可能的，而且是必需的。在继续简化的过程中，有些不合理的个体简化又会变得合理起来。例如，"樣"简化为"样"，而"漾"却不能随之简化为"洋"，因为不符合减少基础声符的原则。但"漾"是个强化形声字，在它的构件中，"氵"与"永"并存，具有符形表意的羡余。去掉"氵"旁，改为"羕"，"羕"不再充当表音构件，符合系统简化的原则，而独用的"羕"仍以"羊"为声符，与"样"仍在同一声符构成的系统中，"样"也就符合优化原则了。

（四）已推行的简化汉字中，确有少量的字不符合简化原则。这是因为以往的简化工作存在个别技术失误。是否定简化、重新回到繁体字，还是在充分总结汉字构形规律、科学描写汉字构形系统的基础上对汉字进行优化的规范，在此过程中继续进行必要的简化呢？显而易见，后一种做法更符合汉字发展的趋势。对于少量不符合优化原则的简化字的调整，当然要等待一个适当的时机。但是，汉字是一个社会约定性很强的记录汉语的符号系统，它仍要不断发展，任何规范都只能保持相对稳定，而不能绝对不变。维护现有的简化字总表是必要的，对汉字进行科学的研究，让大家来议一议既往工作的得失，为汉字的进一步规范创造条件，也是绝不可少的。用科学的态度来促进汉字的合理发展，使它在当代更好地担负记录汉语的任务，这是每一个热爱汉字的人都应当努力去做的事。

谈汉字的自然美化 *

汉字是当前最受世界关注的一种文字，它是世界五大自源文字中不间断发展至今的表意文字，是表意文字的标本、亚洲古文明的活化石，又是一种经受过先进的信息技术考验的现代文字。

汉字在数千年的传承中，积淀了充足的文化审美价值，成就了一种独特的书法艺术。书法艺术与音乐、美术、舞蹈等以鉴赏为主体的艺术不同，它是一种在实用中体现审美价值的艺术，实用的汉字与艺术的汉字没有绝对的界限。汉字首先是记录汉语的符号，形、音、义、用、码是现代汉字的五大属性。汉字先有了自己的记录语言的实用价值，才进入艺术的大门，形成书法，有了艺术审美的价值。所以，艺术的汉字首先是符号的汉字。在这个意义上，汉字艺术的特点，大约相当于建筑艺术。建筑物的作用是承载人们的生活，它正常的审美价值是在实用的基础上体现的。用书法家和汉字学家启功先生的话说："现在书法上的流派

* 原载《美术家》，2021 年第 12 期。

很多，有的偏重于点画奇特，有的偏重于结构的安排与前人不同，有的在章法上参差交叉。可不管怎样写，总有个条件，写出来得是'字'。比如写个'人'字。文字作为语言文字的符号，有它的基本条件。无论怎样变化，它也得受文字作为符号基本功的限制。比如狂草，到怀素，不管曲折到什么份上，'狂'到什么份上，还是能给他做出释文来。既能作得出释文，就证明还没脱离文字本身……书法脱离文字，就好比没有鸡肉的鸡汤，提炼味精，化学上可以这么办。可是艺术上能不能这么办呢？"

汉字在发展中具有了两个层次的美化——自然美化和艺术美化。前者是表意的汉字符号在两维度的方块中构形时自然形成的具有社会性的美，后者是书法家刻意写出的具有个性的美。

汉字的自然美化是全社会的书写者在使用汉字传递信息的过程中共同创造的。在汉字的发展过程中，这种自然美化已经融入既有汉字的各种字体中。

汉字的自然美化，从最初的象形文字构造就已经开始存在。在一些共时平面的异体字聚合里，我们可以看到简繁不同的构形。例如甲骨文的"车"字：

(1)   (2)   (3)   (4)   (5)   (6)

图1　马车图

259

这6个"车"字都是直绘其形，但简繁不同，从马车图可以清楚地看出古代马车的简要装置。车身的后部由车厢(舆)和两轮构成，一根横轴从车身下和两轮中心穿过，两轮内外侧轴上分别有两个辖钉，将轮子固定住。车的中间有一个纵的杠杆，与轴中点连接，叫作"辕"，辕的前端连接的横木叫作"衡"，衡的两边各有一个半圆的卡子，卡在承重辕马的脖子上，叫作"轭"。

了解了车的装置结构，我们便知道上面6个甲骨文构形的详略：(1)只画出了轴所连接的两轮和中间的辕。(2)虽竖放但可以转90度来看，画出轴、两轮和控制两轮的辖钉。(3)画出车厢、轴、两轮和辕。(4)除了辖钉和轭这两个细部，车轴、两轮、杠杆、前端横木都已经画全。(5)画出车厢、两轮与辕，以及辕与衡。(6)除辖钉外，轴、轮、辕、衡、轭各部分都俱全，是最详细的一种。从这一组甲骨文中，可以看出"车"字的自然美化——所有的字形，不论详略，都是两端平衡的。但是同时，也可以看出造字的实用价值——不论详略，都具有车轮，车轮就是车的标志，我们可凭借车轮辨认出"车"字。即使小篆以后"车"字剩了一个轮子，仍为了识别而将其保留。

再如"马"字，我们可以将这个字的纵向演变的链条摆出来：

殷商甲骨	西周金文	春秋早期	战国文字	说文小篆	秦代古隶	汉代隶书

从"马"字的字形演变链条，可以看到历代字体的变化。每个时期不同字体的"马"，都用两到三个方向的一组平行线保持字形的错综和平衡；同时，这两三组平行的线条并非只是为了美观，更是为了字形的表意识别而设计的，它们反映了"马"的三个突出的特征——用来奔跑的四条腿，奔跑时飞扬起来的颈项上的鬃毛和甩起的马尾。画家徐

悲鸿善于画马。我们看他画的《奔马图》，同样可以看到 4 个奔跑的蹄和突出的马鬃及马尾。徐悲鸿奔马图的千姿百态，也在这三个方面表现得淋漓尽致。这正是应了古人所说的"书画同源"。

图 2　徐悲鸿的《奔马图》

汉字发展到楷书阶段，由于书写的笔势化，象形的意味已经很少，但是为了保持结字的美化，产生了部件的变异和重组。这两种现象都是汉字自然美化的结果。

先看部件的变异。这是一种出于结字的美观对部件形体所做的一些微调。这些微调仍要保持字的可识别性。

（1）益 $\frac{\text{水}_{ZB}}{\text{皿}}$　（2）裊 $\frac{\text{鳥}_{SB}}{\text{衣}}$　（3）駿 马$\frac{\text{允}}{\text{夊}}$BB　（4）$\frac{\text{田}}{\text{土}}$ 里JB

汉字是表意文字，它的字形携带着可以讲解的字意，上面这 4 组字猛一看起来已经难以讲解字理，这是因为汉字书写时为了字的美化，将部件进行了少量的处理：（1）"益"上面的部件是"水"，水从器皿中溢出，但是为了结字的外部轮廓平整，"水"是横着放置的，我们称作"置向变体（ZB）"。（2）"裊"字从"衣"、从"鳥"声。由于上下结构容易把字拉长而影响均衡，在部件的结合处省去了"鳥"的四点，将"衣"插入框中，解决了结字的紧凑问题。我们称作"省减变体(SB)"。(3)"骏"字从"允"得声，"允"单独书写最后一笔是竖弯钩，属于外延式笔形，但它在结构图式里所占的仅仅是右上角，为了字形的结构紧凑，将竖弯钩改为侧点。我们称作"笔形变体(BB)"。(4)"里"字从"田土"，两个部件都有中间一竖，连在一起成一笔。我们称作"交重变体(JB)"。这4种变体都是为了结字的美化和书写的便宜，认字时，需要特别留意还原它们的字理。这种情况在汉字的楷书阶段十分普遍，可以作为汉字自然美化很典型的现象。

再看部件的重组。这是一种出于结字的均衡方正，对部件位置进行调整的现象：

(1)颖　(2)强　(3)杂　(4)磨　(5)疆

(1)"颖"字从"禾""顷"声，将"禾"置于"匕"下。(2)"强"字从"虫""弘"声，将"虫"置于"厶"下。(3)"杂"字从"衣"、从"集"，将"木"置于"衣"下。(4)"磨"为上下结构，将"广"左边一撇拉长，变成左上包围结构。(5)"疆"字从"土""强"(qiáng)声，将"土"套在"弓"下。这也是一种汉字自然美化的典型现象。

这两种书写现象，都可以看出楷体字在追求实用性的同时也在追求均衡、方正、允当、错综的美化。

汉字的自然美化是书写汉字学中的一个非常重要的现象。汉字在完成了初步的造字阶段进入大规模使用时期后，它的社会功能是由两个不可分割的过程合起来实现的，那就是书写与释读。书写与释读在应用的要求上存在着矛盾：书写希望字形简单，有利于速成与便捷，释读却要求字形有更多的信息，有利于确认与区别。汉字字形忽简忽繁，但始终简繁适度的造型和相互关联的系统趋势，汉字构造的理据不断丧失，然后又不断恢复与重组，都要从汉字书写与释读这两个过程矛盾统一的发展中来观察，才能解释清楚。前面说过，汉字和建筑一样，实用之中具有造型美的条件，才在实现了应用价值的同时也呈现出审美功能。没有书写的自然美化，也就不会有汉字的艺术美化。

汉字的识别和书写的基本单位是不同的。汉字识别的基本单位是部件和整字，而书写的基本单位是笔画。汉字按笔画书写，按部件认读。但是，汉字的自然美化是在结字层面上发生的。汉字的结字又称结体，它由轮廓、重心、布局和疏密几个方面来体现审美。汉字的正楷外部的轮廓不一定是正方形，可以是上下三角形、上下梯形、多边形甚至更为复杂，但追求平整和稳当，不能是"古怪形""杂乱形"。在平整、稳当的轮廓中，整字的重心非常重要，不同的字体对重心会有天然的要求。例如，小篆的重心偏上，下部比较宽绰，楷书的重心仍然偏上，但略微向中心移动，在视觉上造成人们对这两种字体不同的感觉：前者雅致，后者沉稳。保证轮廓和重心必须从布局入手，汉字的构造从字理出发，没有固定的部件搭配。布局反映笔画组合与部件组合的空间关系，写字必会有着用笔人心理的调整。上下结构的承覆关系，左右结构的让就关系，以及前面所说的部件书写的变异和位置的重组，都是一种自然的美化。不论布局多么合理，部件的笔画数都不可能是均匀的，处理笔画的疏密是重要的。清代邓石如对唐以后真书的结体有一个笼统的评价，说这类字体"字画疏处可以走马，密处不使透风"。这里便有了书法名家的艺术手法。写字写得好，首先要体现汉字的自然美化，保持它的可识别性。书法艺术讲究个人书写风格，使汉字的自然美化发挥更为引人入胜的作用，达到艺术美化的境界。他们的贡献和创造，不能超越汉字含有自然美化因素的客观结构，却是来源于自己的修养和功夫，来自饱读诗书的传统文化素养，来自内心的美感体验。所以，能够称为"书法艺术家"的人，应当不会很多呀！

从释读的静态文字学到当代书写的动态文字学*

——论启功先生文字学的特点

一

中国的文字学是从古代"小学"发展来的，"小学"别称"六书学"，是以汉字的结构为主要研究对象的。"保氏教国子，先以六书"，很明显，这种文字学是从教给人认字的角度出发来总结的，也就是说，它是释读的文字学。金石之学始于宋代，清代晚期有了古文字学，扩大了文字学研究的范围，出现了"字母说""孳生说""三书说"……动摇了"六书"的地位，但是有一点并没有改变，那就是关注的仍然是汉字的结构，是汉字形与义的关系，仍然是释读的汉字学。

实际上，汉字在完成了初步的造字阶段进入大规模使用时期后，它的社会功能是由两个不可分割的过程合起来实现的，那就是释读与书写。对于任何人，母语可以自然习得而文字却需要刻意学习。释读的初级阶段以认字为目

---

* 原载《启功书法学论文集》，北京，文物出版社，2003。后经改动，载于《陕西师范大学学报》，2008年第1期。

的，高级阶段以阅读他人的书面语或复读自己的书面语为目的，都是对已经写好了的字的初认或再认。

释读的汉字学以写好的汉字为研究对象，所以是静态的汉字学；认字是认别人写好的字，所以又是接受的汉字学；以前的"小学"要认读经过大学问家规范过的字，而且把汉字当成"经艺之本，王政之始"来看待，这是雅文化（上层文化）正规教育的汉字学，后来的文字考据面对的书面语扩大为俗文献、小吏写的低级文书等社会通行字，这是不论雅俗的汉字学，其目的仍然在认字和阅读。

字是写成的，光研究写好的字却不关注字是怎么写出来的，不是完整的汉字学。静态的研究很难深入开掘汉字发展的内在规律，也无法对汉字发展中出现的诸多现象进行解释。

写好的汉字里表现出一些现象，实际上都与书写的事实有关。这里举出一些实例说明书写对构形的影响。现代所能看到的最早的实用汉字是甲骨文、金文，因为书写的载体和工具不同，它们不但有风格上的差异，同一个字也有不同的写法。甲骨文、金文之后出现的简帛文字、纸写文字，都有主用字体和速写字体之分。隶书本来就是因篆书速写演化而来的，古隶与章草并行。楷书和行书、草书同时通行，没有行书，楷书的笔形无法实现。这些现象，是"六书学"解释不了的。汉字书写的社会性越来越强，异构字与异写字不断出现，不从动态的书写来观察，异写字的形成就无法解释。汉字字形忽简忽繁，但始终保持不同程度的系统趋势，汉字构造的理据不断丧失，然后又不断恢复与重组，这种现象只靠观察别人写好的字是难以理解的。要注意汉字书写的动态——也就是写字的过程，这种书写的汉字学始于当代，是启功先生将它系统化并完善的。

二

启功先生创建了汉字字体风格学。他对字体提出了宏观的定义："所谓字体，即是指文字的形状，它包括两个方面：其一是指文字的组织构造以及它所属的大类型、总风格。例如说某字是象什么形，指什么事，某字是什么形什么声；或者它是属于'篆'、'隶'、'草'、'真行'的哪一种。其二是指某一书家、某一流派的艺术风格。例如说'欧体'、'颜体'等"①。在这个定义里，启功先生明确地把字形与字体分开，把字体限定在按风格分类的范围内。同时，他把字体风格分为"大类型、总风格"和"某一书家、某一流派的艺术风格"两个方面。为了区别这两种不同的风格，我们称前者为"字体"，后者为"书体"。

一般人总以为，字体问题纯属书法问题，是艺术问题，与汉字学理论关系不大，因而未加重视。启功先生的《古代字体论稿》深入地揭示了字体问题在汉字学理论发展中的价值。字体风格是汉字发展中必须时时关注的问题，这是因为：第一，它不但自身是汉字学不可或缺的一个重要部分，而且会影响到汉字学中的字形结构问题；第二，书法学的前提是汉字科学，然后是书法科学，再后才是书法艺术，没有科学作前提的艺术可以称"创作"，但不可以称作"学"。当然，字体的研究从书法学的角度和从文字学的角度是有所不同的，前者着眼于汉字的艺术化（美化），后者着眼于汉字形体的描述和解释。

三

关于字体，启功先生在论及古代字体时提出了几个重要的观点：

---

① 启功：《古代字体论稿》，北京，文物出版社，1999。

第一，字体风格的形成由微而显，两种主流字体交替必有一个过渡带；第二，字体风格多种多样，形成的原因有时代、用途、工具、方法、写者、地区六个方面；第三，历史字体存在名实不对应的现象，这是由于字体分类的多角度、多标准造成的；第四，字体风格模糊朦胧，但特征是可以描写的①。启功先生是当代的书法实践家，同时也是书法理论家和书法评论家。如何描绘汉字的字体风格特征？启功先生从书写的角度，提出了若干观察字体风格的方法。他的主要方法是将同一种字体的风格特征进行分解，从字体大类别的风格特征中总结出字体的风格属性。

1. 行笔。行笔分为笔势与笔态。完成一个单笔画行笔的过程特征，称作笔势；形成单笔画后的姿态特征，称作笔态。很显然，笔态是由笔势造成的，但是由于笔势是动态的过程，描写笔势需要对笔态进行观察。对行笔的描写，只有在观察笔态的基础上分析其笔势的过程，才算是完整。对于不同风格的字体，在分析行笔的特点时要特别注意三个重要的方面：

（1）笔画的弹性。启功先生在论证书体时将笔画分解为头、胸、肚、尾四部，笔画有不同程度的弹性，这种弹性主要表现在单笔画肥细的变化和均匀度上。启功先生在谈到商代甲骨、玉片、陶片上朱或墨写的字时，说它们"都有一种情状，即是笔画具有弹性，起处止处较尖，中间偏前的部分略粗，表现了毛笔书写的特色"。他认为，"在西周铜器上也出现过这样的字，例如智君子鉴、嗣子壶等，还有楚帛书、长沙仰天湖楚简、信阳楚简等。虽然互相有其差别，但主要风格

① 王宁：《汉字字体研究的新突破——重读启功先生的〈古代字体论稿〉》，载《三峡大学学报》（人文社会科学版），2001年第3期。

267

上都属于同类的，是古代的一种'手写体'。这种弹性与商周某些铜器上随形轻重和接搭凝结的笔画姿态并不相同。"他又说："回过头来看魏石经的古文，实有一种毛病，即是笔画弹力表现得非常呆板一律，胸部都较夸大。其实这也不难理解，把简册上的字移写入碑，便有整齐一律的要求。"①从这个实际的分析里，可以看出启功先生所说的"弹性"概念的内涵。按照这种分析的原则，楷书的笔画弹性要大于隶书。

（2）笔锋。笔锋指的是入笔（头）和收笔（尾）的情状。启功先生在谈到篆类中的"蝌蚪"、也就是《说文》的古文时，认为它属于手写体，说"它的点画下笔重，收笔尖"②，就是对笔锋的描述。在谈到《正始石经》的小篆时，特别说到它"笔画较匀细，但常见入笔顿挫，收笔保留尖锋的手写特色。"③这些都是对笔锋的描写。根据这种属性的分析，隶书的收笔是露锋而楷书的收笔则是藏锋。

（3）转折。也就是接笔与折笔转折处的轨迹。它的特征主要表现为圆转或方折上。例如，隶变的关键是将篆体圆转的折和围（封闭的折为围）转变为方折。

2. 结字。也就是整个单字笔画与部件的组合布局的状况。汉字的结字总体要保持匀称，疏密得当。不同风格的结字特点主要从两个方面分析：

（1）重心。启功先生在谈到北碑的结字时说它"常把一个字的重心

---

① 启功：《古代字体论稿》，北京，文物出版社，1999。关于字体风格属性的引文，不加注者，均出自此书。

② 启功：《从河南碑刻谈古代书法艺术》，《启功丛稿·论文卷》，139 页，北京：中华书局，1999。

③ 同上。

安排偏上，字的下半部常是宽绰有余，架势比较庄重稳健"①，可见重心与风格是直接相关的。小篆的重心偏上，下部比较宽绰，楷书的重心一般居中，造成人们对这两种字体的感觉不同：前者雅致，后者沉稳。

（2）摆布。首先指部件之间的空间关系。左右结构的字如果两个部件的笔画不均匀，笔画少的部件在书写时要让出一部分空间，使笔画多的部件靠就、扩展。这就是所谓的"让就"之说。上下结构的部件则有"承覆"之说。上部件小于或窄于下部件，如"奇、杲、集"等，为下承上。上部件大于或宽于下部件，特别是交接部位呈"人"形时如"奈、合、令"等，为上覆下。其次，部件的空间关系也会影响笔画之间的空间关系。启功先生曾引用清代邓石如对唐以后真书的结体的说法，说这类字体"字画疏处可以走马，密处不使透风"②。这是因为唐以后的真书要用笔画的疏密来调节部件的空间，因而不能把笔画平均分配。汉字的摆布对结字的影响具有决定作用，在字体里，摆布可以总结出一些基本规律，而在书体里，摆布具有很大的任意性，这些任意性是个人书写风格造成的。

（3）行气。也就是单字排列的横竖比例造成的效果，分横行气与纵行气两类。启功先生在谈到西周铜器时曾说它的铭文"由两项条件所组成的特殊迹象"，其中的一项即是"有竖行气，也有横行气，或更有方格，在格中写字"。

3. 笔意。笔意是整个单字样式的特征，分为图画性强和图案性

---

① 启功：《从河南碑刻谈古代书法艺术》，《启功丛稿：论文卷》，143 页，北京，中华书局，1999。

② 同上。

强两类。又分隆重的雅体和约易的俗体两种风格。笔意的形成，与上述每一个属性都相关，它是上述属性综合的产物。这些风格属性，是互相关联的。例如，转折的特征与笔意的类别有关。圆转的折是软性的，有利于图画性的汉字；而方折是硬性的，有利于图案性的汉字。都是可以分辩、能够称说、严谨而科学的。字体风格的属性化，使字体理论不再是可以意会而不可言传的东西，为字体问题成为汉字学理论体系的一个重要方面奠定了基础。这些观点对汉字历代字体的发展作了充分的总结，对汉字发展史做出了重要的贡献。

关于"书体"，启功先生指的是"偏于书写的艺术风格方面"，"包括对各种书法流派的品评、各种碑帖的考订等等"。对"书体"，启功先生有十分辩证的看法，他说："或问学书宜学何体，对以有法无体。所谓无体，非谓不存在某家风格，乃谓无某体之严格界限也。"①这是说，对学习书法而言，重"法"不重"体"，但是在书法鉴赏、碑刻鉴定等方面，也就是面对已经形成的"书体"而言，启功先生又很重视风格特征。

四

启功先生就书写风格的共性与个性问题创建了"书格说"。他在《论书札记》中说："风气郁人，不易转也。一乡一地一时一代，其书格必有其同处。故古人笔迹，为唐为宋明为清，入目可辨。性分互别，亦不可强也。'虽在父兄，不能以移子弟。'故献不同羲，辙不同轨，而又不能绝异也，以此。"②

---

① 启功：《启功论书札记》，北京，北京师范大学出版社，1992。
② 同上。

　　启功先生运用"书格说"分辨了历代字体的风格特点，根据这些观察到的特点分辨了碑刻的时代和地域。例如，他提出《夏承碑》乃北齐重立，就是因为现在所见的《夏承碑》"掺杂隶篆之体而混于一碑中"，是汉碑隶体中绝对没有的现象①。"书格说"不仅用以分辨碑刻的时代地域，而且用以确立书家的特征。启功先生对北朝《张猛龙碑》的价值给予了高度评价，他说："龙门诸记，豪气有余，而未免于粗犷逼人；芒山诸志，精美不乏，而未免于千篇一律。惟此碑骨格权奇，富于变化，今之形，古之韵，备于其间，非他刻所能比拟。"这是在总体风格共性的基础上求其个性特征，都属于"书格学"的范围。

　　关于书法风格，启功先生提倡"风格移植"和通过移植而创新：

　　　　某一艺术品种的风格，被另一个艺术品种所汲取后，常使后者更加丰富而有新意。举例来说：商周铜器上的字，本是铸成的，后人把它用刀刻法摹入印章，于是在汉印缪篆之外又出了新的风格。又如一幅用笔画在纸上的图画，经过刺绣工人把它绣在绫缎上，于是又成了一种新的艺术品。如果书家真能把古代碑刻中的字迹效果，通过毛笔书写，提炼到纸上来，未尝不是一个新的书风②。

　　启功先生就书写的运笔，创建了"理趣说"。他以笔的六面行动——前后左右提按——为"理"，"理"是运笔可能行动的方向。按理写字的姿势或席地而悬腕，或临桌而贴腕，均需"指腕不死"。又需

---

　　① 启功：《论书绝句百首》，185 页，北京，荣宝斋出版社，1992。
　　② 启功：《从河南碑刻谈古代书法艺术》，《启功丛稿：论文卷》，144 页，北京，中华书局，1999。

"轨道准确，如走熟路"，这些都是写字之常法。总结这些常法，纠正历来的误解误传，建立的是基础写字学。这使书法文字学免去了神秘虚玄，任何人都可以起步。但是，书法艺术又不是仅仅循理依法实行就可以达到的，在"理"与"法"的背后，还有一个"趣"字。要"解其笔趣"，既见笔，又见字，位置聚散不失度，点画顾盼不呆板，"行笔如'乱水通人过'，结字如'悬崖置屋牢'"。这些属于更高层次的艺术写字学。

体、法、理、趣是启功先生书写文字学的四个主要方面。这种研究汉字学的新角度，丰富了中国的文字学，也充实了中国的文字史；它是动态的文字学，施行的文字学，它补足了释读文字学的另一面，解释了释读文字学中许多知其然而不知其所以然的现象。

启功先生创建的书写文字学，与一般讲书法的书有很大的区别。首先，它是从中国历代有代表性的书写成品中总结出来的，是从风格上对汉字史进行的高度概括。其次，它来源于丰富的实践。启功先生的实践包括观赏的实践、鉴别的实践和自己长期书写的实践。来自实践的归纳总结是切实的。所以，这些论述不是虚玄的感悟式的描述，而有十分准确的可操作性，构成了严密的理论体系。上述的每一个概念，都既有自身的定义，又具有相互的关联，也都可以进一步加以论述。启功先生作为汉字书写、鉴别、欣赏的实践家和贡献卓著的文字理论家，他的文字理论开一代新风，为中国汉字学开辟了一个崭新的领域，弘扬这些理论，是我们今后需要集中精力投入的一项重要工作。

第四辑

汉字的科学规范

告别铅与火的时代 *

——谈信息时代的汉字规范

20世纪90年代开始，全世界进入信息时代。信息时代的特征，可以从三个方面来说明：首先是生产活动引入了信息处理技术，也就是计算机进入了工业、农业生产和科技发明，使这些部门的自动化达到一个新的水平，生产力的提高是飞速的；其次，电讯与计算机系统合而为一，可以在几秒钟内将信息传递到全世界的任何地方，电报、电话、邮政都被网络传播替代了，人类的交流必须在这样的条件下来考虑成败；最后，信息和信息机器成了一切活动的积极参与者，甚至参与了人类的知觉活动、概念活动和原动性活动，也就是在精神活动方面，也有越来越多的内容，由电脑部分代替了人脑。年纪稍大一些的老人会感觉"生活不一样了"，日子好像比以前过得快了，年轻人的很多知识过去都是老人说给他听，教给他学，现在他们知道得比老年人还多。网络也是让老人们头疼的问题，要想多

   * 原载《汉字与中华文化十讲》第八讲，北京，生活·读书·新知三联书店，2018。收入时有所改动。

知道一些事，必须学会操作电脑、手机，要想告诉别人一些事，用嘴说、用笔写都只能对着跟前儿的一两个人，再多一点人、距离远一点，还得用电脑、手机。年轻人没有经过前面的日子，没有对比，但也会知道，如果哪一天停电或者网络出了问题，会有一种事事都难办的感觉。信息时代改变了人们的生活方式，改变了人与人相处的方式，改变了人们的学习方式，也就必然要改变人的思维方式。这就是信息革命进入了你的人生，老经验不行了。

中国的信息革命，前面说到的三个方面，都跟汉字有关，特别是第二个方面。如果汉字没有进入计算机，手机和计算机里只有英文，我们还能像现在这样，人人都生活在信息社会吗？汉字如何进入计算机，进入以后又遇到些什么问题呢？

从 20 世纪初开始，汉字经历了不平凡的一个多世纪。我们把这一段尚未从我们生活中走远的历史，以 30 年为一段来看：

1919 年五四新文化运动到 1949 年新中国成立，恰好是 30 年。从 1949 年到 1979 年改革开放，又是 30 年。从 1979 年到 2009 年，这又是一个 30 年。现在我们进入第四个 30 年，让我们来关注第三个 30 年的后 15 年直到现在。在这段时间里，汉字遇到了许多新问题，它从 5000 年文化的历史传统起步，经过了曲折的改革道路，进入一个崭新的、全球性的信息时代。计算机广泛运用于通信系统，互联网在几秒钟之内，就把信息传到全世界的任何一个地方。我们今天发一个 E-mail，给远在国外的亲朋好友，不用两分、两秒钟，大洋彼岸就能收到。信息传播的速度和信度决定了人类涉及的各种活动，由于计算机可以提前告知很多未知信息，它从技术上增加了达到预期目的的可能性。信息技术也由此成为人类获取新知识的一个重要手段，信息知识成为人类智慧的一个重要源泉。对信息技术的掌握与否，成为各行业竞争胜负的关键所在。我们经常听说"时间就是金钱"，这句话不仅是对商业和金融来说的，在任何方面，谁能够对信息掌握得又快又好，谁就能最有效地得到自己的所需，取得胜利和成功。所以，知识如潮水般迅速涌进每个人的生活，科技术语也很快地扩展为全世界的日常生活用语，生活的节奏加快了。信息使人的智慧，人的生活，人的交往，人的工作和全世界的生产都改变了模样。

汉字在这样的时代背景下，面临着信息化提出的一个更为尖锐的挑战。全球实现信息技术革命以后，由于信息和信息技术的巨大作用，政治、经济、文化各方面的国际交流就越来越密切。它使得地区、国家、企业、各个人民团体之间都更加互相依存，国际关系有了一个新的格局。在这个格局中，中国不再是一个不关紧要的角色，这个亚洲 14 亿人口的大国已经崛起，为世界所瞩目。在这样的时代背景下，汉字能否进入计算机，它能否直接传递汉语的信息，是其存亡的关键。倘若汉字到今天还进入不了计算机，那么，我们就需要将自己的话翻译成英语后，才能再向世界传递。如果再从英语翻译回汉语，也许最后连我们自己都不知道最初的话是什么意思了。这样的传播方式既阻碍了信息传递速度又影响了信息传播信度，同时也失去了话语主导权。

在第三个 30 年的前 15 年里，汉字迎来了信息革命的挑战。中国计算机文字信息处理专家王选院士，在 1981 年主持研制了中国第一台计算机汉字激光照排系统原理性样机"华光Ⅰ型"。有了这一台激光照排以后，我们就可以将信息输入到计算机内，并且它能使信息转化到纸上一页一页输出来。从 1985 年到 1993 年，王选院士又先后主持研制，成功推出了"华光Ⅱ型"到"方正 93 系统"，一共五代产品，以及方正彩色出版系统。这样印刷又进入了彩色系统。而在此之前，我们是通过铅字排版印刷书籍的。铅字先要用手刻，刻完了再去做成模具，然后批量浇注。印不同的书，如果遇到之前没有的字，还得重新刻字。而且铅字是耗材，用过一段时间后，凸起的字面就会磨平，必须更新。因此铅字排印，费时费力，效率很低。由于铅字是用火铸成的，所以我们把这个时代称为"铅与火的时代"。王选院士研发的这些成果开创了汉字印刷的一个崭新时代，使我们的报业和印刷出版业真正告别了"铅与火的时代"，迈入"光与电"的技术革命。

除此之外，激光照排系统还可以将图书数字化。以线装古籍为例，图书数字化是将原先一页一页的线装书经过处理变成文本，计算机将书中各种各样的信息集合到一起，我们便可以利用计算机进行检索、引用等工作。比如，我们想了解"汉字"这个词什么时候才有的，从先秦到现在的历时变化，只要有一个电子版的《四库全书》和更多的历代古籍语料，计算机就能将它的应用情况查出来，集中到一起，这样大大方便了我们的研究工作，也改变了我们的阅读方式。

过去，我们常说一个汉字的属性有形、有音、有义。到了简繁对应的时候，它又有了"用"这个属性。比如简化字"干"，它对应了四个繁体字，分别是"干""乾""幹""榦"，在大陆是一个简化字，对应港台和古籍四个繁体字。也就是说，同一个"干"，在简化字文本里和在繁体字文本里，有不同的字用属性。在激光照排实现的这一个 15 年内，汉字又多了一个非常重要的属性，就是"码"。我们现在天天都在电脑前打字，实际就是在用码来输入、输出。码是汉字进入计算机的关键。汉字在计算机里需要一个内码。内码相当于每个汉字在计算机系统里的户口，一个汉字在计算机的虚拟空间里被编排好，就拥有了一个码位。

1980 年，在汉字刚刚进入计算机时，国家标准局发布了《信息交换用汉字编码字符集》，1981 年 5 月 1 日投入使用。这套国家标准的标准号是 GB2312—1980。GB2312 是第一期字符集，共有 6763 个字，主要包括 3500 个常用字以及相对应的繁体字，能够基本满足汉字的计算 机 处 理。而 在 这 个 时 候，中 国 台 湾 用 的 字 符 集 叫 作CNS11643CBIG5，俗称"大五码"。同一个汉字在这两套字符集里并不在一个码位上。

大陆《信息交换用汉字编码字符集》　　中国台湾《CNS 11643 CBIG5》俗称"大五码"

图　内码与字符集

比如，汉字"一"在 GB2312 中处于这个码位，而在 CNS11643CBIG5中又处于另一个码位。因为同一个字的码位不一，所以那时两岸交流中经常出现乱码现象。经过很多年的研究，我们才开发出新的技术，能够将大陆的码与台湾地区的大五码相互转换，这样原先交流中的乱码丛生现象慢慢消失。信息技术问题的解决，推动了两岸政治、经济、文化等方面的交流。我们现在去台湾地区旅游手续办理效率大大提高；两岸的出版物互相购置，学术研讨会层出不穷；艺术作品和文物也经常在两岸轮回展出。本来是同宗同根的两岸文化，在几十年的隔绝中，曾经产生了一些差异，随着两岸交流的频度和深度与日俱增，缩短了距离，向着求同存异、和平统一的趋势发展。历史造成的简化字和繁体字的差异，在信息时代，由于信息技术的发达，没有形成文化的隔绝。这个过程不到 20 年的时间，年纪稍大一些的中老年人都经历了这个过程，都应该记忆犹新！

信息时代给汉字带来的又一个机遇和挑战就是国际化。中国在世界上已经是特别被关注的新崛起的国家，它与世界各国之间的联系、交流都日趋紧密。随着信息交流的密集化，汉字也跟随汉语在向海外传播。中国在全球各地开设孔子学院，就是为了适应汉字所面临的这种国际机遇，给世界各地对中华文化有兴趣的朋友、希望学习汉语的朋友，提供一个了解中华文化和汉语的教学渠道。还有大批的外国人来到中国学汉语，现在几乎每个大学都有对外汉语教学这一专业，比如北京语言大学、北京外国语大学等，都是比较集中进行双语教学的大学。在这样的形势下，庞大的字符集如果不加整理，就无法让非汉语母语国家的学习者用来学习。我们必须有适应新时代的、适合中国大陆应用的字符集，而在这个字符集的每个码位上，对字形的标准化应当有更高的要求。这是汉语信息传播速度和信度的要求，是汉字教育的要求，不论人们是否认识到，它都是国家富强的必须，更是人民的长远利益的体现。

因此，对于汉字所面临的国际化问题，我们要考虑汉字的国际编码。国际编码是怎么一步步实现的呢？1990 年，正式发布了 CJK 字符集，全名称叫作《统一的中日韩汉字编码字符集》。为什么叫 CJK？主要指三个国家，C 代表中国，J 代表日本，K 代表韩国。这个字符集一共有四行，简繁字、异体字、不同国家所用的不同形体的字，各自有各自的码位，各自有各自的字符集，所以 CJK 字符集共有 20902 个字。可以分别输出，相互转换。这个字符集作为新的汉字信息处理国际标准，使汉字信息处理向国际化方向迈出了重要的一步，后来成为国际编码的基本集。

到了 1994 年，作为国际标准的《通用多八位编码字符集（UCS）》开始启动，其中 UCS 是 Universal Character Set 的简称。汉字为什么要标准化？这就要说说标准的相关问题。我们知道工业的国际标准简称 ISO。工业标准是非常重要的。比如电器插头，在工业标准化前，中国香港、澳门和新加坡的电插头是两方一圆，和我们内地的完全不一样。20 世纪 90 年代，我们带着计算机到香港教学或者学术交流，必须带一个插头转换器。有了国际标准后，各个地方的插头都一样，就不会有这样的麻烦了。因此工业先进的一流国家往往可以出台国际标准，这样全世界都得跟着它走。在 ISO 国际标准机构下，专门有一个符号标准，那就是研制国际符号标准的，简称 WG2。汉字国际编码，也就是"国际标准 ISO/IEC 10646 工作组"从 1994 年开始工作。中国是汉字的祖国，创建汉字国际标准字符集，理应是以我们的工作为主导。

《信息技术通用多八位编码字符集（UCS）》的基本集就是上文所说的 CJK 字符集，一共是 20902 个字。然后依次扩充，从扩充集 A-27484 个字发展到扩充集 B-70195 个字，再到扩充集 C-74344 个字……现在已经到了扩充集 E，共有 80334 个字。2013 年国务院发布《通用规范汉字表》时，其中有 3 个字没有被国际编码字符集收录，没有码位就意味着无法在网络上呈现，最后由中国提交并收录在内。有了这么大数量的国际编码字符集，我们的汉字文本包括古籍文本都可以在网络上被全世界看到，中国文化通过网络走向世界也就容易多了。

但由于汉字的人文性，整理速度慢，无法跟上技术发展的速度，所以这个国际编码字符集没有经过很好的整理，存在一些问题。

比如：

1. 同一个字有两个编码。例如：

兀（5140），兀（FA0C）；

胶（080F6），胶（03B35）；

炯（03DB7），炯（2420E）。

上述三组字其实都是同一个字，可是它们的码位却不同。同一个字有不同的码位，最起码会影响检索和统计。在文本输录上也会产生偏差。

2. 不同写法的同一个字没有认同机制。例如：

户（6237），戶（6236），户（6238）；

税（07A0E），税（07A05）；

宫（05BAB），宫（05BAE）。

上述三组字都是异写字，如"户"的字形上面一笔有写作点的、撇的、横的等几种方式。其中"点"是大陆的写法，"撇"是日本汉字的写法，"横"是中国台湾的写法。"税"的字形差别只在于字形上头的八字，一个是内八字，一个是外八字。"宫"的区别在于两个口之间有没有撇。这些字形其实是同一个字的不同写法，但给了不同的码位，没有将它们认同，在使用上容易莫衷一是。

3. 没有使用价值的生僻字参与其中。例如：

丮 融 鷈 顡 噁 龘 鞭 贇 糞 盩

这个字符集中的生僻字，有些是古文字的隶定字，所谓隶定，就是一个古文字，用当代楷书的笔法描写出来。也有些是字书中的所谓疑难字，就是在字书互相合并补充传抄的过程中产生的没有出处的字，有的有音无义，有的有义无音。这些生僻字一般人都不认识，也

282

没有使用价值，只是在文字整理和考据的过程中用作过渡的资料。这些字和使用的字混在一起，对使用时找字，是个干扰。对于汉字的现代应用来说，不是越多越好，而是适量、冗余越少越好。

对于上述这些问题，我们应该对字符集做整理工作，没有使用价值的字就不放进去，对于有两个码的字要选一个，这种对汉字的整理工作，就是规范化、标准化的工作。

什么叫标准化？在一定的范围内（国内或国际），对已经存在的或将要产生的工艺与技术制定共同的和重复使用的规则的活动，这就是标准化。它包括制定、发布及实施三个过程。就像前文所讲的电插头，它的规格要经过制定，确定一个对使用最优化、最合理的尺度，为各国、各人制造时所遵守。什么叫规范化？所谓规范化是对与人的社会行为相关的事物做出标准化处理。人文性很强的事物，带有不同程度的个性化。比如公安部统计人的指纹，必须每个人亲自去按才可以获得，不能用类推的方式。即使一对双胞胎，弟弟按了指纹，你也不能说哥哥的就可以直接类推。人文性的东西是不能够完全精确重复的，难以制定绝对规则，也难以完全规定精确的尺度。但是它也要定一个基本标准。汉字是一种人文性符号，有很强的社会性，但它又是一种具有内在系统的符号，它不像指纹那样绝对个性化，也不像工业产品那样完全数理化。所以，对汉字称规范化，对汉字在计算机里的字形规范也可以称标准化。为什么要标准化又要规范化呢？有人认为这会不会限制个人自由？社会上确实有个别人"要个性"，无视规范和标准，只从自己的立场出发。这样张扬个性的行为，其实不明白规范和标准是维护每个人的利益的。谁不遵守，谁的利益就得不到保护。比如，你制作一个电插头，标准是两插三插扁头，你偏要四插，人家是三个一样长，你偏要一个长一个短一个中。这样的电插头有地方插吗？在工业产品问题上，谁都不会故意违背标准去犯傻。但是在汉字问题上，有人就以为没关系，取名字偏用生僻字、怪字，甚至独出心裁叫"赵 C"。结果取钱、上飞机、挂号、报名……给自己找一堆麻烦。所以，标准和规范总是带有和利益相关的强制性，但对个人和社会都是有益的。

21 世纪的汉字规范，必须适应高科技社会信息传播的需要。缺字和错字直接影响信息的传递，也影响许多需要信息产品来完成的工作的质量。如果姓名中有一个字符集未收的缺字或错字，你就无法获得身份证甚至工作证；你的名字每次进入书本和文章都要特殊造字；你无法操作银行自动化取款、机场自动化取票、各类自动化报名等事宜。关系更为重大的，很多国内政治、经济和国际事务的相关信息都是利用互联网传播的，汉字问题直接影响汉语信息向全世界传播的速度与信度。汉字问题产生的差错，会给信息的传播和流通带来阻塞，甚至酿成大小不等的事故。想一想，如果地名出了问题，那么影响最大的是军事。错一个字，地理位置就可能相差几千里。因此，汉字的整理和规范非常重要，而现在大字符集的基本集以及它的扩充集的收字繁多，古今兼有，国别各异，比如同一个字的简化、繁体字都收录，正字和异体字也都收录，字际关系没有经过很好的整理。所以，汉字要在不同的国家和地区实现统一编码，自由转换，我们就必须研制一个国家使用的规范字集，以使我们的规范、标准能够符合国际化的标准，又切合国内的需要。

汉字的规范化和标准化很复杂，需要古今皆通、文理兼容的人来从事这项工作。不论在哪个时代，汉字都有一个专业应用领域，这个领域属于大量运用汉字、以运用汉字为主要职业手段的阶层。他们要面对各种文本的起草，操作印刷过程，从事古籍整理，编写汉字辞书，管理信息系统，建设计算机字库、词库，设计汉字的国际编码……这些人要关注每个汉字，面对海量的文字，但是人数仅仅是一般汉字使用者的千万分之一，他们对汉字的要求比普通人高得多，要既多又准。而使用汉字90％以上的人都处在普及层面。汉字在这个人文社会中，它是被全民使用着也改变着的符号，一种符号系统是否好用，对于这个领域来说，"习惯成自然"是最现实的原则。比如网络盛行的"囧"字，实际就是"窘"，它能否进入汉字系统，就要看它是否能战胜运用了上千年的"窘"字，来表达"窘迫""窘态"这样的意思。如果它的使用生命力强，有可能"囧""窘"并存，再强一些，也许"囧"取代原有的"窘"字；当然最大的可能是"囧"代替"窘"只在网络上有人使用，"窘"记录"窘迫""窘态"的规范地位无可取代。这就是"习惯成自然"。也正是因为这样，现在取消人们使用了近60年的简化字，对社会的文化生活冲击太大。为了推动社会生活中语言文字的规范化、标准化，国家坚持了汉字简化的方针，制定了《通用规范汉字表》，这是一个含有8105个汉字的字符集，字形也实现了标准化。《国家通用语言文字法》规定，这个字符集的规范汉字，是国家机关公务用语用字、教育用字和公共行业的服务用字。这样就使汉字规范进入了法律层面。

字符集整理好以后，又如何使它在计算机中呈现出来呢？我们给每个汉字设置一个内码，这个内码是国际通用的多八位编码，实现了码位国际化。但是，要在计算机上用汉字记录、显示、处理汉语信息，还要通过键盘输录再将它呈现出来。这就有了输录法和交换码的问题。交换码是用来把汉字找出来的编码，利用键盘来实现。现在我们用的键盘都是美式键盘，有26个英文字母和10个数字是可以用来输录交换码的。日常采用的汉字输录法最常用的是音码，也就是用拼音方案输录，但是，汉字是单音节文字，同音字非常多，打出一个音节会有很多字显示，还要一个一个去选。所以现在都用双音或多音输录，重复率要小一些，也还会出现混淆的现象。比如，你想打"鲜橙"这个词，可能错选了"县城"，你想打"环境"也可能错选了"幻景"……加上拼音方案是记录普通话的，有方言口音的人容易输录出错，有些公司的计算机技术也就想出一些容错的办法。比如，很多方言分不清 z/c/s 和 zh/ch/sh，计算机设计会用这种办法容错："差异"正确的输录是"chayi"，万一江浙沪的人打成了"cayi"，输录栏里会出现"差（cha）异"，一方面让你打出了所需要的词，另一方面也告诉你这个词的正确拼音是什么。还有一些"记忆法"的技术，用的字多了，这个字会自动往前排，有一些多音节的短语、短句，也可以一次连打，只打声母。比如：输"中华人民共和国"，只需要打"z、h、r、m、g、h、g"，输"今天我休息"，只需要打"j、t、w、x、x"等。用字量比较大、速度还要加快的输录，最好是没有重码，音码就不适用了，就要设计一种形码。形码输入是分析汉字的形体，根据汉字的部件、笔画、结构方式等特征，将不同的字编成不同的交换码，在键盘上打出来。如果区别的特征找得科学，键盘的分布比较合理，重码率会很低，甚至可以没有重码、实现盲打，也就是能够看着键盘就能输录，速度很快。

针对汉字整理、编码中出现的一些问题，国家语委陆续制定了一系列的规范：《信息处理用 GB13000.1 汉字部件规范》《常用汉字部件规范》《汉字笔顺规范》等，正在制定的还有《常用汉字楷书字形规范》《古籍印刷通用汉字字形规范》等。部件规范既是为了科学地编制交换码的形码，也是为了科学合理地按照汉字的结构分析讲解汉字。字形规范既是为了计算机里的汉字统一、正确、美观，也是为了在文化建设中整理汉字，让汉字很好地走向现代。

在这里，我还要再次特别说一说笔顺规范的问题。我记得之前曾说过，就写字而言，笔顺虽然很重要，但是也只需要了解一个笔顺规则就可以了，国家语委定的笔顺规范把每一个字都定得很死，又对笔形也严格排了队，这是为了给汉字排序。排序涉及的问题很多，比如编辞书、作索引、定名录，等等，如果不严格，就会产生争议。在这里，我还要说明一点，笔顺与计算机交换码的编码也有直接的关系。前面我们说过，交换码很重要的一点是尽量让每个字都有一个自己的码，尽量避免重码。因此，就常常需要在汉字自身的结构因素中寻找区别因素。首笔、二笔、末笔都可能被选为区别因素。所以，国家语委把笔顺排得非常固定，也是适应计算机编码的需要，不需要让一般人特别是孩子去死记硬背。

以上这些问题，有过计算机输录经验的人，只要一打开计算机就能够碰见，但是不少人还弄不清楚是怎么回事。这里简单讲一讲，也还不能让大家全部明白。因为中文信息处理已经是一门专门的学问，而且发展很快。我们在这里告诉大家这些情况，应当使大家明白以下问题：

应当看到，20 世纪 80—90 年代以后，全世界进入了信息社会。汉字进入计算机，汉字印刷告别铅与火的时代，是一场震惊世界的革命，有着划时代的重大意义。同时，古老的汉字也遇见了很多新问题。从此，汉字的作用有了极大的提升，属性也发生了很大的变化，我们对汉字的观念也要随之有所改变，不能只把它看成一种个人书写符号，而要把汉字问题看成发展国家软实力的一个要素。

还应当明白，汉字经历了数千年的演变，非常丰富，但也有很多越积越多、对于今天无用的、冗余的成分，不但不是现代应用所必须，而且对现代应用有所干扰。所以，梳理它的历史发展脉络，科学地整理汉字，保留它有利于现代社会发展的精华，做好汉字的规范化、标准化的工作，才能使汉字适应信息社会的需要。充分认识信息时代汉字规范化和标准化的重要意义，使汉字的规范化和标准化顺利推行，这是每个公民必须具有的文化素养。这一点，对于我们，是比多认字、写好字更深一步的要求，我愿意与大家共勉。

如果我们更加自觉地生活在今天的信息社会，还可以看到，在信息社会，汉字问题既是深刻的文化问题，又是高精的技术问题。文化和技术，二者在互联网上紧密结合，已经成为我们的一种生活方式。获得更多的汉字、汉语信息化知识，能使我们生活得更好；而建立良好、健康的网络道德与风气，是我们大家共同的社会责任。在今天的社会，我们必须善于学习，不断进步，才能追赶上这个一日千里、飞速发展的时代。

关于制定《汉字部件规范》的若干问题 *

一、制定规范的意义

随着计算机应用的日渐广泛及计算机教育在中小学和高校的逐渐普及，汉字信息处理已经成为当前十分重要的课题。它既关系到使用汉字传播信息的速度与质量，又关系到教育手段的更新，对识字教学的科学性也有直接的影响，而字形处理在汉字信息处理中既是关键问题，也是难点问题。

汉字是由不同数量、不同功能的部件依照不同的结构方式组合而成的。部件的数量、功能和组合方式(位置、置向、交接法)是每个汉字区别于其他汉字最重要的属性。汉字的信息量主要由部件及其组合来体现。将组成汉字的部件拆分出来是汉字字形处理中首要的基础工作。也正是由于它的重要性，人们在相当长的时期内，在不同地区、不同信息处理系统中自发地进行了这一工作，计算机形码的编制出现了万"码"奔腾的局面，部件拆分的不规范现象也

* 原载《计算机世界》，1998 年 4 月 27 日，署名《汉字部件规范》研制组。

逐年增多。这种状况既不利于计算机的应用，又不利于语言文字的统一规范，同时也给计算机教育和识字教育造成了很大的困难。

尽快制定出汉字部件规范，不但可以解决存在的上述问题，而且有利于普及科学的汉字知识，增强全社会的语言文字规范意识，其意义非常重大。

二、制定规范的可行性

1. 规范性是评价汉字编码及其他信息处理系统的重要标准，也是使用者，特别是中小学教育界的使用者，选择输入系统的首要条件。过去由于缺乏部件规范，使编码的制定者和计算机的使用者缺乏衡量与选择的标准，造成了很多混乱。因此，制定规范已经成为大家共同的要求，具有广泛的社会基础。

2. 在有关 GB13000.1 字符集的字形规范、笔顺规范、基本术语规范等相关的规范中，有的已经制定，有的正与部件规范同步制定，这些都为部件规范的制定工作打下了良好的基础。

3. 进入 20 世纪 90 年代以来，有关计算机编码技术和汉字构形规律的理论研究已取得了实用性成果，使部件规范的制定具有科学的理论依据。

4. GB13000.1 大字符集中的西文操作系统和汉字部件自动拆分软件及其他软件工具的研制成功，使研究、制定部件规范有了高效可靠的技术手段。

5. 信息处理界与语言文字学界的长期合作，促进了彼此的交流、沟通与理解，使制定部件规范所需要的学科交叉和理论交融有了比较成熟的条件，也为部件规范的制定准备了具有合作精神的专家队伍和专业人员。

从以上几点可以看出，部件规范的制定条件已经成熟，具有可行性。同时，这也是国家语委向《汉字部件规范》研制组（参加单位有北京语言文化大学、北京信息工程学院和上海交通大学）下达研制任务的主要依据。

三、制定规范的基本原则

中文信息处理用汉字部件规范必须在两个方面具有严密的科学性。首先，必须符合汉字构形规律；其次，必须在部件的信息量和系统性上符合信息处理的需要。只有在这两方面是科学的，才能避免在部件规范形成中易出现的主观随意性，使最终成果既具有规范意义，又具有应用价值。

部件规范所确立的是用以衡量中文信息处理工作规范性的基础部件及其使用规则。它在拆分下限和拆分与归纳原则上应有严格的限定性；而用于编码设计时应在不违背规范的基础上，给出自由创造的余地。这两方面应在《基础部件表》和使用规则中体现。

为保证部件拆分与归纳的科学性，必须在理论上和实际操作中处理好汉字形体与理据的关系、历史与现实的关系、普遍规律与特殊情况的关系。研制组对上述三种关系的基本认识是：我们所要处理的汉字是现代汉字，因此，必须从现代汉字的实际出发。但是，现代汉字是从历史汉字传承而来的，当有些现代汉字的字形规律不够清晰时，必须参考历史，从字源上更深入地了解其构形规律。汉字属表意文字，其中相当一部分现代汉字的构形是可以分析理据的，另有一部分在参考字源后，仍可追溯其理据。在这两部分汉字中，理与形是一致的，从理也就是从形。只有少部分现代汉字的理据不能直接分析，追溯历史后，理与形仍产生矛盾。当处理这些汉字时，应从现代汉字的实际出发，从形不从理。从总体看，汉字的构形是有规律的，又是成系统的。但是，由于现代汉字是变动不定的开放系统，GB13000 字符集中的汉字又有一部分是日、韩专用汉字，必然会有游离于系统之外的特殊情况。对这些特殊情况进行处理时，应尽量选择既不违背实际情况又适应总体系统的最佳方案。

正是基于以上认识而形成了制定部件规范的基本原则，即"从形出发，尊重理据，立足现代，参考历史"。

四、汉字构形原理及相关的概念术语

1. 汉字结构分析

（1）结构理据

根据字源或参考字源，从汉字的部件组合中分析出的造字意图称结构理据。

例如："旦"的理据是像太阳（日）从地平线（一）升起。"架"的理据是从"木""加"声。

现代汉字中有一部分字无法直接分析造字意图，或形体与字源发生矛盾而无法参考字源分析理据。

（2）结构层次

汉字按理据由多个部件组合时，大部分是依层次进行的。在每个层次中，一般为两部件组合，少部分为一次性多部件平面组合。

例如："蓓""蕾"为多层次组合，各层均为两部件。

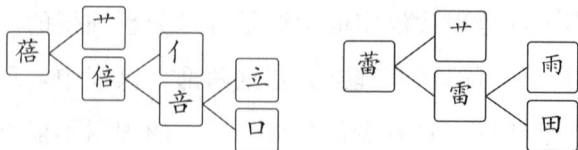

"器""暴"为一次性多部件平面组合。

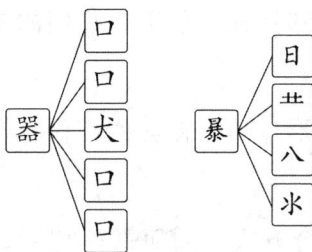

2. 部件拆分

将汉字拆分为部件称部件拆分。

（1）拆分根据

指将汉字拆分为部件的理论或现实根据。根据结构理据所进行的部件拆分，称有理据拆分；当无法分析理据或理据与字形发生矛盾时，依照字形所进行的部件拆分，称无理据拆分。

（2）拆分程序

指将汉字拆分为部件的次序。对层次结构的汉字递次进行有理据拆分，称层次拆分；对平面结构的汉字进行一次性的有理据拆分或无理据拆分，称平面拆分。

（3）过渡部件

进行汉字层次拆分时，在完成最后一步拆分之前所拆分出的合成部件，称过渡部件。

3. 部件归纳

将部件归纳成组的工作称部件归纳。部件归纳分同形部件归纳、主形与变体的归纳和形似部件归纳三方面。

（1）同形部件

形体完全相同的部件，不论其意源是否相同，均称同形部件。

（2）主形部件

在各组中具有代表和称说其他部件作用的领先部件称主形部件。

（3）变体部件

与主形意源相同、形体略有差异的部件称变体部件。常见的变体部件有：

①因部位不同或组合方式不同而书写发生变异的变体部件。例如："爪"，在上方写作"爫"；"川"在下方写作"儿"，在中间写作"巛"。

②在组字时省减某些部件或笔画而与主形功能仍然相同的变体部件。例如："衣"与"衤"；"豕"与"豕"。

③在组字时重加某些部件或笔画而与主形功能仍然相同的变体部件。例如："長"与"长"。

④放置方向不同而与主形功能相同的变体部件。例如："八"与"丷"。

（4）形似部件

与主形部件形体相似，而意、源不同的部件称形似部件。例如："子"与"孑""孒"。

（5）部件组

综合考虑部件之间的形、意、源关系，将主形、变体和形似部件归纳在一起所形成的组合称部件组。部件组是部件系统中最基本的组合。

五、部件拆分的原则

1. 不违背形体的原则

（1）交重不拆

例如："串"不拆分为"中""中"；"东"不拆分为"七""小"。

（2）相离相接可拆

例如："明"拆分为"日""月"（相离）；"名"拆分为"夕""口"（相接）；"韭"拆分为"非""一"（相接）。

（3）极少数不影响结构和笔数的笔画搭挂，按相接处理

例如："孝"为"子"搭挂在"耂"上，可拆出。

2. 遵照结构规律的原则

（1）字形合乎理据的，进行有理据拆分。无法分析理据或形源矛盾的，依形进行无理据拆分。

例如："分"拆分为"八""刀"（根据理据，有理据拆分）；"赤"拆分为"土""灬"（参考字源，有理据拆分）；"亦"拆分为"亠""灬"（无法分析理据，无理据拆分）；"虎"拆分为"虍""几"（形源矛盾，无理据拆分）。

（2）在进行多部件的有理据拆分时，应依汉字组合层次进行。

例如："蓓"的第一次拆分为"艹""倍"，第二次拆分为"艹""亻""音"，第三次拆分为"艹""亻""立""口"。

3. 相关对应的原则

（1）有对应关系的简化部件与繁体部件一般应统一处理。

例如："讠"与"言"（简体不拆分，繁体也不拆分）。

（2）主形与变体，尽量统一处理。

例如：变体"肉"与主形"月"均不拆分。

4. 合理控制下限的原则

（1）两个以上的相离、相接部分，若其中任一个无构其他字的能力，则不再拆分。

例如："西"不拆为"一""酉"（"酉"无构其他字能力）；"黑"不拆分为"里""灬"（"里"无构其他字能力）。

（2）两个相离的对称部分，不分开用以构字的，不再拆分。

例如："兆""竹""非"不再拆分。

(3)传统独体字和部首，以及构字能力较强或拆分后均为非字部件的，叫有相离或相接部分，不再拆分。

例如："石"不拆分为"厂""口"；"禾"不拆分为"丿""木"。

(4)拆分出的部件中，有一个是单笔画的，一般应为有理据拆分。

例如："太"拆分为"大""丶"；"生"拆分为"丿""圭"；"犬"拆分为"大""丶"；"自"拆分为"丿""目"。

(5)最末一次拆分，不可拆分成两个以上的单笔画。

例如："刀"不拆为"刁""丿"；"刂"不拆为"丨""亅"；"川"不拆成"丿""丨""丨"；"⺍""氵"均不再三分；"⺌""灬"均不再四分。

5. 综合衡量的规则

以上规则无法兼顾时，应权衡其利弊，综合处理。

六、部件归纳的原则

1. 按形归纳的原则

(1)处在不同部位、大小不同的同形部件，均归纳为一个，不再分立。

例如：

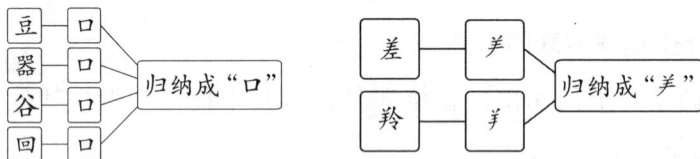

(2)笔画变异的同一部件，变异的笔画与原笔画同类者，归类为不分立的部件；笔画不同且不同类者，按变体归纳。

例如："火"作左面偏旁时，捺改写为点，不再分立；"王"作左面偏旁时，横改写为提，不再分立；"木"中间一笔或为竖，或为竖钩，不再分立。

（3）意、源虽相同，但形体差异较大的部件，分立为不同部件。

例如："火"与"灬"分立；"水"与"氵"分立；"手"与"扌"分立；"心"与"忄"分立。

2. 兼顾传统的原则

（1）传统独体字作部首时，因部位不同而写法相异，除形体差异较大者外，一般按主形与变体归纳。

例如："示"（主形）与"礻"（变体）；"金"（主形）与"钅"（变体）；"食"（主形）与"饣"（变体）；"衣"（主形）与"衤"（变体）。

（2）将意源不同的同形部件归纳为同一部件时，用不同的例字提示其部位与来源的差别。

例如："口"的例字，"吐""扣""司""占"中"口"源于口舌之口；"吊"中之"口"为讹变之形；"高""兽""豆"中之"口"源于象形号。

"厶"的例字，"私""公"中的"厶"同源不同部位；"丢""允""勾""牟"中的"厶"均为不同位、不同源的同形部件。

3. 简化部件系统的原则

（1）有对应关系的简体与繁体部件，按主形与变体归纳。

例如："贝"与"貝"。

（2）组字字数极少的罕用部件，尽量避免单独成组。

例如："孑""孓"依形归入"子"组。

（3）日、韩方提出的汉字的部件，不论归在哪组，均以"＊"标识。

4. 优选主形的原则

（1）非字部件与成字部件之间，以成字部件为主形。

例如："八"（主形）与"丷"（变体）；"文"（主形）与"攵"（变体）。

(2)繁体部件与简体部件之间，以简体部件为主形。

例如："见"（主形）与"見"。

(3)上述两个条件无差别时，以组字能力较强、便于称谓的部件为主形。

例如："土"（主形）与"士"（形似部件）；"子"（主形）与"孑""孓"（形似部件）；"人"（主形）与"入"（形似部件）。

七、《汉字基础部件表》的使用规则

1. 基础部件不再拆分的规则

(1)《汉字基础部件表》中的部件均为基础部件，不得再行拆分。

例如："非"不得再拆分为左、右两部分；"矛"不得再拆分为"マ"与"才"。

(2)《汉字基础部件表》中的部件没有包容关系，不得将大部件拆分后归入小部件。

例如："疒"不是"广"与"丷"的组合，不得再拆分为"广"和"丷"；"广"不是"厂"与"丶"的组合，不得再拆分为"厂"和"丶"。

2. 基础部件可以组合的规则

《汉字基础部件表》中的基础部件可组合成字部件使用，但不得组合出非字部件使用。

例如：可用"丗""由""八"组合成"黄"，作为部件使用；可用"自""田""丌"组合成"鼻"，作为部件使用；不得用"丗""由"组合成"苗"，作为部件使用；不得用"自""田"组合成"畠"，作为部件使用。

谈《通用规范汉字表》的制定与应用*

一、新时代汉字规范的必要性

我国现代汉字规范工作酝酿于 20 世纪初期。新中国成立后，由于一些领导人的提倡，这项事业由学术层面转为国家行为，20 世纪 50 年代以来的汉字规范政策，重要的是由国务院直接发布的，一般的或补充性质的，也是在国务院批转的情况下，由文化、教育、出版或语言文字主管部门单独或联合发布的。这些文件的发布和半个世纪的贯彻实践，为我国人民的语言文字生活注入了新的内容，形成了全国人民尤其是语言文字工作者牢不可破的规范意识和遵循规范的用字习惯，减少了各个领域使用汉字的难度，对文化、教育、出版和科技的发展，起到了无形的重要推动作用。试想一下，在幅员辽阔、人口众多的中国，政治经济如此统一的情况下，如果没有通用层面的汉字规范，仅仅是国家政令和基础教育这两项，书写不一的汉字将要带给人们多少麻烦，就可以知道"规范"二字具有多大的分

---

* 原载《语言文字应用》，2008 年第 2 期。收入时有所改动。

量了！

1979 年以来，国家改革开放，国情发生了巨大变化，中国正在实施的创新型国家的伟大战略中，信息化成为实现这一目标的重要支撑。有人说："现在的文字已经很少手写，计算机的贮存空间又这样大，规范的必要性已经逐渐减退了。"这种想法只是从个人使用汉字的角度看问题，是不符合实际的。在信息时代，发展政治、经济、文化的重要条件，是及时和准确地获得必要的信息，并把需要传播出去的信息及时和准确地传播出去。计算机成为传播信息的工具，实现了信息传播的高速度、远距离和高度的社会化。由于信息的远距离传播，输出者与接受者是两头不见面的；在重大问题上，信息传播的两端已经不是一人对一人，而是一国对另一国、一个群体对另一个群体，信息的社会性得到了充分的体现。在这种情况下，汉字规范的作用就更加突显出来，可以说，有了汉字这种传播载体的标准化，才能实现信息传播的速度和信度。

二、必须增加规范汉字的字量

信息化时代汉字规范的一个突出特点是规范汉字的数量需要作一定的补充。从数量统计的角度，常用汉字和通用汉字的数量，不论在什么时代，都保持在 3000—7000 这个数量范围内。但是，完全从使用频率和语料覆盖率的角度来搜集用字，难以搜集到一些特殊领域的用字。这些特殊领域，在汉字主要是手写的时代，即使不立标准也不会有太大的问题，而在计算机和互联网时代，那些在一般语料库里凭借字频难以找到的字，在人民的日常生活中却不失其通用性：

科技用字。由于科学技术的发展和教育水平的提高，很多科学技术的用语快速进入人们的日常生活。仅仅拿记录化学元素符号的汉字来说，它们很多要用在药品名上，当药方不再手写而用计算机输录时，这些字就不断地出现在病人的手册上。农药、化肥、室内装修材料也有不少是要用它们的学名来宣传、普及的。至于化妆品、清洁剂的使用，饮食健康的讲解，气象的采集和预报等等，一旦进入科学普及领域和基础教育的教科书，都会受到普遍关注。

地名用字。地名用字的使用范围往往不是全国所有地区通行的，但却属于当地居民的常用字，乡以上地名用字又是各省（市、区）不可缺少的。过去，由于民族和方言发音的分歧，经常会产生一些任意造的转语字（即当地人根据方音自造的形声字），造成用字的混乱。在户籍、邮政、信贷、金融等行业的信息贮存和检索已经数字化了的今天，地名用字的混乱会给有关行业带来哪些后果，是不言自明的。

姓氏人名用字。中国是一个多民族的国家，姓氏不但记录着民族和血缘关系，还成为每个公民的称谓符号。这些姓氏数量有限，但是必须正确使用，才能保证信息的信度。至于名字所用的汉字，现在已经相当混乱，有些名字的用字甚至在已经扩充到 7 万余字的国际编码中都难以找到，致使第二代身份证的制作由于姓名用字不全产生很大的困难。新的《通用规范汉字表》（以下或简称为《规范汉字表》）无法改变过去的那种姓名用字混乱的事实，但是可以学习一些先行国家的经验，对以后新生儿起名字做一些限定。这就需要尽量将姓氏用字收全，并在已有的人名用字中选择足够的、适合于起名字的汉字进行规范，以保证个人姓名在社会上的有效流通。

基础教育文言用字。规范汉字主要是书写现代汉语文本的，但是，传统与历史和现代不是绝缘的，现代文本中会引用文言作品，中小学语文教材中也都会收一部分优秀的文言作品。前者可以在一般的平衡语料库中收集到，而为了保证教材印刷的规范，需要在语文教材中专门收集文言文的用字。

以上四个方面，既然已经进入通用层面，为什么又不能在平衡语料库里依照字频和覆盖率收集到呢？这个问题需要从两个方面解释：第一，需要全面理解"通用"这个概念。通用包括两个侧面：一个是书写的侧面，一个是阅读的侧面。能够进入平衡语料库的汉字，兼有这两个方面的通行度；但是也有一些汉字，书写的频度并不高而阅读的频度却很高。例如，前面说到的西医药名、饮食营养学中的化学元素用字，有一些不在社会通用范围内，因为文本的使用率并不高；但阅读的概率却可以达到千家万户。又如，基础教育语文教材的文言用字，也有少部分不属于社会通用字，但是每年的教材印刷必须使用，历届老师、学生、家长必须面对，也是需要统一字形而进入规范的。第二，以汉字为载体的信息，一部分是在流通领域通行的，还有一部分是储备领域必需的。例如姓名，除了知名人士，一般的姓名在社会通用层面上使用度不会太高；地名，除了大城市、著名景点，一般的地名在社会通用层面上使用度也比较有限，根据字频和使用度不能将它们收集出来。但是，无所不往的邮政、金融、交通等事业，无人不用的身份证、户籍卡、学历证书、病历卡等证件，必须储备可能用到的汉字。如果在信息处理上不去对这些字进行规范，也会引起社会信息储备和使用的混乱。

《通用规范汉字表》所设的三级字表，又称准通用字表，就是从专门领域提供的专用字中收集的通行字，作为从语料库的字频和覆盖率、使用度中搜集的社会通用字的一种必不可少的补充。

三、分清"不规范字"与"未规范字"

《规范汉字表》是记录现代汉语的通用汉字字集，体现通用汉字在字量、字形等方面的规范。20世纪50年代以来陆续制定的规范字表，因指导思想不完全相同，研制手段有差别，针对的社会用字情况有不小变化，使这些规范缺乏内部的一致性以及对当下语言生活的适应性。因此，需要站在现代的历史高度，利用现代技术手段来考察当代用字的实际，对已有的规范进行梳理，消除其间相互抵牾之处，弥补因各种原因造成的疏漏，将一些隐性的规范显性化，增加现代语言生活的新内容，从而使已有的汉字规范得到整合、优化，为构建和谐的语言生活打下基础。

新的《通用规范汉字表》有很强的承袭性，为了覆盖过去的规范，原有的7000个通用字只除去了极个别的严格异体字，其他全部照收，同时还增加了从科技用字、地名用字、姓名用字和基础教育文言文印刷用字中补充的准通用字。数量比过去增多了。但是，在社会通用层面上的通用字，并不能囊括每个人、每个领域、每个时间用字的全部，总是有些字不包括在《规范汉字表》中的。有些用字的专业部门担心自己所用的字不在《规范汉字表》内会妨碍将来的使用。这里，我们要明确"规范汉字"对应着的两个不同的概念：一个是"不规范的字"。已经有了规范汉字，在通用层面上书写现代汉语文本时，仍然去用对应它的严格异体字或繁体字，就属于不规范字。例如：我们认定"泪"为规范字，"淚"是它的严格异体字，不应当出现在现代汉语文本中。我们规定"险""检""剑""俭"为规范字，一般不要在简化汉字文本里再出现"險""檢""劍""儉"这样的繁体字。这样做，是为了减少冗余的字形，使通用层面上的用字统一起来。当然，如果写了错别字，就更是不规范的字了。另一个是"未规范字"，也就是没有被收入《通用规范汉字表》中、也不对应任何一个规范字的字。"未规范字"在需要使用的时候，是可以使用的。例如，《通用规范汉字表》说明，只是要求新生儿起名字时，限制用字表中的字，而字表发布前已经有的人名用字，如果不在字表中，只要不是错别字，仍然可以使用。因为这些字仅仅是没有进行规范，或有待于今后继续规范，是不能与"不规范字"同等看待的。

新的《通用规范汉字表》对规范的实施强度和适用的宽松度是有所中和的。也就是说，在有些地方，使用是宽松的。正确使用未规范字，在社会使用逐步趋同后再适应社会约定对这些字进行规范，这对专业领域用字，给了一定的方便。其他还有：第一，大规模的专业古籍文本，是可以采用繁体字印刷的；第二，新的《通用规范汉字表》，在三级字表(准通用字表)中，解放了一批异体字，并一一注明了它们允许使用的范围，其他异体字凡能认同为严格异体字的，在通用字范围内，不能使用来生成现代汉语文本，但是这批汉字在历史典籍中还有识读的价值，辞书中仍然要保留下来。为了对严格异体字进行认定，在新的规范发布后，有关单位会发表新的正异对照字表给使用者作参考。这些都是对规范使用范围的调整。

四、按照合理的规则调整印刷通用汉字的字形

国务院 1986 年批转国家语委《关于废止〈第二次汉字简化方案(草案)〉和纠正社会用字混乱现象的请示》的通知中指出，对汉字的简化应持谨慎态度，维护汉字系统的基本稳定。为了贯彻这个新时期中国文字工作的指导方针，新的规范吸收了历史上汉字规范的经验教训，并认真吸收了语言文字学家和相关专业人员的意见，在照顾社会性的同时，尽量不要偏离汉字自身发展的规律。

上面说过，新的《通用规范汉字表》对规范的实施强度和适用的宽松度是有所中和的。除了上面所说的处理宽松的情况外，也有进一步

严格的地方，主要表现在对印刷字形的处理上：

新的《通用规范汉字表》在确定了字级与字量后，主要规范印刷通用体的字形。首先是宋体字的字形。过去的《印刷通用汉字字形表》已经采取了有力的措施对规范字形的形体进行了统一，但是其中还有一些没有顾及的地方。新的规范汉字需要从原有的规范中总结字形的笔画变异规则，并再次核查所收字，按照规则调整字形。这样做，首先是计算机处理汉字信息的需要，其次也是使印刷通用体字形的描述更加标准化。

字形调整需要遵循以下总原则：

1. 尊重汉字结构。字形调整虽是笔形层面的问题，但笔形的变异也会影响汉字的结构；在规定笔形变异规则时，必须尊重汉字结构，不因笔形调整使字的结构模式发生错乱或因调整笔形产生同形字、易混字等。

2. 考虑宋体风格。宋体字来源于雕版印刷字体，经过工艺美术处理，其笔形及笔画交接有自身的特点，总体风格讲求平直方正、对称均衡。新的《规范汉字表》的宋体字字形，应尽量符合宋体字的风格特点。

3. 制定统一规则。调整字体，必须制定统一规则。一切规则都是在条件的控制下确立的，为了减少随意性，条件相同的字应按统一规则处理，条件有变化时规则才能变化。印刷字形的美化属于工艺美术层面，也应考虑规则的一致性。

4. 严格控制特例。在按规则处理字形时，会出现一些特殊情况，完全不允许特殊处理个别字是很难做到的；但在处理特例时应阐明充分的理由，尽量减少规则之外的特殊处理字形。

在总的原则控制下，宋体字的笔画变异需要有进一步的理性规定。这些规则是从原有印刷通用字形表中总结出来的，同时用来复查新的规范字是否符合这些规则。例如：

1. 横变提。汉字宋体字形要遵循这样的基本规则，即：凡左侧偏旁最后一笔是横者，应变提。但是还要有以下补充规则："丹、舟、女"为左侧偏旁时，由于横在中部，不变提。并应注意：（1）末笔为横的部件居中，且两边是对称部件，不符合"在左侧"的基本条件，末笔的横不变提，如"舆、辔"。（2）实际书写时不是末笔的横不变提，如"慧"。

2. 竖变撇。基本规则是："丰""半"等作左侧偏旁时，竖变撇。如"邦""判"等。

3. 捺变点。基本规则是：一字有两个或两个以上捺笔时，其中一个变点。上下结构的字，上覆下者下部的捺变点，下承上时上部的捺变点。但是还要有补充规则，有几种情况可不变点：（1）辶、廴、走等作左侧偏旁，用最下一笔捺承托右侧偏旁，称作平捺。上面如果出现斜捺，而两捺之间有其他部件或笔画组相隔的，捺不变点。如"趁""透"等。（2）有三个捺的，只有中间一捺变点，其他不变，如"途"等。（3）品字形的三个捺，如"鑫""森""众"，下方左侧的捺改点，其他不变。（4）捺居中，且两边是对称部件者，不变点，如"瓣""掰"等。

4. 竖折钩变竖提。基本规则是：凡在左侧部件的竖折钩变竖提，如"巽"等。如有两个竖折钩且右面还有其他部件，两个竖折钩都变竖提，如"剻"等。个别例外：变竖提容易造成字形混淆者，可不改：如"创"左侧的"仓"竖折钩变竖提后与"亻"形近。

5. 竖钩、横折钩去钩。基本规则是：（1）竖钩在底部都应去钩，如"条、茶、杀、亲"等。（2）"瞥""勇"等上面的部件一律去钩。补充规则，以下几种情况可不去钩：(1)"余"单用及做部件时都带钩。
(2)为避免形近混同，"亦"不去钩。

除此以外，新的《规范汉字表》还对类推简化进行了严格的限制。

原有的《简化字总表》第二表规定了"可作简化偏旁用的简化字和简化偏旁"，共有 132 个简化字和 14 个不成字的偏旁，可以进行类推简化。在《现代汉语通用字表》范围内，类推简化的原则已经贯彻，并出现了一些同形字和不合规律又没有依据的"人为新造字"，但因已经形成社会用字习惯，不能再改动。如果对《规范汉字表》中的三级字继续进行无限制的类推简化，必将产生为数不少的难以复原、难以辨认的人为新造字或同形字；但是如果三级字不进行类推简化，又无法与一、二级字保持字形上的一致。面临这种两难境地，《规范汉字表》的三级字实行"有限类推简化"，以保持汉字原有结构不变。其具体细则是：(1)按《简化字总表》第二表规定的 132 字与 14 个偏旁的范围类推，不扩大范围。《简化字总表》第一表的繁体字作构字部件时，无论是整体还是局部一律不类推简化。如"嚳"，不能简化为"(上)卫(下)言"，也不能把上面部件居中的"韋"简化为"韦"。(2)采用"部分代替全体"原则简化的字(如"亲""产""从""丰""广""乡""杀""与""云"等)，以及结构产生变化的字(如"备""荐""双""义"等)，只在第一层次构字时类推，以保持原字的结构不受影响。(3)采用以上原则产生难以识别的怪异字或同形字时，为保持字与字的区别，宜作个别变通处理。不予类推简化。

在大型辞书中实行"无限类推"对查阅者是十分不利的，这不但会产生一些新的字形，使汉字的冗余形体增多，而且大型辞书的收字是备查的，改动了历史字形，使读者在阅读文献时遇到难字无法按原有字形查询该字，完全失去了辞书编纂的意义。所以，在《规范汉字表》

发布后，根据国务院 1986 年指示的"今后对汉字的简化应持谨慎态度，使汉字的形体在一个时期内保持相对稳定"的精神，表外字原则上不再类推，但前面已经说过，这些字仍可允许以历史原字形式使用。

五、防止对《通用规范汉字表》应用的简单化

《通用规范汉字表》规定了字级、字量和字形，但这是根据普遍社会应用层面来确定的，在教育、教学领域制定应用字表，既要遵循《规范汉字表》的规定，又不能简单截用其中的一段使用。这是因为，在一些专业领域里，会有一些其他规律在起作用。例如：在确定基础教育识字教学的分级字表或对外汉语分级字表时，如果简单地采用按照字频来分级，将会造成应用上的诸多问题。因为，教学要遵循循序渐进的原则，由易到难，而社会普遍应用层面的字频，与汉字的难易度和构形相互依存的系统是不一致的。我们可以比较以下三种语料库中不同的字频排列。

同一个字在不同语料库里的频序比较表

汉字	中	国	发	年	成	种	分	体	物
国家语委平衡语料库频次	13	21	29	33	43	50	52	73	80
科普与教育综合语料库频次①	9	26	31	39	24	37	36	38	18
适合第一学段儿童文学语料库频次②	132	156	103	223	119	251	299	541	264

----

① 该语料库为《通用规范汉字表》制定人员综合合并而成。

② 该语料库为北京师范大学儿童文学专家陈晖老师主持研制。

从上表中我们可以看到，表中的 9 个字，在国家语委平衡语料库和科普与教育综合语料库中的频次，相去未远，都比较靠前，而在适合第一学段儿童文学语料库中的频次，要靠后得多。这是因为，6～8 岁儿童的心理词典，与成人用词有较大的差距。事实说明，在制定课程标准时，分级字表不应当也不可能超越《规范汉字表》的一级（常用）字表，但是，简单按《规范汉字表》的频次来截取字段的办法是不可行的，正确的办法应当根据教学实际与儿童不同年龄段的心理特点，采用汉字必要的属性作参数，经过认真的科学研究，才能生成适用的应用字表。也就是说，在基础教育确定选字范围时，对《规范汉字表》的常用字表应当"不离不弃"，而在具体选字时，则应根据应用的特点慎重研究，"各取所需"。

再论《通用规范汉字表》的制定与应用 *

2013 年 6 月，经过 12 年制定的《通用规范汉字表》已经国务院批准正式公布，在字表制定的原则确立、各种数据已经定论后，有必要进一步探讨它制定的意义和应用的原则。

一、新的汉字规范具有鲜明的时代特点

这次《通用规范汉字表》的研制，是在 20 世纪 50—80 年代已有规范的基础上制定的，它记录现代汉语的通用汉字的规范字集。在字量、字级方面有两个重要的变化：《通用规范汉字表》一、二级字表是一般通用领域的汉字，两级相加 6500 个字，比过去 7000 个通用字少了 500 个字。经过多个语料库的测查，6500 个字对现代汉语语料的覆盖率，与过去比不但没有降低，在新闻、公文、科普等领域还略有提高。也就是说，在同样记录现代汉语文本的前提下，6500 个字与以前的 7000 个字效应是相同的。这一方面说

---

* 原载《语言文字报》，2013 年 9 月 4 日。收入时有所改动。

明，30 年后的今天，选字所用的测查工具和统计方法更为科学，入选一般通用字的准确度更高了；另一方面，经过半个世纪的汉字规范，社会对汉字使用的自流现象得到了克服，用字更为集中。同时，《通用规范汉字表》设置了三级字表，收字 1605 个，总数为 8105 个。为什么有这样大量的增加呢？在信息时代，汉字进入计算机，承担了在网络上传播信息的载体之后，"通用"的概念需要全面理解。通用包括两个侧面：一个是书写的侧面，也就是信息发出的层面；另一个是阅读的侧面，也就是信息接收的层面。能够进入平衡语料库的汉字，兼有这两个方面的通行度；但是也有一些汉字，书写的频度并不高而阅读的概率却很高。主要包括以下四个领域的用字：

科技用字。由于科学技术的发展和教育水平的提高，很多科学技术的用语快速进入人民的日常生活。仅仅拿记录化学元素符号的汉字来说，它们很多要用在药品名上，当药方不再手写而用计算机输录时，这些字就不断地出现在病人的病例上，成为病人和病人家属必读的字。农药、化肥、室内装修材料也有不少是要用它们的学名来宣传、普及的。至于化妆品、清洁剂的使用，饮食健康的讲解，气象的采集和预报等，一旦进入科学普及领域和基础教育的教科书，都会被民众普遍关注。

地名用字。地名用字的使用范围在信息不发达的社会往往不是全国所有地区通行的，仅仅属于当地居民的常用字；而在信息社会，户籍、邮政、信贷、金融等行业的信息贮存和检索已经数字化，任何一个地名，起码是乡以上的地名，都会随着信息向全国甚至全世界的辐射而被各处使用。由于民族和方言发音的分歧，经常会产生一些任意造的转语字（即，当地人根据方音自造的形声字）造成的用字混乱，会给有关行业特别是当地民众带来信息的错乱和阻塞，有些后果不堪设想。

姓氏人名用字。中国是一个多民族的国家，姓氏不但记录着民族和血缘关系，还成为每个公民的称谓符号。这些姓氏数量有限，但是必须正确使用，才能保证信息的信度。至于名字所用的汉字，现在已经相当混乱，有些名字的用字甚至在已经扩充到 7 万余字的国际编码中都难以找到，致使第二代身份证的制作由于姓名用字不全产生很大的困难。新的《通用规范汉字表》无法改变过去的那种姓名用字混乱的事实；而且由于通用度的限制，也不能收入全部的姓氏、人名用字，但是可以学习一些先行国家的经验，选择较为普遍的姓氏用字和适合起名字的人名用字进行规范，对个人姓名在社会上有效的流通起到一定的作用。

基础教育文言用字。规范汉字主要是书写现代汉语文本的，但是，传统与历史和现代不是绝缘的，现代文本中会引用文言作品，中小学语文教材中也都会收一部分优秀的文言作品。前者可以在一般的平衡语料库中收集到，而为了保证教材印刷的规范，需要在语文教材中专门收集文言文的用字。

以上四个专门领域的用字对信息传播影响很大，几乎涉及千家万户，但是，这些汉字在平衡语料库里按照一般用字的覆盖率是搜集不到的。为满足计算机普遍运用、科技发展和社会交际的需要，《通用规范汉字表》需要在特殊领域准确撷取，设置三级字表，补充这四个专门领域的用字。

二、《通用规范汉字表》既遵循科学性又体现社会性

《通用规范汉字表》从立项到公开发布经历了 12 个年头，所以需要这么长的时间，是为了尽量保持它的科学性，体现它的社会性。科

学性指汉字本身存在和发展的客观规律，但汉字是人文符号，不是数理符号，在应用层面，人文因素要起到很大的作用，客观规律和应用需求之间，有时会存在很深的矛盾，二者之间要慎重协调，择优而行。

这次制定新的规范，要调整过去不同时期所做的规范中处理不一致的地方，具体说，就是要在汉字科学的指导下，符合事实地处理好简繁字问题、正异字问题，以及新收字与原有字的关系问题。为了科学地确定汉字的通用度，统计每个汉字的覆盖率，需要借助语料库、汉字属性库等汉字信息处理的基础设施。这些都需要前期的研究成果作为支撑。而且，汉字是全社会每天都在使用着的书写符号和信息载体，在社会发展极为迅速、信息传播日日更新的情况下，许多带有动态的属性，必须观察发展过程才能确立的规律和特点，需要在一个较长的时间里，对逐年甚至逐月的汉字字频进行监测，才能做出胸有成竹的判断。21世纪汉字规范的研制，不能就事论事，也不能急功近利，要具备对汉字的理性认识。

但是，即使统计数据已经非常准确，也只是就全社会的平均数而言的。汉字是中国文化的基石，它承负着从基础教育的实施到历史文化的传承等不同层次的文化发展任务，普通民众、文化高端人士和语言文字第一线的专业工作者和承担语言文字学科研究的专门家，这些不同文化层次、不同职业的人群，对汉字规范有着不同的要求。这些要求有时候很不一致。在汉字规范研制的过程中，简繁之争出现了，汉字的发展规律与使用习惯的矛盾出现了，基础教育宜稳与社会用字求变的矛盾出现了……汉字的社会性给规范的研制带来了诸多尖锐的问题。特别是20世纪50—80年代的规范施行了半个世纪，已经为全社会特别是基础教育和文化普及层面所熟悉，已经成为一种习惯。在这种情况下，新的规范每一个变动，对使用者而言都需要重新学习。

而且，汉字存于现代但源于古代，既面向现代、面向世界，又承担着数千年文化典籍的重负，信息时代的汉字规范必须适应现代化的需要，也必须考虑文化的历史传承，有利于继承中华文化的精华。历史与现代、古与今的协调也是必须考虑的。

基于以上原因，这次规范将 103 个常用字调整到二级字表，556 个通用字调整到三级字表。同时有 226 个已经被群众认可的类推简化字加入字表，删去了原《简化字总表》中的 31 个字，将原调整的 26 个异体字确认下来，又将 45 个异体字调整为规范字。这 6 项调整大约涉及 300 字/次，加上新增的字，每一个字都是查检了古今用法，调查了使用情况，一次次征求意见，字字斟酌，仔细推敲，衡量利弊后才定下来的。字表历经 12 年、先后修改 90 余稿，海内外学者 4000 余人次参加研制、审查和修订，为的是择定相对优化的方案，使新的规范更加适应新形势下不同人群的多种要求，有利于多数群众学习和使用。

三、便于应用是《通用规范汉字表》制定的重要原则

汉字规范必须走群众路线，符合多数群众的利益，但是，规范字的范围只能是在通用层面上。有些人对规范字的"通用性"理解不够，担心自己所用的字特别是自己的姓名用字不在规范汉字表内会被称为"不规范字"，妨碍将来的使用。《通用规范汉字表》有很强的承袭性，能够覆盖过去的规范。在字量和字级方面，书写现代汉语的文本，在网络上传递必要的信息，适应国内和国际交流的需要，一般是够用了；但是，社会通用层面上的用字，并不能囊括每个人、每个领域、每个时间用字的全部，总是有些字不包括在规范汉字表中的。这里，

我们要明确"规范汉字"对应着的两个不同的概念：一个是"不规范的字"。已经有了规范汉字，在通用层面上书写现代汉语文本时，仍然去用对应它的异体字或繁体字，特别是错讹字，就属于不规范字。例如：我们认定"泪"为规范字，"淚"是它的严格异体字，不应当出现在现代汉语文本中。我们规定"险""检""剑""俭"为规范字，一般不要在简化汉字文本里再出现"險""檢""劍""儉"这样的繁体字。这样做，是为了减少冗余的字形，减轻汉字识别和记忆的负担，增加信息传播的信度和速度。另一个是"未规范字"，也就是没有被收入规范汉字表中、也不对应任何一个规范字的字。这些字只要不是错别字，仍然可以使用。特别是科学的门类越来越多，新的科学术语不断产生，一些专门性较强、与群众生活没有直接关联的科技用字，不可能都收入字表，但在专门领域是可以使用的。只是，这些字对通用的现代汉语语料的覆盖率已经小于1％，一般情况下很少用到了。何况，根据《中华人民共和国国家通用语言文字法》，"有下列情形的，可以保留或使用繁体字、异体字：（一）文物古迹；（二）姓氏中的异体字；（三）书法、篆刻等艺术作品；（四）题词和招牌的手书字；（五）出版、教学、研究中需要使用的；（六）经国务院有关部门批准的特殊情况。"可以看出，新的汉字规范政策实施的强度和适用的宽松度是有所中和的。

《通用规范汉字表》规定了字级、字量和字形，但这是根据普遍社会应用层面来确定的，在教育、教学领域制定应用字表，既要遵循《通用规范汉字表》的规定，又不能简单截用其中的一段使用。这是因为，在一些专业领域里，会有一些其他规律在起作用。特别是，在确定基础教育识字教学的分级字表或对外汉语分级字表时，如果简单地采用按照字频来分级的做法，将会造成应用上的诸多问题。教学要遵循循序渐进的原则，由易到难，而社会普遍应用层面的字频，与汉字的难易度和构形相互依存的系统是不一致的。我们可以比较以下三种语料库中不同的字频排列。在下表中，同一个字在不同语料库里的频序比较：

不同语料库频序比较示例表

汉字	中	国	年	成	分	物	体
国家语委平衡语料库频次	13	21	33	43	52	80	73
科普与教育综合语料库频次	9	26	39	24	36	18	38
适合第一学段儿童文学语料库频次	132	156	223	119	299	264	541

从上表中我们可以看到，表中的 9 个字，在国家语委平衡语料库和科普与教育综合语料库中的频次，相去未远，都比较靠前，而在适合第一学段儿童文学语料库中的频次，要靠后得多。这是因为，6—8 岁儿童的心理词典，与成人用词有较大的差距。事实说明，在制定课程标准时，分级字表不应当也不可能超越《通用规范汉字表》的一级（常用）字表，但是，简单按《通用规范汉字表》的频次来截取字段的办法是不可行的，正确的办法应当根据教学实际与儿童不同年龄段的心理特点，采用汉字必要的属性作参数，经过认真地科学研究，生成适用的应用字表。也就是说，在基础教育确定选字范围时，既要遵循《通用规范汉字表》的常用字表，又要在此范围内，根据应用的特点慎重选字和排序。

社会语言生活永远处于变动之中，规范可以在一个适当长的时期内起作用，但也必须不断改进和完善，《通用规范汉字表》的定期修订是绝对必要的。

《通用规范汉字表》对简繁字的处理[*]

2013 年 6 月 5 日，国务院正式发布了《通用规范汉字表》。发布的通知说："《通用规范汉字表》是贯彻《中华人民共和国国家通用语言文字法》(以下简称《国家通用语言文字法》)，适应新形势下社会各领域汉字应用需要的重要汉字规范。制定和实施《通用规范汉字表》，对提升国家通用语言文字的规范化、标准化、信息化水平，促进国家经济社会和文化教育事业发展具有重要意义。《通用规范汉字表》公布后，社会一般应用领域的汉字使用应以《通用规范汉字表》为准，原有相关字表停止使用。"这就说明，《通用规范汉字表》的发布，是我国汉字规范的又一个里程碑。

《通用规范汉字表》是在新时代、新形势下发布的。

这个时代的第一个重要特点是信息化。20—21 世纪之交，信息革命席卷全球，信息时代悄然而至。就在这一系列的巨大变革中，汉字成功地进入计算机，成为在网络上

---

　　* 原载《简繁并用相映成辉——两岸汉字使用情况学术研讨会论文集萃》，北京，中华书局，2014。

直接传播汉语信息的重要载体。一个世纪以来的汉字行废之争圆满地画了一个句号，汉字——一种6000余年不间断地发展至今的最典型的表意文字，今后还会在高科技的支持下长存，不但要为今日之中国走向世界发挥巨大的作用，而且要为弘扬中华民族悠久的历史文化遗产写出新的篇章。在信息时代发展政治、经济、文化的重要条件，是及时和准确地传播和获得必要的信息。信息在网络上传播，达到了前所未有的高速度、远距离和高度的社会化。在这种情况下，汉字规范化的必要性更为凸显——只有汉字这种传播载体的标准化，才能保证信息传播的速度和信度。

这个时代第二个重要的特点是海峡两岸交流的日渐频繁，相互的沟通和文化的认同日渐密切。所以，《通用规范汉字表》研制的六点原则之一，明确提出了"考虑海峡两岸和港澳地区以及海外华人汉字使用的实际情况，兼顾汉字使用的国际需求，尽量避免扩大不同地区、不同国家之间汉字使用的差异"。

面对这两个新的时代特点，《通用规范汉字表》从以下三个方面考虑，来处理简繁字问题。

一、坚持汉字简化的方针，不恢复繁体字

有一段时间，恢复繁体字的呼声很高。这种呼声主要来自文化水平较高的人群。不论在哪个时代，汉字都有一个专业应用领域，这个领域中有属于大量运用汉字、以运用汉字为主要职业手段的阶层，他们面对各种文本的起草，操作印刷过程，进行汉字教育，从事古籍整理和古文字解读、考据，编写汉字辞书，管理信息系统，建设计算机字库词库，设计汉字的国际编码……这些人为数仅仅是一般汉字使用者的千万分之一，他们面对海量的汉字，对汉字的科学规律有着极大

的敏锐和要求。但是我们绝对不能忘记，在一个文化强盛的大国，90％以上使用汉字的人处在普及层面。汉字是在这个人文社会中被全民使用着也改变着的符号，这种符号系统是否好用，对于这个领域，"习惯成自然"是最现实的原则。对于一般的使用者来说，掌握2500—3500个字就可以得到一般生活领域几乎全部的社会信息，也完全可以传达现代人复杂的思想感情。简化汉字推行了半个世纪，它方便了几亿人的认字和写字，加快了我国教育普及和成人扫盲的步伐，已经成为传播现代信息和国际交流的载体，在传统文化现代化方面，也起到了十分积极的作用。简化汉字已经成为国内外大多数汉字使用者的习惯，根据文字使用社会性的原则，坚持简化的方向是必要的。

二、收录简化字既要遵循科学性，又要考虑社会习用的情况

1956年1月，国务院公布《汉字简化方案》；1964年3月，中国文字改革委员会、文化部、教育部联合发布《关于简化字的联合通知》，公布了《简化字总表》。1986年10月，国家语委经国务院批准重新发布了《简化字总表》，并做了个别调整。调整后的《简化字总表》，实收简化字2235个。《通用规范汉字表》根据科学的原则，删除了《简化字总表》中的31个字。这31个字属于生僻的方言字、科技旧称用字、已经有规范字的异体字等。同时，考虑到汉字应用的现实，也收录了少数已经被社会所习用，并符合《简化字总表》规定的类推简化字。本表新收录的226个类推简化字中，166个曾被《现代汉语词典》和《新华字典》收录，51个见于其他多种辞书，9个出自频度较高的姓氏人名及现代科技用字。

三、保持稳定，表外字不再类推

也有一些人主张还要继续简化，甚至提出要恢复已经被取消的"二简字"。《〈通用规范汉字表〉解读》明确提出"今后表外字不再类推"，也就是说，为了保持稳定，在旧有的简化字已经收录的前提下，不再造新的简化字。"教育部等十二部门关于贯彻实施《通用规范汉字表》的通知"又对辞书编纂使用表外字有专门的表述："相关语文辞书可以在修订时以自然更新的方式贯彻字表，根据其服务领域和使用对象不同，可以部分或全部收录《通用规范汉字表》中的字，也可以适当多收一些备查的字，收入表外字一般应采用历史通行的字形，不要再造历史上未曾使用过的新的简化字。"表外字不再类推是有充分理由的：第一，从国家文化发展的大局说，中国正在走向世界，教育正在适应新的形势加速发展，不论从国内还是国际，汉字都需要保持稳定，严格实行表外字不再类推，才能不引发民间和传媒任意写不规范的简化字，使母语的基础教育与汉语的国际传播用字有据可依。第二，《通用规范汉字表》中的 8105 个字对现代汉语语料的覆盖率已经是 99.98％，绝大部分简化了的字都已经收入，再造新的简化字，必然是覆盖率很低的生僻字，保持历史原形尚有偶然使用的价值，类推简化更加难以识别，毫无使用价值。特别是辞书中的汉字，处于汉字的贮存状态，既是贮存，必须是历史上曾经用过的字，辞书没有必要也不允许自造或自改汉字。《通用规范汉字表》发布以前，有些大型辞书实行无限类推，产生了很多问题，关于这些问题有大量的文章进行讨论，而这些辞书已经将多余的类推字恢复了历史的原形，这样做，大大增强了这些辞书传播文化、辅助阅读的功能。《通用规范汉字表》发布后，一些现代汉语辞书，也正在将已经类推的表外字恢复原形，这样做也极大地增强了推进国家规范、稳定社会用字的作用，在社会上产生了非常好的影响。第三，两岸的文化交流日渐密切，不要再扩大两岸用字的差距是大家共同的愿望，也是此次制定新规范的一项重要的原则，严格控制类推是对这项原则的体现。

在坚持简化原则的同时，我们也认识到，简繁长期并存，对应用来说，是两种文化的诉求，是历史形成的必然，也是当前我们必须面对的现实。《国家通用语言文字法》对繁体字和异体字的应用，给了一个宽松的尺度：按照《国家通用语言文字法》第十七条，有下列情形的，可以保留或使用繁体字、异体字：（一）文物古迹；（二）姓氏中的异体字；（三）书法、篆刻等艺术作品；（四）题词和招牌的手书字；（五）出版、教学、研究中需要使用的；（六）经国务院有关部门批准的特殊情况。现在，高等院校古代汉语、古代文献、古代文学和古代历史专业的教科书，很多已经用历史传承字和繁体字印刷。即使是在普及层面，港台用繁体字书写的影视、歌曲字幕，用繁体字印刷的多种书籍，用繁体字传播的互联网信息，在大陆传播基本上没有障碍。大陆书法爱好者临摹的名家书法碑帖，与港澳台地区也是没有区别的。在我国香港、澳门、台湾地区，我们不断看到有些简化字出现在广告、标牌、说明书和手写文本里。大陆用简化字出版的读物，只要内容适合，在港澳台地区流行并无困难。特别是在澳门，简繁并用已经深入基础教育领域，学校允许学生简繁并用，只是规定书写要规范，不能写错别字。面对简繁长期并存的事实，相互尊重，促进交流和理解的历史使命首先落在两岸学者的肩上。让我们肩负起这个使命，为中华民族文化传统在两岸的传扬，做出我们应有的贡献。

汉字构形系统及汉字的整理与规范*

　　表意文字所遇到的最难解决的问题，是随着词的不断丰富、意义不断增多，字形便会无限增加，致使符形量超过人有限的记忆能力。为了解决这个问题，汉字必须在对构件进行规整的前提下，形成一个尽量趋于严密的构形系统。这个构形系统是否存在？现代系统论的提出与发展，为汉字构形系统的证实和描写提供了理论依据。根据系统论的原理，汉字作为一种信息载体，一种被社会创建又被社会共同使用的符号，在构形上必然是以系统的形式存在的。在共时历史层面上的汉字总体，应当有自己的构形元素，这些元素应当有自己的组合层次与组合模式，因而，汉字的个体字符既不是孤立的，也不是散乱的，而是互相关联的、内部呈有序性的符号系统。个体字符的考据只有在整个系统中找到它应有的位置，才能被认为是可信的和合理的。仅仅探讨汉字个体字符的形体变化不能称作汉字史。只有在弄清个体字符形体变化的基础上，考察出汉字

---

　　* 原载《汉字构形十二讲》第十一讲，北京，商务印书馆，2022。

构形系统的总体演变规律，并且对这种演变的内在的和外在的原因做出符合历史的解释，才能称为汉字史。汉字构形学最终的目标，应当是为共时层面上汉字构形系统的描写提供可操作的方法，并对历时层面上汉字构形系统的比较提供合理的参数，以便构建科学的汉字史。

一、汉字构形系统在历史上的形成

殷周甲骨文、金文的汉字，有相当大量的字符处在象形文字的阶段，不论是零合成的独体象形字，还是会形合成的合体象形字，都以象物性作为表义的手段。这些字符图画性很强，因而个体性很强，字与字之间关系松散，难以形成严密的系统。汉字发展到小篆，构形产生了一个飞跃，一批兼有音和义的成字构件逐步形成，作为构形的基础。汉字有了这批构件，便有条件把甲骨文的多形符象形字改造为多义符拼合的会意字，并且产生了一大批义符和声符相互制约的形声字。凡同义的字，用声符别词，如"根""枝""条""标"……都是树的部位，都从"木"，用声符来提示它们记录哪个词而区别。"玩""完""冠""顽"……都从"元"声，用义符来将它们分类而区别。这种形声字，大约占汉字总数的87%以上，成为汉字的主体。同时，汉字的义符表意功能和声符的示音示源功能又都得到了进一步规整，这样，汉字便形成了以形声系统为中心的构形体系，由于采用了基础构件拼合或递加生成的方法来增加新的字形，因此，不论字数如何增加，基础构件的数目都能保持稳定，只在400多个上下浮动。而且，就构字功能说，构字量较大的基础构件只占48%左右，人的记忆负荷是完全可以承受的。

形声系统形成后，汉字的表意方式发生了质的变化，人们对字符的认识不再是与物象直接联系的，也就是说，不需要从字形中直接辨识出物象来，而是凭借形音义已经结合了的基础构件来概括表意。例如："心"，早已不像心脏的样子，"氵"，也已没有水纹的痕迹。但"心"形与"心脏"义，"氵"形与"水流"义，都已形成固定的联系，"心"部字与"水"部字的意义都可以由此辨识了。

二、基础构形元素在优化原则下的整理

汉字构形系统确实是存在的，问题在于如何将它描写出来。描写系统的先行工作是整理元素，产生一个从实际中归纳出来的基本元素集。

基础元素也就是前面所说的基础构件。在汉字构形系统中，必然会有一个基础构件的集合，成为构成整个字符集的最小也最基本的构件集。我们把汉字进行拆分，拆到不能再拆的最小单元，这些最小单元就是汉字的基础构形元素，我们称之为形素。汉字是在社会上流传使用的，不论是历史汉字还是现行汉字，都会产生一些纷繁的写法，这些纷繁的写法如不规整，很难看出系统性。规整，指的是把异写形素、异写构件、异写字经过认同归纳到一起，选择一个优化的形体作为标准体，也就是择出一个形体作为其他异写体的信息代码。归纳这些不同层次的异写符号最简便、合理的办法，是首先从基础构件也就是形素着手。自然书写的汉字形素，有些差异与区别构意无关。将写法微殊、来源相同、构意相同的形素归纳到一起，称作一个形位。选择一个有代表性的形素作为这组形位的信息代码，用以指称这组形位，称作形位主形，同形位的其他形素均称为其变体。以下面"兼"字为例：

(1) 兼 兼 兼 兼 兼 兼 兼 兼 兼

（2）傔

（3）鰜 鶼 鰜

（4）鐮

（5）嫌

（6）賺

（7）謙 謙 謙 謙 謙 謙

（8）廉 廉

（9）縑 縑

（10）歉 歉 歉

（11）慊 慊 慊

……

　　"兼"在楷书里是一个粘合的零合成字，已经不能再行拆分，因此也就成为一个成字形素。（1）是它独用的情况，（2）—（11）都是由它组成的字。可以看出，它的书写状况是纷繁的。这些纷繁的写法都局限在"兼"这个字样里，没有构意上的差异，我们选取"兼"（每行第一个字的样式）作为它的信息代码，其他可以认同的字样列为"兼"的变体，在个人书写层面上，可以写任何只要人们能够识别、能够与"兼"认同的字样，在规范的文本里、计算机字库里，则一律换为"兼"，这就完成了形位的归纳。我们把优选出来的形体称作主形，从规范的角度说，也就是标准字样。由于"兼"的主形的确定，从"兼"之字的主形字也就随之确定了。

　　下面讨论非字形位，以楷书的"田"为例。"田"是一个多构意的同形形体，它在"畴""亩""畺""界""畸""甸""畿"等字中具有示音、表义、表形的作用，有确定的读音，是一个成字的基础构件。但在下列楷书字中，都只有象征表形的作用，没有读音，属于非字的基础构件：

"果"，小篆作，上方的"田"象征果实。

"番"，小篆作，下部的"田"象征兽足。

"福"，小篆作，右边底部的"田"象征丰满的粮食囤。

"巢"，小篆作，中间的"田"是小篆"臼"形楷化，象征鸟窝。

"毕"，小篆作，上方的"田"象征捕鸟的网。

"畏"，小篆作，上方的"田"是小篆"鬼"上部的楷化，象征鬼头。

······

楷书的这些"田"形构件，都是与"田地"字不同的非字构件，它们象征不同的事物，但是这些事物的共同特点都是圆形的、内中实满的物件。我们可以因此把它们归纳为一个非字形位。

在同一历史层面上的汉字经过规整后被归纳的形素群体，也就是形位，与形素是不同的。形素是一个个具体的构形基础元素，形位则是同一共时构形系统中异写的基础构件归纳的结果。将全部形位归纳起来，才可见到构形系统的基础元素整体。以形素的归纳为基础，可以使汉字的纷纭杂乱状态在各个层次上得到整理，现出清晰、整齐的总体状态。

在形位里，主形的择定是十分重要的，主形择定的标准应当有以下几条：

第一，它应当是经过社会使用，已经被多数人认可的形体。也就是说，它的使用频度应当比较高。这里指的使用频度，包括两个意思：一是单用时人们更习惯用这个字样，二是构字时人们更习惯用这个字样做构件。

第二，它应当符合汉字构形历史发展的脉络和规律。这一点与上一点有直接关系，汉字形体发展受两方面条件的制约：首先是与人们的书写习惯相关，这是很重要的社会条件。其次也是汉字构形内部规律的限制，以"兼"字为例：在篆体中，"兼"由两个"禾"、一个"又（手）"三个构件交合，交合状态与构意有关，楷书将两个"禾"并合在一起。这种简化方式很多见，例如，"曹"并合上方的两个"東"，"普"并合上方的两个"立"，"晋"并合上方的两个"至"，"廾"并合"収"的两个反向的"又（手）"，"艹"并合"艸"的两个"屮"……这种并合是符合楷化规律的，因而顺势而成。上下分形与左右分体的字样，反而不合规律，因而也就不被多数人采纳。

第三，它应当显示或接近理据，便于直接识别分析，或便于追溯本源后识别分析，这对汉字教育是有益的。但这个条件与上述两个条件相比，不是绝对的，汉字在楷书阶段有丧失理据的情况，有时出现记号构件，很多是发展的自然现象，加之很多溯源的考证未必精确，所以，尊重自然发展规律是更为重要的。

第四，如果有较多的形体可供选择，应尽量采用简繁适度的构形。汉字的识别需要信息丰富，不避复杂；而书写则需要形体简单。这是一对经常出现的矛盾，选择简繁适度又保存了更多构意的构形，在识别和书写方面取得相对的平衡，对汉字的优化有诸多好处。

以上四点——通用性、传承性、理据性、适度简约性，是形位主形优选的条件，以一、二两点为必要条件；三、四两点为辅助条件。

汉字形位经过整理后，体现构形与构意的基本元素呈现规范状态，构形系统的描写是由此起步的。

汉字是由一批具有构字能量并能体现构意的最小元素为基础组合而成的。经过实际测查和不完全统计可以看出，在每个历史层面上，成字形位的数量都大致在 270—400 个左右，它们分别或完全具有示音、表义、表形三种功能。例如"示（礻）"，有示音（构成"视"等字时）、表义（构成"礼""福"等字时）功能，"日"有示音（构成"昵"等字时）、表义（构成"晴""明"等字时）、表形（构成"旦""莫"等字时）等功能。这样就使这 270—400 左右个形位，具有了双重甚至三倍的构字能量。非字形位数量较少，它们仅仅具有表形或标示功能。具有表形功能的非字构件在楷书里多半是古文字的遗存，属于象征表形，带有个体性，构字量很少；具有标示作用的非字形位多半是单笔构件，数量非常有限。成字与非字形位加在一起，就是构形系统具有的基础元素。

三、字料搜集、整理与优化

要想验证各个历史层面上的汉字是否以系统的形式存在，必须搜集共时的字料，并且对这些字料加以整理。

搜集字料可以从两类材料中选择：一类是采用某一时代编纂的字书中已经搜集的字再加以整理；另一类是从某个历史时期用汉字书写的一定量的文献材料中去穷尽地撷取字料。

第一类材料有两种情况：

第一种，历代字书字典。这些字书收字越来越多，使用比较广泛的有以下几种，详见下表。

字书字典例表

书名	朝代	编纂者	字数(个)
《字林》	晋	吕忱	12824
《玉篇》	梁	顾野王	22726
《龙龛手鉴》	辽	释行均	26430
《类篇》	宋	司马光等	31319
《字汇》	明	梅膺祚等	33179
《康熙字典》	清	张玉书等	47035
《汉语大字典》	今人	徐中舒等	56000

这些字书、字典的目的最主要是为了读书时查检，所以多收集编纂之功，少概括整理之力，以收字多而全为宗旨，往往转相抄录，在储存过程中又产生了不少新的错讹。加之其中字料迭出多个时代，《汉语大字典》还收录了大量古文字的隶定字并附有古文字原形；所以既非共时，也不是同一形制，在提供查检上是有成就的；但难以见到构形系统之端倪，是不宜进行构形系统描写的。

第二种，许慎的《说文解字》。这部书是许慎在秦代规范小篆的基础上，以五经用字和词义为收集范围，在所见文字中优选字形，加以篆化，解释构意，确立部首，建构关系，体现了很明确的构形系统思想，可以作为构形系统描写的一个典型的案例来对待，构建出了小篆构形系统，并从中吸取系统描写的经验。

第二类材料有三种情况：

第一种，民间书写文本中的汉字。这些文本的书写者是一般的民众或古代居于下层的小吏，文本的内容社会意义较小，流传范围不大。例如个人书信、账目、便笺、日记、契约、底层的非发布的公文，以及不拟流传社会只为个人保存的典籍钞本，等等。

第二种，社会通行文本中的汉字。这些文本或是官方的正式文告，或是流传于社会的典籍钞本，或是名人书写的诗文。雕版与活字印刷发展起来后，刻印文本所用的汉字也属此类。

第三种，权威规范汉字。历代官方运用政治权力、通过教育与考试制度规定在某些场合必须使用的汉字，或者经书法家写于碑匾、形成字书以为示范的汉字。例如：汉代《熹平石经》所收的经典用字，唐代《干禄字书》《九经字样》等供科举采用的正、通、俗字等。

这三种材料，第一种现存的多为手写，随意性较强，社会意义不大，它们的研究价值在于探讨汉字文化的现实，而不适合作为描写构形系统的原材料。第三种虽经规范，但收字范围过小，官方意图过盛，难以看到汉字自然发展的趋势，作为描写构形系统的原材料也有局限。唯有第二种材料，是遵循约定俗成的规律自然发展的，这些已经存在于语言环境中的汉字，不但有多种字形可以收集，而且有多种字用可资参考，是可以代表汉字自然发展状态的。这些字符群随着社会种种因素的变化，自发进行着内部元素与内部关系的建构。它们是杂乱无章的，还是也以系统的形式存在呢？

为了解决这个问题，实验构形系统的描写，首先要对文本中的汉字加以整理，也就是进行三种性质不同的归纳：

1. 字样的归纳

这项工作的关键是去掉重复和统计字频。这是将一切文本形式的汉字改变为字符集形式第一步要做的工作。在第七讲，已经对字样归纳的原理作了说明，同一字样组成的构件写法相同，构件的相互位置一样，只需取其中一个清晰而工整的实用字样作为代表，并统计它在所选文本中出现的频率，作为字位整理的基础。

2. 字位的归纳

这项工作也就是对结构记词职能相同、书写略有变化的同构异写字进行认同，将其合并为一个字位，优选其中的一个作为字位代表字，其余都可看成字位变体。归纳的原则已经在第七讲《构件在组构中的功能》说明，这里需要说明优选主形的原则。前面说及选择形位主形的四个条件——通用性、传承性、理据性、适度简约性，选择字位代表字，首先要考虑基础构件与形位代表字的一致性，而形位代表字的选择，又要考虑字位基础构件的条件，所以二者的选择是彼此协调的，上述四点，也同样适合于选择字位代表字的条件。

3. 字种的归纳

这项工作也就是对职能相同、记录同一个词、但结构不同的异构字加以认同，归纳为一个字种，选择其中的一个字位作为正字，其余可称作异体字。异构字的构形和构意彼此有差异，它们仅仅是职能的相同，所以，这些字不属于一个字，而是职能相同的不同的字。从字符集内部关系的角度，它们平等地互为异构字，从构形系统整理的角度，正字之外的异构字，称为异体字。正字是从字位代表字中选择的，已经是符合上述四条优选标准，它的确立更重要的在于彼此关系的构建，符合系统的原则，更为重要。

通过以上处理，使书写各异、使用汉字纷乱的文本，趋于整齐，建立了相邻字形和同类字形的正常关系，找到了每一个个体在整个构形系统中的位置。这就是经过人为处理使汉字构形系统形成并显现的过程，其实也就是汉字科学规范的过程。

总之，汉字是一种可以人为调整的信息符号，但它的社会约定性又不能违背。所以，汉字构形系统只能描写，不能违背社会的约定性和符号结构内部的自身规律而一意孤行。《说文解字》的成功之处就在于它既尊重了小篆结构和使用的事实，又正确把握了汉字构形的内部规律，许慎是求实的，又是科学的。

《汉语大字典》共收 56000 多个字，但仍然没有收全。字典中的这么多字是历史上的各种汉字的集存，这中间有相当多的是古代的"死字"，作为一种文化遗存，它们是研究古代文化的重要资料，但在今天的社会交际中是不会使用的。

经过整理后，汉字的实际使用数量大致有多少？整理以后的情况如何？我们举出按照上面整理过的楷书实用字符集的字数来了解其大概：

明代碑刻（兼及少部手写文本）楷书 54 万字，整理出 6023 个字位（其中被归纳的字位变体 6053 个）。①

宋版雕刻印刷书中汉字 200471 字，整理出字位 4856 个，其中字位变体的情况如下表②。

字位变体情况表

变体数	17	14	12	11	10	9	8	7	6	5	4	3	2	1
字位数	2	2	2	2	4	9	13	15	34	59	82	210	432	1062

雕版印刷书籍难见，数量偏少，可作一则补充：台湾元智大学罗凤珠教授从 18401 首宋诗的 1060696 个字中整理出的单字字位是 4520 个，与王立军从雕版印刷中整理出的字位二者合并去重共 5100 个字位。

---

① 数据来自石勇：《明代碑刻及手写实用材料文字研究》博士论文的统计。

② 数据来自王立军：《宋代雕版印刷楷书构形系统研究》，上海，上海教育出版社，2003，变体统计的表，上栏是所含变体数，下栏是含有变体的字位数。例如：有 2 个字位含有变体 17 个，1062 个字位只含有 1 个变体。

从这些统计中可以看出汉字在实用领域里使用的大致数量，也可看出在实用领域里字形结构纷繁复杂的情况以及整理后变为字符集的情况。

四、汉字构形关系的有序性

仅仅有一批基础元素还不能保证构形的系统性，更重要的是列入构形系统的成员关系的有序性。这种有序性主要是在合理的组合中实现的。

汉字由这批形位构组而成，近现代汉字绝大部分是依层次组合，少部分是依平面组合。这些组合依"结构—功能"分析，都有一定的结构模式。在层次组合中，字义是一层层生成的。在平面组合中，字义是一次性集合而成的。正因为如此，汉字才能由少量的形位造成构形和构意各异的成千上万个单字。这些单字凡是其中具有共同的元素，或既具有共同的元素又采用同一模式的字，彼此都会发生一定的关系，这就使每个汉字的构形，可以纳入到一个网络中。例如"骤"：

在义类上与从"马"又表示马行走状态之字归入一个子系统："骠"（马疾步）、"驱"（马驰）、"驰"（大驱）、"骛"（乱驰）……

在声类上与从"聚"、从"取"的字归入另一个子系统。

在同源系统中与"趋"（清纽，侯韵）、"趣"（清纽，侯韵）、"匆"（清纽，东韵）、"促、数"（清纽，屋韵）……归入一个子系统。

三个子系统中又有交叉重叠。可以说，这些互有关系的字在类聚时和分析结构时彼此都是互为背景、互有参照价值的。

层次结构是汉字进入构形系统的最优越的条件，在层次结构里，形位的介入是有序的，汉字生成的关系也是有序的。

在层次结构中，可以看到从基础构件也就是形位到成字过程中构意转换的不同情况：

第一种，形位功能始终传递。例如："照"历经"召—昭—照"，"刀"的示音功能始终传递；"鸿"历经"江—鸿"，"工"的示音功能始终传递。

第二种，形位功能中途介入。例如："灏"，历经"景—颢—灏"，"颢"的示音功能在第二层介入，"景""页"的功能也就在第二层转换了；"従"，"人＋人"＋"彳＋止"，"从"的示音功能、"辵"的表义功能，都是在第二层介入的，"人""彳""止"的功能也就在这一层转换了。

第三种，形位功能不断转换。例如"普"，"大＋一"成"立"，两"立"相合为"並"，"並＋日"生成"普"。"大、一"的功能转换为"並"，"並"的功能在与"日"结合后转化为"普"。

不论是哪种情况，每一层次都有一个新的构形元素产生，使形位的构形构意作用得到充分的扩展；也使构形关系的有序性得到最大限度地发挥。我们把全部形位集合看作构字的储备材料，而把已经进入构字、体现了自身功能的形位及形位的组合称作构件。可以看出，在每一级组合中，随着构件中的形位数不断地增加，结构都发生着质的变化。举小篆为例：

①"支"的小篆是"又"和半个"竹（艸）"字的组合，半个"竹"字有形而无音、义。但它却在组合后造就了与"又"完全不同的形与义。

②"视"的小篆先由"目"和"儿"组合为"见"，然后再加"示"标示它的声音。"见"与"视"在古汉语里声音与意义都是不同的，"视"是"看"，"见"是"视"的完成体"看见"，"示"的加入，造成了一个记录新词的新字。

③居"居"的三个形位声音都与"居"音无关。但是在第一层次"十"与"口"组合成"古"时，却具有了示音的机制。

④羅"羅"的第一层次结构成"维"，没有示音机制，再加上"网"，也没有示音机制，但新的音义却在这三个形位两层次的组合中形成了。

这说明，汉字的结构层次是有序的，改变结构次序也就改变了这个汉字。有序的层次是汉字构形呈现系统性的重要原因。

前面说过，在诸多构形模式中，示音构件的介入使汉字结构进入最优化的状态。小篆以后的汉字，在构形的模式上已经变成以形声为主，义音合成字占到90％以上，剩下的几种构形模式，基本上都是这些形声字的构件，完全可以系联到形声系统中去。因此，我们可以把上述的关系网络描写为一个字表。这个字表以表义、表形形位为一个维度，将义近形位归纳在一起，以示音形位为第二个维度，将音近形位类聚在一起，采取有层次的排列。从这个字表里可以显示汉字总体构形的有序状态，也可以显示汉字的单字之间的相互关系。这就是汉字构形系统的总体表现。

汉字的构形是成系统的，这个系统是否严密，要从以下几个方面观察：第一，形位数量与总字数的比例，比例越低，形位的组构能量越大，汉字的构形系统越严密。这也就告诉我们，在汉字进行规范时，尽量不要胡乱增加形位；第二，构形模式越单纯，汉字的构形系统越严密。甲骨文有十种构形模式，到小篆时，演变为"六书"的"前四书"，基本已经定型了；第三，越是层次结构占主导地位，系统越呈网络状，也就越严密，平面结构体现个性比较突出，很难进入网络，越多越不利于系统的严密性；第四，异写字与异构字的比例越小，规整程度越高，构形系统越严密。

根据这四个定律，我们从一系列统计数据中，可以得出以下结论：第一，汉字的构形系统大致形成，约从东周开始，系统的严密化是逐步完成的。第二，汉字从个人书写的随意性、自发性，经过长期的全社会使用，进入社会通行的层面，系统化的程度越来越高，但仍不能达到比较完善的地步，只有经过权威规范，而且是符合汉字构形规律的规范以后，才能使系统达到严密化。第三，义音合成模式（传统的形声字）是表意汉字维持自身严密系统的最优化的构形模式，汉字停留在形声系统不再发生质变，是符合规律的。第四，依照汉字构形规律，尽量优选一批通行的字形，增强构意的明晰度，整理纷乱又不合理的异写字与异构字，减少形位的数量，这是汉字规范必须进行的工作。

论汉字规范的社会性与科学性*

——新形势下对汉字规范问题的反思

汉字问题的争论从 20 世纪初开始，100 多年来高潮迭起，一浪高过一浪。现在，又一个高潮随着全球信息时代的到来和中国先进文化建设的呼唤出现在我们面前，使我们一则以喜，一则以忧。喜的是，历史给了我们这一代人一个重新审视既往工作的机会，不但允许我们对汉字问题再一次进行全面的反思，而且，在反思之后，还有机会对既往工作的不足加以弥补和完善。这是汉字的幸运，也是中国文化的幸运。忧的是，先辈们将近 100 年的苦苦思索和奋力拼搏，许多人为之付出巨大的代价，并没有把汉字问题处理得十分恰当。现在，在一个崭新时代更为复杂的现实面前，要求又这样紧迫，我们能正确把握汉字的现在和未来吗？鉴于语言文字在多方面的重要作用，国家已经颁布了《国家通用语言文字法》，规范汉字成为法律规定的使用文字。但是，规范汉字究竟指的是什么，还没有一个十分明确的内涵。规范是一个一旦提出便一泻千里的大冲

---

* 原载《中国社会科学》，2004 年第 3 期。

击波，一管就是几十年。在我们用国家法律职能规定全国人能写什么字不能写什么字的时候，一旦有了失误，不但会影响全国甚至是全世界人在汉语领域的语文生活，还会影响中国文化发展的速度和质量，这难道不令我们有所忧惧吗？

一、深入的反思是绝对必要的

喜也罢，忧也罢，深入的反思都是必要的。历史的经验值得注意，而前代的经验未必都适用于当代。认真总结一个世纪实际工作多方面的经验，我们应当能够以高度的责任感，慎重而又慎重地完成这个历史使命。也许，现实的条件会否定理想，但我们不应当放弃理想。理想的汉字规范应当考虑汉字的科学性和社会性。科学性指的是汉字的自然规律，包括它的结构规律、演变规律、互相关联的规律和自成系统的规律，这种内在的规律是客观的。社会性指的是汉字在使用时受社会制约的人文性，语言文字是符号，但不是单纯的数理符号，它是在人文社会中被全民使用着也改变着的符号。汉字的通行度、社会性分布和人为调整的可能性，都是它的社会性的反映。科学性与社会性二者是互相制约的——汉字客观规律的形成与它的社会背景有密切的关系；而社会对汉字的人为调节，无论如何不能违背它自身的规律。我们应当用这个标准来衡量一个世纪以来汉字规范的实践。

半个世纪以来，人们心目中的规范汉字，大约是以下几个文件所限定的汉字：1964年公布的《简化汉字总表》所规定的简化字（1986年国家语委重新发布《简化汉字总表》时做了某些调整），1955年12月文化部和中国文字改革委员会联合公布的《第一批异体字整理表》中的正字（1956年2月1日正式实施），1965年1月公布的《印刷通用汉字字形表》中规定的印刷宋体字形。1988 年 3 月 25 日，国家语委和国家新闻出版总署联合公布的《现代汉语通用字表》，综合了前三项字表的规定，算是对 20 世纪 80 年代以前关于汉字规范的一个总结。这些已经公布的字表，有关于正字字样①的规定，有关于字形的规定，有关于字数的规定，该规定的都规定了。这些规定虽然并不都是国家最高权力机构发布的，但是在实际上，它们已是群众公认的规范标准，在现代语文生活中取得了应有的规范地位，我们是否可以就延续这些已有的规定来确立现行的规范汉字呢？

应当看到，上述文件发布的时间，距离现在多则达到半个世纪，少则也已经将近 20 年了。在这漫长的岁月里，中国社会发生了极大的变化，制定这些规范的理念——也就是主导思想——本来是适应当时情况的，而现在，有些已经不适应了。而且，语言是随着社会的发展而发展的，文字是记录语言的符号系统，半个世纪以来，语言的变化已经相当显著，规范也是需要与时俱进的。何况，经过如此长时间、大规模的实践，其中不够完善的地方也都已经显现出来。近 20 年来，语言文字学术界对这些规范的科学性提出过许多中肯的意见，广大使用者则对这些规范的实用性提出过许多疑问和改进的要求，如果我们对这些置若罔闻、坚持不改，不但会影响群众对政府管理部门的信任，而且也会影响先进文化的建设和信息时代的工作效率。还有一点也是我们不能忽略的：在汉语借助汉字进入计算机的信息时代，以前的规范已经不够用了，许多新的规范必须制定也正在制定，例如，信息处理用的汉字部件规范已经制定，基础教学用的部件规范正

---

① 结构和写法完全相同的汉字，归纳为一个字样。汉字规范的做法是在记词功能完全相同的诸多异构、异写字样中，选择一个作为正字——也就是规范字。

在制定，笔顺规范、部首规范等也已经有了初步的成果……规范汉字是制定其他语言文字规范的基础，这些年来，每制定一个新的规范或标准，都会面临上述那些文件不完善的地方。如果我们不尽快调整这些已有的字表，本来为数不多的小疵随着新规范的不断出台累积增厚，就会越来越干扰使用。所以，在新形势面前，重新来审视既往的工作，制定一个新的规范字表，已经是刻不容缓的事了。

二、关于常用字和通用字字表

1988 年 3 月 25 日国家语委和国家新闻出版总署联合公布的《现代汉语通用字表》，实际上包含三个级层——2500 多个常用字，1000 多个次常用字，以及包含前两个级层在内的 7000 多个通用字。这个字表是以汉字在现代的使用频度为主要依据来制定的。但是，人们在使用中发现，还有一些经常使用的汉字没有进入这个字表，于是，在汉字输出过程中，新造字变成一个不可缺少的程序；而字表中的有些字，几乎要被人遗忘，因为它们实在没有通用价值，仅被偶尔使用，甚至一般新闻、书刊完全不用。在通用字表里，有一部分字只供人名、地名使用，但字表又不能涵盖全部人名、地名用字。造成这些问题的原因不外两个方面：一是字表没有随着语言文字社会使用的发展而及时调整和变化，二是当时频度统计的语料选择和统计的方法还不够完善。这里重点谈一谈通用字数据统计的问题。

《现代汉语通用字数据统计表说明》①说：

---

① 这里引用的《现代汉语通用字数据统计表说明》，均根据国家语委汉字处编《现代汉语通用字表》所附的《现代汉语通用字数据统计》，北京，语文出版社，1998。为了方便一般读者阅读，其中的数学统计公式不再引用，只阐明其主要精神，如有误解，由我本人负责。

　　　　数据统计表是按照静动态分布由多到少的顺序排列的……静
动态分布是指某字在多少个字表中出现，所谓静态字表是不带使
用频度的字表，动态字表是带有使用频度的字表。我们共统计静
动态字表 20 个，其中静态字表 14 个，动态字表 6 个。

　　这段话，已经说明了通用字表的语料依据，它不是直接语料的统
计，而是已有的 20 个字表统计的综合统计，或者说是二度统计。

　　现代汉语通用字统计所依据的原始资料中，还给出了平均频率，
它是用动态字表给出的频率之和，除以它的动态分布数来计算的，因
此，也是一种二度统计。

　　在这个数据统计表里，最有价值的是 1985 年《现代汉语用字频度
表》中每个字的字次和使用度，"使用度是将字的使用频率与在各个学
科中的分布进行综合考虑的一种计算方法"。但它的计算公式的计算
条件是"假定各个字的分布是平均的"。后来，这个公式又考虑到每个
字在语料的十科分类中的散布系数，比之"假定各个字的分布是平均
的"的计算法，更能反映一个汉字社会使用的效率。这个《频度表》虽
然覆盖的语料数较少，但却是直接的语料统计。

　　从这些计算中可以看到，当时对通用字的采用标准具有一定的操
作性和科学性。因此，这个字表作为信息处理字符集制定的依据，基
本是可行的，对教育和印刷两大领域，基本是适用的。但是，这种统
计忽略了一个语言文字的重要属性，那就是文字使用的社会属性。从
社会应用的语言材料中统计字频，无论怎样选择语料，都不能避免特
殊场合下的"社会性调频"。这种社会性调频包括以下几种情况：

　　1. 由于某些事件的社会轰动性而引起的个别人名、地名、科技

等用字中的低频字或生僻字，在某一时段内忽然频率升高。

2. 由于某些领域产生讨论的热点而使一些低频字或生僻字，在选定的语料中频度大大超过其同类的字。

3. 由于某些作者大量引用而使一些古字、僻字频度骤然升高。

这三种情况，都会使字频统计失实、失衡。在现代社会里，从大众的用字情况来说，2500个字即可覆盖98％以上的语料，因此，序次偏后的字与这些由于社会特殊使用而调高了频度的字之间，就有了较多的混淆。在字表的数量被人为规定后，多一个虚假的常用（次常用、通用）字，就会挤掉一个本应进入的字，而使字表的使用效度降低。为了减少这种情况，必须对一定数量的序次偏低的字进行不同时段和不同领域的字频测查，对那些反常的历时或异域的字频曲线给予特别的关注和逐一的甄别。例如，"镕"在十六大召开前一月、当月和后一月新华社新闻稿中的出现频度的变化见下图①。

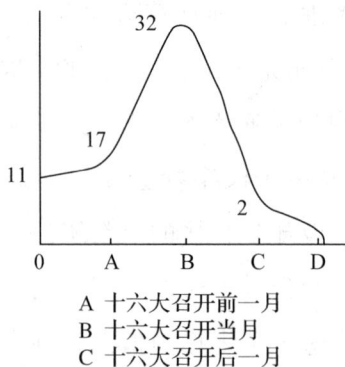

A 十六大召开前一月
B 十六大召开当月
C 十六大召开后一月

图 十六大前后"镕"字频度变化

从这个字在一个季度里频率的大起大落可以看到什么是"社会性调频"，"社会性调频"是语言文字人文性的一种体现。"镕"这个字，

————————

① 这里作的仅是不精确的示意图。

在一定的情况下，还能涉及全民用字，有些字仅仅是在一个极小的领域里昙花一现，但有时会因为社会的偶然事件频率调得很高，如果不加以甄别，误将一些低频字、偶见字甚至生僻字放进常用字表，字表的质量就会受到很大影响。择定常用字、次常用字和通用字是一项十分细致的工作，因为它涉及在哪级字库里准备这个字，还涉及对哪些字进行优化处理后加以规范。在基础教育领域里，常用字和次常用字是衡量语文水平的标准，如果定得不好，会波及教材编写、统一考试等大事，必须把用字的调查工作做得非常精细。具体说，散布系数不仅要在语料的科目中设置，更要在语料的时段中去设置。也就是说，在统计常用字和次常用字时，不能只考虑所取语料的字频，还应当充分关注字的覆盖率和通行度。

文字使用的社会性，还表现在，科技用字进入全民用字领域，是由于某个科目与民众生活发生密切关系而逐步具有了普及性。例如，化学术语"镭"，在20世纪中叶成为普及名词；信息学和心理学术语"熵"，在20世纪70年代成为普及名词；表示十进位数量的单位，先是"亿"的使用频度随着人口问题和投资问题大幅度提高，之后，随着计算机的普及，"兆"的使用频度也大幅度提高……这些科技用字频度的变化是时代性的。如果我们的常用字表半个世纪都不加以调整，那些字序和频度统计还能永远有效吗？

三、关于简化字和异体字整理

简化汉字是新中国成立初期第一次对汉字进行规范的措施。当时的中国在千疮百孔的旧时代废墟上建立，面临着建设的高潮，而这个时期建设的总任务是要迅速改变中国"一穷二白"的面貌。改变"穷"，需要发展工农业生产；改变"白"，需要发展文化和教育。新中国成立初期，中国有 40％左右的文盲，农村文盲的比例更高，扫盲和普及教育的计划庞大，任务艰巨。汉字的繁难成为发展文化教育很大的障碍。

汉字的繁难在很大程度上并不完全是汉字自身的问题，更重要的是旧时代文化垄断遗留下来的一种弊病。① 字数的繁多和笔画的繁多都给汉字教育带来很多难以解决的问题，而汉字教育又是一切教育的基石。为了初步解决这些问题，减少笔画和统一字样（减少字数）被视为当时最急迫的任务。1956 年公布和实施的《汉字简化方案》和《第一批异体字整理表》，就是为了解决这两个突出的问题而制定的：简化——减少笔画，从诸多异体字中选定一个正字——减少字数。简化汉字不是少数人心血来潮的产物，它是从 19—20 世纪之交，到中华人民共和国成立这 50 年，几代人为建设中国新文化所作的思考付诸实践的产物。它有着明确的反对封建文化，提倡大众的、民主的新文化的社会背景，它的产生，是基于反对文化垄断的强烈的爱国意识。50 多年来，它成为从 6 亿增长到 13 亿的中国人书写的规范，带给普及领域最大的方便，也支撑提高领域出版了那么多高深的书。它被很多国家接受，并且成为联合国指定的生成汉语规范文本的文字。应当说，它对书写汉语来说，是胜任的。但是，为什么从 20 世纪 80 年代开始，对简化汉字的争论就没有停止过；近 10 年来，在进一步改革开放的新形势下，争论仍然十分激烈？现实迫使我们不得不对这一问题做更进一步的思考。

简化汉字问题引起十分强烈的争论，首先是它的性质和适应范围

---

① 我在《20 世纪汉字问题的争论和跨世纪的汉字研究》一文中，引述了 19—20 世纪之交卢戆章和王照的观点，分析了汉字繁难的本体原因和社会原因（见本书 P66），这里不再重复。

与中国的发展形势之间产生了矛盾。中国从 20 世纪初期结束了言文脱节的时代，在教育领域和文学领域推行白话文。简化汉字是白话文推行后的第一次汉字规范，很显然，它是为书写现代汉语文本而进行的规范。它的适应范围只能是记录现代汉语的使用领域，如果再扩大一点，它对普及领域浅显的文言文也大致适用。但是，从 1979 年开始，中国进入了改革开放的新时代，尽管由于"十年浩劫"的耽搁，文盲的数量又有回升，但是，面向世界和迅速现代化的需要使我们的文化建设不能再以扫盲为重点。我们要应对信息时代的挑战，要发挥传统文化的优势，增强民族凝聚力，汉字教学要科学化，汉字的应用范围越来越广，人们对汉字的要求也越来越高。在这种形势下，简化汉字不够完善的地方，在中国人的语文生活中，也就越来越引起人们的瞩目。比如，用简化字去书写文言文，以下这些简繁对应的字，足以引起表达上的混乱：

发—髮，征—徵，丑—醜，斗—鬥，范—範

后—後，了—瞭，沈—瀋，松—鬆，叶—葉

几—幾，犹—猶，干—幹，干—乾

在制定简化汉字规范的初期，是把它当作取消汉字、实行拼音文字的一种过渡，因此，简繁对应的问题在当时是未加以考虑的。20 世纪 70—90 年代，首先是海峡两岸的文化交流加强，接着是韩国、越南等国恢复使用汉字，之后是中国香港、澳门的回归。这些变化决定了汉字简体系统与繁体系统要并存一个较长的时间。在这种形势下，简繁对应的问题就成为不能不考虑的问题。以下这些一对多的情况，在计算机简繁转换的过程中，由于使用的混淆，带来了极大的不便：

发——發達、頭髮

干——干預、曬乾、幹事、樹幹

后——皇后、前後

……

简化字中同音替代、符号代替、草书楷化这三种方式，对保护汉字构形系统、保留单字的构形理据、维护汉字字际之间的区别度都是不利的。如果说，制定简化汉字的初期，在汉字日趋繁化的背景下，《简化汉字方案》把减少笔画作为主要的甚至唯一的目标，在当时是抓住了主要矛盾；那么，在新形势下，仅仅减少笔画而不考虑规范汉字的其他条件，就给汉字教育和汉字使用——特别是跨地区和国际使用带来诸多问题。我在《汉字的优化和简化》一文中曾经提出衡量汉字优化的五个标准："（一）有利于形成和保持严密的文字系统；（二）尽量保持和维护汉字的表意示源功能；（三）最大限度地减少笔画；（四）字符之间有足够的区别度；（五）尽可能顾及字符的社会流通程度。"[1]而在把简化汉字作为取消汉字的一个过渡时，不可能考虑到汉字长期的发展，也就不会顾及汉字优化的其他条件。深究简化汉字产生的很多微观技术问题，多半与这个总的指导思想有关。

仅从实现全面优化的角度看，加以调整可以使简化方案更为理想，这是毫无疑义的。在《再论汉字简化的优化原则》[2]一文中，我曾用这五条标准对 1986 年重新发布的《简化汉字总表》进行了审视，认为简化汉字的大多数是符合优化原则的，完全不合理的简化字为数并不多。自 20 世纪 80 年代初期，许多人对简化汉字一一审视，提出的问题，最多涉及简化字的 10％，在修改这 10％时，还要对各种优化条件进行综合的考虑，实际的修改量不会超过 5％。在简化字使用了

---

[1]　原载《中国社会科学》，1991 年第 1 期。

[2]　原载《语文建设》，1992 年第 2 期。

半个世纪以后，做这样少量的修改，不应当引起太大的震动。

完善简化汉字会不会否定过去的工作？我认为不应当有这种顾虑。正如前面所说，让汉字继续繁化下去，产生的弊病会更多。半个世纪以来，简化汉字给我们的方便，无论如何比它产生的问题要多得多。完善简化汉字会不会否定"汉字需要规范"这一命题？这样的顾虑更不该有。我在《20 世纪汉字问题的争论与跨世纪的汉字研究》[①]中，提出要"坚持矛盾统一的观点，批判汉字发展的自发论"，就是针对一些反对汉字规范、主张"让汉字自由发展"的论调的。汉字作为记录汉语的符号，内部呈现的系统属于开放的系统，繁与简的矛盾、多与少的矛盾、乱与整的矛盾在汉字发展过程中时张时缓，永远不会停止。因此，汉字总体系统中随时都在进行着能量的交换，处于不平衡的矛盾状态中。汉字的系统必须在自足的调整中实现，这种调整就是在不违背社会的约定性和符号内部自身的规律、顺应汉字发展趋势的前提下，有效地进行自觉的规范，反对规范的自发论不符合辩证法，是不利于汉字的正常发展和社会使用的。

当然，规范是不能违背汉字自身结构的规律的。在简化汉字的过程中，实行了一个"类推"的原则，就是把某些简化的部件，类推到未简化的字上。这个原则在有限的范围内施行，似乎对保持汉字构形的体系有一定的作用。但是，近 10 年来，类推已经在无限扩大，对汉字产生了极大的扰乱作用。不限部位、不限层次、不限功能的无限类推，在汉字本来数量繁多的情况下，又人为地造出大量历史上从来没有使用过的"人造字"，给使用领域带来更大的不便。更荒谬的是在辞书编纂时对贮存领域的字成片类推，隐藏了历史汉字的原形，违背了

---

① 原载《中国社会科学》，1997 年第 1 期。

辞书存储汉字的历史真实性原则，这是既违背汉字的科学性，又违背汉字的社会性的。

与简化汉字同时，为了减少字数，1955年12月2日，由文化部和文改会联合发布了《第一批异体字整理表》。整理异体字，提出"正字"的概念，这是中国历史上很多统一和繁荣时期文化建设的好经验。例如，唐代的正字字书《干禄字书》《五经文字》对一些纷繁的用字划分了正字、俗字、通字，并明确了这三种字适用的文本范围。将职能完全相同的重复汉字认同后，留下一个作规范字，其余不在正式场合使用，这对社会用字是有利的。问题在于，《第一批异体字整理表》所谓的异体字概念是不严格的：

1. 具有分化关系，意义上有包含关系的，如："背—揹""布—佈""欲—慾"等。

2. 仅在一部分义项上有通用关系的，如："雕—鵰""哄—閧""斤—觔"等。

3. 具有同音借用关系，意义上毫无关联的，如："昆—崑、崐""侖（仑）—崙、崘""修—脩"等。

这些不严格的所谓"异体字"，一旦进入了正字法的范畴，有一个就要被取消，但是在实际上它们记录语言的职能并没有完全被保留下来的字取代，取消了它们，势必影响表达的准确，造成使用上的很多不便。如果再加上简化汉字中的同音替代字，表达中的歧义现象更为增多，简繁对应中的一对多和交叉对应的现象就相应增多，带给计算机简繁转换的麻烦当然也就更多了。

四、关于新旧字形问题

1965年1月由文化部和文改会联合发布的《印刷通用汉字字形

表》，收字 6196 个，这个字表被看作印刷的宋体字的字形规范依据。1988 年 3 月 25 日，又制定了《现代汉语通用字表》，删去《印刷通用汉字字形表》中的 50 个字，增收 854 个字，共收 7000 个字，发布这个字表时明确指出"字形标准未作新的调整"；于是，7000 个通用字表就代替了 6196 个印刷通用字形表，成为印刷宋体字形规范的依据。

这两个字表的字形被称作"新字形"，与此对应的，就产生了"旧字形"的概念。1965—1988 年以后出版或修订的辞书，为了保留历史宋体字的本来面貌，又须顾及字形规范的要求，纷纷推出了"新旧字形对照表"。这种对照表，本来不具备法定规范的资格，但是，语文出版社正式出版的《语言文字规范手册》①，在"出版说明"中明确说明："为了促进语言文字规范工作，我们把历年来颁布、实施的有关语言文字方面的国家级标准和部级标准，以及由有关部门发布的规定，汇集成册，供大家查检。"在这个手册里，也附了一个"新旧字形对照表"，这就在事实上把取新字形、废旧字形做成了一种规范。

为什么会有新字形的产生？这是因为旧有的宋体字在形体上与小篆和隶书八分书趋同，与现代手写体有一定的差异。为了在普及领域里实现识别汉字与书写汉字尽量靠拢，才设计了后来的印刷新字形。应当说，这种字形的调整在当时有其必然性和合理性。但是，问题也就由此而产生：

新字形是对旧有的宋体字书写属性②的改造，如果把新字形与所谓的"旧字形"对照起来，它们之间是异写字的关系；而且，这些新字形大多数也是从历史字形中选出的，也是符合真实存在的原则的。如

① 1988 年 8 月正式出版，1993 年 1 月出增订版。
② 笔形、笔数、笔顺和部件内部的笔画关系，均为汉字的书写属性。

果新字形只是对个体字形的一种优选，它只不过涉及 7000 个字形，不会对整个汉字产生多大影响。但是，现在列出的新旧字形的对照大部分是部首或部件，而它所涉及的范围又绝不只是那 7000 个通用字，在辞书处理字形时，对一些 7000 字以外的没有进入通用字表的字大量类推，这样就改出了一大批完全没有被使用过的字形，增加了毫无用处的异写字字样，实际上使汉字的总体系统繁化。

而且，将新旧字形对照，就意味着"旧字形"不再合法，但是，这些被取消的"旧字形"恰恰保留着充分的理据，与形似字之间的区别也比较明显，在某些条件上，比新字形更优化。例如：

青（新）—靑（旧）："青"本从"丹"，旧字形保留与"月"的区别；

呈（新）—呈（旧）：从"壬"与从"王"理应分开；

耒（新）—耒（旧）：上面写"丿"是有区别作用的；

俞（新）—俞（旧）：本字从两弯笔是"水"的变体，有别于"刂（立刀）"；

......

即使提倡新字形，也没有必要把旧字形完全取代下来，起码可以在辞书里保留它们历史汉字的资格。

想要把印刷字体与手写体在书写属性上完全一致起来，实际上是不必要的。印刷字体具有以下二方面的特点：第一，它是通过工艺处理的字体，它的形体与书写工具、实现技术、承负载体的关系分外密切。第二，印刷字体是已经实现的、静止的、以认读为主要任务的字体，它是不宜用来书写的。第三，印刷字体的构形属性、书写属性是法则化的，风格和美化的原则是模式化的。把手写的楷体字与宋体字的书写属性完全统一，或者在基础教育领域让学生比照宋体字练字，都是不妥当的。

五、坚持汉字规范的社会性与科学性原则

坚持汉字规范的社会性和科学性原则，是汉字规范修订成败的关键，以下几点是应当遵循的：

第一，遵循简繁对应的原则。由于在一个相当长的时期内，简体字与繁体字都要并存，所以，简繁的对应应当是一对一的，以利于计算机的转换和与我国港、澳、台地区的交流。

第二，明确简化汉字的使用领域。简化汉字是流通领域的规范字，储存领域只要保留它正字的地位就可以了，不应当用它作为标准去修改那些辞书中的历史汉字。那些汉字是本着历史的真实性存留备查的，除非校勘出讹误，不应当随意修改。简化汉字是书写现代汉语文本的规范字，在现代汉语中引用文言文，或在普及领域转录浅显的文言文，在对个别字处理得当的前提下，也可以使用它。古籍和文言文专业文本，应当允许采用繁体系统——一则，简化字中有一部分同音替代字和重新合并的分化字不适合用于文言，在理解上容易增加歧义；二则，古籍的用字量会远远超过简化字的范围，超过的部分没有简化，势必造成简繁并用的杂糅现象。使用领域明确了，简化字的修订量也会减少，避免引起过多的社会震动。

第三，严格控制类推。在规范字之外的汉字领域里，必须严格控制类推，不论是偏旁类推，还是部件类推，都会凭空产生没有使用过的"人造字"，加大汉字的字数，这是违背汉字规范初衷的。不但不要再凭空造字，还要清理已经储存了的字，避免把废字、死字、错字、僻字再启用到使用领域里来。中国是个文字大国，编写辞书有好的传统，也有坏的传统。好的传统是重视收字的广博，以适应中国典籍时代长、用字量大的文化状况，对后代人阅读典籍起了积极的作用。坏

的传统是重抄重收，多多益善，失于整理。大型辞书又是泛时性的，用不同的方式对古文字进行隶定与楷化的转写，加上抄写与印刷的错误，每一次收字的扩展都增加了讹误度。那些本应被使用领域淘汰的废字、死字、错字、僻字，再把它们放到字表或字符集里，除了起干扰作用，还能有什么好处呢！

第四，鉴于汉字的整理不是一时能够完成，而超大字符集内收字量越来越多，未经甄别以前，某些字形又不宜随意删除，因此，计算机字库必须分级、分类。所谓分级，是以使用频度为标准，分为常用字、次常用字、通用字、备用字、罕用字五级。所谓分类，是指对通用字以外特殊领域的用字，做成专业字库，例如人名用字、地名用字、古籍用字、科技用字等，既避免了特殊领域的字混入通用字加大了各级字表的字量，又避免在特殊领域里发生过多的缺字现象。

一个经过整理的汉字使用系统暂时是封闭的，从理论上说应当有一个理想的原则。但是，从社会性和科学性来衡量，汉字优化的标准是多元的，彼此也存在矛盾。正确权衡利弊，综合考虑各种条件，才能使汉字规范的工作真正适应信息时代的需要。在进行这个工作的时候，主导思想要正确。例如，在普及领域里，要不要放弃科学性而迁就流俗？应当看到，文化垄断的时代已经过去，我们必须既要考虑普及教育和广大民众的使用习惯，又要引导大家保持汉字的科学性。保持汉字的科学性，实际上是顾及文化的先进性。在精神文化上，大众的自发要求并不就是大众的利益。把中国文化仅仅限定在扫盲的层面上，不顾及全民学历和文化水平的提高，是不符合时代的要求的。

坚持规范工作的科学性，首先要有科学的方法论进行指导。要坚持外因通过内因起作用的观点：只有遵循汉字自身的规律，才能保持稳定。要坚持系统的观念：一般不要单独处理个案。要考虑周边关系，不要用"抽签"的办法灵机一动想改就改，改了一个，乱了一片。坚持科学性还表现在处理问题要经过深入的调查研究。例如类推，即使是在 7000 个通用字的范围内，也要严格限定，二、三级部件是否能够类推？声符是否能够类推？特殊部位的部件是否适合类推？对这些问题都应当穷尽地实验，最后做出统一的处理。

如何来制定新的规范字表，也存在一些顾虑。有人认为，过去，我们毕竟已经有了一些付诸实施的规范，如果改动太大，会不会影响社会的稳定？因此主张基本不动。也有人担心新的规范字表小修小补的结果，不但没有彻底解决原来的问题，又出现了新的问题，会越搞越乱。事实上，时间的紧迫和对新的规范字表的期望值之间，的确存在一定的矛盾。但是，社会用字规范必须在一定时间内修改：第一，中国字几千年积淀太多，难以一下子都弄得很妥当，用一用，规范的问题就会发现，本着为人民负责的精神，及时地改动是必要的；第二，文字属于人文性很强的符号，它的使用也随着社会变动而变动，绝非一成不变，一个规范几十年不变，是没有道理的；第三，现代信息工具、激光照排印刷已经推广，不再是铅与火的时代，修改少量用字不可能引起多大的震动。定期修改反而能减少大家的顾虑。问题在于，修订必须是国家行为，要遵循法律程序，要规定合适的时间，要组织强大的专家队伍，既不要明知有问题，坚决不改；也不要灵机一动，想改哪个就改哪个。急功近利是不能解决规范问题的，长期拖延也是不负责任的表现。制定新的规范字表属于中国当前文化建设的重大问题，是关系到科技发展、国家进步的大事，不管怎么说，问题不能回避，我们已经有了数十年应用的经验和研究的基础，只要认真对待，问题是完全能够解决的。

《通用规范汉字表》与辞书编纂[*]

一、辞书的用字

汉字在"有典有册"的每一个历史时期，都有两种存在的状态：一种是使用的状态，一种是贮存的状态。使用状态的汉字存在于记录汉语的文本里，带有语言环境，具有言语意义；其中记录当代文本的汉字处于动态当中，具有一定的流动性，字数、字频、覆盖率都会有少量的变动不居，也就是说，会有少部分汉字受社会语言运用的影响时进时出或存在频度变化。贮存状态的汉字存在于历来的词典、字书里，这些汉字虽然也都是从使用着或使用过的汉字中收集后编排起来的，但它们脱离了原有的文本，也就脱离了语言环境。它们依据辞书的体例聚合在一起，成为相互依靠的一群，并且一般都有形、音、义属性随之显现。中国的词典、字书不论如何编排，都是以汉字作为类聚的标志；也就是先贮存了汉字，才能贮存词汇及其音、义。

很显然，汉字的使用状态与贮存状态有很大的区别。

* 原载《辞书研究》，2014 年第 3 期。

在贮存状态中处理汉字，比之在汉语文本中使用汉字，要复杂得多。

这种复杂性首先来源于中国辞书先天的问题。中国有辞书（包括字书、韵书、类书），大约始自周秦时代，从有了第一代比较完备的辞书起，后来的辞书就不是只从使用文本中直接搜集汉字了。辞书有自己的传承系统，例如：从字书说，《说文》—《玉篇》、《字汇》—《正字通》—《康熙字典》收字有直接传承关系；从韵书说，《切韵》—《广韵》—《集韵》、《礼部韵略》—《洪武正韵》收字有直接传承关系……但这些字书、韵书字头的增补来源不一，取舍标准不一，形成了收字的泛时性。除了同一个传承系统的辞书以外，各类辞书还不断进行再搜集，互相抄录，也就不断产生讹误。这些问题在任何一部辞书的多个版本里几乎没有不存在的。现代大型辞书从已有的历代辞书中进行又一次搜集时，有一种不算很好的倾向，那就是往往求多不求精，宁可错收一百，不愿失去半分。这种倾向使现代汉字的贮存领域产生的缺损问题、冗余问题、疑难问题，比之实用文本的问题要更大量也更集中。

辞书中每产生一个讹误，带来的绝不只是这个讹误本身，而是影响到不止一处的相关条目，甚至牵涉辞书的某些编则。因为，每部品位较高、讲求质量的辞书，都需要考虑统一性、互补性和封闭性这三大原则。这些原则针对汉语的语音、语义，却直接反映在汉字的字形、字用上。汉字是表意文字，历史上的汉字不但字数多，而且关系错综复杂，这就给辞书编纂带来很多协调关系的任务；大型辞书，尤其是古今兼收的大型辞书的编纂，协调字头和条目关系的任务相当繁重。

统一性要求相关条目间没有矛盾、冲突，不出现逻辑上的相悖；这就要充分协调不同时代汉字字形与字用的差异。例如：

在《说文解字》里，"凶"训"恶也"（许荣切，平声），"兇"训"扰恐也……《春秋传》曰：'曹人兇惧'"（许拱切，上声）。《说文》是讲与字形相关的本义的，前者象地下的陷阱，表示凶恶，属于形容词；后者从人在凶下，表示害怕，属于心理动词。在先秦典籍里，这两个字的用法分别清楚，不会有异议。但是在汉代以后，出现了"恼"字，是"凶"的分化字，与"兇"在先秦时代承担的词义相同。《魏书·僭晋司马叡传》："恩来渐近，百姓恼惧。"这是因为，汉代以后，"凶"与"兇"的用法渐渐合流，"兇"既有"惊惧"义，也可用于"凶（兇）恶""凶（兇）狠""凶（兇）残"等形容词义，所以《经典释文》在《左传·僖公二十八年》"曹人兇惧"和《定公十年》"众兇惧"处都标注："兇音凶，一音凶勇反。"①反映的是魏晋的时音。为此，不得不再造"恼"承担"惊恐"之义。那么"兇"与"恼"是否成为异体字？答案是否定的。"兇"与"凶"的分立是在先秦经书里，"恼"则产生于汉魏以后，二者并不共时。而"恼"还用于叠字词"恼恼"，《易林》一书，学界一般认为是东汉的著作②，"屯"之"渐"："二人俱东，道路争讼，意乖不同，使君恼恼。"却不能写作"兇兇"。"恼"还有一个异体字"恦"，更不能同时视为"兇"的异体字。

如此纷繁、复杂、不共时的字词关系，当它们分别出现在不同历史时期的典籍里的时候，各自存真即可，并没有什么矛盾；但是编到

---

① 《经典释文》将"兇音凶"列为首音，可见魏晋时代"兇"与"凶"合用已是主流。

② 《易林》十六卷，作者不详，因《四库全书》将之列于"子部术数类"里，又名《焦氏易林》，有人认为是西汉焦赣所撰。余嘉锡《四库提要辨证》卷十三，子部四提出："今考《汉书·儒林传》《艺文志》及荀悦《汉志》，皆不言焦氏著《易林》，疑今之《易林》未必出于焦氏。"明代顾炎武以为《易林》是东汉后期著作，今从顾说。

同一部辞书里，要想做到互不冲突，是需要细密的体例保证的。

互补性要求在同一部辞书里尽量减少篇幅、避免重复。很多相同的信息往往放置在相关的不同条目下，相互而足。但是，辞书贮存的主要目的是供人查检，互补的内容必须沟通，才能让查检者得到最充分的信息；所以，互补性在辞书里是要靠互见的条例来实现的。在用字问题上，互见条例必须厘清字与词的分合、同异关系。例如：

“恟”与“兇”都有共同的义项“惊恐”，它们需要在构词的层面上而不是在字的层面上沟通——“兇惧”又作“恟惧”。

“凶”与“匈”是严格异体字，需要在字的层面上沟通，在构词的层面上也必然是互见的——“恟”也写作“恼”，“恟恟”可写作“恼恼”。《集韵》：“恟恟，纷扰不安貌，同恼恼。”已经反映了这一事实。

“恟恟”还有一种写法“汹汹”，意义虽然都是“惊恐”“惊吓”，但仅仅是词的写法不同，在这两个异形词里，“恟”为本字，“汹”只能是借字。“恟恟”与“汹汹”只能在词的层面上沟通，用本字的“恟恟”应当是主条——“恟恟”，又写作“汹汹”。“汹汹”见“恟恟”。

另一个叠字词“凶凶”，与前面各项也有纠葛。它有两个义项：

①争吵不休的样子。《后汉书·蔡邕传》：“争讼怨恨，凶凶道路。”

②惊吓。《国语·晋语》：“敌入而凶。”韦昭注：“凶犹凶凶。”

很显然，①是形容词，是《说文》“凶”的本义；②是动词，是《说文》“兇”和后出的“恟”的本义。但是“凶”与“兇(恟)”既经分化，在字用上以别异为主流，“凶凶”的义项①与“恟恟”不同义，不能混淆。义项②虽然可以看出“凶”与“兇”的职能也有相混的时候，但二者在先秦的分化趋势已定，清理它们的关系，加以别异更为有利，因此可以处理为一个特殊义项，不必互见。

从这个例子可以看到，一旦字与词脱离了自身的语言环境，在贮存领域也就是存入辞书以后，需要彼此照应时，准确地清理字际关系和词际关系，是一件很复杂的工作。是否能够有层次、合逻辑、符合事实地处理好这些纷繁的关系，是衡量辞书编纂水平的一个重要标准。

在一些小型和中型的辞书里，封闭性也是用字的一项重要原则。封闭性要求辞书在行文（包括解释语言和体例用语）和例证中出现的每一个字和词，都应当在辞书中被解释，也就是要在字头和词目中出现。做到这一点，查阅者阅读任何一个词条时，如果遇到自己不懂的解释，仍然查这部辞书一定可以再查到。例如：在辞书里，名物词、联绵词的第二个字常常被忽略，编辑严谨的辞书都会注意不使这些字漏编。例如：

"嶒"下收"嶒崚"（深空貌）一词，"崚"必须同时收录。

"澒"下收"澒絧"（"澒"音 hòng，混沌不分貌）一词，"絧"必须同时收录。

这三个原则都反映出辞书的存字由于要处理词际、字际关系，比之文本书写的用字要复杂得多。也说明，汉字的贮存与实际应用不是同一回事，虽有关系但不可混同。

二、辞书编纂与汉字规范

每一个时代的辞书用字都需要遵循当时制定的规范，在汉字进入计算机的信息时代，规范已经是国际行为（国际定出了编码标准）和国家行为（国家发布了汉字规范），辞书与规范保持一致就更为重要。不过，汉字在辞书里充当不同的角色，在编辑体例里承担着三种不同的功能，每一种功能的汉字与规范的关系是不同的。

1. 用作字头的汉字。字头是词条的标志，词条的查检都以它的音或形为依据，所以它同时起到索引的作用。字头需要区分正字和异体字，正字和异体字需要建立关系，用互见的方法沟通，而且要以正字为主条。

字头的另一个重要的作用，是通过它的正字，确定行文用字的规范。行文是面向现代人的，使用正字可以减少读者的负担，更有利于传达贮存领域字与词音、义、用的准确信息。必须说明的是：现代规范汉字是法定的用字，它管的只是现代文本的用字。虽然古籍印刷用字目前还没有出台正式的国家规范，但是，每一部辞书在面向古籍用字时必须有"正字"的观念，才能确定互为异体字的不同字样在沟通时谁指向谁，也才能确定在行文用字里，在诸多异体字中选用哪一个字来使用。

2. 用作行文的汉字。行文包括词条中书写各种术语的汉字、释义所用的汉字和其他说明语所用的汉字。这类用字承担着供当代人阅读辞书条目的任务，因此必须是适合当代人的正字，也就是说，字头中可以有异体字，但行文用字只能选择其中的正字，如果是现代汉语，则应当是现代的规范字。

3. 书写例证的用字。例证是对词条所释音义的证实，也是词条所释音义的具体落实。相当一部分例证还负有进一步补充释义的作用。现代词条有些也用书证做例证，而更多的是编写人自己拟定的比较典型的词语或话语。例证的用字如果是现代汉语，必须用现代规范字。古代词条是直接采用古籍来作例证的，也称书证。采用古籍作书证，有两种情况可以稍作归纳：第一种是书证用字过于生僻，属于可淘汰的字，又有较常用的严格异体字可以替代，则可替代之以方便阅读而不失原义。第二种是书证用字是正字的异写字，与正字仅仅是部件层面笔画的差别，异写字可以用正字替代，以减少冗余。除此以外，书证用字绝大部分必须保留汉字原形，以存留古籍原有的用字信息。

汉字在辞书中的角色不同，要求也不一样；但是，有一点是总的要求，那就是不论是哪一种功能的用字，都必须是实际应用过的汉字。辞书是在贮存的前提下供人查检的。不论什么样的辞书，都没有必要也不允许自己造字。

辞书在贮存语料的时代上，有三种情况：第一种是贮存古代字、词、语的辞书，例如《辞源》《古汉语字典》等，这些辞书完全可以选择古籍印刷用字，也就是繁体字与传承字。这些汉字之间虽然也有时代的差别，但书面文言有仿古的特点，不同时代的语言差异相对小一些，沟通关系、处理互见条目只要仔细一些，不难做到。第二种是贮存现代汉语字、词、语的辞书，其中包括规范性质的辞书。这类辞书既然面对的是现代汉语的语料，又必须用现代汉语书面语行文，根据《国家通用语言文字法》，自然应当采用规范字为字头，更应当用规范字行文和书写语例。现代汉语虽然也有发展的历史阶段，但可以笼统视为共时，处理字际和词际关系一般也不是十分困难。唯有第三种辞书在用字上需要特别讨论，那就是既存储现代汉语又存储古代汉语的辞书。这类辞书尤其是其中的词典，在处理字际与词际关系时，用字呈现非常复杂的局面。这是因为，现代规范字用的是简化字，而古籍印刷用的是繁体字与传承字。遇到简繁关系问题，一旦出现简化字中分化字再度拼合或同音借用形成的字用合并现象，简繁合编在字头和字用分合问题上，必会产生难以处理的问题。例如：

"蒙"在繁体字系统里，有三个读音。读 mēng，头脑昏乱；"发蒙""蒙头转向"。读 méng，①覆盖："蒙头盖脑""蒙上一张纸"。②受到："蒙受""蒙冤""蒙难"。③愚昧无知："蒙昧""启蒙"。④隐瞒、遮盖(真相)："蒙蔽"。读 měng，是"蒙古"专称的用字。

"濛"méng，《说文》："濛，微雨也。"形容细雨："细雨濛濛"。

"懞"méng，朴实忠厚："懞厚"。

"矇"有两个读音，读 mēng，①欺骗："矇骗""矇人"。②乱猜："瞎矇"。读 méng，眼睛半开半闭，看东西模糊不清的样子："矇眬"。

"濛""懞""矇"在繁体字系统里，是"蒙"的同源分化字，分别承担不同的义项，四个字的字用职能是互补的。

但在简化字系统里，用"蒙"合并了"蒙""濛""懞""矇"四个字，四个字所有的义项都归到"蒙"下，使"蒙"的第一个音项增加了"欺骗"和"乱猜"的义项；第二音项下增添了"细雨濛濛""矇眬"和"忠厚"的义项。

当简化字与繁体字分别在不同的词典里贮存时，各自按各自的体系归纳义项，问题比较简单，而在古今综合在一起的辞书里，相互之间的矛盾很难协调得合理。何况，简化字的"蒙眬"一词在繁体字里可以写作"矇眬"，也可写作"朦胧""蒙眬""濛眬"，这些认同在简化字里都是不成立的。这就给简繁合编带来更多的矛盾。

上面这个例子仅仅是分化字重新合并，被合并字的意义之间本来就有引申关系，其间的矛盾还可以设法化解。如果遇到简化字合并了的字意义没有关系甚至音项不同，简繁之间的问题就更难清理。例如：

简化字将"系"与"係"合并为一字，其意义由"系"承负。"系(xì)"在繁体字系统里的本义是"悬垂"引申为"系统""系列"。"係(xì)"是它的分化字，义为"关系""联系"，"系"在古汉语里就与"係"通用，有些不能通用的，如"世系"不能写作"世係"，但"系"的应用范围大，合并起来大致可行。

简化字同时将"繫"也合并在"系"下。"繫"有两个读音，第一音项读 xì，也可以与"系""係"通用，但《易经》的"繫辞"不能写作"系辞"或"係辞"，这就无法将"繫"完全取消。更大的问题出在"繫"后来产生了 jì 的读音，本义是"质量不好的麻或丝的絮"，现代汉语里这个音项还有一个意义"打结"，这两个义项都是不能和"系""係"通用的。简化字将"繫(jì)"与"系"合并，就造成现代汉语的"系"不但多出了一个"打结"的义项，还多出了一个读 jì 的音项，而古代汉语的"繫(jì)"与"系"分为两字，"系"没有"打结"这一义项。在合编时，由于古今的差异，处理字头和义项都会产生一些难以解决的矛盾。

这里所举的例子还不是最复杂的，只是想说明古今合编的辞书在用字上的诸多复杂情况，古今合编的辞书里，要既贯彻规范，又保持古籍用字的真实情况，而且，处理这些问题，不但要有学理上的依据，还必须有严密的体例，保证字际、词际关系能被读者把握、看懂，这是一项艰苦、复杂的工作。

三、《通用规范汉字表》与辞书编纂

2013 年 6 月 5 日，国务院发文批准发布了教育部和国家语言文字工作委员会主持编写的《通用规范汉字表》(以下酌情简称为《字表》)。国务院《关于公布〈通用规范汉字表〉的通知》中有一句重要的话值得注意："《通用规范汉字表》公布后，社会一般应用领域的汉字使用应以《通用规范汉字表》为准，原有相关字表停止使用。"这就说明，过去所发布的相关的汉字规范，其中合理的部分，已经被《通用规范汉字表》所吸收；有所改动的地方，使用领域也应当随之改动。《通用规范汉字表》与过去规范的差异，已经由《〈通用规范汉字表〉解读》①一一说明，这里不再重复。在辞书编纂领域，特别需要说明的有以下两个方面。

首先是关于简化字问题。《通用规范汉字表》关于简化汉字的规定可以归纳为三点：第一，坚持简化的方针，不恢复繁体字。第二，测查了应用领域已经使用的新简化字，凡是已经应用了并具有一定字频的简化字，从汉字规范的社会性出发，承认其存在，一律收录进《字表》。这样，已经收录进《字表》的汉字，符合《简化字总表》类推原则的，都已经类推了。第三，为了保持简化汉字的稳定性，在书写现代汉语文本时，还会用到极少数的表外字，这些字可使用历史通行的字样，一律不再类推。

关于第三点，《〈通用规范汉字表〉解读》所说的"今后表外字不再类推"，这一精神是逐步明确的。2001年，《规范汉字表》立项后，项目组曾以《简化字总表》第二表为标准，对《汉语大字典》54678个字范围内所有符合条件的繁体字做了穷尽性的类推简化，共得出新的类推简化字形12818个，是《汉语大字典》现有字数的23.5%。其中有许多同形字和不符合汉字结构规律的怪字形，而这些新类推的字形在当今又没有任何实用价值。由此，针对这个测查结果，2003年项目组的成员曾发表文章，得出"对全部繁体字进行类推简化，既无必要也无可能"的结论。（章琼，2003）这实际上就是否定了"无限类推"。关于有限类推到什么范围这一问题，2007年7月17日至19日在北京大觉寺召开的"字表研制工作扩大会议"上，提出将类推范围限制在《规范汉字表》内，并做出了"表外字不再类推"的正式决定。2008年1月11

① 王宁主编，李宇明、王铁琨审定，北京，商务印书馆，2013。

日《规范汉字表》（送审稿）专家委员会在京召开研讨会，就《字表》的完善和定稿进行研究。会议进一步确定了"表外字不再类推"，并责成研制组专家委员会严格审查《字表》的类推字，将一些有争议的类推字、在多个语料库里没有使用或字频极低的类推字，特别是国际标准编码体系中没有编码的字，尽量删除。2009 年 4 月 1 日，国家语言文字工作委员会语言信息管理司专门召开"《规范汉字表》表外字使用问题专家研讨会"，会议的主流意见是："不要担心停止类推会造成繁简参半的情况，这种极少数的情况不可避免，也没有什么大碍。倒是在如此多的汉字产生之后，再造出一些没有用过而且已经有可用的字的新字，才值得担心。"会议根据绝大多数专家的意见，又一次明确做出了"类推简化要严格控制，仅在《字表》范围内有限类推，表外字不再类推"的总结。《通用规范汉字表》发布后，《教育部等十二部门关于贯彻实施〈通用规范汉字表〉的通知》又对辞书编纂使用表外字有专门的表述："《通用规范汉字表》公布后，出版或修订、再版的相关语文辞书应依照《通用规范汉字表》，根据其服务领域和使用对象不同，部分或全部收录《通用规范汉字表》中的字，也可以适当多收一些备查的字。收入《通用规范汉字表》以外的字一般应采用历史通行的字形，不应自造未曾使用过的新的简化字。"这一表述与"表外字不再类推"的提法是一致的。可见"表外字不再类推"的基本精神，一直是此次规范遵循的原则，也是大多数专家和群众的主流意见。

表外字不再类推也是有充分理由的：从学理上说，辞书中的汉字处于汉字的贮存状态，既是贮存，必须是历史上曾经用过的字，《通用规范汉字表》收录的 8105 个字对现代汉语语料的覆盖率已达99.98％，绝大部分简化了的字都已经收入，辞书没有必要也不允许自造或自改汉字。从国家文化发展的大局说，中国正在走向世界，教育正在适应新的形势加速发展，不论从国内还是国际来看，汉字都需要保持稳定。辞书，特别是具有规范作用的现代汉语辞书，具有引导社会用字的作用，严格实行表外字不再类推，才能引导民间和传媒不任意写不规范的简化字，才能保持真正的用字稳定，使母语的基础教育与汉语的国际传播用字有据可依。加之两岸的文化交流日渐密切，不要再扩大两岸用字的差距是大家共同的愿望，也是此次制定新规范的一项重要的原则，严格控制类推是对这项原则的体现。有人说：某些辞书已经类推的表外字，是否可以看做"已经使用的字"。这个说法有悖于学理：前面已经说过，辞书是在贮存的前提下供人查检的，辞书的字是已经使用的字脱离了语境的贮存。《通用规范汉字表》经过严格的审查，已经将某些词典类推了又在使用领域有一定字频的字确认下来，收入了《字表》。未经收入的类推字属于不规范字，应当恢复原有字样。《通用规范汉字表》已经国务院发布，即使对表中个别字的确定有不同看法，也要在体现规范的同时向语言文字主管部门提出，在字表修订时加以改进。在《通用规范汉字表》发布以前，有些大型辞书实行无限类推，已经产生了很多问题，关于这些问题有大量的文章进行讨论，同时，这些辞书已经将多余的类推字恢复了其历史原形，目前的任务，只需要进一步核查，将还没有恢复的表外字恢复过来。这样做，大大增强了这些辞书传播文化、辅助阅读的功能。《通用规范汉字表》发布后，一些现代汉语辞书，也正在将已经类推的表外字恢复原形，这样做也极大地增强了推进国家规范、稳定社会用字的作用，在社会上产生了非常好的影响。

其次是关于异体字的处理问题。异体字整理是这次制定字表重要而最繁杂的问题。20 世纪 50 年代初期公布的《第一批异体字整理表》（以下简称《一异表》）存在以下问题：

1. 当时还没有一个完整的简化字方案，是以使用的繁体字为基本材料来处理异体字的。所以存在异体字与简繁字纠葛不清的现象。

2.《一异表》存在字际关系界定不清的问题。在科学的汉字学术语体系中，异体字是汉字字际关系的术语之一，它和通假字、分化字等其他字际关系的术语是共存的。在理论上应对异体字有明确的界定，不能混淆异体字和其他字际关系术语的界限。严格的异体字应当是：音义全同，记词职能完全一样，仅仅字形不同，在任何语境下都能互相替代而不影响意义表达的一些字样。但是，由于汉字发展的时代久远，很多不同时代的字往往积淀在一个共时层面上，情况错综复杂。《一异表》所谓的"异体字"，包括严格异体字，也包括一些在使用职能上存在涵盖关系和交叉关系的通假字、分化字等，有些地方不符合汉字整理的原则。

3. 由于《一异表》的异体字界定过宽，为了减少字数，对异体字又采取了"取消"的处理办法。1955 年 12 月，《一异表》由文化部和文字改革委员会联合发布，从 1956 年 2 月起在全国实施，当时曾说明："表内所列异体字共 810 组，每组最少 2 字，最多 6 字，合计共 1865 字。经过整理后共精简去 1055 字。"但是，这 1055 个被取消不能使用的字从现代汉语通用层面上来看，有些并不是严格异体字。特别是在姓氏人名、地名和科学技术术语用字中，一些非严格异体字尚有无法取代的使用价值。把这些字都列入"不规范字"的范围而取消，产生了某些词汇用字缺失的现象，给汉字应用与教学都带来了很大的不便。

4. 在简化字通行后的汉字使用过程中，由于《一异表》在某些问题上造成使用的不便，国家语言文字工作委员会曾对个别异体字进行过微调。但是因为这些调整不是在同一时间也不是从整体调整出发的，在解决应用的同时，彼此之间又产生了新的不协调和矛盾。

由于以上问题的存在，整理异体字成为此次《字表》研制的一项重要任务。

处理《一异表》的异体字时，在掌握标准上，一方面，严格把握了"异体字"的学术定义，凡是不符合"音义全同，记词职能完全一样，仅仅字形不同，在任何语境下都能互相替代而不影响意义表达的一些字样"这个定义的字，将严格异体字组从《一异表》中清理出来；另一方面，又根据现代汉语文本书写的实际，对非严格异体字进行分流：对其中的一部分具有包含关系的字组进行了细致的考察，将应用范围大的一个留下而将被包含的范围小的字取消，以减少汉字的字数；其余《一异表》中仍有应用价值的非严格异体字，调整为规范字，或在特定意义上调整为规范字，并对其应用范围加以限定；个别应用价值极小的字组，加以删除。

《字表》对《一异表》调整的最终结果是：(1)确认 26 个原有规范调整了的异体字为规范字；(2)新调整 45 个异体字为规范字；(3)整合简繁、正异关系，将《一异表》中 10 个异体字组的正异关系做了调整；(4)将原异体字组中个别的字组加以合并；(5)将 6 个无法和原正字构成异体关系的罕用字，从异体字栏中删除。这些处理，在《〈通用规范汉字表〉解读》中都有详细说明，这里不再赘述。

需要说明的是：第一，《通用规范汉字表》整理的异体字，仅仅是针对《一异表》的，并未扩大到《一异表》以外；第二，《一异表》是专门针对现代汉字的。在《一异表》以外，还存在大量的其他异体字。在完全贮存现代汉语字词的辞书里，应当贯彻《通用规范汉字表》所确定的规范字，限制相应异体字的使用。在古今兼收的辞书里，涉及现代汉语文本，也应当使用规范字。而对古代汉语部分，则应按照本文第二部分所说，根据辞书中汉字不同的功能处理异体字：字头用字允许保留、贮存异体字，但需要有正字的观念，以正字为主条，将异体字与正字沟通。行文用字应只限于正字，不用异体字。书证则尽量保持原形，并尽量体现封闭的原则，所用的字样一般应在字头出现。还需要说明的是，本文第一部分已经提出，异体字在共时的文本中才有可能明确其关系；而在不同的历史时期，异体字与正字之间、异体字相互之间的关系是纷繁复杂的，辞书在处理时要特别细致、慎重。这些属于辞书编纂的实践问题，本文不再详述。

谈汉字字形的标准化 *
——从 44 个字形的微调谈起

  《通用规范汉字表》公开征求意见，公布了 44 个字形的微调，引起了轩然大波。字形调整不是从这次开始的，不同部门主持的计算机字库调整字形，可数的也有相当次数了，因为不涉及群众日常生活，从来不征求意见，连专家也未必都知情，没有听说产生了什么问题；这次却引发这么大的争论，确实出乎意料。但这样专业性强的问题，既然让大家议论，自然七嘴八舌，倒也在意料之中。不论如何，44 个字形微调既然提出来，其中的依据必定要说一说，大家都有平等的对话权利，有些话是不说不明的。

一、字形标准化是个旧话题

  汉字的楷书成熟大约在东汉、魏晋时代，到现在大约有 1800 年的历史，简帛、石刻、手写、雕版印刷、活字印刷……不同的载体、不同的书写工具、个性迥然的书法、

  * 本文是我为新华网直播所写的备忘文本，精简后发表在《中国社会科学报》，2009 年 10 月 22 日第 3 版。

因人而异的书写习惯……同一个字留下了太多的字样。到了现代，各种字样都积淀到一个共时的平面上。字形五花八门不利于铅字铸型，统一字形势在必行。

1965 年公布的《印刷通用汉字字形表》（以下简称《印通表》），是我国的字形标准化工作的开始，这个字形表按照一定的规则，对 6196 个汉字的字形进行了微调，形成了我国汉字规范史上的"新字形"。1988 年 3 月，国家语委和出版总署联合发布的《现代汉语通用字表》，删去《印通表》的 50 个字，增加了 854 个字，"字形标准未作新的调整"。这就是大家非常熟悉的"7000 通用字"。"新字形"的整理是有规则的，这些规则虽然没有用发布的形式公诸于世，但是，主持制定新字形的专家和语委的领导也曾将这些规则写成文章、做成书，文字学界的人士都应当知道。"新字形"整理的规则也曾有过一些争议，但汉字字形的定型是一件很复杂的事，总体说来大家已经认可。只是这些规则对于具体的汉字还没有彻底贯彻，时常有人提出一些修改的意见。这一次制定《通用规范汉字表》，其实是对 20 年来大家的意见作了一个回顾，按照原有的规则将 7000 个通用字作了一次复查，趁着这次机会"查漏补缺"，进一步把字形标准化的工作向前推进一步，不过是"旧话重提"。

二、信息时代对字形标准化的要求更高

1979 年至 2009 年是汉字进入计算机成为最佳信息载体的时代。这个 30 年，分成两段——前 15 年（1979—1993 年）是改革开放初期，一方面，汉字规范需要重新强调，1988 年发布的《现代汉语常用字表》和《现代汉语通用字表》就是对过去规范的一次重新的整顿。同时，在这 15 年里，信息革命席卷全球，在中国，王选于 1981 年主持研制

成功中国第一台计算机汉字激光照排系统原理性样机华光 I 型。1985
年至 1993 年，他又先后主持研制成功并推出了华光 II 型到方正 93 系
统共五代产品，以及方正彩色出版系统。铅与火的时代在中国从此结
束。汉字随着信息革命的成功完全改变了旧有的姿态。1980 年制定
的国家标准字符集 GB2312 收入了 3500 个常用字和其中的简化字对
应的繁体字，一共有 6763 个汉字字符，到 1990 年，GB13000.1 已经
收录了 20902 个汉字字样。在第一个 15 年里，汉字多了一个重要的
属性，形、音、义、用之外，还有码。

　　第二个 15 年(1994—2009 年)给汉字带来的机遇和挑战是国际
化——国际标准汉字的《通用多八位编码字符集(UCS)》有了扩充集
A、B、C、D，已经多到 8 万字左右。这样庞大的古今兼有、国别各
异的楷书字量，在家家户户都已经与电脑分不开的现代社会，能够方
便使用吗？中国——在世界上已经是特别被关注的新崛起的国家，它
的文字已经跟随汉语在向海外传播，庞大的 8 万字的字符集能让非汉
语母语国家的学习者用来学习吗？我们必须有适应新时代的、适合中
国大陆应用的字符集，而在这个字符集的每个码位上，字形的标准化
应当有更高的要求。这是信息传播速度和信度的要求，是汉字教育的
要求，不论人们是否认识到，它都是国家富强的必须，更是人民的长
远利益的体现。

三、习惯—规则—标准

　　新字形的整理工作，也就是字形标准化的工作。所谓字形标准
化，指的是汉字同一个部件在同样的条件下需要有统一的样式。既然
针对的是写法问题，就已经细微到笔画的层面了。我国在楷书成熟后
1800 多年中，因为书写习惯形成了一些规则，新字形就是按照这些

习惯形成的规则来订立字形标准。

这里举两个例子来说明书写规则，一个例子是"笔形变异"。汉字在楷书阶段是与行书、草书同时通行的，楷书传承隶书，有了笔画；又受行书的影响，有了笔形。同样的部件，位置改换时，有些笔画的样式要发生少许的变化，称作"笔形变异"。横变提是其中的一种：

一个部件写在左右结构汉字的左边或中间，当右边还有其他部件时，最后一笔如果是横，就要变成提。试比较：

牛：牢—牧，土：桂—地，工：红—攻，玉（王）：闰—玩

子：李—孔，正：整—政，立：竖—站，且：组—助……

这种变异，是与书写有关的，写字时，先写左边，从上到下；接着写右边，也从上到下，左边下方紧接右边上方，横变成提是顺势的。现在计算机楷体、宋体都保留了这个笔势，就是保留传统。但是偏偏"琴瑟琵琶"宋体字形上面的左部件仍然是横，跟楷体、台湾宋体都不一样，应当改还是不应当改？

另一个例子是与笔画有关的"结构图式"。汉字的部件在整字里由于相互位置的关系所构成的平面几何图式称作"结构图式"，国际标准把结构图式归纳成 11 种。即：左右（结）、左中右（街）、上下（节）、上中下（靠）、全包围（国）、上三包围（同）、下三包围（函）、左三包围（匪）、左下包围（这）、右上包围（句）、间架结构（噩），这 11 种加上独体字（毛），可以涵盖汉字所有的平面几何图式。这些结构图式有些是与笔画相关的。例如：辱（薅、褥、溽）、唇、蜃……

这些字的结构图式，"辱"中的"辰"一撇短，就成了上下结构，而"薅、褥、溽、唇、蜃"中的"辰"一撇长，就成了左上包围结构，同一个字独用和作别的字的部件，成了两种结构图式，同是"辰"在上构成的字"辱"是上下结构，"唇、蜃"是左上包围结构。结构图式是汉字的

一种属性，这种属性有的计算机编码要作为区别因素，教学时要对部件关系加以说明，如果不统一，应当改还是不应当改？

四、变动—演进—成本

汉字少说已经有 6000 年的历史，见形见影的甲骨文也有 3400 年，但进入电脑被社会广泛使用连 30 年都不到，有很多事我们是逐渐深入认识的。汉字是个人文符号，是千万人书写成就的，从个人习惯经过"自组织"形成社会规则；当它转成工业符号后，要从社会规则归纳出工业标准，既要照顾习惯，又要符合规则，是不能够一次性完成的。从 1965 年"新字形"产生到 1988 年扩展至 7000 个通用字，经过 23 年，中间有调整；1988 年以来，字符集屡次扩展，个别的调整一直没有停止过，到今天又是 21 年了。这次的个别调整与以前一样，同样是为了字形标准确定得更为合理，调整的量不到千分之六，怎么能说是"瞎折腾"呢？

这次调整，我们是在尽量理解原有规则的基础上改动了明显的、不能不改的个别字样中的个别笔画。能不改的另作规则，保留原样。例如：

左侧部件最后一笔横变提，"女、丹"作左偏旁时，原印刷通用字未变提。我们为之补充了细则："最后一笔插在中间时，可保持横"。"女、丹"能被细则包含，就不再改动。

部件居中时，中部件最后一横应变提，但原印刷通用字"舆"字中间的"车"未变提，我们另立了细则："部件位于左右均衡部件之中，最后一笔可保持横"。新规则能够包含的，不再改动。

……

另外，部件的结构应当保持一致，汉字书写与字理并不完全一致，只要过去的处理是一致的，字理可以不考虑。例如：愿、腐、靡、糜……

以上字在字理上与"辱"一样，都是左上包围结构，但这次我们只调整了从"辰"的那一组，其他的均未调整，这是因为，其他字在任何情况下都是一致的，唯独从"辰"的字有的是上下结构，有的又是左上包围结构，我们做的仅仅是统一的工作，并不是一切按照字理。

具体说，字形哪些应当调整、如何调整、调整成什么样子，都可以讨论，但如果像有些人说的那样，"任何变动都不会得到群众的同意"，那么在信息时代字形标准化还要不要做？以前的标准化工作做对了没有？如果字形在电脑里由做字公司任意把握，那是谁的习惯？是否同样条件的字有不同的样式，哪个是 A 样、哪个是 B 样，让老师告诉学生死记硬背就好教吗？"任何变动都不会得到群众的同意"的说法真正是"为民请命"吗？是真正符合国家和人民的长远利益吗？

至于说到成本，字形调整当然不可能没有投入，但我们这么大的国家，信息符号要合理化、国际化，为什么不可以有适当的投入呢？从 GB2312 到 GB13000.1 不是也有投入吗？每一次调整字形（不论是国家标准还是行业标准的调整），电脑字库都要在适当的时候升级，这是正常的成本投入，怎么会像有些人说的那样是"用高额成本瞎折腾"呢？哪一个文化建设没有投入？只要是合理的而不是为了个人牟利，是节约的而不是任意报价，都是国家应当支持的。国家语委正是考虑到字库的更新应当顺应自然，才给了工业产品一个过渡期，字表的实施可以和字库的定期升级同步来做，印刷物可以与再版同步改动，为的正是可以不需或减少额外投入呀！

有人说调整字形会影响高考。字库更新或升级管的是机器，高考答卷是用手写，自从实行新课标以来，语文考试从来没有考过一个字有钩还是没钩。家长们放心和老师好好配合对孩子进行汉字教育，只是别忘了，汉字教育一方面要教育孩子们热爱中华文化的传承，另一方面也要告诉他们，传统的汉字正在寻找现代化的形式，汉字进入计算机以后的合理传承，要靠他们这一代人继续努力完成。

关于异体字整理的几个问题 [*]

一、整理异体字的意义

汉字经历数千年的发展，各种字体的构形首先积淀到《说文》小篆层面。《说文》小篆通过系统的字理分析，优选了少量的字样，用"六书"的"前四书"进行穷尽分析，构建了一个汉字的构形系统。这个构形系统是理想化的，它影响了今文字的构形，但它没有控制汉字在楷书层面上字数的增多，字书收字现在已经达到 8 万—9 万字，还在通过多方面的搜集无限增多。汉字的第一，也是主要的功能是记录汉语，也就是使汉语书面化。基于记录汉语的功能来观察汉字的增长，我们可以把楷书层面的汉字分成两种：第一种，实用汉字；第二种，冗余汉字。两种汉字的情况都相当复杂，产生的途径也不一样，我们只能说汉字一定有冗余，但在实际整理前，不敢轻易说哪个字是冗余的。

汉字中最明显的冗余字就是异体字。严格的异体字应

---

 * 原载 2008 年 10 月第五届"海峡两岸暨香港、澳门、台湾中文数字化论坛"论文集。

当是音义全同、记词职能完全一样、仅仅字形不同的字，它们在任何语境下都能互相替代而不影响表达的意义。这样的一组字只要保留一个就可以了，其他的字我们可以大胆取消它，不会有后顾之忧。因此，整理异体字是减少汉字冗余的第一步工作。一组异体字只保留一个，任何人在书写这个词的时候就会采用同一个字，信息的形式和内容的联系是唯一的，信息传播的信度就能够保证。当然，减少汉字冗余信息不只是整理异体字，还有其他工作，任务十分艰巨复杂，这里暂且不谈。

新中国成立后整理异体字的工作是有一定基础的。为了减少汉字的冗余，引导大家更好地使用汉字，1955 年 10 月在北京召开的全国文字改革会议，通过了《第一批异体字整理草案》。同年 12 月，文化部和文字改革委员会联合发布了《第一批异体字整理表》（以下简称《一异表》），并决定从 1956 年 2 月起在全国实施。表内所列异体字共 810 组，每组最少 2 个字，最多 6 个字，合计共 1863 个字。《一异表》的公布实施，使汉字使用中的冗余现象得以缓解，给汉字的学习和应用带来了很大方便，在社会上产生了较大的影响。但是，由于当时各方面条件的局限，《一异表》中确实存在一些不尽完善的地方，在使用过程中暴露出不少问题，也给社会用字带来一定程度上的麻烦。

二、关于异体字的定义

整理异体字是一项应用性的工作，但如果就事论事，没有明确的理论指导，解决少量的问题还可以，一旦面对海量的汉字，就会矛盾百出。整理异体字，首先应该对"异体字"的概念做出科学、明确的界定，但无论是《第一批异体字整理草案》、《一异表》还是《关于发布〈第一批异体字整理表〉的联合通知》，都没有对"异体字"这种特定的字际关系进行认真的甄别。

任何科学概念都属于一个概念体系。异体字是汉字字际关系的术语之一，它必须与关于字际关系的术语形成一个体系，才能不和其他的术语发生冲突或出现交叉。异体字与通假字、分化字等其他字际关系的术语是共存的。这些字际关系的产生不论是历时的还是共时的，在应用层面沟通它们的原因，都是因为它们积淀到一个共时层面上，要想正确使用它们，必须分辨它们。所以，异体字的理论定义应当是也必须是：音义全同、记词职能完全一样、仅仅字形不同的字，它们在任何语境下都能互相替代而不影响表达的意义。只有这个定义，能够做到在一个共时的字符集里认定汉字冗余信息所在，并大胆地取消一些字的使用资格，也就是使一些实用价值较低的异体字"退役"。这就是有些专家所说的"狭义异体字"或"严格异体字"。

如果我们对异体字的定义不严格，与分化字、假借字、部分通用字等概念混淆，造成术语混乱，首先是不利于汉字理论建设。不要以为这是理论教条，而要看到，理论上的不周严，必然对继续整理汉字产生不利影响。或者说，概念上的混乱，会直接造成应用上的不便。要知道，我们整理异体字的目的是在应用领域优选字形，与正字对应的异体字，意味着以后不能再用，这也就是民间常常说的"取消异体字"或"淘汰异体字"，在这个理念的支配下，被列入异体字的汉字，按规定已经被正字取代。但是，一旦正字与非正字不完全对应，相互之间存在着交叉现象或正字无法包含异体字的现象，完全淘汰、取消异体字，势必在应用领域中产生矛盾，影响表达的准确。

如果我们把完全无关的字误以为异体字，危害就更大。例如《一异表》将"券"与"券"列为异体字，但两者读音与意义均不同。"券"读quàn，主要的义项有"契据；凭证信物；票证；证据"；又读xuàn，义为"拱券"。"劵"读 juàn，主要义项为"疲劳；止"。二者字形虽相近，记词职能并无重合之处。又如，《一异表》把"咱"与"僁""偺"都列为异体字。从字际关系看，"咱"与"偺"是严格异体关系。但是，"咱"与"僁"无论历史还是现代，音义均完全无关，"咱"读 zán，是第一人称代词；"僁"读 jiù，主要义项为"怨咎，诋毁"。《一异表》因"僁""偺"形近而将"僁"也牵进"咱"的异体，从而把两个音义无关的字视为异体字。

三、整理异体字的方法和步骤

1. 分析义项。义项全部相同才可能是严格异体字。例如：崭（嶄）、插（挿）、坂（岅）、裸（躶）。以下情况不应属于严格异体字：

义项部分相同。例如，注（註）：在"～射；～视；下～"等义项上只用"注"，其他义项两者相同。又如：仇（讎）："讎"在表示"校雠"时只能作"讎"，其他义项两者相同。

义项交叉。例如，资（貲）：在"资质；资格"等义项上只用"资"；在"所费不赀"义项上只用"赀"。

意义无关。例如，谄（謟）：两者的读音与意义均不相关。谄，chǎn，谄媚；謟，tāo，疑惑；诞妄。

2. 甄别字际关系。一般所说的异体字应当包括：

（1）异写字：即同一个字的不同字样，是同一个字因写法不同而造成的形体差异。例如：删（刪）、冉（冄）、厮（廝）。

（2）严格异体字：即职能完全相同、结构不同的字，在任何情况下音与义都相同，而在构件、构件数量、构件功能等方面至少有一项存在差别的一组字。例如：趁（趂）、猪（豬）、唇（脣）、床（牀）、蛇（虵）。

（3）局域异体字：历史上的某一个阶段曾经是异体字，但由于存废时间的长短不同，其中某个字会多出一些后出的义项，而这些义项在现代汉语中已经不再使用。例如，箸（筯）：两者分别是在不同时代为"筷子"这个词造的字，属于声符不同的异构字。而"箸"在使用中曾表示"显著"义，如《荀子·王霸》："致忠信，箸仁义，足以竭人矣。"此义后作"著"。但是，在现代汉语中，"箸"已经不再具有"显著"义，因而可将"箸（筯）"视为现代汉语共时的异体字。

（4）后出异体字：从来源看，并非为同一个词所造的异体字，但由于长期使用中的义项通用，使它们在现代汉语中成为音同、义同而只有形不同的字组。例如，锄（耡）：两者本义不同，"锄"本字作"鉏"，表"锄头"，《说文》："鉏，立薅所用也。"而"耡"原指"古代的一种税赋制度"，《说文》："耡，商人七十而耡。"由于使用中的同音借用，"锄"与"耡"在义项上互用，发展到现代汉语，两者在义项上已完全相同。

3. 下面情况不应视为异体字：

（1）分化字

分化字指原来用一个字记录的词和义，为了区别，分开用两个或两个以上的字来记录。分化字在发展中会出现两种结果：一种是分化之后两个字的记词职能明确，在义项上不再相互通用；另外一种是分化之后母字在记词职能上仍然能够涵盖分化字，此类型又可称为分化未果。在《一异表》中，涉及的分化字属于后一种情况。例如：赞（讚），"讚"分化了"赞"的"称赞；文体一种"意义，但这种分化并没有持续下来，在现代汉语中，"赞"既可以表示"称赞；文体一种"，又可以表示"赞助"义，在使用中完全可以涵盖"讚"。

(2)部分通用字

部分通用字指正字和非正字除在某些义项上的记录职能相同外，还存在着不能相互通用的现象。从理论上分析，造成部分通用的原因主要是正字与非正字因同音借用或同源通用而形成的在现代汉语中义项相同。例如：

蠢（惷）：两者在来源上各有本义。《说文》："惷，乱也。""蠢，蟲动也。"在发展中，由于读音相同而在"愚蠢"义项上发生同音借用。但"蠢"由本义发展而来的"蠢动"却并未产生借用现象。因此，在现代汉语中，两者在义项上交叉，即都具有"愚蠢"义，而在"蠢动"意义上只作"蠢"。

由于对《一异表》的整理建立在应用目的上，因此，更需要关注的是非正字在现代汉语中是否有存在的价值。而这种存在的价值取决于非正字的用法是否完全被正字涵盖。如果正字全部涵盖了非正字，非正字也就没有存在价值了；反之，如果非正字的义项有超出正字的地方，完全将其淘汰出应用领域，就是不妥当的。在这种理念的指导下，可以把部分通用字分为两类。

第一，正字义项包含非正字义项。例如：

吃（喫）：在"口吃"义项上只用"吃"，其他义项相同。

第二，正字义项不能完全包含非正字义项。例如：

修（脩）：在"束脩"义上只能用"脩"，其他义项相同。

(3)完全不通用的字

完全不通用的字指在现代汉语中，《一异表》中的正字与非正字不具有相同的记词职能。其中包括无关的同音字、近义词以及非本国用字等。如上文所举的"詔（詒）""咱（偺）"，在音义上均不相同，也不通用。

印刷楷体字字形规范研制的原则与方法[*]

"《通用规范汉字表》楷体字字形规范"于 2015 年 8 月批准立项，经历了前期科研阶段，生成了规范文本及规范字表，并通过了国家语言文字工作委员会的鉴定。这项工作既与计算机用字规范密切相关，又涉及中小学写字教育的实施，已经刻不容缓。

一、制定楷体字形规范的重要性和迫切性

2013 年经国务院发布的《通用规范汉字表》，在 2009 年征求意见时，没有解决字形规范问题，临时提出了"采用《印刷通用字形表》字形"的决定。2011—2013 年《通用规范汉字表》两次上报期间，宋体字的字形问题必须提到日程上来。《通用规范汉字表》研制组与方正公司共同研究，多次调整，经过 17 次修改，做出"书宋—规范汉字表"字符集，

---

 * 本文是根据我作为"印刷楷体字字形标准"研制组组长在审定会上所作的报告基础上改写的。课题组成员有王宁、王立军、王晓明、卜师霞、凌丽君、胡佳佳(以上为《通用规范汉字表》原课题组)，张建国、朱志伟、仇寅、苏仕鹏、汪文、梅华、栾英(以上为《中国教科书专用字体研究与设计》原课题组)。

并生成宋体字字库。而对四种主用字体的另外三种字体——楷体、仿宋体与黑体，并未做出规范。2013 年 6 月，《通用规范汉字表》由国务院批准并正式发布使用，其他三种字体的字形规范问题必须逐步解决；而三种字体中最为急迫的，是楷体字字形的规范。这一工作的重要意义是：

1. 楷体字在各种书籍、报刊的印刷中，是宋体字的重要补充，同一文本转换字体时主要用楷体。楷体字字形规范同样是汉语信息传输的速度和信度的重要保证，必须紧跟宋体字字形的规范完成。

2. 楷体字是义务教育低年级语文教材印刷规定的字体；同时，自 2015 年开始，教育部提出加强书写教育的问题，并决定自小学 3 年级至初中 3 年级，设置每周一课时毛笔书写练习，由语文课程承担，2015 年开始编写并审定书法练习手册。为了保证汉字教育中认字与写字的一致性，练习手册的行文印刷也必须采用楷体字形。教材的印刷每年是定时的，因此，楷体字字形标准化的工作刻不容缓。

3. 港澳地区的小学教育字表、台湾地区的小学课本，完全是用楷体字印刷的，在两岸教育交流中，简繁字转换也必须有楷体字的转换，这就使楷体字形的规范显得更为重要。

4. 在四种主用字体中，黑体字与宋体字字形是一致的，仿宋体的字形设计取宋、楷之间的字形与风格。因此，宋、楷两种字体的字形设计，必须在其他两种主用字体之前完成。

基于以上四个原因，楷体字的字形标准化，是体现国家意志的，是一项极其重要而有意义的工作。

二、楷体字形标准化的原则

在对《通用规范汉字表》8105 个汉字的楷体字形逐一核查的基础

上，系统调整楷体字字形，生成字形标准，需要做到三个确定——结构(部件及部件位置)确定、笔数确定、笔形(包括变异)确定。这就需要确立规范的原则：

第一，为检索方便、识读与书写一致起见，楷体字字形在结构上和笔数上，尽量与宋体字保持一致。例如："乃、及、子、了、夕、阝、廴"等字(部件)及其所从字中的双折，宋体字均为1画，楷书字形也应明确为1画，两折相交之处按连写调整。

第二，鉴于不同字体风格上的差异，加之楷体字要用来印刷小学低年级教材，而书法课将配合义务教育语文课进入课堂，因此，楷体字在书写层面——结构和笔形上，需保持自身特点，遵循楷书书写规则，以与书法教材取得一致。例如：楷体字笔画的横要有一定的斜度，粗细具有弹性；竖要有一定的曲度，悬针竖与垂露竖的摆布要遵循一定规则；起笔、收笔对藏锋、露锋的处理有合理的习惯等，都要按书写规则处理。

第三，出于写字教学的需要，保持同一部件在相同位置上，其笔形应统一处理。例如：上下结构字中的"木"字底均不带钩，"条""茶""杂""亲""寨"五个字及其所从字的"木"字底，应去掉钩，相应的笔画也随之调整。又如："囗"与"口"其第二笔均为"横折钩"，但钩要藏在最后一横里，以保持美观。

第四，严格掌握书写时形成的笔形变异。

1.为书写连贯而变异。例如：

横变提：土—坐—地，牛—牢—牧，子—字—孔

竖变竖钩：小，水，行，葍(笔意的竖钩与笔势的竖钩)

2.为结构紧凑而变异。例如：

捺变点：木—架—村，文—纹—斌，食—餐—饱

竖弯钩变竖提：乚—比，先—赞，己—改，屯—邨

竖弯钩变点：允—俊

3. 为构形美观而变异。例如：

避重捺：木—茶，水—黍，良—食

第五，保持部件的差别，形似部件尽量增加区别度。例如：不同音义的形似部件，应从笔画层面分清。"挺""庭""霆""艇"等字与从"壬"的"任""妊""荏""衽"等字要按照字理分清，前者最下一横长，后者中间一横长。又如："呈""程""郢"等字的声符不可写成"王（wang）"，最上一笔应为撇。再如："界"从"介"得声，中间部件不可写成"八"。

三、楷体字形设计的美化问题

楷体字字形标准只是对计算机字形进行规范，其中的笔画规则和结字的要求虽然不对书法艺术书体的风格产生限制，但设计的美化应符合毛笔书写的基本要求。规范字表与《中国教科书专用字体研究与设计》是共同完成的，结字的原则要特别注意。

结字又称结体，是以笔画书写完成整字后全字的结构状态，也是一个字是否美观的重要因素。树立结字的观念是非常重要的，汉字结字的总体要求是稳妥匀称，疏密得当，错落有致。观察结字从四个方面入手：

1. 轮廓

汉字被称为方块字，仅仅是因为它是两纬度造型，但它的实际轮廓并不都是正方形的。以几何图形来衡量轮廓，规则的轮廓就有多种，正方形：国（外框决定），朋、器、辨（部件均匀组合决定）。三角形：立、人（正三角），丁（倒三角）。梯形：品、昌（正梯形），宙、冒

（倒梯形）。多边形：吾（六边）、古（五边）、合（菱形）……不规则的更多。不论轮廓是否规则，均要保持正楷字的均衡、稳当。这样注重轮廓，不是为了让写字的人用几何图形来死板地规划汉字，恰恰相反，是为了不要误解"方块字"的意义，把每个字都写得四平八稳，忽略了结字多样化的特点。

2. 布局

写字虽然不按部件写，而是用笔画全面布局，但是字写好以后，与部件的摆布却有直接的关系，写字与汉字的平面图式有直接的关系。汉字的部件在两纬度的平面上展现的位置关系的类型，称作平面图式。其类型的划分是参照数学的拓扑图式界定的。国际标准化组织确定了 12 种汉字平面图式类型，作为此次设计字形的参考。

3. 重心

汉字结字的特点表现在重心上。楷书的重心居中偏上，一般用黄金分割来把握。重心与布局有直接关系。布局反映笔画组合与部件组合的空间关系。上下布局首先要切合重心偏上的特点，但也要保持上紧下松的总规则。

4. 疏密

部件在一个平面图式里建立了关系，这个关系是按照字理建立的，部件之间的笔画并不均匀，因此，产生了汉字书写时疏密的调整。上下结构的部件有"承覆"之说。上部件小于或窄于下部件，如"奇、杲、集"等，为下承上。上部件大于或宽于下部件，特别是交接部位呈"人"形时如"奈、合、令"等，为上覆下。不论如何承覆，重心都略偏上。左右布局也不以完全均等为原则。楷书在自然书写时常常是左紧右松。左右结构的字如果两个部件的笔画不均匀，笔画少的部件在书写时要让出一部分空间，使笔画多的部件靠就、扩展。这就是所谓的"让就"之说。但楷书书写时，一般符合左让右大于右让左，使整字的重心稍稍偏左一些。

表　汉字平面图式类型

编号	图式名称	图形表示	小篆代表字	楷书代表字
1	独体	□	夐 米	鼠 五
2	左右结构	▯▯	㴑 江	明 钟
3	左中右结构	▯▯▯	㸃 辯	徽 衍
4	上下结构	☰	夽 霝	旦 觅
5	上中下结构	☱	侖 棐	冀 竟
6	全包围结构	▫	囗 肉	图 囷
7	上三包围结构	▫	閒 閣	冈 同
8	下三包围结构	▫	凶 臼	函 凼
9	左三包围结构	▫	匠 匝	叵 匡
10	左上包围结构	▫	廉 房	床 厌
11	右上包围结构	▫	司 匐	句 勿
12	右下包围结构	▫	延 直	这 建

此次规范，字形的设计充分注意了以上四方面的结字原则。

四、楷体字字形标准研制的过程

本标准的研制分为三个阶段：

1. 第一阶段：2014 年 7 月—2015 年 6 月

2014 年 7 月 3 日，国家语委和教育部语信司，批准了《通用规范汉字表》课题组和北大方正电子有限公司字库业务部联合提交的"关于完成《通用规范汉字表》未尽事宜、在宋体字字形标准的基础上研制楷体字字形标准"的报告，委托上述两个单位在教育部和国家语委领导下，制定楷体字字形标准的初步方案，提出字形标准的基本原则，并做好基于《通用规范汉字表》的楷体字标准字符集，进一步生成楷体字标准字形库。

自 2014 年 10 月 24 日开始，上述两个机构分别开始工作。北京师范大学汉字整理与规范研究中心《通用规范汉字表》研制组，为制定楷体字形标准，首先将规范宋体字与原楷体字 8105 个字形进行了对照，生成《宋体、楷体字形差异表》。北大方正汉字字体设计研究中心和北大方正电子有限公司字库业务部，也开始初步清理原有的楷体字字形库，初步确定了《楷体字标准字形设计方案》。双方都做好了楷体字字形标准研制的准备工作。

2. 第二阶段：2015 年 6 月—2016 年 10 月

2015 年 6 月 28 日，语信司决定将《〈通用规范汉字表〉楷体字字形标准研制》正式列为国家语委委托的科研项目，并决定将中国文字字体设计与研究中心张建国主任主持的《中国教科书专用字体研究与设计》的项目纳入其中，联合工作。

2015 年 12 月，课题组经过多次讨论，制定了《〈通用规范汉字表〉楷体字字形标准研制规则》，同时生成了《〈通用规范汉字表〉楷书字形研制规则中相应条款所涉字形类聚表》，以便确立修改的具体范围，定出标准涉及的字形数量。

2016 年 1 月，课题组向 4 所小学的语文教师征求意见后，根据教师们提出的具体意见和问题，重新修改了《〈通用规范汉字表〉楷体字字形标准研制规则》，并对设计方案进行了调整。

2016 年 5 月 30 日，课题组全体成员在北大方正公司对修改后的《〈通用规范汉字表〉楷体字字形标准研制规则》和《楷体字标准字形设计方案》进行了逐字的讨论，修改后形成定稿。

2016 年 9 月，北大方正电子有限公司字库业务部完成了通用规范汉字表 8105 个字全部楷体字的设计工作，并形成了规范楷体字库。

2016 年 10 月 26 日，由教育部语信司组织了包含文字学、书法学、字体设计和教材编辑等领域 7 位专家组成的鉴定组，对《〈通用规范汉字表〉楷体字字形标准研制》项目进行了鉴定，通过项目结项。

3. 第三阶段：2016 年 10 月—2017 年 12 月

课题组根据结项鉴定专家的意见，召开了 4 次调研会和 2 次专家咨询会，并访问了个别的书法教育专家。对各种意见进行了归纳讨论（意见处理表见附件四），进一步修改和补充了相关文件，最后形成了楷体字字形标准文本和字表，并将最终成果交国家语委审定委员会审查。

五、关于楷体字规范的几点说明

1. 楷体字字形规范是在宋体字字形规范的基础上进行的，但宋体字仅有规范的字形表，没有设立标准文本、定出规范原则；所以，本规范的规则既有针对楷体的特殊原则，也有专门针对宋体的修改原则。

2. 楷体字字形标准只是对计算机字形进行规范，其中的笔画规则和结字的要求应符合毛笔书写的普遍规则，这些规则不对书法艺术书体的风格产生限制。

3. 本项目与《中国教科书专用字体研究与设计》是共同完成的，生成的标准应为同一个标准；但在项目完成过程中各自担负不同的任务，因此第一阶段的鉴定既有分别的鉴定，又有作为统一规范的全面鉴定。

《古籍印刷通用字规范字形表》研制的意义与原则方法[*]

古籍印刷通用字的字形规范问题，在 2012 年《通用规范汉字表》上报国务院后就提出来了。国家语委语信司委托北师大《通用规范汉字表》研制组做出初步的调研，我们提交了《关于古籍印刷用字规范必要性的报告》，并提出了规范的 7 条原则和研制的初步设想。2014 年，根据《辞源》第三版修订主编组的建议，成立了字形、字音和"互见"三个专项分编组，系统复查字头、标音和"互见"项的修订结果。对字头系统整理的要求，是基本按照古籍印刷通用字规范的原则进行，争取在《辞源》字头上先行试用规范字。2021年，经国家语委语信司委托，在《辞源》字头的基础上，由北京师范大学、国家语委语言文字应用研究所、商务印书馆和中华书局，共同组成"古籍印刷通用字字形规范"研制组，完成了《古籍印刷通用字规范字形表》。2021 年 10 月

* 本文是在我作为《古籍印刷通用字规范字形表》研制组组长所写的研制报告基础上改写的。研制组的成员有：王宁（组长）、王立军、王晓明、卜师霞、凌丽君、胡佳佳、周洪波、余桂林、孙述学、徐从权、马益新、洪涛、苏瑞欣、朱翠萍、秦淑华、胡珂。

11 日，国家标准化管理委员会将国家语委上报的《古籍印刷通用字规范字形表》正式确立为"中华人民共和国标准化指导性技术文件"予以发布，标准编号为 GB/Z40637—2021。

一、研制目标与意义

"古籍印刷通用字"指的是用以印刷专业古籍的汉字系统。古籍印刷用字可以不用简化字，其依据是在《中华人民共和国国家通用语言文字法》第十七条中规定了有 6 种情形"可以保留或使用繁体字、异体字"，其中第五种是"出版、教学、研究中需要使用的"。这些年，古籍印刷采用传承字系统，不用简化字，是国家出版领导部门和语言文字主管部门依据这一条的规定和实际的需要认可的。

"古籍印刷通用字系统"与印刷现代汉语文本的"通用规范汉字系统"，是汉字不同的应用系统。有人称之为"繁体字系统"，这个名称容易引起一定的误解。国务院发布的《通用规范汉字表》中所附的"规范字和繁体字异体字对照表"确立了简繁字的对应关系，但只有在字形上与"简化字"对应的"未简化字"才能称为"繁体字"，没有对应"简化字"的汉字都是直接传承而来，不能称作"繁体字"。有人主张用"传承字系统"，这个称谓也会引起质疑："简化字难道不是传承下来的吗？"现在称作"（专业）古籍印刷汉字系统"，从特殊运用的角度来区分两种系统，业界和大众都比较容易接受。

我国自 20 世纪 50 年代施行简化汉字政策，在普及教育、建设新文化方面起到了极为重要的推动作用。但是，简化字在印刷传世古籍上有诸多不适应之处，自 20 世纪 80 年代采用激光照排印刷后，最早的标准字符集 GB2312 只包含 3500 个常用字及其中的简化字所对应的繁体字，共 6763 个汉字，致使几千年存留的专业古籍特别是大型古籍印刷严重缺字，往往不能顺利排印，或输录、校对周期较长，或质检没有标准而错误率较高，对中华优秀传统文化的传播——特别是网络传播的速度和信度有直接影响。ISO10646 国际编码扩充至 80000 多个字以后，缺字的情况稍有缓解；但由于字符集中包含中国以外其他国家的汉字，认同规则不够严密，输录选字成为很大的困难，古籍出版的速度和质量仍然受到影响。在港台地区一直使用繁体字的情况下，内地没有相应的汉字字符集与之对应，对一些使用繁体字的国家和地区在互联网上的交流也就缺乏主动权。汉字是中国文化的基石，在信息时代，汉字的管理、运用和传播水平，是国家文化软实力的重要标志之一。这次《古籍印刷通用字规范字形》的研制，直接关系古籍的通行和传播，对弘扬中华优秀传统文化和今后的文化建设，具有重要的战略意义。

这里所说的"古籍印刷用字"专指印刷传世古籍（文言文与古白话）的计算机用字，这些字形也可用于现代书刊的繁体版印刷。由于这部分字一直没有整理，已有的古籍用字没有统一标准，在语料库和汉字字形储存字库的建设等基础设施方面，存在着较大的缺失，因此，"古籍印刷用字"的规范工作，必须分两步进行，此次规范的范围为通用字。

"通用字"的范围如何定？目前采用的是两分法，即分"通用字—非通用字"。待第二部分研制完成后，有了标准字的语料库，再采用三分法，即分"常用字—通用字—罕（专）用字"。其中古文字的隶定字及其他符号，可做特例处理。这次的成果形式为《古籍印刷通用字规范字形表》，对传世古籍印刷字进行了新中国成立 70 年来第一次的大规模整理，研制的目标是"五定"：

1. 定字数：在确实使用过的古籍用字中，从频度在前 20000 位的字中加以整理，保证其通用性。

2. 定字形：根据确定的标准，优选字形，作为规范字的主形。

3. 定笔数：汉字由笔画书写，确定字形必须将笔画确定，以便规范写法，确定排序。

4. 定字音：字音是汉字最基本的属性之一，有音才能定字。

5. 定编码：印刷用字必须经过激光照排，没有国际编码的字符无法在互联网上运行传播，确定字形必须同时确定国际编码，也就是 ISO10646 字符集基本集至扩充 A—F 集中的码位。

以上"五定"是此次字表研制的目标。

二、研制经过和流程

项目经过三个阶段的研制。

第一阶段(2014—2015 年)，与大型传统辞书《辞源》的修订同步进行。鉴于《辞源》字头覆盖了传世古籍通用词语所用之字，因而采用《辞源》14208 个字头，作为第一批古籍印刷通用字，对其字形和字际关系，进行了标准化处理。同时也对《辞源》字头之外的释文与语例所用 2541 个字进行了普查。这一阶段确定的标准文件，成为以后研制文件进一步完善的基础。同时，商务印书馆《辞源》印刷时，对照排系统的字库进行了技术改造和完善，生成了"方正辞源宋体"字库。中华书局也为古籍印刷字频统计和字符增补进行了语料库和字库的建设。

第二阶段(2015—2018 年)，主要是进一步加强理论准备和积累资源。在第一阶段工作中，课题组深刻体会到，古籍印刷用字由于来源多途，又与简化系统同时存在，确立规范的思路，根据正确、可行的理论完善积累资源的平台，做好字形的初步整理，发现现存的问题，是使研制工作顺利进行的保证。三个课题组分别进行了下列工作：

1. 对国家标准古籍用字的字形和港澳台地区习用的字形进行了比较，做出了字形比较表，找出相互的差别，确定优化的标准，并对字际关系的梳理和字形优化的原则加以细化。

2. 将古籍印刷语料库补充到 10 亿个字，在大数据前提下，统计的准确性可以进一步提高。

3. 随着《辞源》音序版的建立，对古籍印刷用字的定音工作有了进一步推进。

古籍印刷用字有相当的复杂性，对这一点，在 2014 年立项时我们是估计不足的。近半个世纪，对汉字今文字（隶楷）的研究严重不足，汉字整理的理念着重搜集，有用无用的字自然主义地保存，不加区分，以多为优，堆积杂取，致使废字、错字与实用字混杂在一起，音、义、用完全相同的字缺乏理论上和实践上的认同标准，给规范工作带来极大的困难，这三年的建设工作，对项目的完成起到了重要的保证作用。

第三阶段（2018—2020 年），是三个小组协同工作的阶段。在这一阶段，商务印书馆和中华书局的领导高度重视，亲自参与，提供了充足的条件，确立了字表，审核、修改了字形，产生了初步成果。最终用两个月的攻坚战，初步完善了字形的整理，并根据整理工作的实际情况，修订了各类条例。

三、有关问题的处理原则

1. 经过对字形的初步整理，定出《古籍印刷通用字字形表》的收字及制表原则：

(1)古籍印刷通用字属于计算机用字，适用于印刷古籍和现代汉语文本的繁体版。收字必须符合两个基本条件：第一，所收字必须适合中国古籍的用字；第二，必须从 ISO10646 国际编码基本集、扩充A—F 中选取或修缮适用的字形。凡是 ISO10646 字符集未出现的字，本表一律不收。

(2)计算机用字与内码有直接关系，选字同时必须定码。国际编码中收中、日、韩三国的用字，字的认同工作也做得不够彻底，本表选用由中国提供的汉字字形及其编码；同为中国提供的同一汉字占有两个以上码位的，只优选其中的一个字形及其编码。国际编码码位置于字符之前。

(3)字表收入的汉字标注现代拼音，并按音序排列，凡异读字有两个以上读音的，本表只收常用音，并以所收常用音作为排序的依据。

(4)字表的同音字按笔画、笔形排列，笔形顺序适应今天习惯，依"横—竖—撇—点—折"为序。

(5)两(多)个汉字字样结构、字理、音义均无差别，只有写法上的不同，也就是说，它们的差异仅仅在部件内部的笔画上，这两(多)个字样称作异写字。异写字只保留一个通用字形作为规范字，其余均不收入字表。例如：

收"宜"，不收"宐"

收"殯"，不收"殯"

收"災"，不收"灾"

收"幾"，不收"幾"

收"楞"，不收"楞"

收"卿"，不收"卿"

收"孼"，不收"孽"

收"庚"，不收"庚"

……

一部分部件相同、音义相同，而部件放置位置不同的字也属于异写字，本表也只收录通用度高的字。例如：

收"峰"，不收"峯"

收"鹅"，不收"鵞"

收"稿"，不收"稾"

收"雠"，不收"讐"

……

(6)本表对音义完全相同、历代用法没有区别的异体字，只择定一个，其他不再保留。但保留结构不同、字理不同、在不同时代用法有别的异构字、古今字、分化字。后者被简化字系统基于现代汉语用字笼统称作"异体字"合并或取消，由于被印刷的古籍属于不同时代，用字的分合互有差别，必须保留下来。这些字在字表里不加认同，各自占有自己的位置和标注自己的属性。它们在用法上的区别，由辞书去解决。例如：

個—箇，炮—砲—礮

鬃—騌，強—彊

燬—譭，箸—筯

……

(7)汉字字形中，有随着书写变为隶书、楷书的现代用字，我们称为现代楷化字，这些字正在使用，应当选入字表。但在国际编码中，也保留了一些同一个字的古文字的隶定字(也就是根据古文字的字形描写下来的字)，这些字除了要特别显示古文字原形，一般不用作文本印刷。凡是能与本表已收楷化字认同的隶定字，或生僻的隶定字，本表一律不收。例如："鼃""瘨""忩"等。

(8)有些缺笔、增笔、近似部件误用等没有使用根据的字，应为避讳字或手写俗字中的错字，这些字进入字库，多为反映实际情况自造的字，本表一律不收。例如："器"缺点，"寧"缺竖钩，"突"缺点，"屍"不封口，"氏"多一点，"含"多一点，"豺"撇错成点，从"禾"从"千"的"年"字，"千"字上一笔误为横，等等。也有一部分部件层面的错字，因近似部件混用而出错。如：左旁的衣（衤）和示（礻）混同错用，等等。

(9)本表不收在形体上被简化的字，包括草书楷化字、简省或改变部件的字、符号替代字、偏旁类推字等，更不收不规则的二简字、错误类推字、半繁半简字。

(10)本表不收非汉字符号。例如：○（零的替代符号）、卍（旗帜符号）、重复用字符号、古代工尺谱符号、《易经》卦名符号等。

根据以上原则，通过以下流程，确立了字表的总字数和表中的规范字：

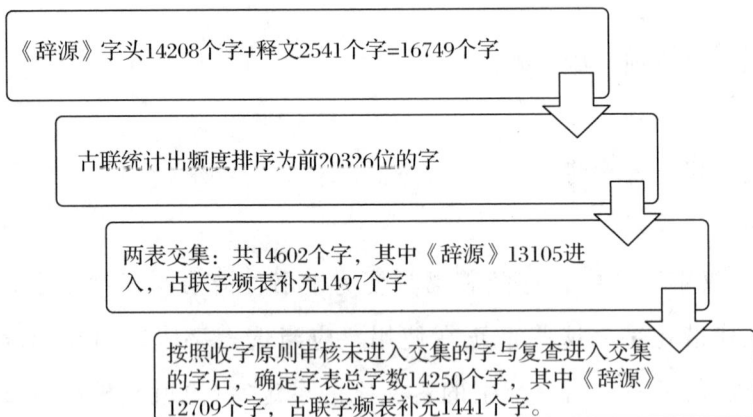

《辞源》字头14208个字+释文2541个字=16749个字

古联统计出频度排序为前20326位的字

两表交集：共14602个字，其中《辞源》13105进入，古联字频表补充1497个字

按照收字原则审核未进入交集的字与复查进入交集的字后，确定字表总字数14250个字，其中《辞源》12709个字，古联字频表补充1441个字。

图　字表收字流程

2. 在选定字形、确定字数的前提下，专门制定了《部件择定与取舍原则》。

汉字经过数千年字体演变，几乎每个字符都历经了传承、变异、转写的演化，字符之间的孳乳、分合、调整错综复杂。加上累积造成的不同历史层面的积淀，到今文字阶段又有手写随意字形的发生。近一个世纪的文字改革造成繁简字的对立和混杂。至今为止，形体已经相当纷繁复杂。想要在诸多不同的形体中择定一个规范字形使用，或在两可的范围内有所取舍，是一件非常困难的事。为了减少工作中的人为性，尽量遵循汉字发展的规律，规定了字形调整的总原则：

(1)在立足中国本土、立足现代应用的前提下，尽量保持传统。

(2)在同样进入通用范围的条件下，尽量考虑字形的优化与合理，维护汉字构形系统的完整。

(3)在多重、多项、多类差异并存的情况下，采取尽量维持原有状况，维护汉字的稳定，以免解决一个问题，反而产生新的问题，处理一类矛盾，反而出现更多的矛盾。

在这三个总原则的基础上，从部件入手来规范字形，确立了具体的部件择定与取舍原则：

(1)选择在以往古籍印刷中通行度较高的字形，优先选择古籍和现在使用都属于高频字的字形。既适应现代人认读，又不失古书原意。如：

"並—竝"：两形在简化字系统中都已经成为"并"的异体字，不再使用，但在古籍印刷中，"並"的字频远远高于"竝"，选"並"不选"竝"。

"真—眞"："眞"在古籍用字中尚属高频，但在现代字中已不使用，"真"既是古籍高频字，现代也一直沿用，选"真"不选"眞"。

（2）选择字理明晰或变异度较小的古籍常用字形，以承袭传统，便于学习。如：

"袞—衮"：前者保留原声符"公"，选前者。

"強—强"：前者合乎"强"从"弘"的字理，选前者。

"爭—争"：前者保留上从"爪"的字理，选前者。

"爲—为"：前者保留上从"爪"的字理，选前者。

"卽—即""旣—既"：前者左旁象形部件变异度较小，选前者。

"奐—奂"：前者符合下从"大"的字理，变异度较小，选前者。

"晉—晋"：前者变异度较小，保留了"瞀"的一部分，从前者。

"盇—盉"：前者保留部件原形与字理，选前者。

（3）选择近现代已经定型的隶变、楷化字和构字量较高的楷体部件，以尊重汉字自然发展规律和现代使用习惯。如：

"户—戶、戸"：前者为中国通行字，后者分别为韩国、日本用字，选前者。

"两—両"：前者为合乎字理的通行字，选前者。

"册—冊"：二者单用时，前者在简化系统，后者在港台地区的繁体系统，但在古籍用字中，前者的构字率高于后者，选前者。

（4）选择符合书写规律和布局便宜的字形。如：

"内—內"：后者从"入"，保存字理更直接，但在书写时运笔不够顺畅。前者为楷化时自然的变异，书写顺畅，选前者。

（5）参考古代专书考据的结论，修改被否定的错字。例如：

"昏—昬"——《说文》："昏，一曰昬。"段注："全书内昏声之字皆不从民。有从民者讹也。"

（6）保持音义相同的部件在不同字的形体中的一致性，同时尊重汉字自然发展的结果，已经稳定的变异部件，不再改动。例如：

"册—冊"采用前者后，从"册"之字，如"删、姗、珊、栅"等，均以从"册"之形为准。已经稳定在整个字样中的变异部件不再改动，如："扁（编、遍）"的下部件，"典（碘）"的上部件等，均保持原形。

"争—爭"采用前者后，从"争"之字，如"静、凈、挣、睁、筝、峥"等字，均以从"争"之形为准，"錚、諍、踭、埩"应改从"争"。

（7）由于各种原因，楷化字出现部件趋同现象或近似部件混同现象，对汉字系统造成混淆的，是否进行清理，视具体情况而定。例如：

由于简化字将一部分从三点水（氵）的字减去一点，致使有些从氵（水）之字变为两点水（冫），造成了从水与从仌理据上的混乱。按照不同的理据将二者分清是必要的。如：

沖、凈、凄、减、灭……应从"氵"；冰、凝、凍、冷、凛、冽……应从"冫"；"澌（冰破）"应改从"冫"。"凊"与"清"、"冷"与"泠"并非同字，应注意区别。

由于长时间部件错讹，致使音义完全不同的两个部件字形长期混淆，按照所从字的读音将两个部件的形体分清是必要的。如：

任、妊、飪、紝、袵……音 rén，应从"壬"；廷、挺、庭、霆、聽、廳、呈、程……tǐng，应从"壬"。两组字的声符形体应明确区别。

但有些部件长期趋同已经固化在楷体字字形中，只能凭借意义区别，用不同的部首分别归部，这些部件不再从形体上区分。如：

从字理来说，"期、明、望、朝"等字从"月"（yuè）；"肝、肠、肺、肢"等字从"肉"，写作"月"；"青"下部件从"丹"，写作"月"；"俞"左下部件从"舟"，写作"月"……字形固化，识别无障碍，无须改动。

有些部件变异时大部分趋向一致，少数另作处理，长期如此，已经定型，保持原形，不再强制改动。例如：

大量从"攴"之字，都已经异变为"攵"（反文），但有一些强调"打击"义、"动作"义的字，还保留"攴"，例如"敲""敠"等，可依现代用字习惯，保留少数从"攴"之字，不强求一致。

四、对成果有效性的论证

1. 关于字表通用性：字表以《辞源》字头和释文用字为基础，《辞源》的收字原则为 1840 年以前的典籍实际用过的词才予收录，这保证了字头是古籍的实际用字，其中 93％进入 10 亿古籍语料库统计出的字频表前 20000 位，其通用度也应合乎研制目标。

2. 经过严格整理、取舍、择定后，总字数达到 14250 个字。根据以往典籍的统计：《三百千》12708 个字中，有 1462 个字种；《四书》56764 个字中，有 2320 个字种；《全宋诗》1060696 个字中，有 5100 个字种；《文渊阁四库全书》685901735 个字的手写典籍（小学专书除外）整理后有 18048 个字种，其中频度较高者为 15140 个字。从这些参照数据看，古籍印刷通用字的字数达到 14250 个字，应当是有效的。

谈人名用字规范的必要性和可行性 *

——中国语言文字网站对王宁的采访

问：您是否看到了网上关于人名用字规范的讨论？对此您有什么想法？

王：最近看了网上对人名用字规范问题的讨论，觉得这个问题的讨论很有意义，也很有意思。姓名问题涉及每一个人、每一个家庭，中国社会还保存宗法制度的一些传统观念，对姓名问题一向比较重视，不然就不会有《百家姓》这种书广泛流传。现在一听说有人要管取名字的事，在情况没有弄清之前，当然会有很大的反响。这个问题引起这么大的动静是不奇怪的。关心这个问题的人，多半是密切关注社会语文生活的人，他们的态度是积极的；也有一些人是有顾虑，怕规范限制了大家的生活；少数人还有一点抵触，这跟过去在极"左"思潮下的规范工作脱离群众、伤害了一些人有关，也跟他们不了解情况、还用过去的眼光看语言文字规范有关。不论是哪种情况，我觉得这次讨

---

* 原载《中国教育报》，2003 年 7 月 15 日。本文是中国语言文字网在 2003 年 6 月 11 日下午 3:00—5:00 对王宁采访的记录。

论对发动更多的人来参与语言文字规范工作，使规范更切合人民的利益和社会的需要，是非常有益的。

问：您认为人名用字是否需要进行规范，又是否能够进行规范？

王：人名用字规范不是今天才提出来的，在20世纪90年代初国家语委召开的一次汉字讨论会上，曾有人提出，要把姓名用字限制在3500个常用字范围之内，对此我是坚决持反对态度的。那次会上有人简单地指责取名字喜欢用古字、雅字、僻字，我也有一些不同的看法。当时我说过：求古求雅是一种文化水平提高的表现，不应当反对。曾经有一个时期，大家都跟着政治运动取名字，"国庆""抗美""红卫""援朝"，甚至"三反""改造"……到处都是，那也可以代表一个时代吧！那个时代恐怕不会再重复了。在中国，任何时候都有人用生僻字取名字，就动机而言，最多是有些"卖弄学问"吧，恐怕更多的想法还是怕重名，怕缺乏个性，不应当简单指责和否定。再说，3500个常用字用来取名字是绝对不够用的。这部分字里，贬义字或不吉利的字，比如"坏""奸""杀""掳"……不能用于取名；过于接近日常生活，例如"桌""床""鼻""脚"……也不宜用于取名字；有些动物名如"狗""熊""猪""猴"等，加上儿化作小名还可以，作正名也不合适。这样一减，可以用作取名字的字就非常少。规范不能给大家带来不方便，否则是不会得到大家拥护的。但是，我并不反对人名用字要规范。有的人一说人名用字为什么规范，就说为了电脑输入方便，我觉得这样谈问题是难以说服人的。正如大家所说，电脑现在什么字都能造，有的字库存储字量已经到了70000多个字了，而且还可以继续扩充，个把生僻字电脑肯定对付得了。我觉得，这个问题的重要性要从信息社会的现实来考虑。现在的社会生活，由于信息传播工具的进步，人的生活圈子越来越大，有人说，地球已经变成一个"村子"了。

远距离信息传播很多情况下不是一人对一人，而是人群对人群。举个例子，我们的教学，最早是私塾，一个老师对着一个学生或几个学生。课堂授课制以后，一个老师面对几十个、几百个学生。现在的远距离网络教学，已经发展到几千人接受教育，在北京这边上课，西藏那边就收到了。所以，人与人需要直接见面的机会越来越少。人名作为个人的代码，就需要有一个最重要的条件，那就是清晰，便于识读、辨认。现代通信都是高效率的，银行、邮局汇钱只要几分钟，为一个生僻名字又查字典，又翻字表，到了电脑里用拼音不知道读什么，等查到了读音，又是一堆重码，翻上百遍还找不着。用形码吧，字越多形似字越多，出错的机会越多，那会给日常工作带来多大麻烦？说严重了，都会影响社会发展的速度。何况，在电脑里存储那么多生僻字，就为了写一个人的人名，是不是划算？还有一个问题，我觉得也是要考虑的。中国这么大，到了 21 世纪，经济发达以后，教育的普及度非常高，广大农村要参与接受信息，知识阶层和农民的接触将成为非常普遍的现象，你起一个生僻的名字，农民怎么去认？一个农学家，去给农民指导农业技术，当着面一叫，都知道是他，写到网上，大家念不出来，不知道是谁，这对工作有多大妨碍？所以我觉得，面对信息的远距离传播，面对人的交往日渐频繁，面对教育普及面的扩大，人名用字的规范，已经成为现代语文生活里一个不可避免的问题。人名是非常重要的信息，名如其人，人名用字规范是出于一种非常积极的、对社会生活的调整，不是一种消极的限制。

问：规范是为了取名字不用生僻字，您能说一说什么是生僻字吗？按字典取名字是不是就可以避免生僻字呢？

王：首先要说一说字典收字和社会用字的区别。现代社会用字属于汉字的流通领域，在这个领域里，真正常用的字数量并不多。而字典收字属于汉字的贮存领域，它是为了人们阅读各种书籍、报刊时碰到不认识的字去查的。字典收字的多少和面向的查阅者有关，如果供给一般人阅读现代汉语文本来用，收个一万来字也就够了，如果兼顾古今，还包括出土典籍，那就多多益善。所以，像《现代汉语词典》这样标准的使用型规范词典，含有的生僻字是极少数，类似《康熙字典》《辞海》《汉语大字典》这样的综合贮存型字典，是含有大量生僻字的。汉字学上称以下四类字为生僻字，也叫疑难字：

第一类是音义不全的字，字典上面有形，但有音无义或有义无音，这些字多半是在字典收字时横向合并或历史传承时整理不彻底或转抄错讹造成的。有的字可能在哪个碑石或手抄书上偶然出现了一次，也有些可能从来就没有用过。这种字害得一些文字学家和文献学家花很大的工夫一个字一个字去考证，其实，考出来也不会有太大用处，不过是一堆"死字"。这些字不是不能念就是没讲头，你怎么用来取名字啊？"名"字上面从"夕"，底下从"口"，名是要人叫的，没有音怎么叫？起名字希望它有文化内涵、合乎一定的理据，没有意义，怎么实现这些要求？

第二类是指已经被现代楷书取代了的古文字隶定字形或者过渡字形。隶定字形是为了在称说古文字原形时对它进行描写的，这些字在隶变以后还有一个通行的传承字，例如："畂"是"畂（亩）"的古文隶定字，既然有"亩"，何必用"畂"！过渡字形是一些字书为了讲解其他的字而设的，比如："先"可以构成"坴"，"坴"又可以构成"陸（陆）""睦"，《说文解字》就保留了"先"。章太炎先生有几个女儿，她们的名字都是用四个字垒到一起的，其中有一个女儿叫章（zhǎn），就是四个"工"字（㠭），这个字在《说文解字》里有，就是小篆"展"的声符，当工整讲，楷书的"展"已经不从它了，这个字在使用领域就作废了。这些字的音和义谁都不清楚，又有别的通行字可用，你用它取名有什么意义呢？

第三类就是不通行的异构字和异写字。和规范字音义全同只是写法不同的字叫异写字，音义全同而结构和它不一样的字叫异构字。这些字已经有了一个既通行又与它音义全同的字被大家认可，取名字何必非要用那些不流通的怪字呢？

第四类就是适应某一种方言的方音制造的方言字。香港的某些报纸充满了这种字。比如，"卡片"的"卡"，在香港写作一个"口"加一个"吉"。"吉"古音声母的确读 k，粤语保留的是古音，但是到了别的方言区，大部分"吉"和"卡"不同音了，它只适应广东话，所以很难认。这种字要用来取名字，就是成心不让别人叫，或者一辈子只在自己的方言区，别到外地求学、工作或经商。

我想，所谓生僻字，主要是这四类。这四类字合在一起量非常大，汉字中真正有用的字量不是很大，起名字没必要用这四类字。这些字应当属于随着时代发展被流通领域淘汰的字，建设适应当代的先进文化，不用它有什么可惜呢？字典上当然要留着它，还要由专家来考订它，那是怕你研究典籍时遇到了没法识别，不是让你用的。如果你非要用这些字取名字，不光给社会带来很多麻烦，对自己也没有好处。比如你给小孩起一个名字，老师拿着点名册叫不出来。去看病，你的名字谁都不认识，大家都来乱念。不是也带来许多烦恼吗？

问：您曾经反对把人名用字限制在 3500 个常用字范围，因为您认为这个字量不够用，现在人名用字打算规定 12000 多个不重复的字，您觉得够用吗？

王：我觉得从数量看，够用了。这 12000 个字还有对应的繁体字和港台地区通行的异体字，应当在港台地区都够用了。我这么说是有根据的。大家不是希望名字多体现一点中国的传统文化吗？古代童蒙识字的课本《三字经》《百家姓》《千字文》，不重复的字种数是 1462 个，宋代通行的四书《大学》《中庸》《论语》《孟子》，总字数是 56764 个，不重复的字种数也只有 2320 个。宋诗 18000 多首，字种 4520 个。字量很大的"十三经"，字种数也超不过 6000 个。起名字带有一定的偶然性和可选择性，可用这个，也可用那个，你不能说我非得用你没有的那个字。从这些数字大致衡量，12000 多个字用来取名字，应当够用了。这里要说明的是姓氏字的问题。姓和名不同，它不但是称谓的符号，还涉及血统、祖籍等，包括继承权等复杂的社会问题，它不是任意选用的，是传承的，其中有些怪字，如果考不清楚来龙去脉，那就有一个算一个，估计也不会太多。我觉得，在这个数量内，对我们的文化继承是不会有损害的。

问：有人担心对人名用字规范会侵害姓名权，您是怎样看这个问题的？

王：什么叫姓名权？是说每一个人都有给自己起一个名字、自己拥有自己的姓名、使用自己的姓名而不被人任意侵犯的权利。我们现在谈的不是这个问题，而是你起名字要在规范用字的范围内，这完全是两个概念。正如咱们要求商业广告要用规范字，并没有侵犯它的商业经营权，只要不是虚伪的假广告，你随便怎么做，但是你要用规范字。我们要求出版社用规范字来印刷书籍、刊物、报纸，并没有侵犯人家的出版发行权。要求作家写书用规范字，也不侵犯人家的知识产权。要求政府的公文都要使用规范字，没有人认为我们侵犯了政府行使管理国家职能的行政权呀！要求师生用规范字，也没有侵犯人家的受教育权嘛！这是两个完全不同的概念，不可混为一谈。

社会用字的规范的法律根据是什么呢？是《国家通用语言文字

法》。这里还要说明一点，有的人把姓名看成是个人用字，认为它不属于社会用字，这个认识是不妥当的。字，都是个人在用，但是只要在社会通行，就是社会用字。姓名当然是我个人所有，但它是供全社会称呼的。你要想让全社会来保护、尊重你的姓名，正确称谓你的姓名，保证你用这个名字进行社会交流，让邮局替你送信汇款、银行为你存钱信贷、医院为你建立病历、学校给你颁发证书、人民选你当各种代表……怎么能说姓名属于你个人，姓名用字不属于社会用字呢？

问：有人担心规范了姓名用字会增加重名，您如何看这个问题？

王：中国人口已经达到 13 亿左右，而中国姓名最多只有三个字，人口越多，重名越多，这是谁也不可否认的。我们在 4 亿人口时就有重名，唐代人口不足 1 亿，你去翻翻人名大词典，光知名人士重名的有多少？所以古人除了正名以外，还有字、号和给自己工作、休息、写作的地方取的室名。现代的重名更是不可避免的，起名字的人怎么想避免都难以做到。我这个"王宁"，在北京市就有 500 多个。父母亲给我起名字的时候当然不希望我和别人重名，而希望我的名字是个唯一的。但是，起名字是大家背对背起的，你就是把字规定的再多，也会有重名。而且，想要不重名并不需要求助生僻字，过去我们没有限定姓名用字，生僻字对取名来说是开放的，重名率也很高嘛！重名当然是越少越好，但是有了重名，这么多年没有过多妨碍我们的社会生活，原因是：姓名不是人唯一的参数，性别、籍贯、年龄、职业、父母、居住地都可以排除重名者。当面呼叫由于有活动范围的限制，就更无大碍了。开放了生僻字，认识生僻字的人毕竟是少数，多数人是不会用生僻字的，该重名还是重名。所以，姓名用字规范和重名率不会有太大的关系。

我觉得避免重名，要靠取名字的人的文化素养、社会经验和智慧，他能够想到一些别人想不到的搭配。大家喜欢在取名字时找一个比较有学问的人在诗词里、古代名言隽语里或者是很漂亮的成语里，兼顾音义想一个有意义的好名字。比如说搭配谐音，北大一位老师给孩子取名"何鲤"，非常好的一个名字，因为"鲤鱼"的"鲤"字，一般的人不会想到，鲤鱼跳龙门，有望子成龙之意，再加上他姓"何"，合在一起正好是"合情合理"的"合理"的音，这不是很好吗？但是有人为姓"宋"的孩子也想起一个"鲤"名字，叫"宋鲤"，谐音"送礼"，就不是个好名字了。中国人起名字确实有很多文化在里面。随着文化水平的提高，随着传统典籍的普及，随着人们现代生活审美观念的提高，起名字的艺术本身一定会层次越来越高，重名率也会随之减少一些，但不会没有，也不必要完全没有。你想想，在12000多个字里，还不够你去想一个又好、又美、又有个性、又能代表一个美好愿望的名字吗？反过来说，你用那些又没有意义、人家都不知道叫什么的字，那又有什么好处呢？

问：现在有些人的名字，就已经是生僻字了，人名用字规范要是不收的话，他是不是就要改名，不能叫这个名字了？

王：任何政策法规都有一个实行的时限。我理解现在制定的人名用字规范是针对规范发布之日起始的新生儿的，而不能针对此前的姓名。现在的名字已经是一个社会现实了，你在没规范的时候起的名字，当然仍然要保留。虽然有些问题已经给社会带来一些烦恼，但历史事实如此，我们总要面对的。规范的效应总是滞后的，所以，我们的规范思想才应当超前，否则我们会永远跟不上形势。

问：您对人名用字规范这项工作有什么建议？

王：规范有利于现代社会，而不科学的规范也会危害社会。因为一旦国家制定了规范，就进入了法律范畴，如果给大家找了麻烦，老百姓不得不执行，但嘴里不说，心里也会骂你。制定规范是要方便人民，不要给人找麻烦。想要做好，一是多听大家的意见，更重要的是尊重科学。比如，从数量看，12000—13000 个字取名是够了，但是字表里该有的没有，不该有的反而有了，同样 12000 个字，多了一个没用的，少了一个有用的，一差就是两个，这种事多了，12000 个字就不够用了。所以，调查统计要科学。还有，社会用字规范应当在一定时间内修改：第一，中国字几千年积淀太多，难以一下子都弄得很妥当，用一用，规范的问题就会发现，本着为人民负责的精神，改一改有何不可？第二，文字属于人文性很强的符号，它的使用也随着社会变动而变动，绝非一成不变，一个规范几十年不变，是没有道理的。第三，现代信息工具、激光照排印刷，不再是铅与火的时代，修改少量用字不可能引起多大的震动。问题在于要修订也要遵循法律程序，要规定合适的时间，要组织强大的专家队伍，既不要明知有问题，坚决不改；也不要灵机一动，想改哪个就改哪个。其实，要想把这项工作做好谈何容易，我在这里说的问题不过是一些宏观认识问题，还有很多技术问题都需要逐步解决，这里就不详细说了。但我相信、也希望，经过那么长时间规范工作的实践，已经积累了很多经验教训，今后的社会用字规范，包括这次的姓名用字规范，一定能做得恰到好处，有益人民，取信于民。

谈的都是个人见解，不妥之处，希望展开讨论。

第五辑

汉字学在信息时代的运用

第111号元素的定名与元素中文命名原则的探讨*

2004 年，国际纯粹与应用化学联合会(IUPAC)颁布了第 111 号元素的名称——roentgenium，元素符号用全名的缩写，确定为 Rg。如何确定这个元素的中文名称？首先应当定出一个元素中文命名的原则。

国际元素英文名称定名的原则几经改变，但是，不论用发明者的名称或其所在国度的地名命名，还是采用拉丁文和希腊文混合数字词头加词尾-ium 来命名，对于被命名的元素来说，都是一个与语义无关的音化名称。当这个名称译作其他语言时，只能音译而不可能采用意译的方式。在中国，元素的汉译名称一般选用或新造一个与原始名称语音近似的汉字①来充当。

用汉字命名元素有很多拼音文字不具备的优越性。汉字是表意文字，字形含有较多的区别因素，汉字在经过长

---

*　原载《科技术语研究》，2006 年第 1 期。

①　由于汉字是单音节的，所以对于多音节的原始命名，选用或新造的汉字一般只描述第一个音节。

期的发展演变后，成为一套以形声字为主体的书写符号系统，在这个符号系统中，用少量的(大约 500 个)基础部件，可以生成数量众多的汉字。所以能够做到这一点，是因为以下两个原因：

首先是因为每一个基础形素在构字时都有两个功能，或表音，或表义。例如：在"问、闻、闷、闵"等字里，"门"表音，而在"闸、阁、阀、阅"等字里，"门"又表义。这样，一个形素的造字与辨字功能提高了一倍，生成能力则以等比级数上升。

其次是因为多数汉字是依照层次结构的原则构造的。例如"照"的结构层次如下图：

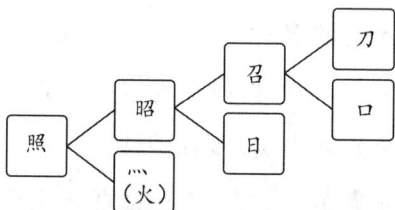

图 "照"字结构层次

层次结构之下每一个层次构成的新字，又可以充当其他字的部件，这就可以在基础形素不增加的情况下扩充字量①。

根据汉字构形系统的情况，选择一个与原始名称语音近似的汉字做声符，采用表示类别的水旁(液态)、气字头(气态)、石旁(固态非金属)、金旁(金属)做义符，构成一个形声字来命名一个新的元素，既能与其他元素区别，又能反映这个元素的物态属性。汉字的同音字众多，元素命名的区别度也可以得到保证。

但是，同样是因为汉字的表意性质，又因为汉字是音节符号，在

---

① 关于汉字构形系统的原理，参看王宁：《汉字构形学讲义》，上海，上海教育出版社，2003。

选择一个音化字去描述元素的语音时，又会遇到一些困难：

首先，汉字读音的音节，按有四声计算，有 1100 多个。英语是没有声调的，所以，汉字用来音译英语的有将近 400 个音节，不同民族的语言有不同的语音体系，彼此完全对应的音节为数是有限的，所以，要选择一个汉字尽量准确地对应英语或其他拉丁语系语言的名称，又不能出现重复的命名，是需要费一些周折的。弄得不好，就会出现重音甚至重字的现象；避免重复，又容易出现语音描述欠准确的弊病。

其次，元素名称是专有名词，为了避免使用这些专有名词时产生太多的歧义，诸如"江、河、湖、海、气、氖、氚、氩、砖、研、砂、础、锹、锤、锋、铲"等已经被用做生活常用字或另外行业专用字的汉字，即使语音描述准度很高，也不宜用作元素专用字，而除了气部外，水部、石部与金部都是含有大量常用字的部，想从中寻找一个声符用上述几个义符匹配成形声字而不与其他元素重复，并不是很容易的。

汉字简化后，命名又出现了一些新问题，那些具有简繁对应的汉字，不但要躲开简体字的生活用字，还要躲开与之对应的繁体字，造字和选字就更为艰难。在已经命名的元素中，已经产生了一些容易混淆的命名。例如，70 号元素"镱"与 39 号元素"钇"，如果按照"億、憶"简化为"亿、忆"的偏旁无限类推，就易于混淆。

因此，我们主张今后的元素命名，以按照下面三个原则造字或选字为宜：

1. 区别性原则——为了避免歧义，选字尽量避开生活常用字和已经用作其他行业专用字的汉字；新造字与已有的元素用字不但不能重复，还应尽量避免完全同音，以增加区别度，减少混淆。

2. 准确性原则——新造汉字的声符应最大限度地接近原始名称的语音，而且要坚持采用现代普通话的常用音，不要采用方言音或古音，以便于辨认、称说。

3. 优选的原则——在实现上述两个原则的前提下，还要注意优选汉字的声符。首先，选用或新造汉字的声符应尽量采用笔画偏少的字，以便于书写。同时尽量采用简体、繁体是同一字样的字，如"羊"，或简繁是一对一的字，如"铁"对"鐵"，以利于海峡两岸的定名统一。其次，如果元素曾有历史定称，一般优先考虑尊重历史习惯。

根据这些原则和细则，111 号元素的中文定称以采用"铊"为宜。理由如下：

第一，这一元素的英文名称是以 X 射线发现者 William Conrad Roentgen(伦琴)命名的，读音仍作 lún，与原始英文名称第一个音节读音最为接近，与历史习惯也比较吻合，便于接受。

第二，读音为 lún 的汉字，只有从"仑"的字，这个字在 GB2312 字符集中已经存在，是常用字，也是规范字。

第三，这个字对应的繁体字"錀"，见于 GB13000 字符集，符合国际标准，不需另行造字，根据类推的规定，声符简化成"仑"符合规范，不存在争议。

第四，这个字的简繁体都不与生活常用字重复，也不与已有元素名称重复或相似，笔画又都不多，书写较方便。

有人从减少汉字字量出发，反对给元素命名时造新字，这是不现实的想法。元素的中文称谓要遵循准确、唯一和便利使用的原则，完全不造字是难以做到的，何况，新的元素发现的周期比之一般词汇增长的周期要长得多，而且只会越来越长，并不会妨碍汉字规范。完全不造新字，必然增加遵循准确、唯一和便利使用原则的难度，也不利于高科技在中国的发展、普及与教育。因此，在选字未果的情况下，新造字是必要的。

谈化学元素中文定名的选字原则 *

——元素 113、115、117、118 的定名

给国际化学元素定中文名称，此前已经有了一些不成文的规定——一律选用一个汉字来表示。① 汉字是单音节的语素文字，选用的都是形声字。形声字的义符有分类作用，为了定名的系统性，化学元素一律用不同的义符分别表示元素在常温下不同的物态："气"旁表示气体，"氵"表示液体，"石""金"分别表示固体的非金属与金属。因此，为化学元素定中文名称，其实就是确定这个汉字的声符。

化学元素的中文名称，如五金的汉字"银""铜""铅""锡""铁"等，都是古代已经有的字，正是因为有了这些金旁的字，才导致了金属与非金属定名的差别。此后的定名一律采用形声字，也是基于汉字分类的传统。过去，在选

＊ 原载《中国科技术语》，2017 年第 4 期。《光明日报》2017 年 6 月 4 日 11 版转载。

① 我在《第 111 号元素的定名与元素中文命名原则的探讨》(《科技术语研究》2006 年第 1 期)一文中，已经谈过有关化学元素的中文定名问题，本文主要谈元素中文定名如何选择汉字的问题。

择声符的时候，有三种情况：

第一种，采用汉字原有的字加上义符。例如：

"炭"是古代就有的汉字，《说文解字·火部》："炭，烧木余也。"本义是木头烧焦剩下的物质，正好含元素符号为 C 的碳元素，因为它是非金属固体，累加上义符"石"写作"碳"。

"粦"是一个古老的汉字，《说文解字·炎部》："粦，兵死及牛马之血为粦。粦，鬼火也。从炎舛。"从古文字中可以见到"粦"字"从炎舛"的字源。

炎（甲骨文）　　炎（金文）　　粦（《说文》小篆）

"炎"表示火光，"舛"是两只脚，表示行走，正是人们在墓地里常常看到游走的粦光的状态，这粦光正好为元素符号 P 的磷元素，中文命名因此选择"粦"作声符，再加上义符"石"，说明它是非金属的固体。

这两个中文元素符号的定名告诉我们，古人在生活经验中发现的现象，加上义符进入元素命名系统后，就成为化学元素科学术语的定称。

第二种，虽然选用的汉字不是古代就有的，但是选择了一个具有示源功能的声符①来定名，其名称显示这个元素的性能或特点。例如：

"氢"的元素符号是 H，中文选择"巠"作声符，是表明它轻。这个性能，是人们从氢气球等事物中体验到的。从汉字的关系说，"氢"与"轻"同一字族。

---

① 汉字中有一种形声字，声符可以表示它的词源意义，称作"有示源功能的声符"，例如："支"表示"分支"，用它做声符的"枝"是草木的枝丫，"肢"是人的四肢，"翅"是鸟的两翼，都是主干分出的分支。所以"支"是"枝""肢""翅"的示源声符。这种声符往往表现事物可以被感知的外部特性。

"氧"的元素符号是 O，中文选择"羊"作声符，是表明它对动植物生长有营养作用。这个性能，是人们从日光、空气、水对人类生存的作用中体验到的。从汉字的关系说，"氧"与"養（养）""祥"等字同一字族。

第三种，根据元素名称第一音节采用音化字，也就是假借字。上面两种定名，不论声音还是意义，都是可以进入汉字固有的造字系统的。而这些元素都与人的生活有关。随着物理、化学科学的进步，新发现的元素越来越与人的生活远离，元素符号的中文定名，一般采用第三种定名方法来选择形声字的声符了。国际化学元素定名的原则日趋固定，或采用发明者的名称或其所在国度的地方名命名，或采用拉丁文和希腊文混合数字词头加词尾-ium 来命名。① 第三种方法就是采用一个与元素名称第一音节语音近似的汉字来充当。对于被命名的元素来说，这不过是一个与语义无关的音化符号。例如，此次定名的113、115、117、118 四种元素，分别定为：

113，nihonium（元素符号 ni）——中文定名"钶"；

115，moscovium（元素符号 mc）——中文定名"镆"；

117，tennessine（元素符号 ts）——中文定名"鿬"；

118，oganesson（元素符号 og）——中文定名"鿫"。

这四个元素中文定名的确定，符合以下优化条件：

一、选择的汉字均为形声字，声符的读音与元素名称第一音节或同音或相近。需要说明的是："钶"读 nǐ，符合汉字构造中的省声字，即"你"省声。省去声符中的一个部件，使左中右三分结构变为左右两

分结构，这是汉字为了结构紧凑常有的省略。在联想上，也符合认知规律。例如："炊"为"吹"的省声字，"恬"为"甜"的省声字，"珊、姗"为"删"的省声字，等等。

二、所选汉字尽量不使用常用字，以保证科技用语的专业性，不与生活用语混淆，不产生歧义。这四个元素定名，大多是已有的罕用字。需要说明的是："镆"用于联绵词"镆铘"，是古代的剑名，但几乎不单用，没有常用义。"钅尔"在古文字中是"玺"的异体字，但在现代汉语里不是规范字，也不常用。且在元素符号里读 nǐ 不读 xǐ，也不会混淆，不会产生歧义。

三、所选汉字尽量简繁无别，方便两岸在中文元素定名上减少分歧。汉字简化后，命名出现了一些新问题，那些具有简繁对应的汉字，不但要避开简体字的生活用字，还要避开与之对应的繁体字。在已经命名的元素中，已经产生了一些容易混淆的问题。例如，70 号元素"镱"与 39 号元素"钇"，如果按照"億、憶"简化为"亿、忆"的偏旁无限类推，就易于混淆。而这次的命名，没有产生这样的问题。

四、在万不得已的情况下，一般不造新字；但是，在元素中文定名时绝对不造新字，是不现实的。化学元素的中文称谓要遵循区别性、准确性和优化原则，完全不造字是难以做到的。新的元素发现的周期比之一般词汇增长的周期要长得多，而且只会越来越长，并不会妨碍汉字规范。完全不造新字，必然增加遵循上述原则的难度，也不利于高科技在中国的发展、普及与教育。因此，在选字未果的情况下，新造字是必要的。这次选定的四个字只有"鿭"尚未进入国际编码，但在汉字中，读 ào 的字很难找到易读字，根据选择音化字以读音为首要条件的原则，造字是必要的。

用汉字表示元素名称有一定的优越性。汉字虽是单音节，同音字众多，但有了字形的差异，元素名称的区别度得到了保证。加之普通话有四个声调，即使音节相同，还可以用声调体现区别度。在科技领域里，首先必须遵循国际共同的命名，但在中文定名时，又必须考虑汉语和汉字自身的特点，以上的原则，正是从我国通用语言文字的特点来确定的。

最后，我们还必须说明元素中文定名的优化原则与约定的原则。元素本身是科学，但定名却带有人文性。每一种方案都有利有弊，上述四个元素定名的合理性也是相对的，其他的方案有些也并非没有道理。例如：nǐ 的定名有一个"金＋日"的方案，因为 nihonium 是以发明的国家命名的，Nihon 正是发明国日本的古代国名。用"日"作声符正与我国称日本的语音相合；而且从上古音"娘日二纽归泥"[①]之说，写"日"可以读 ri，也可以就读 ni。这样定名尊重了历史，是它的优点，但在今天理解起来较迂曲，利弊权衡，考虑优化，还是根据多数人的意见定了"金＋尔"。就科学而言，并不是少数一定要服从多数；但就语言文字使用的人文特征而言，《荀子》曾说："名无固宜，约之以命；约定俗成谓之宜，异于约则谓之不宜。"定名有不同意见的时候，最后由表决来确定，主要是遵循了约定性原则。

---

① "娘日二纽归泥"是音韵学的一个定律，简单说，就是根据上古音，今天的声母 r 和 n 有同一个来源，所以 nihon 的 ni，可以读作"日（本）"。

关于 PM2.5 汉语命名的几点意见 *

近年来，城市空气质量的优劣，成为大众关心的热门话题，空气质量检测的结果日日见诸视频与报刊，PM2.5 已经为人们所熟知。当一个外来的科技名词初次进入中国，使用字母词很难避免，一旦由专门科技领域进入全社会，使用频度迅速升高，为之设置一个汉语的命名就十分必要了。PM2.5 的汉语命名，已经提到日程上来。本文拟对这一问题从语言文字学的角度提出几点意见。

一、科技名词术语汉语定称的语言学原则

讨论科技名词术语的汉语定称，除了对科学技术有准确的理解外，还需要遵循一定的语言学和文字学的原则。这些原则可以分成两类：

1. 对译、转译与新造的原则：科学技术如果为我国发现或发明，在我国历史上已有原生的称谓，其名词术语宜直接采用汉语书面语语词，不必从国外翻译再转译回来。

* 原载《中国科技术语》，2013 年第 2 期。

科学技术如果为其他国家和我国大致时间同时发现或发明，宜采用我国历史上已有的书面语词直接与外来词对应，也不必转译。科学技术如果由国外引进，一般先以字母词表示，同时或尽快制定汉语术语；特别是需要民众理解的科学概念，制定汉语术语就更为重要。在定称还不成熟的时候，宜先用词组或句子加以解释，在使用中逐步凝结成词。

2. 制定汉语科技术语的适切性原则：第一，科技名词必须符合科学技术的内在含义；并且需要符合同一领域已有科学术语的系统性和逻辑关系。第二，需要给科学的发展留下应有的余地，术语一般应带有开放性。第三，应符合汉语习惯，母语为汉语的人见词可以大致联想其意义；同时要避免与不同意义的汉语口语常用义混淆而引起误识、误解。第四，汉语科技术语宜用概括、雅致的书面语词，尽量避免生僻字；并要注意协调两岸用语与用字。

二、PM2.5 与国际通行用语的对译

根据以上语言学原则，PM2.5 的汉语术语定称，需要首先考虑其英语名称的翻译。PM 是英语 particulate matter 的字母缩写，2.5 是量化指数。particulate 为名词，单独翻译为"微粒、颗粒"。matter 也是名词，一般表示"物质"。所以 particulate matter（PM）为名词性词组，完全意译为"细微的颗粒状物质"，简化翻译作"颗粒物"，因为在汉语里，"颗粒"本身含有细微的意思。需要注意的是，这种颗粒物特指混在空气中由汽车发动机等排出的对人体有害的微粒或颗粒，因此在解释时也会加上 suspended 一词，可译作"悬浮的""飘浮的"。所以，PM 用在表示空气质量时，常被称为"悬浮颗粒物"。

悬浮颗粒物以微米表示其大小：直径小于等于 10 微米的，字母

词写作 PM10，由于这种颗粒物可以吸入人的肺脏，所以又被称为 inhalable particulate matter，即"可吸入颗粒物"。

目前，国际上对 particulate matter 的检测已经不止 PM10，而达到直径小于等于 2.5 微米的颗粒物，字母词表示为 PM2.5。

为了区分这两种直径不同的颗粒物，在英语中，PM2.5 以 fine particulate 称说——fine 为形容词，意为"细微的"。Fine particulate 自然翻译成"细颗粒"。口语的同义表达为"In small pieces or drops"。PM10—2.5 则以 coarse particulate 称说——coarse 为形容词，意为"粗糙的"，coarse particulate 自然翻译成"粗颗粒"。英语将所有的悬浮颗粒物概括到一起，称作 total suspended particulate——total 为形容词，表示"全部的、总数、总量"。所以 total suspended particulate 被翻译成"总悬浮颗粒物"。

这些对译意义是明确的，根据引进术语以对译为主的原则，"悬浮颗粒物"可以作为 particulate matter 的通用术语。但"总颗粒物""细颗粒物""粗颗粒物"这三个名称需要改造：

首先，汉语的"总"放在前面，并无表示全部数量的意思，而是表示"统领"和"主管"。例如："总司令"不指全部的司令，仅指最高的统领者一人；"总经理"不指全部的经理，仅指主管者一人……"总悬浮颗粒物"的"总"字，显然使用不当。作为各种悬浮颗粒物的总量，属于顶层概念，不必加任何定语，如果需要突出计量总数，可以说成"悬浮颗粒物总量"。

其次，"细颗粒物"与"粗颗粒物"的说法不是优化的科技术语。因为在汉语里，"粗"和"细"是相对而言的，带有一定的模糊性。特别是违背了前面所说的术语制定"需要给科学的发展留下应有的余地"和"一般应带有开放性"的原则。我们今天把 PM10—2.5 称作"粗颗粒物"，大于 10 微米的颗粒物就没有术语可以指称；而把 PM2.5 称作"细颗粒物"，未来的检测达到小于 1.0 微米时，也无法为之再造术语。因此，建议在以直径大小给悬浮颗粒物的下位概念命名时，直接将其直径幅度下加在汉语术语之下，即分别称为"悬浮颗粒物$_{10}$""悬浮颗粒物$_{2.5}$""悬浮颗粒物$_{1.0}$"，避免由于检测对象的大小不同引起数据上的混乱。

三、对相关俗称的意见

有人主张采用"降尘"（直径大于 10 微米）、"飘尘"（直径在 2.5～10 微米之间）、"烟尘"（直径小于等于 2.5 微米）来分别称谓 particulate matter，作为一种俗称。

汉语中表示体积微小物质，适合指称颗粒物的有以下词语：表示粗颗粒的"糁"（shēn 米粒粗碎）、"碜"（chěn 碎石），都不适合与悬浮颗粒物对译。原因是：它们的体积和重量远远大于 PM10，没有大风，也不会飘浮在空中。表示细颗粒的"坅"（chěn 细土，也表示弥漫在空气中使空气不清澄），从意义看，适合与悬浮颗粒物对译，但是用字生僻，现代人难以见字解意。表示极细颗粒的"粉"，从细小程度上适合表示悬浮颗粒物，但日常生活不用作贬义，单独用也不会联想到空气中的颗粒物。

只有"尘""埃"二字，既表示细土——其细碎程度与悬浮颗粒物大致相当，又含有"散发在空中"的意思，一般又用作贬义，与 particulate matter 对译十分恰当，在现代汉语里都是常用字，容易理解。但"埃"在现代汉语里是不能单用的，能够单用的只有"尘"。"尘"的繁体字作"塵"，本义是鹿行走扬起的细小尘土，意义好懂。但在组成双音词时，"降尘、飘尘、烟尘"都与一般生活用语过于接近，所指多为天然的灰尘，很容易引起由于生活经验联想产生的误解，作为科学术语不是最优化的。更重要的是，这些词语并未在一般群众中通行，所以没有设置和规范的必要。科学术语如果没有生僻字，字面意义又容易理解，能为大众接受，不需要专门设置俗称。这样做，有利于科学的普及，对全民科学素养的提高，也有一定的好处。

计算机古籍字库的建立与汉字的理论研究 *

　　中国古籍浩如烟海，整理古籍，是保存中国古代文化必要的手段。古籍整理的成绩应从两方面来衡量：一是恢复古籍本来面貌的准确程度；二是使已整理好的古籍面向社会传播的广度与速度。目前，这两个方面都已作出了很大的成绩，而对世界文化发展的大形势来说，又远未达到要求。改进古籍整理的手段，用计算机来进行这一工作已势在必行。要进行这一工作，字库的缺乏是最大的障碍。迅速建立标准化古籍字库，既可加大古籍整理的速度与准确度，又可使古籍整理资源共享，减少工作中的重复浪费。这是有关我国文化建设的大问题。

　　古籍字库与现代汉字字库的差别是由于它们面对不同的汉语：前者面对古代书面汉语，后者面对现代汉语。我国书面汉语的发展一直脱离口语，使用文言作文达3000多年。应当说，中国有历史价值的古籍，一大部分是用文言写成的。而文言是先秦口语的书面化，两汉语言接近先秦。

*　原载《语言文字应用》，1994 年第 1 期。

后代的文言作品大都是对先秦语言的模仿。从中国文化发展的现实看，先秦的儒家经典及诸子哲学以及两汉的史学，对后代的影响几乎是全方位的，语言的模仿与思想的承袭又有很大的关系，所以，目前所能看到的历代典籍中，凡文言作品，在语法和词汇上大多与先秦两汉书面语大同而微殊。中国文献大量产生自周秦时代始，这一时期也是汉字大幅度增多并定型的时期。由于单音缀语音派生造词是以孳乳新字为重要手段的，所以，汉字在周秦时代即已贮备了足够的基本用字，并确立了造字的基本模式。在汉语词汇向双音节发展之后，由于词形的区别可用两个音缀提供信息，造新字已不再是区别词形的重要手段，大量造字的时期已经过去，记录标准语的汉字数量的增长已经是个别的了。后代文言文的语言是模仿先秦的，所以用字也大体离不开先秦用字。如果再加上两汉史书和汉赋那样巨大的用字量，后代的文言著作用字的补充量即使有，也不会很多了。所以，就建立文言古籍字库而言，以先秦两汉古籍的用字作为基础，是可行的。至于古白话作品，则有大量的俚俗方言词语介入，用字量与文言古籍相比必然有很大的差异，要补的字量也会很多。为了集中说明问题，本文只以建立文言古籍字库为例，来谈汉字的研究对古籍字库建立的重要意义。

一

文言古籍字库的使用，一则为了整理古籍，让计算机替人排除一些文字障碍，二则为了印刷出版古籍，三则还为了利用这一字库输录存贮文言语料，以供研究古汉语与古汉字使用。因此，文言用字应当存贮于这样一个系统中：它具有一个规范用字的层面，同时又能使其他形体的汉字与规范用字认同。规范用字可用于印刷通行古籍，其他形体用以保存必须保存的古籍原貌。至于存贮语料，应以尽量保存用字原貌为好，但必要时也可转换为规范用字。这样才能使专家与全社会沟通，文字与语言相应。要做到这一点，必须对汉字进行整理。

汉字从社会应用的性能来说，可以分为个人书写(俗用)汉字、社会通用汉字和权威(科学)规范汉字这三个层面。个人书写汉字是一个比较驳杂、书写形式随意性很强的字符群，其中相当一部分实用频度很低，在流传中的淘汰率很高。而个人书写汉字能够进入社会流通汉字的，大部分是因为合理性较强，能在约定俗成过程中为多数使用者接受，少部分虽在合理性上稍有逊色，但因被著名书法家或官方所定典籍使用而巩固了地位，这部分字便成为权威规范汉字的基础。在汉字发展史上很早就树立了"正字"的观念，经过多次程度不同的规范，最成功的一次是东汉许慎的《说文解字》在秦代"书同文"基础上所作的规范。这次规范产生了三个结果：1. 普遍实现了汉字个体字符的理据性；2. 排除了繁多的异写法，控制了字数；3. 从基础部件、构字模式、职能分工三方面显示了汉字构形的总体系统。这应当是汉字规范所应达到的普遍标准，是我们今天建立一个汉字的规范层面可以借鉴的。

围绕着一个规范的字形，会出现一大串异写字与异构字。异构字指音、义相同功能也完全相同而构造有差异的字，这类字一般称为异体字。而异体字易与异写字交叉和混淆，因此，这里改称异构字，意思是说，这两个同功能字或在选用构件，或在摆布构件位置，或在结构模式上有差异。异写字则是在书写时线条与笔画所作的临时变易，不影响字的结构与造意。异构字与异写字都是针对规范字而言的。这些异写字与异构字是由两个原因造成的：一是共时的个人书写汉字因随意性而产生的变异；二是前代不同形制的汉字积淀到后代而产生的差异——在原来历史层面上的差异，以及原形隶定与已演变形体的差异。且看下列几组字：

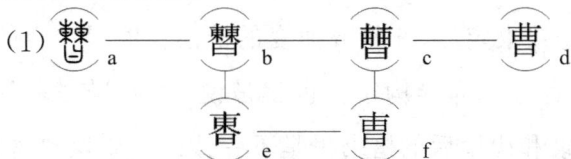

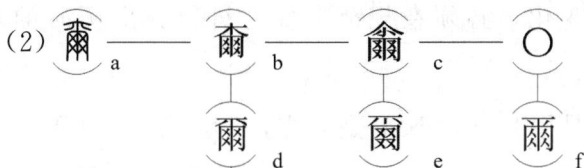

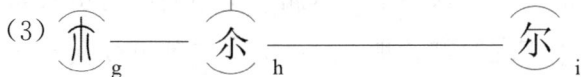

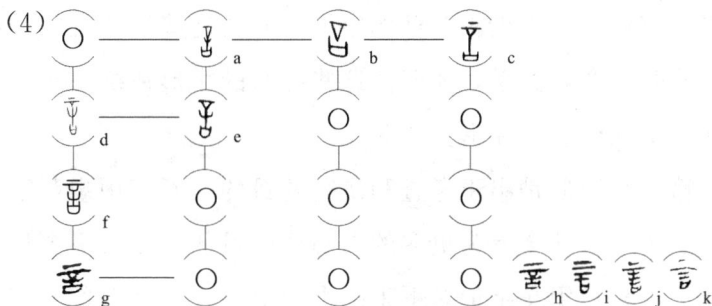

(1) 〔篆a〕—— 朁b —— 朁c —— 曹d

　　　　曺e —— 曺f

(2) 〔篆a〕—— 爾b —— 爾c —— ○

　　　　爾d —— 爾e —— 爾f

(3) 〔篆g〕—— 尒h —————— 尔i

(4) ○ —— 〔形a〕—— 〔形b〕—— 〔形c〕

　　〔形d〕—— 〔形e〕—— ○

　　〔形f〕—— ○ —— ○

　　言g —— ○ —— ○ —— ○ 言h 言i 言j 言k

　　(1)组中，a形是小篆，b是a的直接隶定形，c是b的笔画省简，e、f分别是b、c的构件省简，d是c、f的综合形体，也是隶书直接演变为楷书的形源。从a到d，形体发展的脉络是这样清楚，但是，b—f这五个字形，都同时可以在汉代的碑刻隶书里找到。如果我们以小篆为它的异构字。其他几形都可分别列为a、d的异写字，可以不进入规范层面，但又要与a、d形有对应关系，这样，计算机在输入汉代碑刻时应按原形使用了c、e、f，而在整理时可以自动找到a（小篆隶定字）或d（演变的楷书规范形）。

　　(2)(3)两组中，a、g都是小篆，它们在《说文》里是两个字。b是

a 的直接隶定形，c—f 都是 b 的异写字，它们同时在汉代碑刻隶书中可以找到。h 是 g 的直接隶定形，i 是 h 演变的楷书。值得注意的是，h、i 在《广韵》里已注明与 b 为异构字。也就是说，"尔"与"爾"的关系，在小篆里与在汉隶和唐以后的楷书里是不一致的。要反映这种不同历史时期的关系变化，必须在规范层面之外，分出历时的不同形制。

（4）组中，a—c 是甲骨文，d—e 是金文，f 是《说文》小篆，g—k 是马王堆西汉帛书中的隶书。这些字形本属四个不同的历史时期，四种不同的形制，而如果不加整理，把 a、b、e 这三种甲骨文、金文也直接隶定过来，那么在隶书层面上将会出现 9 种异写字形，其中 g 是小篆的直接隶定而 k 接近楷书"言"的字形。弄清这些形体之间的演变历史关系与共时的变异关系，才能使这些纷繁的字形在统一于一个规范字形的前提下保留它的原形。

保留古籍书写原形是出于考查和研究的目的，而使用规范字出版古籍则是出于古籍在社会上为更多的人阅读的目的，而后一个目的是不容忽视的。古籍是用文字记录下来的书面语言，所谓保留原貌，首先是指保留原作品的语言事实。特殊需要时，也要保存字的原形。历代古籍在流传过程中，除去有意的增删篡改外，由于传抄、传刻、传印中的人为处理讹误和在字体转换中的失当，也会产生一些所谓的"文字障碍"。排除这些障碍关键在于整理汉字，而整理的结果则是产生一个用规范汉字书写的定本。如果不做这一工作，谈何"整理"？而要想真正通过整理汉字来整理古籍，不首先对汉字进行人为的整理，弄清各种字形之间的纵横关系，从而建立起一个用来辨识汉字的计算机系统，又如何能达到目的呢？

二

一个可供出版文言古籍的规范汉字字库数目大约有多少？张普在《论古籍整理用全汉字字库的字体与字形》一文中①将古籍字库的汉字量分为五级：

第一级常用字 8000 个左右（其中最常用字 4000 个左右），包括对应于简化字的繁体字和异体字。

第二级次常用字 8000 个左右，包括常见的异体字、简字、略字、俗字等。

第三级罕用字 16000 个字左右，包括不常用的异体字、生僻字、讹字、古文籀文、楷化的甲金篆隶字、避讳字（缺笔）等。

第四级死字 24000 个字左右。这是历代字书、辞书、韵书辗转承传而各书均无词条，且迄今在书籍中未见实际用例的字。

第五级备考字若干。这是音未详、义未详或音义均未详的字。

此文是第一个对古籍字库的字数做出具体计量的。它的分级计量有以下特点：1. 收字的来源主要是历代字书；2. 其中所说的"字"，不是指原形制的字，而是指楷书字，包括异构字而不包括异写字；3. 依使用频度定级；4. 总数 56000 个字，与《汉语大字典》所收单字数相合。

按照它的计量，常用字、次常用字 16000 个，这个数目大体可以确信。字库与测查用字量是相互制约的——没有字库，输录并测查字频就只能用手工做，短时间难以办到；而没有字样与字频统计，字库

---

① 张普：《汉语信息处理研究》，106—107 页，北京，北京语言学院出版社，1992。

的建立就缺乏依据。在陷于"二难"的境地时，以下几个数字能给我们一些启发：宋本"十三经"的不重复字数约 6400 多个，《史记》《汉书》的不重复字数比"十三经"大约多 66％，《昭明文选》比汉代以前文章的用字字量多 21％。大约累积到 11000 多个字。《说文解字》（含新附字）是为解五经及一部分先秦诸子而立的字头，总数也是 11000 多个字，其中还有一部分传抄经典中确实没有用过。我们可以设定，先秦两汉传抄典籍应用和实用之字数，就规范字形而言，大约在 11000 多个字。尚需补充的是科技专门用字。这一点也应有个大略估计，首先应对上古典籍的内容涵盖面有一个全面的了解。上古文、史、哲、经、法不分家，而在经、史、子、集四类典籍中，已经包含了许多"博物"方面的知识。例如，古人读《诗经》是可以达到"多识草木虫鱼之名"的目的的。天文、历法、农业、工业、数学、建筑等方面的知识，在经书和史书中阐述极为详尽，可以说，科技方面的文言词语已大量包括在内。有些专门的典籍，例如中医中药等，需要补充一定的用字量，但数量是不会太多的。古白话作品比之文言作品，在用字上，主要是介入了一些方言俚俗字。这些字一部分是文言用字的异构、异写字，需要补充到规范层面上的字量，有 11000 个字的 40％—50％足够了。不应忘记：汉字是记录汉语的符号系统，它在规范层面上的实际应用字数，是由汉语书面语的单音词（词素）的数量控制着的。根据古代汉语实际发展的情况，以上述数据为参考，张普估计古籍用字楷书层面的常用字、次常用字合为 16000 个字，基本上是可信的。出于研究和古籍书写形制复原的需要，在规范层面之外，还要有汉字不同历史层面上的原形字库，只要整理得当，使每一个历史层面上的原形字，都在规范层面上找到它的相应楷书字和隶定字来与之对应，这样扩展出来的规范字字量，再加上张普所设第三级的 16000 个罕用字，应当也够用了。

需要说明的是，建立一个古籍字库，采用古今字书的第二手字料，不是一个好办法。中国历代的字书大多重视音、义的整理，而对字形却着眼于广泛搜求，多多益善，因而辗转互收、南北古今交杂，不分层面与体系。如果今天利用计算机这种效率极高的手段再将这些转收、重抄的字书合抄一遍，造成的芜杂将是极为可惊的。何况这些传抄字书与出土的文物文字之间又有大量的重复与变异，结果必然是想图省事而费了大事。要想建立一个理想的古籍字库，采用现有的较早版本或出土文物文字的第一手字料，看似费事却减少了许多整理之功，这是合算的。

三

当建立古籍字库这一实际需要被提到日程上来时，令人感到极为迫切的，是要建立一门科学的汉字构形学。我国的文字研究历史悠久，早期的研究称为"小学"，是以义为研究中心，对汉字字形的本体研究较为薄弱。传统的"六书"之法，对《说文》小篆大体切合而于前代金甲、后代隶楷、纷繁的六国文字、芜杂的手写体，都难以全面覆盖。后起的古文字学，着眼于文物文字释读、个体字符演变规律的历史探讨与不同历史时期个体字符的对照比较，而对汉字字形的总体即构形系统的研究，也很不足。面对汉字信息处理，特别是古汉字信息处理，上述研究都已显得不够。必须建立一门可以普遍应用于对历代汉字整理与释读，并着眼于描写各种共时的字符系统的汉字构形学。下面举例说明建立汉字构形学的必要。

就对个体汉字的分析而言，必须首先确立什么是一个字？哪些形体可以认同为一个字？必须从职能和形体两维的标准上，给予规定。

例如：

甲骨文　　象a　—　象b　象c

金文　　象d　—　象e

小篆　　象f

汉碑　　象g　象h　象i　象j

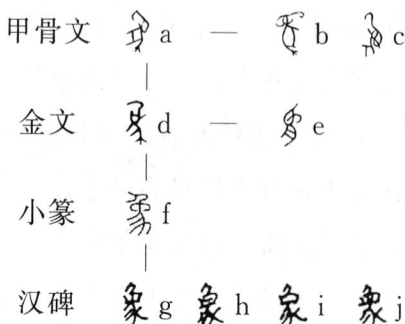

上述甲骨文、金文、小篆与汉代碑隶中的"象"字，a、d、f、g在字样上的传承关系是非常清楚的，我们可以将它们认同为不同历史时期的同一个字。而 b 是 a 的反置，形有小变化，c 则是 a 的简写。它们与 a 的认同关系是明确的。同样，e 之于 d，h、i、j 之于 g，关系也是明确的，而 b、c 与 e、h、i、j 则并无传承关系。如果把它们全部隶定在一个共时平面上，"象"就出现 7 个不同的形体，但它们确实都是一个字，因此，在理论上，必须设置"字样变体"的概念。将构形意图相同仅仅是写法稍有差异的形体归纳于同一标准字样之下。这样，以上 10 个"象"的字样，便可以如此归纳：

a（｜b｜、｜c｜）～d（｜e｜）～f～g（｜h｜、｜i｜、｜j｜）①

也就是说，在理论上，我们既承认这 10 个字样是有差异的，但又确认它们是同一个字的不同字样。同一历史层面、同一形制中书写的差异，一般称为异写字的，对于规范字形来说，称为书写变体。而不同层面上具有明确演变关系的不同字形，互为传承变体。也就是说，如以小篆为讨论中心，则甲、金、隶的相应字样都是它的传承变体，这样，10 个字样进一步可以归纳为：

---

① 字样书写变体用｜x｜表示，传承变体用 x̄ 表示。

f [a̅(| b | 、 | c |), d̅(| e |), g̅(| h | 、 | i | 、 | j |)]

但是，就字样的变异而言，又是在不同的结构层次上发生的。以下是对马王堆帛书《老子》甲、乙中的字样变异的分析：

以小篆的"親"(A)和楷书繁体的"親"(D)为对照，马王堆帛书的三个字样，可以 a 为规范字样，b、c 为其字样书写变体。观察它们的变异，字样的变异来源于直接构件 x 的变异，而直接构件 x 的变异则是由于其中一个最小的元构件 m 的变异引起的。为了说明字样变异发生的原因，也为了对字样变体可以认同部分尽量地认同，必须设置结构层次的概念，并在每一结构层次上设置变体的概念。如果我们把依层次组合的汉字的直接构成成分称为直接构件，而把最小一层的元构件称为形位，那么，对下面三个"親"字，只需表述为，它们使用了形位"辛"的变体，将形位 m_0 及其变体 m_1、m_2 归纳后，"親"的三个字样的认同便自然而然实现了。

A

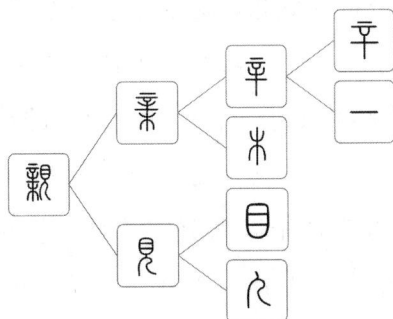

a

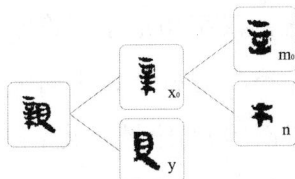

b

c

D

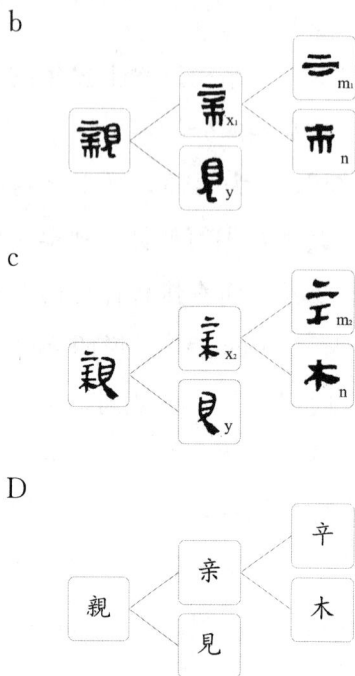

在理论上设置了各种汉字分析的概念，对汉字构形系统的整理描写是十分必要的。面对各种由于个人书写习惯而形成的书写变体，又面对各种从历时演变中积淀下来堆积到一个共时平面上的传承变体，很难看清汉字的总体构形系统，于是，汉字变成成千上万个似乎是杂乱无章的字符群。饱学的汉字专家也难以驾驭它，难以使它有序化，计算机这种仅能从形式上辨识信息的工具，如何去把握它并帮助人使用它来整理古籍！

以上所谈只是举例而言，建立系统的汉字构形学理论，不但要有一整套分析个体字符的方法，还应有一整套分析字符之间关系的方法以及描写总体系统的方法。汉字在古文字阶段与隶楷今文字阶段所表现的现象是不完全相同的。建立汉字构形学来囊括那些现象，是一项难度较大的工作，又是一项彻底解决汉字信息处理问题非做不可的工作。

四

前面说过，建立一个理想的古籍字库，最重要的是要设计一个规范汉字的层面，这不但是印刷出版的需要，也是运用计算机进行研究和整理古汉语作品绝对不能缺少的。因此，科学地规范汉字，将要成为一个重要任务被再次提到日程上来。20 世纪 50 年代进行汉字简化时，主导思想是要取消汉字，简化是实行拼音文字的临时过渡手段。现在规范汉字，是要尽量利用汉字自身的规律，发挥它的优越性，使它变得更好用——人用起来方便，计算机应用也方便。在这个完全不同的指导思想下，建立科学的汉字构形学就显得更为重要。为应用而研究理论，绝不是搞实用主义，使理论去附会应用，而是使理论研究更为深入。在任何一个领域里，理论与应用的关系都有一个共同点，那就是理论越彻底，就越易于指导应用；而越在应用的推动下，理论便越易彻底。可以预料，当信息时代不宣而来，计算机的普及浪潮首先冲击到中国的知识界与教育界的时候，语言文字的研究仅仅局限在解释个别或局部语料、字料已经远远不够了。忽视总体测查、片面强调归纳反对推理、轻视理论和方法论的研究，这种倾向将要逐渐有所改变。语言文字工作者在用计算机进行研究和为计算机进行研究的过程中，将要学习更多的东西，改变自己的知识结构，创建更新的理论，来与计算机的工作者对话，与世界语言文字专业的同行对话。这样说，绝不是虚浮，而是必将实现的、扎扎实实的承诺。

汉字研究与信息科学技术的结合 *

一、21 世纪汉字研究的特点

中国历史上每当社会的政治、经济发生重大变革的时候，总伴随着对汉字的改革与争论。20 世纪以来，围绕汉字问题发生过三次大的争论，这些争论往往受政治和社会潮流的影响，注重了汉字的社会性而忽略了汉字自身的科学性；注重了应用的普及性而忽略了它在高知识领域的作用。21 世纪进入了更深入的信息时代，人们日益认识到，不弄清汉字发展的规律和历史趋势，不对汉字的构形和使用的规律做出符合事实的探讨，不真正明了汉字的性质和特点，不从汉字的规律出发找出一条整理和规范它的科学途径，我们就难以使现代的汉字教学、汉字信息处理及汉字规范进入科学的轨道。因此，对汉字的研究更偏重于科学

* 原载《励耘学刊（语言卷）》，2005 年第 1 期。收入时有所改动。

的和本体的，也就是要以字形为中心，探讨汉字发展的内在规律。[①]

汉字的科学研究日趋深化的标志有两个方面：第一，要借鉴历史，汉字是记录汉语的符号，它依附汉语而存在，受汉语的推动而发展；但是，汉字作为一种视觉的符号系统，它的发展仍有不受汉语发展制约的自身规律，汉语史不能代替汉字史，汉语的发展规律不能完全等同于汉字的发展规律。第二，要考虑共时汉字的总体系统，只凭个体汉字或一部分汉字表现出来的现象是难以认识它的内在规律的。汉字作为一种信息载体，一种被社会创建又被社会共同使用的符号，不会是一群散乱的符号，在构形上必然是以系统的形式存在的。只有在弄清个体字符形体变化的基础上，考察出汉字构形系统的总体规律，才能正确使用汉字，对汉字进行有效的和科学的规范，做到使其系统整体优化，更适应信息时代的发展。采用正确的方法论就成为必须首先解决的问题。汉字发展史，首先要针对汉字的本体——字形，弄清汉字构形的发展历史及其发展规律。要使汉字研究进入这两个层面，如果完全用人力，通过手工的方法去完成，一方面受到人的思维能力的限制，难以准确；另一方面也要受到工作速度的局限，旷日持久，无法及时得出必要的结论。唯一的办法是利用计算机来完成。

二、利用信息科学技术对《说文》学进行研究

1995 年我们完善了小篆造字平台和造字流程，建造小篆字库和输入、输出系统。(见图 1、图 2)[②]

---

① 我在《20 世纪汉字问题的争论与跨世纪的汉字研究》一文中对 21 世纪汉字研究的特点作了说明(见本书第 66 页)，这里不再详述。

② 图 1、图 2，系周晓文提供。

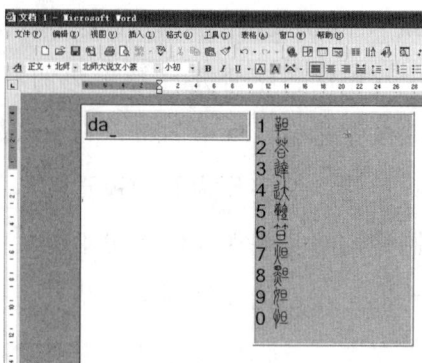

图1　古文字造字平台　　　　图2　古文字拼音输入选字

　　在小篆输入、输出系统的基础上，我们开始对《说文》小篆构形进行计算机自动分析和构建《说文》小篆属性数据库。这项工作在传统的研究中是使用手写卡片来完成的。由于穷尽的测查数据很难准确，有些规律一直不能有形地显现出来。

　　在采用信息技术后，《说文解字》的研究有了很大的突破。例如，训释字与被训释字的系联，是研究先秦同源词与同义词的基础材料，利用计算机技术，系联既可以穷尽，又可以避免差错。（见图3）①又如，《说文解字》小篆的构形系统，对说明汉字的性质有关键的作用。我们对汉字的表意特点已经有了明确的认识，但在教学中如何证明这一问题，始终找不到一个可视性很强的方法。在使用计算机对小篆进行拆分并做出统计后，这个问题终于得到了较好的解决。经过计算机对《说文》小篆的有理切分（即：形义统一所作的部件分析），得出了小篆各级部件的包含关系（见图4）。

————————————

　　①　图3，系宋继华提供。

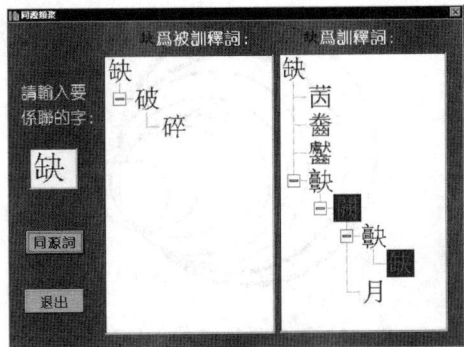

图 3　计算机对《说文》训释字与被训释字的系联

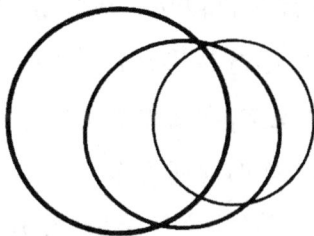

图 4　1—2 级　37％，2—3 级　25％，1—3 级　14％

图 4 表示计算机不顾字理完全按形体切分小篆部件后各级部件的包含关系，可以看出：2 级部件已经有 37％不在 1 级部件之内，3 级部件则有 25％不在 2 级部件之内，另有 14％又超出了 1 级。而图 5 表示计算机依据形义统一的原则按理据切分后各级部件的包含关系：前 5 级部件都做到了彼此包容，直到第 6 级切分，才有 105 个部件超出 1 级，占 1 级部件的 1.1％，到 8 级时，又有 20 个部件超出 6 级，也就是有 125 个部件超出 1 级，占 1.3％。这充分说明，《说文》小篆采用人为规范的运作，构建了汉字严密的形义统一构形系统，使汉字按意义构造的特点通过量化有了可视性。

图5　6级—1，2，3，4，5级　1.1%（105个）

6级—1，2，3，4，5级　1.3%（125个）

　　在小篆的研究进入计算机以后，成果远不止上面提到的两个方面。在《说文》小篆属性库建造的基础上，我们开始了《说文》学知识描述的工作。初步设计了《说文》学知识描述的计算机系统。（见图6）①。

　　知识表述是研制知识库的前期工作，《说文解字》知识库有三个明显的功能：第一，它可以使《说文解字》已经开掘的有关知识系统化，彼此链接，以便综合检验，去掉和修改其中矛盾的、虚假的结论。第二，由于采用超文本链接，许多知识可以多元运用，会产生仅仅两维度考虑问题所不能得出的新结论。第三，也是由于描述系统的网络化，可以围绕运用的需要，选择不同的起点来学习，减少冗余的过程。这三个功能，使《说文》学的学习和研究更加方便和有效。

---

　　①　《说文解字》知识点概念的平面表述（图6），由胡佳佳根据王宁提供的《说文解字》知识结构表绘制。

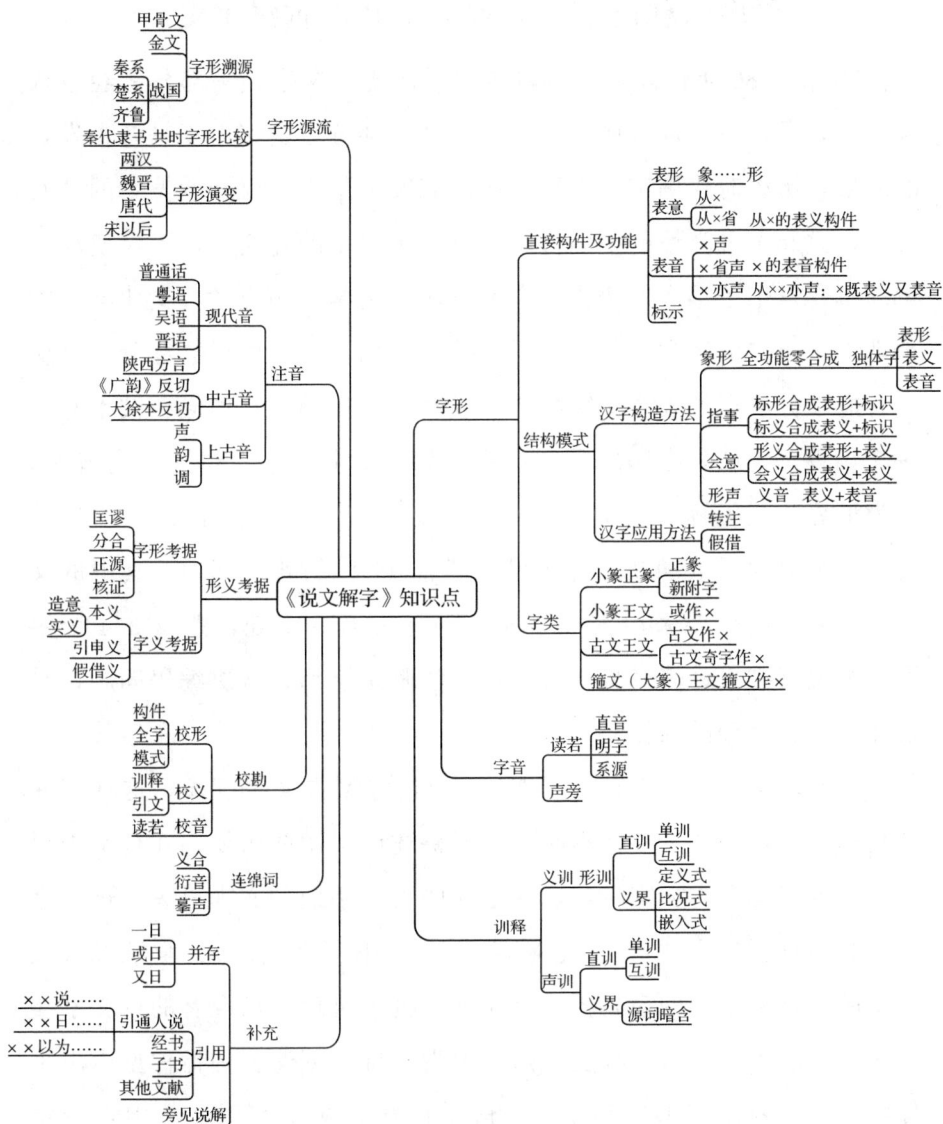

图 6 《说文解字》知识点概念图

三、利用信息技术研究古文字和上古汉字史

20 世纪 80 年代以来中国内地大量出土的文字，一部分已经进入今文字阶段，另一部分属于古文字。这一部分古文字由于是考古发掘的成果，历史时代确定，无须辨伪，充实了从宋代就开始搜集的金石文字，掀起了世界性的中国古文字热。新出土的古文字，不仅使汉字史的研究发生了很大的变化，也不仅对人类学、历史学、文化学、古地理学、历史语言学……起了新的推动作用，而且由于这部分文字所具有的十分典型的表意文字特点，以及所含有的文化内涵，被不断引进文化教育领域，在印刷品和影视传媒中频频出现，迅速走向普及，成为世界各国了解中国文化的一个重要窗口。我们统计了 2000 年国内 8 种重要的报纸和在国际上销量排前 10 位的普及刊物，其中的文章已经采用或需要采用古文字原形的地方有 561 处，涉及 334 个字形。古文字进入计算机势在必行，科学整理字形，解决编码问题，是古文字信息处理的前提。

古文字字库可以有两种类型：(1)指称型古文字字库。这种字库的功用，是在创建某些文本时，出于讲述或引用的需要，在行文中提到某个或某几个古文字时，能够把这些古文字插到文本里去。这种字库也有两种创建方法：A. 原形优选；B. 书写字稿。(2)全原形古文字字库。这种字库的最高要求是在计算机里再现一切现有的古文字实用文本中的字样。后一种要以前一种为基础。创建一种指称型历史字体的字库，要求字形准和全，一般采用从古文字实用文本中选择字形，即使重新写字模，也要以选择好的字形为依据。字形选择必须整理文本用字。在小篆字库建造的基础上，我们建造了甲骨文字库，这

个字库属于指称型优选类型的字库(见图 7)①。为此，必须对已经出土的甲骨文字形进行整理。

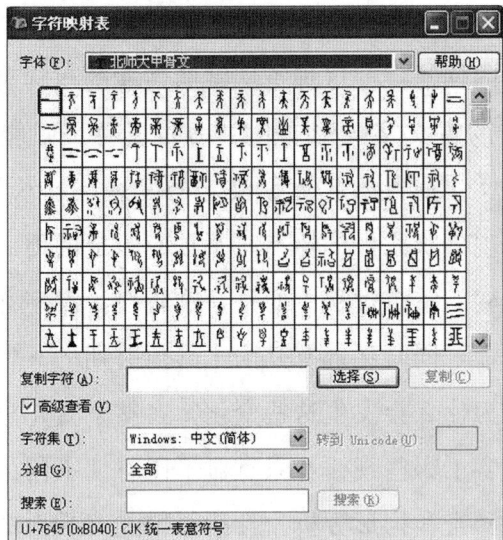

图 7　甲骨文字符映射表

整理的内容是：(1)分别已识字与未识字。(2)对已识字的职能认同(类聚字组)，并优选领字字种，置于前列，作为本组字的信息代称。其他字种按异构字处理，排序时与领字邻近。(3)对字种的形体认同(类聚字样)，优选主形，作为本字种的信息代称，同一字样应视为一个字，坚持同码。(4)指称型古文字字库只保留主形字样，全原形古文字字库字组中的其他字样与主形认同。为了实现上述目标，"用现有计算机系统处理文字的方法很难实现，有必要设计建立一个适合古文字研究的、专业的、能够体现出三维开放的字形体系的软件系统。该系统中的字，在编码上，对历时空间上的同一个字用同一个

---

① 甲骨文材料的整理者是邹晓丽、郑振峰，其间得到王蕴智的协助，字库的技术实现者为周晓文。

主码，用分码表示异体字的序号。主码和分码共同表示一个字形的内码。同时系统中建有一个存放内码与字形数据地址的索引表，通过该表实现对字库字形数据的读取。"①

甲骨文字库的创建，使这种古文字属性库的建构有了可能。我们分别对不同形制的古文字构形属性、书写属性、职能属性进行了测查，并建造了古文字属性数据库。汉字的发展是继承与演变的统一，从渐进而逐步呈现出阶段性的特点，并具有一定的因区域不同造成的差异。在汉字演变的整个过程中的每一个阶段，汉字都有其不同于其他历史时期的个性，同时又都有其同于其他时期的共性。汉字究竟发生了哪些变化，为什么会发生这些变化，在整个变化过程中不变的又是什么，其中隐含了哪些规律？只有对不同时期不同区域的汉字系统进行全面系统的测查和构形分析，弄清每个共时平面的汉字面貌，再对不同时期的汉字构形系统进行全面比对分析，才能真正了解汉字的发展历史，把握汉字系统自身的发展规律，构建科学的汉字发展的系统工程。共时的数据测查清楚后，经过历时的比较，汉字发展的基本规律可以得到科学的论证。例如，以甲骨文与小篆的构形系统的形位和形位构字能度、构形模式等量化数据作比较，可以看到以下几个重要的事实②：

第一，从 1380 个已释甲骨文中，归纳出标准形位 412 个，但它的形位变体就有 3498 个，非字形位的比例也大大高于小篆。小篆中

① 见王宁、周晓文：《以计算机为手段的汉字构形史研究》，载《中国文字研究》第二辑，南宁，广西教育出版社，2001。

② 这里引用的数据，甲骨文部分是郑振峰测查的，小篆部分是齐元涛测查的，这里是初步测查，在进一步测查后，数据会有些变化，但不会影响总的结论。

归纳出的形位是 422 个，但它的构字总量却是 9431 个（大徐本实际字数）。这充分说明，与小篆相比，甲骨文字形不固定，形位的可归纳程度很低。

第二，在甲骨文的构形模式中，义音、形音合成字只占 21％强，而零合成字与会形、会意、形义等非声合成模式却占到 78％强。在非声模式中，甲骨文的纯会意合成字不足 10 个，而小篆没有的会形合成字与形义合成字却高达 734 个，占了绝大多数。这就说明，甲骨文的构件参构时的功能以表形为主体。表音、表义的功能尚未得到充分的发挥。

第三，甲骨文的结构过程 87.5％都是平面组合，层次组合只有 12.5％，比例相当低。这又进一步说明了，甲骨文不但构件的功能以表形为主导，而且结构的方式也是图形式的。

以上三点，说明了殷商至两周阶段，汉字的整个系统处在由表形文字向表意文字发展的过渡阶段。形位数量的固定和归纳程度的加强，构件功能从表形为主到表义为主、表音辅之，结构方式从图形式的平面组合到义音式的层次组合——这三点，就是这一阶段汉字演变的主要表现。在甲骨文、小篆之后，我们又建造了以下 6 种数据库，为秦以前的主流汉字的比较创造了条件：

（1）殷商甲骨文属性数据库。

（2）西周金文属性数据库。

（3）春秋金文属性数据库。

（4）战国楚简帛文字属性数据库。

（5）战国东方五国文字属性数据库。

(6)睡虎地秦简文字属性数据库①。

这些数据库有助于通过对各个历史层面共时汉字的科学测查和系统整理，以及历时汉字的总体比较，总结出汉字的内部结构和演变规律，以便写出科学系统的汉字史。在这个研究过程中，古文字的整理和存储，汉字各种属性的分析、统计，有关汉字的相关数据的测查以及各种汉字字形的造字工作，都是用计算机来完成的。

四、利用信息技术研究今文字和中古近代汉字史

过去的汉字研究，以古文字和《说文》学为显学，楷书的研究非常欠缺。汉字的历史从甲、金、篆、古隶一下子就跨越到现行汉字，很难满足建立古籍字库的需要，也无法看到中古以后汉字发展的现实。

现在生成的 ISO 10646 超大字符集，大多是从历代字书上搜集字形。这种做法是很不科学的。中国历代的字书收字具有泛时性，累积了历代的汉字和多种古文字隶定字，其中废字、死字、错讹字、整理不足的重复字比比皆是，字样及其变体的认同率不高，字种的归纳不足。古籍需要的没有，多余的白占空间，对古籍文本的生成、数据统计和检索都有诸多干扰。为了弄清中国古籍的用字实况，并且采用断代的方法研究汉字中古以后的发展规律，需要从实际的历代实用文本中收集汉字字符。我们进行了碑刻与手写文本的用字和字的原形调查，调查采用抽样的办法，涉及的种类有：居延汉简（甲、乙）、居延新简、东汉碑刻、魏碑、唐代碑刻、宋代雕版楷书、宋代手写文本用字、元明佛经石刻、清代民间应用文本、清代宫廷应用文本。

除此以外，还要注意古文字的隶定转写楷书字，特别是未识字的

---

① 睡虎地秦简文字属于古隶，对古隶是今文字还是古文字，文字学界还有分歧，我们根据《说文解字》的情况，倾向把古隶列入古文字。

隶定转写楷书字。古文字隶定楷书字包括三种情况：笔画描写式隶定（⿱宀⿰⿱夕丶—宜—宜），部件对应式隶定（侣—侣—侣），综合式隶定（熙—熙—熙）。

从实用文本中收集字形，重要的工作是认同规则。以宋代雕版楷书为例①，首先是把异写字（字样变体）加以认同，归纳到一起。异写字又称字样变体，指的是字样内部不影响结构的书写差异，它是在行、草通行以后楷书手写随意性造成的。我国的书籍在印刷宋体尚未形成时，主要是以手写雕版为主，所以，古籍的版本中，包括善本，异写字的量相当大。异写字的整理有两大任务：（1）将同一字样的异写字认同、归纳；（2）从已经归纳出的字组中优选出一个主形作为规范，将其他形体作为变体与主形认同，以便把出现变体的地方置换为主形，实现字样样式的统一。

由宋人手写后雕刻的宋版书中抽样选取文本总字数 200471 个字，其中每个字样含有异写字的数量统计如下：

具有变体 17 个的字样共 2 个；

具有变体 14 个的字样共 2 个；

具有变体 12 个的字样共 2 个；

具有变体 11 个的字样共 3 个；

具有变体 10 个的字样共 4 个；

具有变体 9 个的字样共 9 个；

具有变体 8 个的字样共 13 个；

具有变体 7 个的字样共 15 个；

具有变体 6 个的字样共 34 个；

---

① 以下关于宋代雕版楷书的数据统计见王立军：《宋代雕版楷书汉字构形系统研究》，上海，上海教育出版社，2003。

具有变体 5 个的字样共 59 个；

具有变体 4 个的字样共 82 个；

具有变体 3 个的字样共 210 个；

具有变体 2 个的字样共 432 个；

具有变体 1 个的字样共 1062 个。

经过归纳共整理出不重复单字 4856 个。异写字是汉字使用中的一种无意义的羡余，新的电子版本没有必要保留它，整理它、消除它在使用领域内的通行，是减少汉字字量(同时也减少了汉字认读的难度)的重要问题。人工认同的目的，是实现电子古籍的自动校勘，在电子文本中，一遇变体，计算机应当自动改换为主形——也就是规范后的标准字形。

图 8　宋代雕版楷书异写字(字样变体)举例

研究楷书汉字，碑刻文字是一种重要的资源。1999 年，我们开始了对宋代以来碑刻的电子典藏和碑刻属性的界定，其中碑刻文字属性的研究是其中一个重要的主题。历代的碑刻被拓存的多半是帝王和宫廷碑刻和文人书法碑刻，我们则注意到了底层文化的村碑。例如，华北的水利碑是华北地区的农民，将同一水渠绕田地的合约刻在碑上后竖立的。①

图 9　明代华北水利村碑

　　碑刻储存到计算机典藏系统后，还必须转化为汉字单字，为了将整碑转化为单字，我们设计了计算机碑面自动切分的工具软件，可以在极短时间内将碑面切分成可以进行编辑的单字(见图 10)②。

　　碑刻文字在经过断代的属性描述后，可以进行比较。例如，明代底层碑刻汉字的平均笔画数低于帝王御碑汉字平均笔画 2.3 画，这说明，民间用字比之上层文化用字是趋简的。明代碑刻汉字的平均笔画数又低于东汉隶书碑刻汉字的平均笔画数 1.9 画，这说明，从隶书八分书发展到楷书，也有简化的趋势。这些结论对社会汉字学的研究，都有很大的意义。

---

　　①　《华北水利碑刻研究》是北京师范大学民俗典籍文字研究中心与法国远东学院的合作项目，图 9 是课题组实地考察收集的资料，由董晓萍提供。
　　②　切分工具软件的设计和研制者为柯永红。

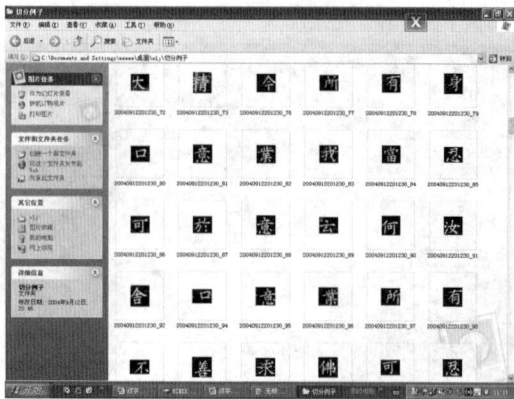

图 10　碑面自动切分后所得的单字

五、利用信息技术研究汉字的三个必要的条件

1. 汉字的理论研究

计算机研究汉字，是在人的工作基础上完成的，而数据库的使用，也必须在人对量化数据理解的基础上才能用好，人脑和电脑的结合，才是一切人文社会现象研究的科学途径。而且，信息技术能够处理的只是形式化的信息，如何把人文性的内在规律转化为计算机能够识别和处理的形式，必须加强汉字的理论研究。对汉字总体的认识，必须理性化，例如，按形体与按理据结合来处理汉字，是建立在汉字的表意性质和汉字发展演变这两个观点的基础上的。对汉字构形系统有了理性认识，才能使小篆的形体分析高度自动化。汉字的构形属性可以分析为：A. 构件组合的动态特点，B. 级层数，C. 各级构件及其功能，D. 构件置向，E. 构件的组合的相对位置，F. 构件的组合的接合方式，G. 构形模式，H. 布局图式。正确分析汉字的构形属性是优化汉字编码的前提，也是汉字能够利用信息科学技术进行研究的先决条件。传统的汉字研究重考据而轻视理论，重个体而轻视系统，

如果不对这种研究方法加以改造，不在理论上有所建树，不能把汉字系统的描写与演变的轨迹转化为可操作的形式，汉字研究是难以采用信息科学技术来进行的。

2. 信息技术适应人文符号研究的要求

在汉字史研究过程中，我们首先遇到的问题就是，在对共时汉字作构形系统分析时，计算机中没有古文字字形，例如甲骨文字形、金文字形、小篆字形，等等。这些字形不只是在研究汉字史、研究文字学时需要，在古籍整理、出版印刷、书法美术等诸多领域都很需要。为了能在没有古文字字形的情况下研究古文字，我们曾经做过各种尝试，例如在交换码的补字区里自己造字；用数字编码代替古字；直接用扫描图形表示；等等。这样做成的系统，无论是从资源共享的角度，还是从系统管理的角度看，都有很大的局限与不实用，是补窟窿、打补丁的做法，不能从根本上解决问题。要想彻底解决这一问题，最好的办法是把每个共时系统的汉字，例如甲骨文、小篆等做成一种标准字体，就像计算机中的楷体或宋体一样。考虑到汉字及其轮廓是一一对应的，轮廓曲线描述方法是使用曲线去逼近字体的轮廓。该方法具有很好的放大缩小性能，可以实现字体的无极光滑放大及实现"所见即所得"的排版效果，是理想的精密汉字描述方法。用不同的曲线去逼近轮廓，就得到不同的字形。True Type 字形采用的是二次B 样条曲线，Post Scrip 字形采用的是 Bezier 曲线。二次曲线是我们通常所熟悉的直线、圆、椭圆、抛物线以及双曲线的总称。任意一条光滑曲线都可以用二次曲线段来很好地近似，特别对于像篆字这样具有委婉曲折、笔势流畅、体式圆浑的字形，更可以用二次曲线来很好地描述，并且这种描述具有精度高、无极光滑放大、节省存储空间、修改方便等优点。为了确保字形的准确，真实地再现小篆字体的原有风貌，并提高创建字库的效率，我们针对小篆的字形特点，在 Windows 环境下开发了一个专门用于小篆的造字软件，该软件可以利用二次曲线的回归算法迅速将轮廓点阵数据转换为二次曲线轮廓数据。可以根据小篆笔画粗细基本相同的特点，实现笔画粗细自动处理，使得生成字体速度快、精度高。能够自动地生成笔画的圆头和圆尾，并迅速生成、修改和移动带有给定笔画宽度的圆点、线、圆、椭圆、双曲线和抛物线，以及可以自如地调整笔画的起笔和收笔形状。在装置上，提供了方便、灵活的修改字形的快捷键，字体可任意光滑、放大、缩小及任意角度的旋转。[①]

形体是汉字的本体，是其他研究方面的基础，是汉字信息处理必须首先解决的问题。从商代甲骨文到今天的楷书，汉字形体经历了大约 3000 多年漫长的发展演变，形成了一个磅礴的文字系统，该系统通过个体汉字众多属性之间错综复杂的关联呈现出网状结构。且不说汉字的字音、字义、字用等属性，单只看字形就已是非二维空间所能描述的了，而需要用三维结构来描述：第一维是按历史的年代划分的 X 坐标，该坐标上的值有殷商甲骨文、周代金文、战国文字、秦代小篆、汉代隶书、现代楷书，等等；第二维是共时层面上的汉字集合，具有代表意义的正体汉字是该坐标 Y 上的值，在不同的历史时期，汉字的字数是不同的，也就是集合的大小不同；第三个维度是 Z 坐标，用来表示各共时层面上正体汉字的异体字。越是早期文字异体字越多，在容庚编著的《金文编》中收录的"尊"字就有 252 个形体，而"宝"字则有 273 个形体。因此，在专业用的汉字研究计算机系统中，对异

---

① 本节使用了王宁、周晓文《以计算机为手段的汉字构形史研究》一文中周晓文所写的有关计算机技术的部分。

体字的处理成了至关重要的问题。编码既要体现出异体字与正字之间的关系，又要使异体字的字形可以作为独立字形处理。过去计算机汉字编码采用两字节编码，很大程度上是受计算机处理速度和存储能力的制约。现在随着计算机技术的飞速发展，计算机的处理速度和存储能力已经不再成为问题了。在对汉字编码的处理上，我们完全可以采用六字节编码，前四个字节用于正字的编码，后两个字节用于其异体字的编码。对于甲骨文、金文、小篆等不同时期字形的处理方法，采用目前计算机中处理字体的方法，每一种字体作为一个独立的字库存在。这种存形意义上的字形库，可以提供给基础研究与文字应用一个宽泛的文字平台。①

再以《说文解字》的研究为例，1997年以前，对《说文》的研究已经有了一部分成果，实现了局部的数字化，但还比较零散，不能使理论的证明充分显现，不利于系统的积累，直到《基于超文本环境的〈说文解字〉教学、研究系统的设计》课题②的完成，才有了跨越式的进展。这一课题利用计算机技术，对构成《说文》知识库系统的基础元素重新组织，应用"面向对象的产生式框架表示法"，完成了基于知识建模的《说文》教学系统设计，凸显了系统的整体功能，不仅使《说文》教学如检索、系联、类聚、构形分析等过程可视化，而且提升了学生对《说文》系统性的认识。进一步实现了基于知识建模的《说文》知识库系统的建立，也有助于存储和检索该领域的学科知识，贮存该领域以往的研究成果，优化该学科的研究方法和教学方法，更方便、更有效地

---

① 本节使用了王宁、周晓文《以计算机为手段的汉字构形史研究》一文中周晓文所写的有关计算机技术的部分。

② 《基于超文本环境的〈说文解字〉教学、研究系统的设计》是宋继华完成的博士论文，指导教师是王宁。

探索传统汉语言文字学教学与研究的基本规律，为《说文》学研究提供了更加便捷高效的研究和学习工具。这一系统还用 XML 语言对《说文》知识进行了完整的形式化表达，从整体上构建了《说文》知识库的标注体系，为《说文》教学系统的开放性和统一性研究奠定了基础。

从以上例子可以看出，汉字研究所需要的计算机技术，有时并不是很繁难的技术，有些甚至是开发后还没有充分利用的技术。信息科学技术必须适应汉字的特点，明确自己能为汉字研究做些什么工作，才能既满足了汉字研究的要求，又开发了自己的功能，提高了自己的技术水准和应用价值。

3. 理论思想与技术的结合

汉字学研究与计算机技术，是现代科学结构中的两个完全不同的领域，二者分别属于文科和理科，又分别属于基础研究和应用技术，它们既可以相互促进，又可以相互制约。当计算机作为现代化研究的手段与工具，不能提供文字学研究所需要的基本信息与条件时，就会落后并制约文字学的研究。从另一方面讲，文字学的研究如果不能提供可操作的、实用的汉字体系，就会给计算机信息处理造成混乱局面。工具与手段的完善，会极大地促进与加速理论研究的进程；理论研究又会反过来使工具的使用最大限度地减少盲目性。

计算机技术是一种工具，它是在应用中发展的，计算机技术处理自然科学、数理现象，已经经受了太多的考验，21 世纪计算机面临的最大考验是如何处理人文现象。汉字研究是介于自然科学与人文社会科学之间的综合课题，正是因为汉字作为一种既有人文性、社会性，又有可视性、数理性的符号系统，它对计算机技术的要求才是既有可能又有难度的。汉字学和信息科学技术结合的可能性，给两个学科都带来了新的增长点；而汉字学和信息科学技术结合的难度，对两个学科又都是一种挑战。在目前的学制下，培养两个学科都通晓的人才是困难的，但是培养信息科学的人才具有一定的汉字学知识，或培养汉字学的人才具有计算机意识，并有一定的计算机操作能力，是绝对可以做到的。在 21 世纪，汉字学与信息科学技术的进一步结合，是可以预见的。

汉字构形理据与现代汉字部件拆分 *

引言

汉字是由不同数量、不同功能的部件依不同的结构方式组合而成的。部件的数量、功能和组合方式（部件的数量、位置、置向、交接法），是每个汉字区别于其他汉字最重要的属性，汉字的信息量主要是由部件来体现的。就汉字的教学来说，不通过部件，就无法对汉字进行讲解；就计算机形码的编制来说，不通过部件，就无法确立码元。因此，把部件从现代汉字中拆分出来，便成为汉字字形处理的基础工作。

由于部件拆分对信息处理和汉字教学不可缺少，所以这一工作在相当长的一个时期内，在不同地区、不同系统中自发进行，部件拆分的结果纷纭交错、五花八门。例如一个简单的 6 笔"羊"字，竟有 5 种拆分方法：A. 丷、十、一；B. 丷、丰；C. 丷、干；D. 羊、一；E. 羊。这 5 种拆分法贯穿到由"羊"组合的字里，要影响将近 70 个字。而

---

* 原载《语文建设》，1997 年第 3 期。

且，有些系统在处理一些笔画变异形成的变体时，又出现了与"羊"不一样的拆分。例如，把"羊"整体保留下来不拆的，却把"羞""翔""羚"中的"羊"，拆成"丷、手"；把"羊"拆成"丷、十、一"的，却把"美""善""羔"上面的"羊"拆成"丷、王"。一个 6 笔画的常用独体字尚且如此，笔画更多一些、构形更复杂的字，就更不用说了。

部件拆分呈现如此纷纭的情况，给教学汉字和处理汉字的授、受双方都带来了严重的不便；哪一种拆分是合理的，衡量起来也无据可依。这使大家认识到，在信息时代，部件的规范是汉字规范的一个有机的组成部分。如果不进行部件的规范，语言文字的规范必然要因而受到冲击。计算机编码中部件使用的混乱状况，必将使信息传播的速度和准确度受到影响，进而妨碍国际交流，干扰基础教学。可以说，现代汉字部件的规范，已经刻不容缓。

要想进行现代汉字的部件规范，必须树立汉字构形规律性的思想。

在汉字构形是否存在规律的问题上，存在着两种不同的看法。一种看法认为，古汉字是表意文字系统，每个汉字的构形都是以来自词义的字意为依据的，是有字理可循的。现代汉字经过隶变、楷化阶段，并没有改变它的基本性质，大多数字形仍具有理据，少部分字形构字理据虽不太明显，但完全可以通过历史的溯源分析出来。其中极少部分汉字字形与意、源发生矛盾的，又可以放到构形系统中进行优化处理。共时平面上的汉字是具有内部的系统性的。汉字与汉字之间存在着相互的联系，每个汉字在系统中具有自己的位置，受到前后左右相邻汉字的制约。所以，汉字构形的分析从个体看，有意义作为依据；从总体看，有系统中的前后左右关系加以制约，它是有客观规律的。部件的规范应当是这种客观规律的忠实体现，不是哪一个人或哪一些人的主观意志来强加给另一个或另一些人的随意行为。

另一种意见则认为，现代汉字已经成了一堆毫无理据可言的任意性符号，已经不存在什么理据和构形规律，当然也就失去了讲解和拆分的客观标准。在这种认识的指导下，一种被称作"流俗文字学"的"教学方法"应运而生。这种方法把"趣味性"当成追求的目标，将个体汉字视为一个个孤立的形体，凭主观想象，做出毫无根据或根据不足的解释。也是在这种认识的指导下，汉字部件拆分变得无理可讲、无据可依，成为一种是非莫名的个人主观行为。这样做，拆分的结果产生的诸多差异，无从辨其正误，也就没有什么规范可言。

进行现代汉字的部件规范，必须解决以下三个方面的理论问题，又必须同时对相应的三种情况定出操作性的条例：

（一）现代汉字的部件组合，就绝大多数情况而言，究竟有没有理据？如果遇到没有理据或理据不明的个别情况，应当如何处理？

（二）现代汉字的部件组合过程，就大多数情况而言，究竟有没有客观的规律？如果遇到不符合规律的个别情况，应当如何处理？

（三）现代汉字及其构形的要素——部件，究竟是不是互有联系的系统？如果是，如何经过整理，使这个系统显现出来？

这三方面的问题，还要涉及一系列技术性的问题。本文要论述的主要是理论问题，有关的操作技巧问题留待另文讨论。

一、现代汉字理据大量保留是历史的事实

大多数人都承认，隶变以前的古文字，是存在构形理据的。《说文解字》在秦统一文字的基础上，对小篆进行了整理，用"六书"中的"前四书"作为分析汉字的条例，又把 9353 个正篆，分别归入 540 部首下，实现了汉字字形与字理从个体到系统的统一。古文字学发展起来以后，《说文解字》中字形的讹传与对字理分析的误差得到了很大程

度的纠正，古汉字形义统一的表意文字特点，在理论上已成定论。

从东周就开始萌发的汉字隶书，经过为时不算太长的发展，到秦汉之际，已趋成熟。隶书作为今文字的开端，首要的标志是笔画的形成，其次是与篆文比较，构形有所简化。由于书写的变化，有相当一部分已不合小篆的理据。这种在书写时一味求简而不强调构形理据的做法，在草书兴起后走向极端。从出土的居延新简看，许多字的书写已经不见部件只见轮廓，甚至起、落、连、断一时难以辨清，离开上下文，一般人不易识别了。

正是由于这种情况，"隶变使汉字理据丧失"的结论，在许多论及汉字史的书、文里，被一再强调。此后，这一说法又被笼统地用于比隶书更晚的楷书，于是，"楷书已经不具有理据"的说法也非常流行。其实，这种说法是有一定片面性的。

自从汉字走出宫廷，不但被下层隶吏，而且被市民商贾所用以后，由于实用的驱动，的确出现了大量的不合规律的简化和任意书写的混乱状况。但是，用历史的观点来看，这种状况是自发进行的非主流现象。在中古与近代汉字史上，一方面是社会各阶层书写的随意和混乱，另一方面则是管理者和治学者不断增强力度地讲求"正字"；一方面是脱离理据求新求奇地乱讲字意，另一方面则是文字学家用极严肃的态度恢复理据、讲求"六书"。这恐怕可以看作汉字发展史上永无止息的自发与自觉的矛盾斗争。隶书在严肃的表奏、对策、碑碣中，书写与结构仍有规律可循。而楷书阶段的汉字，自觉规范的力度更大。拿唐代而言，颜元孙的《干禄字书》分"俗、通、正"三体，主张分别不同的使用场合来择其用，对待当时汉字社会应用的实际，态度是开明的，但他也认为俗字"倘能改革，善不可加"，同时主张"所谓'正'者，并有凭据，可以施著述、文章、对策、碑碣，将为允当。"

（《干禄字书·序》，着重号为笔者所加）张参的《五经文字》则指出："自顷考功礼部，课试贡举，务以取人之急，许以所习为通，人苟趋便，不求当否，字失'六书'，犹为一事，五经本文，荡而无守矣。"（《五经文字·自序》）颜元孙主张书写正式的严肃文体使用正字，张参主张文人考试时书写正字，他们所谓的"正字"，都以是否合于"六书"为标准，也就是要求合乎理据。宋代市井用字更为纷繁，乱讲汉字之风随之兴起，王安石《字说》是其代表。但是，《复古编》《佩觿》《字通》等将俗字指向正字、探源明理的字书，兴起的势头更为猛烈。特别是张有的《复古编》，辨析字形、区别字意十分精密，在当时影响极大，陈瓘在为《复古编》所作的叙中言及"其说以谓专取会意者，不可以了六书；离析偏旁者，不可以见全字"。清代丁杰在乾隆四十六年《重刻复古编》书后指明这两句话即是针对王安石《字说》的，并描绘了宋代新说与复古的激烈论争，可见在正字问题上两种观点的分歧。宋代大量正字字书流传而王安石《字说》的亡佚，似可看作这场斗争的一种结论。清代是《说文》之学的鼎盛时代，正字之外，又有"讹、变、通、别"之分，都是以《说文》所定之"六书"作为正字与非正字的划分标准的。

我们简要叙述这段历史（这里暂不评说当时正字观点的是非得失），是想说明这样一个尖锐的事实：在历代统治文化正字法的强化下，汉字得以大量保存理据；起码，绝大多数通行字的字形与旧时理据保持着明确的对应关系，这是不能否认的事实。根据我们的测查，汉代碑刻文字经过归纳整理后，在一级拆分平面上，理据尚存者占91％左右，马王堆出土帛书传抄上古典籍的文字，去重、归纳、整理成字表后，个体汉字在一级拆分平面上，保留理据的占89％以上。唐宋时代的正字自不必说。现代汉字形声字已达90％以上，义符的表意能度也较好地保留下来。这些都表明，说现代汉字已经成为一堆毫无客观意义可言的任意性符号，可以乱拆乱讲了，是违背历史事实的。

理据的客观性免除了部件拆分的主观随意性，决定了拆分正误的可辨性，使现代汉字部件的规范有了可能。

二、现代汉字保留构形理据的实际状况

现代汉字是指书写现代汉语的楷书字，它是历史的隶书、楷书直接演变而来的，但就具体字形而言，又是自甲骨文以来各代字形直接和间接积淀的结果。从这个角度说，楷书字形的溯源是不难实现的。但是，汉字书体对结构有直接的影响，楷化以后的汉字理据，不同于古文字阶段汉字的理据，而具有这一阶段的特点。

在古文字阶段，作为构形基础要素的独体字和一部分表形的非字部件，大多是象形字，这些字所具有的识别信息来自物象，因而能脱离字的群体而独立具有理据。例如，人们可以见眼睛的象形符号而想到"目"，见太阳的象形符号而想到"日"，等等。当这些象形符号去组构其他字时，也常常以其象物性带给合体字以理据：古文字"旦"以日之初升状为理据，"监"以目之俯视状为理据……因此，古文字的理据是从基础构形要素开始、为每个字符独立具有、可以从具体的物象作为起点来解释的。

经过小篆的规整，到了隶、楷阶段，汉字的构形理据发生了四方面的变化。

第一，是象形性从淡化到消失。基础部件脱离了字的群体很难独立识别。例如，小篆中的"♀"（bāo）象人两手曲形有所包裹的样子，凡从♀的字，多有圆曲、周遍、包裹、内聚等意思。而在现代汉字里，这一形体演变为"勹"，不象曲形包裹状了。正因为如此，现代汉字的

构形元素必须依靠组合和聚合，以群体作背景，方能显示其构意。如包（婴儿在襁褓中，义为包裹）、匊（两手捧着细碎的米，义为掬起）、匎（承盘旋转一周，义为周遍）、旬（日子经十而一度循环，义为十日）……都是在组合的另一部件配合下，理据才能显现。而且，一个字尚不足训。许多从它的字类聚后，方能见其理据所在。

还应说明的是：汉字是历史文化的积淀，早在产生之初，它们已与语素结合，而把语言意义承负为己有。在现代汉字中，这些失去象形意味的部件，不再以物象提供识别的信息与解释的依据，而是直接以其具有的语言意义和声音来提供所从之字的理据；如"罒"已失去网形，但却具有网意，成为网的变体而为罟、羅、罾、罷、署……提供理据；"矢"已不像一支箭，但却具有箭的意义，因而可以给矩、短、矮、矫……提供理据；"隹"已失去短尾鸟的形状，但却从语言中承袭了 zhuī 音，因而可以给谁、椎、确等字提供声音信息；等等。

这种现象，我们称作象形部件的义音化。义音化以后的部件提供理据的功能，与它单独成字时记录语言的功能是一致的。至于那些不成字的象形部件，虽然仍有少数遗留，但已经属于边缘现象，只能进行个别处理了。

第二，经过隶变时部件的粘合，加上受行书连笔的影响，原来的古文字基础构形元素，产生了形体的粘连，有合二而一甚至合更多部件为一的现象，例如"辶""共""西""更""退"等字即如此。因此，在古文字的多部件合体字里，理据可以一直贯穿到最后一个层次；而在现代汉字里，理据大多保留在一级部件的组合中，越到后面的层次，保留理据的数量越少。后来的偏旁、部首分析法，就是适应现代汉字这一特点而产生的。当然，这对分析和讲解现代汉字，已经足够用了。

第三，也是由于书写的缘故，"随体诘诎"的象形意味消失，笔画趋于平直，一些原来形体与意义完全不同的独体字，一旦进入构字，便发生形体异化，变为同形。例如：青，小篆原从"丹"，楷书从"月"；朔、期，小篆原从"月"，楷书仍从"月"；肘、背，小篆原从"肉"，楷书从"月"；服、俞，小篆原从"舟"，楷书从"月"。在分析理据时，必须承认"月"这一部件，分别来源于"月""肉""丹""舟"等不同的独体字。

反之，原来形体与意义都相同的独体字，一旦进入构字，由于部位的不同和受相邻部件的牵连，又可能异化为不同形体。例如：在"尉"中，"火"异化为"小"；在"光"中，"火"异化为"业"；在"然"中，"火"异化为"灬"；在"赤"中，"火"异化为"氺"；在"黑"中，"炎"上部的"火"异化为"土"。在分析理据时，必须承认"小""业""灬""氺""土"……在"尉""光""然""赤""黑"中都同源，都是"火"的变体。其实，同源同意而异形、异源异意而同形，这种现象在各个阶段的古文字里都是存在的；只是因为在现代汉字里，在笔画较少的常用部件中这种现象数量增多，我们才特别将其提出来加以讨论。

第四，由于现代汉字的简化与笔画的形成，在仍保留理据与理据的可分析这两种情况之外，确实有一部分形体是既不保留理据，又由于字形与意、源发生矛盾而难以重现理据的。例如：

"甫"，原从"用"，"父"声，"父"即"斧"的古字，斧标志权力，所以"甫"是男子的美称。在小篆中"父"与"用"已相交合为一形，无法分析；现代汉字除一点离析于外，"甫"已成为非字，"男子的美称"这一本义也已成为已死的古义，"甫"在现代汉字构字时又多作声符，难以归纳出意义，"甫"的理据遂完全无存。

"至"，甲骨文以一支箭（矢）射中目标会"到达"之意，《说文》小篆把箭头变成较大的弧形而失去"矢"形，解作"鸟飞从高下至地也"；对理据的讲解已很勉强。楷书将箭尾的上端拉平成横，曲处写作"厶"，下变"土"，外形成为三个相接部分（一、厶、土），与原来的理据毫无对应，难以重现理据。

"舂"，原象两手（収）捧杵（午）在臼中舂米，是一次性合成的四部件字。隶变、楷化后"午"与"（収）"粘合成"夫"，本身是非字部件，不具音、义，又不能再行拆分，无法分析理据。再加上"夫"与"春""泰"的上部同形而不同源，归纳造意也不可能，理据于是全部失去。

以上举例中，"甫"与"至"自身的理据难以再现，但它们都已经成字，承袭了语言的音与义，再用它们构字时，仍可承担表音、表义作用，重新带给所构字以理据。而"夫"却仅是非字部件，音、义全无，完全与语言脱节，成为一些文字学家所称的"记号"，使它们所构的字失去了并且也不再能重现理据。这种理据丧失的情况，在历代古文字中都存在，致使有些古文字字形的造意至今难以考察清楚，不能彻底识别。而在隶、楷阶段，由于字形演变繁复、积淀过厚，数量有所增加就是了。

综合以上四点可以看出：（1）现代汉字的理据是依赖总体的构形系统而存在的，也只有从总体的构形系统出发来综合考察，才能得到完满的解释。（2）同时，现代汉字的理据又是历史文化的承袭，只有参照其历史来源，才能做出准确的判断。（3）即使如此，现代汉字丢失理据从而游离于构形系统之外的现象仍是存在的。

三、构形理据与部件拆分

承认现代汉字是有理据的，同时承认这种理据具有不同于古文字的特点，部件的拆分才有客观规律可循。下面分几种情况来说明理据与部件拆分的关系。

（一）汉字部件组合为合体字时，大部分是依层次二合的，极少部分是一次性多合的（如器、品及薑的下部、斷的左旁），只要理据存在，拆分即可按组合的程序反向进行。例如一部件的"册"，两部件的"们""引"，三部件的"鸿""靴"（其中"江""化"二次拆分），四部件的"啊""姿"（其中"阿""次"二次拆分，"可""欠"三次拆分），五部件的"擲""器"（"器"一次拆分；"鄭"二次拆分，"奠"三次拆分，"酋"四次拆分），六部件的"躁""薑"（"足""杲""畺"二次拆分，"品"三次拆分），七部件的"斷"（"㡭"二次拆分）。以上拆分都是按理据、依组合层次的反向进行的，而且每层拆分，都可产生一种新的理据的讲解。

（二）有些现代汉字因为部件的形体异化，理据无法直接讲解，但部件分合与字理没有矛盾，追溯其历史仍可见其理据。例如：

赤——原形从"大"从"火"，"大"异化为"土"，"火"异化为"小"，但"土"与"小"仍明显区别为相接的两个部件，参考字源拆分为"土""小"，再分别以"大""火"的变体讲解，不发生矛盾。

監——原形从"目"从"人"从"皿"含"一"，"目"异化为"臣"，"皿"含的"一"（象征水）与"人"合为"𠂊"，但这些部件都一一分离，仍可参考字源一次性拆分为"臣""皿""𠂊""丶"。

亲——原形从"木""辛"声，"辛"省形作"立"，但"立"与"木"仍明显分立，可拆分为"木""立"，再以"立"为"辛"的省减变体，理据即可完备。

以上拆分仍是以理据为分合依据的，是一种历史与现实一致的拆分。

（三）一部分现代汉字，部件的分合与构形理据是不一致的。这里又分两类情况：一类是理据应分而楷书交织、粘合。以上所举"甫"字、"夬"形即属此类。另一类是理据应合而楷书分离。例如："菁"，原象交构连接之形，上下本不可分，楷书将上部与下部分别楷定，成为两个相接可分的部分；"朋"，甲文象两串相连的贝串，小篆象鹏鸟的羽翅，都相连不能分，楷书以两个相离的"月"字构形；等等。在这种情况下，服从字理便违背字形，服从字形又会与字理不一致。应从发展的观点出发，尊重现实字形进行拆分。

（四）一部分现代汉字，本为古文字描写性的隶定字楷化而成。它们的构形与意原本是一致的。例如："東"，原是声借字，小篆涉"日出东方"之意，将其形改造为"从日在木中"，依物象组合，"日"插在"木"中；"兼"，原取"以手握持两禾"之意；"本、末、夫"，均以指事符号插入意义符号之中。依理据分析，"東"的"木"与"日"可以分立，"兼"起码可以将"彐"（"又"的变体）抽出。但楷书"木"的树木形、"日"的太阳形、"兼"抽去"彐"后的两个"禾"形均已失去象物性，这种穿插结构的原因已无法解释，也应看作字形与字理矛盾，尊重字形来处理。

以上四种情况，（一）（二）两种属有理据拆分，（三）（四）两种属于无理据拆分。在有理据拆分中，字形与字理是一致的，因此属于依形拆分。在无理据拆分中，字形与字理发生矛盾而采取尊重字形的原则，因此也属依形拆分。尽量尊重理据而不违背字形，其目的是尊重历史而不复古，立足现代而合乎规律。这样做，既维护汉字的历史传承性，又维护汉字共时的系统性，使汉字教学与汉字信息处理在符合规律的基础上取得一致。

四、构形理据与部件归纳

部件是从不同的汉字中拆分下来的，对相同的部件，必须进行归纳。这就涉及什么是相同的部件。在这一方面，也存在字形与字理的关系问题。

（一）一部分部件，属于既同形又同源的部件，由于同源，它们必然同意，如系成字部件，又必然同音。例如：闭、闸、闻、问、闷……中的"门"，妈、玛、骂、骡、驴、驼……中的"马"，村、忖、尊、尉……中的"寸"，这些部件归纳为同一部件，在形、源两方面都是合理的。

（二）一部分部件，同源也同音义，但由于书写部位及结构环境的变化，书写略有变异。例如"材"与"梁"中的"木"，"分"与"半"中的"八"，"情""思""恭"中的"心"。这类情况，形体相距不远的，可立独用字的字形为主形，其余按其变体归纳；形体相距较远的可以分立。

（三）一部分部件，同源而不同形，变异之后又与其他不同源的部件合流。例如前面所举的"火"，在"然"中异化为"灬"，与"鱼""燕"的尾部合流。在"赤"中异化为"⺋"，与"亦"的下部合流。这些部件异化后的形体都与主形距离较远，按形归纳与按源归纳发生矛盾。在汉字教学中，为强调形与义的关系，应依源归纳，再指出异化的发展脉络；而在信息处理中，则宜按形分别归纳，再在归入的同形部件中说明来源。

（四）既有同源异形而与不同源部件合流的现象，也必然会有不同源而同形的现象。例如前面已举出的"丹""舟""肉""月"楷化后均作"月"形而合流。又如同一"土"形，在"赤"中源于"大"，在"至"中源于"业"，在"鼓"中源于"屮"与"豆"的上一笔接合。同样，在汉字教学中，应依源区分，再指出合流的发展脉络；而在信息处理中，则宜按形归纳，再在下一个层次中区别其来源。

把形与源（音义）放到两个层次中去处理，在汉字教学中以音义为纲、以形为纬，在信息处理中以形为纲、以音义为纬，目的是从现代的实际出发而尊重历史与传统。这样做，诸多矛盾，化解在不同层次、不同维度的摆布之中，使部件系统达到优化。

五、余论

所谓传统，是历史的存在依时代的需要而传衍流变，它既与历史衔接，又与现代切合。对于任何一种文化现象来说，历史与现代不会没有矛盾和差异，也必然存在统一与契合的内在联系。汉字的理据既是沟通历史与现代的结合点，又是保持构形系统的枢要。不重视它或有意无意地去破坏它是违背汉字的科学规律性的；不从实际出发而把它夸大到无所不在又是违背文字的社会约定性的。自觉地遵照汉字的科学规律性，同时因势利导地调整汉字的社会约定性，立足现代，尊重历史，许多问题将会得到合理的解决。

谈根域名"政务"的设定 *

2012 年 6 月 13 日 ICANN(互联网名称与数字地址分配机构)在其官方网站公布了全球申请新顶级域名的名单。我认真查看了这些名单,认为来自中国的 CONAC(政务和公益机构域名注册管理中心)申请".政务"作为"中国政务机构"社群的根域名,这是一个很切合实际的选择。作为中国语言学会副会长,我仅以一名汉语语言学学者的角度,谈谈我对"政务"中文顶级域设定的看法。

用汉字记载的"政务"一词古已有之。在《四库全书》中,"政务"共出现 1121 次,大部分是在史书中,史书出现 861 次。例如:最早在东汉已经用来指称官方(宫廷和地方官吏)对国家的管理事务。汉代提出 16 种事务为考绩政务的要求。《晋书》以"政务宽和"作为良吏的标准。《梁书》记载,梁武帝"勤于政务,孜孜无怠,每至冬月四更竟,即敕把烛看事,执笔触寒,手为皲裂。"《宋史》则记载:"哲宗嗣位,

---

　　* 本文是为中国的 CONAC 申请".政务"作为"中国政务机构"社群的根域名所写的考据材料。

宣仁太后同听政务，行裕民之政，凡民有负，多所宽减。"历代也有吏治欠佳的，《元史·仁宗本纪》说：仁宗即位初期，"僚属及六部诸臣，皆晚至早退，政务废弛。"不得不成立中书省，总管政务。这些说到"政务"的地方，都指的是国家和地方的权力实施和政治管理。这一用法，为现代中国所承袭，用"政务"一词指称国家和地方政权机构，具体落实为"中国共产党的中央和地方各级委员会及党的基层组织；全国人民代表大会和地方各级人民代表大会及县级以上的常务委员会；中央人民政府和地方各级人民政府以及县级以上政府的工作部门；最高人民法院、地方各级人民法院和专门人民法院；最高人民检察院、地方各级人民检察院和专门人民检察院；中国人民政治协商会议全国委员会和地方各级委员会；各民主党派中央和地方各级委员会；其他承担行政职能的机构。"这个社群的范围，既沿袭了"政务"一词的历史含义，又反映了当代中国的国体与政体，是非常准确的。

我们还可以从"政务"一词的逻辑外延上来看它对所指对象的确定性。汉语词汇具有系统性。"事务—业务—政务"是相互包容的三个概念。具有词汇规范的《现代汉语词典》(第6版)对这三个词的解释是：

事务：所做的或要做的事。

业务：个人的或某个机构的专业工作。

政务：关于政治方面的事务，也指国家的管理工作。

从这些语义解释中可以看出，"务"从"力"，指的是做事，也可以用来说所做的事，这个词指向很广泛。比如说"家务"，就是家事；"杂务"，就是杂事。而业务则必须是专业工作。如果排比有关业务的名称，诸如"医务"(针对医疗事业)、"教务"(针对学校教学)、"军务"(针对军事)、"商务"(针对商业)……我们可以看到，这些都是"业务"的下位概念，每个都指向一种专门的职业和工作。政务与那些与之并列的业务有明确的分工，这使它的使用范围明确，指向清楚。

"政务"用作全国和地方的政治管理机构和管理事务的名称，在现代中国早已如此。我们可以看到各地方政府都有政务网站，作为政务公开的一种措施，在这些网站上，可以查到各种政务信息。以近期的政务网站为例：北京政务门户网站转发了《国家发展改革委关于降低国内成品油价格文件的通知》；沈阳政务公开网站报道了"7 月 12 日，第三届中国老年人、残疾人用品展览会暨全国房地产经理人联合会养老地产高峰论坛在沈阳开幕。副市长祁鸣、市政协副主席韩晓言出席开幕式。"首都园林绿化局政务网报道："7 月 10 日，市园林绿化局局长邓乃平、副局长朱国城等领导到天竺苗圃调研。"属河南省南阳市管辖的新野县，也设有政务网站，报道了县委书记金浩在全县预防职务犯罪工作会议上的讲话……可以说，大至全国、北京，小到局、县，采用"政务"之称来说明行政管理，已经成为各级政府、人大、政协等政权管理工作的特称。

再看报刊的有关报道：仅今年 7 月 16 日一天，各网络报纸使用"政务"指称"官方"，约有 147 次。比如，《人民网》报道："仅今年上半年，安徽省政务服务中心各窗口共受理审批及便民服务事项 37.5 万件，按时办结率 100％，群众评议满意率 100％。"《羊城晚报》发表了《政务微博应是良性互动的窗口》一文，报道了"政务微博的开博数量以月均 3500 家的速度增长，相当于每天都有 100 多家新'官微'诞生。"……"电子政务""政务人员""政务公开"等名词，已经成为使用频度很高的词语。

综上所述，". 政务"这一域名确实是对现实的反映。在今后的信息传递中，它应当是一个各界、各家都能习惯接受的最好的根域名。

基于简繁汉字转换的平行词语库建设原则 [*]

一、简繁不对应情况的形成

汉字作为一种记录汉语的符号系统，要受到区别率与简约率的制约，而区别与简约恰恰是一对矛盾，需要在二者之间调适。过去的简化汉字，为了达到简约的目的，对字际之间原有的区别做了一些调整，从两个方面促使了"一简对多繁"情况的形成：

第一方面是因为注意到减少字数，采用了较多的同音替代进行简化，或合并了一些已经分化了的字形。例如：

①干—干（干犯）、干（枝榦）、干（幹练）、干（乾燥）

②舍—舍（房舍）、舍（捨弃）

①是多项同音替代，②是将已经分化的字再行合并。这就必然出现一简对多繁的现象。

第二方面也是为了减少字数，取消了一批异体字，而这批异体字有一部分不是严格的异体字，无法用正字取代。

----

[*]　原载《语言文字应用》，2007 年第 4 期。

例如：

①背—揹，布—佈，欲—慾

②玩—翫，游—遊，志—誌

③雕—鵰，哄—閧，斤—觔

④昆—崐、崑，侖（仑）—崙、崿，修—脩

以上四组字，①意义上有包含关系。它们不是异体字关系，而是源字与分化字的关系。②意义上有交叉关系。它们不是异体字关系，而是同源字分化后又通用的同源通用字关系。③仅在一部分义项上有通用关系。它们不是异体字关系，而是个别义项通用的通假字关系，一般在词的异写时表现为局部的同一用途。④声音相同意义毫无关联。它们不是异体字关系，而是通假字中典型的同音借用字关系。既然前面一个字代替不了被取消的字，也可以视为一种替代，一对多的情况当然也会产生。

这两种情况，都可以称为"汉字简化系统的字用职能合并"，加在一起，使一个简体字对应两个以上繁体字的情况比比存在。

二、如何看待汉字简化系统的字用合并

有人认为，现代汉语以双音词为主，单字组合后，歧义会自然消除，在双音词里消除不了，也可以在具体的语言环境里通过上下文来辨别。持有这种意见的人还认为：古代文言文就有很多因为假借而产生的异词同字现象，发展到今天，也没有产生什么问题，他们认为同音借用完全可以大量应用。

用古代文献中的假借字来与今天的同音替代类比，是不够妥当的。汉语词汇意义的数量随着人类的认识发展而无限增加，但记录词汇的汉字字数却不能无限增多；因此，在汉字造字时，就有了增字之

法与节字之法互相调节的现象。章太炎在谈到"转注假借说"时指出：

> 转注者，繁而不杀，恣文字之孳乳者也。假借者，志而如晦，节文字之孳乳者也。二者消息相殊，正负相待，造字者以为繁省大例。①

对章太炎的说法，陆宗达先生有一个浅显的说明：

> （文字）的发展变化有两种法则：一种是由于社会制度改变，或者由于生产、文化、科学等等的发展，需要创造新词来表达新的词义……从造字来讲，也就要循其声义，各为制字，这就是"转注"造字的法则。另一种是由于文字孳乳日繁，必须加以节制。新的词义产生了……可以利用旧有的词和字而赋予新的词义，不再制造新字……这就是"假借"的法则。②

可见，汉字发展中字数的调节是通过自组织——也就是随着使用的需要自然调节——的管道进行的。有些异词同字现象使用至今也没有改变。例如：

"容纳"与"容貌"共用"容"字；

"花卉"与"花钱"共用"花"字；

"举国上下"与"举起"共用"举"字。

这些共用的字记录的不同词汇在意义上并没有什么关系，属于同

---

① 章炳麟：《国故论衡·转注假借说》。

② 陆宗达：《说文解字通论》，北京，北京出版社，1981。

音借用，有些借字反而通行了，才形成了一字多用的情况。古往今来，汉字的同音借用产生的异词同字现象，可以自行调节，通过语境、频率、读音等因素加以区别，很多是不会妨碍书面表达的。认为同音借用完全违反科学性，不符合汉字应用的事实。但是，假借现象虽然存在，却不能违背区别率而无限增加。在古籍里，很多同音借用字又用增加偏旁的方法产生借义分化，就是对异词同字现象的一种限制。例如：

"舍"本义为"房舍"字，借为"舍弃"字，后来产生"捨"字；

"开闢""逃避""偏僻"原来共享"辟"字，后来分化出"闢""避""僻"三形；

"商贾"与"贾值"共享"贾"字，后来分化出"价（價）"字。

这些后出本字的产生，就是在区别率的制约下，对汉字假借的控制。所以，即使在古代，同音借用也不是一律无碍，也要在发展中自动调节。汉字在文言文里的异词同字现象，经过 2000 多年的语言文字自组织调节，已经逐渐从多方面找到出路：有些产生了后出本字而分化，有些另造了新字而分化，有些因为形成了双音词而分化，留下来的经过协调，不会造成严重歧义了。而简化汉字是用人为的手段在极短的时间内来代替这种历史长河中的自然协调，而且带有强制使用的性质，如果不遵循科学性，就会造成汉字使用中的极大不便。使用同音借用来求得笔画和字数的减少，首先要进行研究和实验，可以采用但必须慎重，对增加异词同字可能产生的歧义事先应当测算统计，这样才不会为了减少笔画和字数而在表达上产生新的负面效果。

正是由于上述情况，主张对同音替代的汉字恢复一部分繁体字的呼声一直非常高，这些呼声是对汉字规范科学性的合理要求，是完全应当听取的。但是，前面说过，同音替代并不是全都不合理，不是绝对不能使用，而且对减少总字量又有积极的作用，即使恢复繁体字，恢复多少、恢复哪些，也要经过科学测查。大量改动异字同词情况，恢复繁体字，必然给普及领域带来麻烦，引起社会学习和使用上新的不方便。我们是否可以定出一些原则，来控制改动的数量，尽量少改一些？但是，汉字的分布是一个完整的体系，牵一发而动全身，例如"干"字在简化字里承担了"干犯""枝干""干事""干燥"等不同词的意义，产生了一对四的情况，歧义过于严重，有些用法甚至连读音都不同，而且，"干"所对应的四个繁体字都能单用，无法借助双音词分开。加之四组意义都是高频词，意义负荷过重。有人主张将繁体字"闢"恢复。但是，一旦以"闢"的恢复为样板，与"闢""干"情况相同的"一对多"字组，就要考虑用同一原则也恢复一批。用恢复一部分繁体字来解决"字用职能合并"问题，只要不是全部，专业领域会认为是一种修修补补，没有解决根本问题；而在我国教育的普及还没有完全到位，全民的汉字素质还不是很理想的情况下，会在普及层面上引起什么波动，却是很难预料的。还有一个教训应当吸取，那就是在处理一些问题而对某些已经规定的事情做个别调整时，最忌在没有全面研究的基础上，灵机一动，想到什么改动什么，结果常常是改了这里，那里的矛盾又显露出来，人们把这种缺乏总体规划的个别改动称为"添乱"。为了避免"添乱"，我们是否应当首先考虑到全民的需要，暂时维持原状，等待时机成熟，经过研究深入，再统一改动。这样做，并不是对群众的意见置若罔闻，也不是有意违背汉字的科学性，而是避免在条件不成熟的情况下产生新的矛盾，从另一个角度违背科学规律，造成社会的波动，反而在以后合理处理这一问题时，产生更大的阻力。因此，在这次重新修订的《通用规范汉字表》的工作中，决定异体字的定义要严格，这样可以减少一部分一对多的情况，但恢复个别繁体字的工作，由于研究不到位，目前还不准备实行。

三、简繁不对应现象的分析

在全国甚至全世界汉字简繁二元并存[①]的情况下，不论是对于两岸汉字沟通还是对现代汉语与文言的用字转换来说，计算机简繁汉字自动转换的问题都必须尽快解决。现有的转换系统在准确性上存在较多的问题，我们通过实际语料测查的结果，在 500 万字的语料中，虽然有 470 多组同音替代字完全可以通过语境来分辨，但是也有将近 160 组歧义产生。例如：

①生发—生发(头髪)油

②下面—下面(麵条)

③外面糊—面(麵粉)糊糊

④二十余(餘)家—对面余(姓)家

⑤六出祁山—六出(齣)戏

⑥大斗(升斗)进，小斗出—三日一小斗(鬥争)，十日一大斗(鬥争)

⑦有表(表格)—有表(手錶)

⑧不肯干(gān)休—干(gàn)休所

分析歧义产生的原因，是因为这个转换系统是依靠一般的词库来产生对应而实现转换的，但是简繁对应的情况相当复杂：

(1)产生歧义的单位非常复杂——有短语对短语的，如例①；有多音词对短语的，如例②，一般的词库仅以词典所载的词为单位，不能适应自动转换的需要。

---

① 汉字简繁二元并存的现象，黄德宽在《论汉字规范的现实基础及路径选择》一文中已经有详细的论证，这里不再赘述。

（2）在实际的文本里，一个字的环境既有它的成词语素，还有它的双向临近字，产生属上与属下难分的情况，如例③，基于一般字库的计算机转换系统，识别不了这么复杂的环境。

（3）相当一部分字属于自由语素，可以单个使用，如例④⑤⑥⑦，这些单音词的临近字毫无规律，没有适当语境可以分辨，或即使可以分辨，但借以分辨的词语距离很远，采用词为单位转换无法避免转错。

（4）有些双音词可以用音来区别，但计算机能识别字形，不能识别音，环境仍然无从分辨，如例⑧。

现在看来，计算机简繁字自动转换产生的问题，还不都是简化字本身的问题，需要设计更实用可靠的自动转换技术来解决，而最重要的是先要扩充和修改现有的词库。建设可辨析双音词和多音词语的简繁对应词语库，准确设定简繁之间的对应关系。

四、基于简繁汉字转换的平行词语库建设原则

解决简繁汉字自动转换当然要依靠计算机技术，但是解决问题的基本路线绝对不能只从技术着手。高精度简繁智能转换系统的研发不是纯技术的问题，它的前提是分析以前转换失去信度的原因，细致地而不是粗疏地研究两岸用字的差异和可能对应的关系。

针对上面测查出来的情况，首先应当从汉字应用的原理出发，建设一个基于简繁汉字转换的平行词语库（以下简称"转换词语库"），建设转换词语库需要遵循以下平行对应的原则：

（1）繁简对应要以繁体为基准，以保持区别，辨析混同。

（2）一律不采用词汇转换，而采用单音词素用字转换。保持两地文本用词的原貌。例如：不要把"信息"与"资讯"对应，"信息"对应

"信息"，"资讯"对应"资讯"；不要把"软件"与"软体"对应，"软件"对应"软件"，"软体"对应"软体"，因此，平行词语库应收录双方不同的词语。

（3）以双音平行对应为基础。分别处理有区别作用的前属字与后属字①、前邻字与后邻字②，这就需要对相当数量的语料进行测查，弄清哪些属字与邻字是具有区别作用的，从而增加短语的数量。例如："表"与"錶"，单用时难以分别，但"表"的前临动词有"画""填""改""交"等，是"錶"所没有的，平行词语库中宜增加词典里不收的动宾短语"画表""填表""改表""交表"等，用以解决两词单用时由于职能合并发生的歧义。

（4）适当增加多字短语与字段的平行对应。例如，四字格不要仅限于成语，只要区别因素在内，可以不计较字段结构的完整性。

（5）充分利用远距离搭配关系，以便尽量发挥远距离区别语境的作用。例如："出"与"齣"仅在某些特定数字后面产生混淆，但"齣"与"戏"、疑问代词"哪"、指示代词"这""那"常常处于远距离搭配的状态。这些区别因素都要充分使用。

（6）对以上原则实施后仍难以处理的个别字，采取个案攻关，尽量利用计算机技术实现简繁转换的全自动化。

在讨论简繁转换时，有两个问题需要说清：

第一个是学术问题。应当明白，简化字与繁体字之间的区别其实属于非本质的区别，因为大部分简化字是从已经使用过的汉字里挑选

---

① 属字指双音词中被分辨字的另一个语素所用之字，例如："复活"，"复"是"活"的前属字，"活"是"复"的后属字。属字的概念也可以扩大到符合规律的词组，例如："吃面"，"吃"是"面"的前属字，"面"是"吃"的后属字。

② 邻字指在结构上没有直接关系的相邻的字。例如："没有解不开的疙瘩"，"开"是"的"的前邻字，"疙"是"的"的后邻字。

出来的，简体与繁体在历史上通用的情况很多，只是因为两个系统选用了不同的正字而产生了转换问题。即使如此，仍有一批历来有通用关系的简繁字，即使不转换，也不妨碍使用和理解，这样的字，从古代开始就难以分开，因此，可以都转，也可以都不转。是都转还是都不转，可以用意义范围的大小或使用频率的多少来决定。一般是范围小的迁就范围大的，频率低的迁就频率高的。例如：

①准（准、準）：自古两个字就通用。《说文解字》段注说："準，《五经文字》云：《字林》作'准'。按古书多用'准'。盖魏晋时恐与淮字乱而别之。"在转换时，"标准""准确""准备"……都转成"準"，而单用却无法判断，不如干脆全部不转，无非内地与港澳台地区各用各的字，古今均无大碍。

②复（復、複）：自古两字就通用。《说文解字》段注说："'復'与'複'义近，故书多用'復'为'複'"。从两个字的意义来说，"複"是重衣，也就是今天的夹袄；"復"是往返，也就是原路走回，都可以引申成重复义。现在与重复相关的语素义有的转成"復"，有的转成"複"，完全可以都统一为"復或複"，只选一个字就是了。

③卷（卷、捲）："卷"是名词，"捲"是动词，也是从"卷"分化来的，没有分化以前都可以用"卷""捲"，都是自由语素造的单音词，能单用，既然在单用时转不过来，就不要转了。都用"卷"，文言文单音词为主都不妨碍理解，现代汉语就更不会妨碍了。

……

第二个问题是在建设转换词语库时要了解计算机本身的建制情况，主要是编码情况。比如：在 Windows 平台中，港澳台及境内外"宫"字的字形虽然是一样的，但却是两个编码，必须沟通同一个字的不同码位，也就是字虽是一个，仍要设置其平行关系，不能忽略。这些问题在 Windows 平台采用多八位国际统一编码后，会自然而然解决。

王宁主要著作目录

一、专著

1.《训诂方法论》（与陆宗达合作），北京：中国社会科学出版社，1983//北京：中华书局，2018。

2.《古汉语词义答问》（与陆宗达合作），兰州：甘肃人民出版社，1986//北京：中华书局，2018。

3.《训诂学原理》，北京：中国国际广播出版社，1996//增补版，北京：中华书局，2023。

4.《汉字构形学讲座》，台北：三民书局，2013。

5.《汉字构形学导论》，北京：商务印书馆，2015。

6.《汉字六论》，北京：中国大百科全书出版社，2017。

7.《汉字与中华文化十讲》，北京：生活·读书·新知三联书店，2018。

8.《餐桌上的训诂》，北京：中华书局，2022。

二、主编

1.《汉字学概要》，北京：北京师范大学出版社，2001。

2.《汉字构形史丛书》，上海：上海教育出版社，2003。

3.《训诂学》，北京：高等教育出版社，2006。

4.《章太炎说文解字讲授笔记》，北京：中华书局，2008。

5.《中国文化概论》，北京：外语研究出版社，2014。

6.《学生国学丛书新编》，北京：商务印书馆，2018—2022。

7.《古代汉语》，北京：高等教育出版社，2023。

目　录